"十四五"时期国家重点出版物出版专项规划项目（重大出版工程）

中国工程院重大咨询项目

国际化绿色化背景下国家区域食物安全可持续发展战略研究丛书

第 六 卷

西南地区食物安全可持续发展战略研究

中国工程院"西南地区食物安全可持续发展战略研究"课题组

朱有勇　宋宝安　陈代文　高世斌　主编

科　学　出　版　社

北　京

内 容 简 介

本书是中国工程院重大咨询项目"国际化绿色化背景下国家区域食物安全可持续发展战略研究"成果的第六卷，是重大咨询项目的课题"西南地区食物安全可持续发展战略研究"的总结。全书分为课题综合报告、专题研究和调研报告，课题综合报告就西南地区食物安全的生产现状、供需趋势、存在的问题、发展潜力做了总体分析，并提出了实现可持续发展的战略构想、重大工程和政策建议。专题研究与调研报告以更为翔实的数据和调研，就某一类食物产业或特定区域进行了侧重分析和研究。

本书适合农业科技相关研究人员、行政部门管理工作者参考，可作为农学类专业、农林经济管理专业学生的学习用书。

图书在版编目（CIP）数据

西南地区食物安全可持续发展战略研究/朱有勇等主编. —北京：科学出版社，2024.5

（国际化绿色化背景下国家区域食物安全可持续发展战略研究丛书；第六卷）
"十四五"时期国家重点出版物出版专项规划项目（重大出版工程）
中国工程院重大咨询项目

ISBN 978-7-03-078164-2

Ⅰ.①西… Ⅱ.①朱… Ⅲ.①粮食安全–研究–西南–地区②绿色农业–农业发展–研究–西南地区 Ⅳ.①F327.7

中国国家版本馆 CIP 数据核字（2024）第 055380 号

责任编辑：马 俊 孙 青／责任校对：严 娜
责任印制：肖 兴／封面设计：刘新新

科 学 出 版 社 出版
北京东黄城根北街 16 号
邮政编码：100717
http://www.sciencep.com
北京建宏印刷有限公司印刷
科学出版社发行 各地新华书店经销
*
2024 年 5 月第 一 版 开本：787×1092 1/16
2024 年 5 月第一次印刷 印张：20 1/4
字数：480 000
定价：228.00 元
（如有印装质量问题，我社负责调换）

"国际化绿色化背景下国家区域食物安全可持续发展战略研究"项目组

顾 问

宋 健 徐匡迪 周 济 潘云鹤 沈国舫

组 长

刘 旭

副组长

邓秀新 尹伟伦 盖钧镒

成 员

陈温福	康绍忠	陈剑平	山 仑	荣廷昭	朱有勇
宋宝安	刘广林	李召虎	梅旭荣	姚江林	万 忠
曾玉荣	吴普特	郑有良	陈代文	上官周平	黄季焜
王济民	吴伯志	高中琪	左家和	王东阳	王秀东

项目办公室

高中琪	左家和	黄海涛	张文韬	鞠光伟	王 波
宝明涛	宋莉莉	闫 琰	韩昕儒	王浩闻	王 庆

"西南地区食物安全可持续发展战略研究"
课题组成员名单

组　　长：荣廷昭　中国工程院院士；四川农业大学，教授
副 组 长：朱有勇　中国工程院院士；云南农业大学原校长，教授
　　　　　宋宝安　中国工程院院士；贵州大学校长，教授
　　　　　郑有良　四川农业大学原校长，教授
　　　　　陈代文　四川农业大学副校长，教授

主要成员：高世斌　四川农业大学，教授
　　　　　杨　松　贵州大学，教授
　　　　　吴开贤　云南农业大学，副教授
　　　　　陈　卓　贵州大学，教授
　　　　　潘光堂　四川农业大学，教授

课题综合报告主要执笔人：
　　　　　高世斌　杨　松　吴开贤　陈　卓　余　冰
专题研究和调研报告的主要执笔人与参加人员：
　　　四川农业大学：
　　　　　罗　娅　李志群　贺忠群　林海建　李芦江
　　　云南农业大学：
　　　　　吴伯志　杨清辉　黄必志　张应华　田　洋
　　　贵州大学：
　　　　　王德炉　陈　祥　陈　卓
　　　贵州省果树科学研究所：
　　　　　罗　会　罗　恎
　　　重庆市农业科学院：
　　　　　胡晓群
　　　广西壮族自治区农业农村厅：
　　　　　王凯学　左　明
　　　广西壮族自治区植保站：
　　　　　陈丽丽

丛 书 序

食物安全既是一个经济问题，更是一个重要的社会问题，事关国民经济发展和社会稳定大局。近些年我国的粮食连续增产，为保障国家粮食安全和食物安全，支撑经济社会发展提供了有力保障。但与此同时，我国生态环境承载压力在不断加大，耕地水资源的约束也越来越紧，农业环境污染比较突出，耕地质量下降，生产成本上升，灾害风险加大。面对资源、市场、气候、生态等各方面的挑战，实施新形势下国家粮食安全战略势在必行。2015 年《中共中央 国务院关于加快推进生态文明建设的意见》明确要求，"协同推进新型工业化、信息化、城镇化、农业现代化和绿色化"，从而形成新型工业化、城镇化、信息化、农业现代化和绿色化"五化"协同发展的战略推进格局。绿色化成为我国现代化建设的重要内涵，自然也成为农业现代化的重要遵循。"绿起来"同时也成为我国新阶段食物安全发展的新目标和新遵循。同时，加入世贸组织近 20 年来，我国农业全面对外开放的格局基本形成，我国农业与世界市场的关联程度日益增强，对我国农业产生了深刻的影响。

面对经济新常态和国际发展新形势，如何在国际化和绿色化背景下，充分发挥自然禀赋优势和市场决定性作用，促进资源、环境和现代生产要素的优化配置，加快推进形成人口分布、食物生产布局与资源环境承载能力相适应的耕地空间开发格局，就成为保障我国食物安全的关键问题。

2016 年 1 月至 2019 年 3 月，中国工程院开展了"国际化绿色化背景下国家区域食物安全可持续发展战略研究"重大咨询项目研究。项目在自然资源可持续利用原则指导下，以地理位置、地貌、气候、经济、农业与农作制的综合相似性为依据（分东北、华北、华中、东南沿海、西北、西南六个研究区域），结合经济社会发展重大区域（"一带一路"、京津冀和长江经济带）战略布局及产业效率效益引导，对我国区域食物安全可持续发展战略分专题进行系统深入研究。

项目对我国食物生产能力、消费水平、贸易情况及食物生产对环境影响情况进行了整体分析，并对我国区域食物在生产区域格局、区域自给率、各品种消费区域特征及粮食区域供需及流通格局进行了研究，发现如下问题：一是绿色化背景下我国区域食物安全面临着农产品国际竞争力不足的状况；二是资源环境约束日益趋紧，各区域面临不同模式资源环境制约绿色发展的现状；三是西部地区基础设施薄弱；四是区域食物安全协同发展存在利益协调机制不健全、协同调控机制不完善的问题。在此基础上，对我国区域食物安全保障应对国际化绿色化发展的资源、经济、环境及科技潜力进行了分析，为国际化绿色化区域食物安全可持续发展提出全国层面及各区域的战略构想和相关政策建议。

研究认为，我国粮食生产区域格局呈现生产重心由南向北、由东西部向中部转移；各区域食物自给率不均，呈现东北、华北、华中地区较高，西南、东南地区较低的特征；

谷物各品种消费区域特征明显，稻谷消费主要集中于华东、中南和西南地区，玉米消费主要集中在中南、华东和西南地区，小麦消费主要集中于华东、中南和华北地区；中国粮食主产区和主销区位置变迁，由历史上的"南粮北调"变为"北粮南运"，三种类型粮食流通区域基本形成，六大跨省物流通道保障区域产销平衡。

研究提出了国际化绿色化区域食物安全可持续发展的战略构想，为确保实现区域粮食安全、食物质量安全、生态环境安全、农业竞争力提升和农民持续增收提供了重要决策依据。全国层面战略主要包括区域大食物安全战略、区域产业融合战略、区域统筹协调发展战略、区域绿色可持续战略、区域国际化开放战略及农业品牌提升战略六大战略，各区域重点战略主要如下：东北地区为"保护黑土地，推进'粮经饲'三元结构和农牧结合"；华北地区为"发展水资源短缺条件下的适水农业"；华中地区为"走资源集约、资本集约、技术集约和规模经营发展道路"；东南沿海地区为"发展特色农业、精品农业、开放农业和三产融合新业态"；西南地区为"生态屏障、适度发展"；西北地区为"退耕还林还草、调整产业结构"。

"国际化绿色化背景下国家区域食物安全可持续发展战略研究"丛书是众多院士和多部门多学科专家、企业工程技术人员及政府管理者辛勤劳动和共同努力的结果，在此向他们表示衷心的感谢，特别感谢项目顾问组的指导。

希望本丛书的出版，对深刻认识国际化绿色化背景下我国食物安全面临的新挑战和新机遇，强化各区域食物安全保障能力，确保国家食物安全起到积极的作用。

"国际化绿色化背景下国家区域食物安全
可持续发展战略研究"项目组
2021 年 11 月 23 日

前　言

　　由四川、重庆、云南、贵州、广西和西藏 6 省（自治区、直辖市）组成的西南地区，是我国食物生产与消费的重要、特殊区域，该区域面积达 $2.577×10^6$ km²，占全国国土面积的 26.8%；2018 年区域内人口为 2.51 亿人，占全国总人口的 18%。西南地区生态屏障功能突出，处于我国地形的第一、第二阶梯，整体海拔较高，生物多样性和生态类型极为丰富，是长江、黄河等重要水系的发源地或上游区，同时也是我国临近边境和少数民族聚集的重要区域。因此，该区域食物安全的可持续发展，不仅是保障国家食物安全的重要组成部分，而且事关生态文明、边疆稳定、民族团结与乡村振兴等国家战略。

　　根据近 15 年来的统计数据，西南地区食物生产结构发生了显著变化，生产效率持续提高，但是生产规模已近极限，生产总量也已趋近稳定。粮食作物种植面积缩小，但单产水平提高，因此总产水平基本稳定。薯类作物、糖料作物、蔬菜作物和水果等种植面积和单产均不断增长，总产水平整体提升。动物性食物中，畜禽年末存栏数量基本稳定，但年末出栏量稳定增长，肉蛋奶和水产品生产量不断提高。在流通上，口粮有小额净调入量，且近年来有小幅增加；谷物总体不足，其中玉米的净调入量较大，且在不断增长；蔬菜、水果、糖料作物等调出量较大；动物性食物调出量较小，生猪、奶类以调入为主，随着草食畜牧业的不断发展，肉牛和肉羊逐渐提高调出量，总体动物性食物调入调出持平。在消费上，西南地区人均食物消费在量上的变化相对较小，但在结构上动物性食物比例增加，农村和城市消费结构趋近；但考虑到饲料用粮和工业用粮的增加，总体上食物消费量不断提高。

　　西南地区的食物安全既存有复杂的诸多问题和因素制约，又面临着发展的多维潜力和机遇。问题制约主要表现在：生态脆弱，自然资源限制因子多，农业基础设施薄弱；农业生产方式转变速度慢，农业经营主体不突出，食物三次产业结构不合理；科技创新能力不强，保障支撑服务体系不健全。上述问题使西南地区食物产业整体竞争力不强，食物国际贸易竞争力不足，区域食物安全还面临着不少挑战。同时，西南地区拥有生态、土地、能源等丰富多样的自然资源；丰富的生物多样性为特色高品质食物产业提供了品种及资源支撑，良好的生态环境不仅为山地绿色高效农业发展、生产绿色生态优质农产品提供了优越的先天条件，也为农旅融合大力发展生态旅游和乡村旅游打下了坚实基础；农业科技人才队伍和基础条件平台建设都得到了显著的进步，科技进步对食物安全的支撑作用日益显著；而在国家"西部大开发"战略以及"一带一路"倡议等实施过程中，西南地区近年来经济得到了迅速发展，为其农业产业结构调整、生产方式转变提供了重要的经济保障，也为地区农业科技条件进一步提升和食物安全支撑能力提升提供了坚实保障。

　　基于现状分析和综合判断，遵循《中共中央　国务院关于实施乡村振兴战略的意见》战略部署，结合西南自身生产条件和资源禀赋，我们提出了西南地区食物安全战略的总体定位为生态屏障、适度发展，社会定位为保边维稳、民族和谐，经济定位为提质增效、脱贫致富，数量定位为总量自足、动态平衡，质量定位为绿色发展、生态多样，贸易定位为跨境合作、双向平衡。提出了坚持"效益优先、绿色发展、因地制宜、市场主导"的原则；深入实施"藏粮于地、藏粮于技"战略，保障口粮生产能力的绝对安全；重点推进以农业供给侧结构性改革为主线，以农区农牧结合为重点，统筹适度规模经营与特色分散经营协调发展，发展种养加一体化，实现以质量生态效益为核心的食物安全可持续发展的总体思路。提出了以优化产业布局、突出区域发展特色、转变发展方式、强化和保护农村基础设施建设、完善政策与激励机制的发展路径。为此，西南地区食物安全可持续发展的战略目标是，到 2025 年区域食物供给总体供需平衡，粮食供给率长期保持在 85% 以上；口粮持续生产能力绝对安全，绿色、优质畜禽产品自给有余，部分可调出；到 2035 年西南地区食物安全可持续发展取得稳定成效；粮食生产能力在农业基础设施和科技支撑两个关键方面得到有效巩固与保障，粮食自给率稳定在 88% 以上；绿色、有机和地理标志农产品比例不低于 65%；向绿色、优质和高效生产方式的转变稳步推进，农业环境突出问题治理取得稳定成效，化肥农药利用率在 45% 以上，畜禽养殖废弃物综合利用率达到 95% 以上。

为实现西南地区食物安全的战略构想，我们建议实施以下重大工程：一是建立西南农业基因资源研究与利用国家重点实验室或工程中心，二是建立中国-东南亚农业产业国际合作科技示范基地，三是建立西南地区特色农业产业研究中心，四是实施西南丘陵山地农业基础设施建设工程，五是实施适应西南地区特点的农业设施化机械化建设工程，六是实施西南地区食物安全绿色化建设工程。同时，提出了完善西南地区生态屏障保护与农业协调发展政策性补贴，完善农业产业结构调整政策性补贴，实施中国同"一带一路"沿线国家农业合作倡议，完善农民返乡创业和传承区域特色文化鼓励政策，完善西南地区涉农人力和人才资源开发与稳定的政策建议。

本研究持续时间为 2016 年 1 月至 2019 年 3 月，书稿中涉及的数据等内容也基本在此时间范围内，在编辑出版过程中有部分更新。

"西南地区食物安全可持续发展战略研究"课题组
2020 年 8 月

目　录

课题综合报告

专 题 研 究

调 研 报 告

课题综合报告

第一章 西南地区食物生产现状与供需趋势分析

从作物种植面积、单产和总产，畜禽存/出栏量，肉蛋奶产量等生产现状，区域食物调入调出情况，食物消费量及结构现状方面进行分析，理清西南地区粮食（谷物、薯类、豆类、杂粮）、口粮（水稻、小麦、青稞）、谷物（扣除口粮后的玉米、谷子、大麦、燕麦、黍子、高粱等）、植物性食物（豆类、薯类、油料、糖料、蔬菜、水果等）和动物性食物（生猪、肉牛、肉羊、奶、蛋、水产品）的安全现状，为制定西南地区食物安全可持续发展战略提供依据。

一、西南地区食物生产现状分析

近年，西南地区主要粮食作物种植面积缩小，但单产水平提高，因此总产水平基本稳定。薯类作物、糖料作物、蔬菜作物和水果等种植面积和单产均不断增长，总产水平整体提升；动物性食物中，家畜年末存栏数量稳中略降，但年末出栏量稳定增长，肉蛋奶和水产品生产量不断提高。综合来看，西南地区食物生产能力提高，但主要植物性食物的单产水平低于全国（除豆类和糖料作物）；同时，粮食在全国的总产占比下降，而动物类食物和部分经济价值较高的植物性食物（豆类、油料作物、蔬菜作物、水果）的占比提高。

（一）粮食生产现状

1. 粮食作物种植面积缩小

西南地区粮食作物播种面积总体稳中略降。2017年播种面积为18 583.3千hm²[①]，较2000年减少了2276.9千hm²，降幅为10.9%（表1-1）。

表1-1　西南地区粮食作物播种面积　　（单位：千hm²）

年份	全国	西南	广西	重庆	四川	贵州	云南	西藏
2000	108 462.7	20 860.2	3 640.9	2 773.4	6 854.5	3 151.3	4 238.7	201.4
2005	104 278.5	20 067.6	3 496.2	2 501.3	6 564.8	3 073.7	4 253.9	177.7
2010	109 876.1	19 191.1	3 061.1	2 243.9	6 402.0	3 039.5	4 274.4	170.2
2011	110 573.0	19 325.4	3 072.8	2 259.4	6 440.5	3 055.6	4 326.9	170.2
2012	111 204.6	19 421.7	3 069.1	2 259.6	6 468.2	3 054.3	4 399.6	170.9
2013	111 955.6	19 593.5	3 076.0	2 253.9	6 469.9	3 118.4	4 499.4	175.9
2014	112 722.6	19 600.6	3 067.7	2 242.5	6 467.4	3 138.4	4 508.2	176.4
2015	113 343.0	19 528.4	3 059.3	2 234.0	6 454.0	3 114.9	4 487.3	178.9

---

① 在本书引用的资料中，"千hm²"被作为常用单位，在本书中沿用。1千hm²=0.1万hm²，后同。

年份	全国	西南	广西	重庆	四川	贵州	云南	西藏
2016	119 230.1	19 502.9	3 023.0	2 250.0	6 453.0	3 113.0	4 481.0	182.9
2017	117 989.1	18 583.3	2 853.0	2 030.7	6 291.9	3 052.8	4 169.2	185.7
平均	108 751.6	19 586.7	3 219.7	2 360.4	6 498.1	3 055.7	4 273.6	179.2

数据来源：国家统计局。最后一行平均数据为 2000~2017 年各年份（包括未列出数据的年份）的平均，后同。

2. 粮食作物单产水平提高

西南地区粮食作物单产水平不断提高，自 2000 年的每公顷 4186.3kg 增加到 2017 年的 4913.9kg，增幅为 17.4%（表 1-2）。

表 1-2　西南地区粮食作物单位面积产量 　　　　　　（单位：kg/hm²）

年份	全国	西南	广西	重庆	四川	贵州	云南	西藏
2000	4261.1	4186.3	4198.1	3991.1	4919.4	3685.1	3462.9	4776.6
2005	4641.6	4298.4	4253.2	4669.6	4891.2	3747.9	3561.2	5233.5
2010	4973.6	4504.6	4613.7	5152.2	5034.2	3659.5	3860.2	5358.4
2011	5165.9	4436.9	4653.4	4987.6	5110.8	2869.8	4056.9	5505.3
2012	5301.8	4603.2	4838.2	5038.5	5125.1	3533.1	4154.5	5553.0
2013	5376.6	4634.6	4947.3	5093.8	5235.2	3303.0	4217.5	5469.0
2014	5385.1	4709.6	5001.8	5103.7	5218.3	3627.6	4305.0	5555.6
2015	5482.8	4799.6	4984.1	5169.7	5334.4	3788.2	4389.7	5623.3
2016	5539.2	4803.4	5032.4	5182.2	5398.3	3830.4	4246.6	5571.4
2017	5607.4	4913.9	4803.7	5317.8	5545.1	4069.9	4421.5	5738.2
平均	4924.4	4427.6	4577.6	4727.0	4968.1	3657.6	3850.2	5383.2

数据来源：国家统计局。

3. 粮食作物总产小幅增加

西南地区粮食作物总产水平稳中有升。与 2000 年相比，2017 年总产增加了 399 万 t，达到了 9131.7 万 t（表 1-3）。

表 1-3　西南地区粮食作物总产量 　　　　　　（单位：万 t）

年份	全国	西南	广西	重庆	四川	贵州	云南	西藏
2000	46 217.5	8 732.7	1 528.5	1 106.9	3 372.0	1 161.3	1 467.8	96.2
2005	48 402.0	8 625.9	1 487.0	1 168.0	3 211.0	1 152.0	1 514.9	93.0
2010	54 647.7	8 644.8	1 412.3	1 156.1	3 222.9	1 112.3	1 650.0	91.2
2011	57 120.8	8 574.4	1 429.9	1 126.9	3 291.6	876.9	1 755.4	93.7
2012	58 958.0	8 940.2	1 484.9	1 138.5	3 315.0	1 079.1	1 827.8	94.9
2013	60 193.8	9 080.8	1 521.8	1 148.1	3 387.1	1 030.0	1 897.6	96.2
2014	60 702.6	9 231.1	1 534.4	1 144.5	3 374.9	1 138.5	1 940.8	98.0

年份	全国	西南	广西	重庆	四川	贵州	云南	西藏
2015	62 143.9	9 372.9	1 524.8	1 154.9	3 442.8	1 180.0	1 969.8	100.6
2016	66 043.5	9 368.0	1 521.3	1 166.0	3 483.5	1 192.4	1 902.9	101.9
2017	66 160.7	9 131.7	1 370.5	1 079.9	3 488.9	1 242.5	1 843.4	106.5
平均	53 746.6	8 660.7	1 466.4	1 106.4	3 226.2	1 116.9	1 648.7	96.3

数据来源：国家统计局。

（二）口粮生产现状

1. 口粮种植面积总体减少

近年来，西南地区口粮种植面积总体减少。水稻种植面积稳中有降，2017 年有 5907.6 千 hm²，较 2000 年减少了 1119.5 千 hm²（表 1-4）；而小麦种植面积急剧萎缩，2017 年较 2000 年减少了 63.5%，仅有 1224.9 千 hm²（表 1-5）。

表 1-4　西南地区水稻播种面积　　　　　　　（单位：千 hm²）

年份	全国	西南	广西	重庆	四川	贵州	云南	西藏
2000	29 961.7	7 027.1	2 301.6	776.6	2 123.8	750.5	1 073.6	1.0
2005	28 847.4	6 967.8	2 360.4	747.9	2 087.5	721.7	1 049.3	1.0
2010	29 873.4	6 500.6	2 094.4	683.9	2 004.5	695.8	1 021.0	1.0
2011	30 057.0	6 528.9	2 078.5	686.5	2 007.9	681.5	1 073.5	1.0
2012	30 137.1	6 509.3	2 057.6	687.0	1 997.8	683.0	1 082.9	1.0
2013	30 311.7	6 564.2	2 046.6	688.7	1 990.7	684.5	1 152.7	1.0
2014	30 309.9	6 535.4	2 026.2	689.7	1 991.8	682.0	1 144.7	1.0
2015	30 215.7	6 476.9	1 983.9	688.3	1 990.8	675.1	1 137.8	1.0
2016	30 745.9	6 447.1	1 959.8	692.1	1 990.0	674.2	1 130.0	1.0
2017	30 747.2	5 907.6	1 801.7	658.5	1 874.9	700.5	870.6	1.0
平均	29 454.9	6 666.4	2 162.0	709.4	2 028.5	702.9	1 062.5	1.1

数据来源：国家统计局。

表 1-5　西南地区小麦播种面积　　　　　　　（单位：千 hm²）

年份	全国	西南	广西	重庆	四川	贵州	云南	西藏
2000	26 653.3	3 355.6	19.5	466.2	1 605.0	567.4	645.6	51.9
2005	22 792.4	2 537.6	10.7	279.7	1 262.3	410.6	532.3	42.0
2010	24 256.5	2 147.2	4.2	150.5	1 265.7	260.8	428.9	37.1
2011	24 270.4	2 132.3	1.5	138.4	1 259.3	257.6	437.9	37.6
2012	24 268.3	2 100.7	1.5	125.4	1 234.1	259.8	442.2	37.7
2013	24 117.3	2 052.3	1.8	107.6	1 216.0	251.8	437.3	37.8
2014	24 069.4	1 981.9	1.4	87.0	1 170.7	251.5	434.4	36.9
2015	24 141.0	1 911.5	5.1	69.7	1 119.0	248.7	432.7	36.3

年份	全国	西南	广西	重庆	四川	贵州	云南	西藏
2016	24 694.0	1 862.8	6.4	59.8	1 088.0	241.7	430.3	36.6
2017	24 508.0	1 224.9	3.1	30.1	652.7	156.0	343.7	39.4
平均	23 919.8	2 322.1	7.2	208.1	1 253.2	333.3	480.2	40.2

数据来源：国家统计局。

2. 口粮单产水平稳中有升

2017 年西南全区水稻平均单产为 6702 kg/hm^2。从历年变化来看，整体上西南地区的水稻单产有小幅提升（表 1-6）；而小麦近年来单产稳中有增，增长幅度为 18%，2017 年单产（3255kg/hm^2）仅为全国（5481kg/hm^2）的 59.4%（表 1-7）。

表 1-6　西南地区水稻单位面积产量　　　　（单位：kg/hm^2）

年份	全国	西南	广西	重庆	四川	贵州	云南	西藏
2000	6272	6318	5329	6862	7695	6361	5292	6000
2005	6260	6195	4953	6973	7213	6551	6159	6000
2010	6553	6484	5353	7583	7544	6405	6039	6020
2011	6687	6246	5216	7189	7605	4460	6229	6000
2012	6777	6489	5550	7249	7689	5893	5953	5567
2013	6717	6457	5649	7305	7784	5279	5794	5789
2014	6813	6527	5755	7296	7664	5913	5819	4748
2015	6891	6600	5735	7357	7799	6180	5813	4787
2016	6866	6684	5803	7377	7830	6385	5946	5571
2017	6917	6702	5660	7391	7860	6407	6079	5000
平均	6516	6331	5330	7040	7421	6099	5870	5435

数据来源：国家统计局。

表 1-7　西南地区小麦单位面积产量　　　　（单位：kg/hm^2）

年份	全国	西南	广西	重庆	四川	贵州	云南	西藏
2000	3738	2750	1385	2173	3315	1824	2361	5915
2005	4275	2813	1682	2810	3386	1778	2008	6095
2010	4748	2651	1357	3051	3379	952	1072	6553
2011	4837	3062	1419	3063	3462	1956	2258	6625
2012	4987	3051	1333	3066	3541	2017	1997	6512
2013	5056	2979	1453	3132	3465	2046	1842	6366
2014	5244	3124	1399	3099	3615	2445	1925	6427
2015	5393	3274	1729	3279	3810	2475	2094	6438
2016	5397	3255	1654	3283	3740	2472	2078	6306
2017	5481	3255	1623	3246	3855	2642	2144	5576
平均	4646	2916	1492	2904	3431	1919	2052	6361

数据来源：国家统计局。

3. 口粮总产水平逐年下降

近年来水稻总产稳中有降，2017 年西南水稻总产为 3959.0 万 t，较 2000 年减少了 480.9 万 t，降幅为 10.8%（表 1-8）；2017 年小麦总产为 398.7 万 t，较 2000 年减少了 524 万 t，降幅达 56.8%（表 1-9）。

表 1-8　西南地区水稻总产量　　　　　　（单位：万 t）

年份	全国	西南	广西	重庆	四川	贵州	云南	西藏
2000	18 790.8	4 439.9	1 226.5	532.9	1 634.3	477.4	568.2	0.6
2005	18 059.0	4 316.8	1 169.0	521.5	1 506.0	473.0	646.3	1.0
2010	19 576.1	4 214.9	1 121.3	518.6	1 512.1	445.7	616.6	0.6
2011	20 100.1	4 077.9	1 084.1	493.5	1 527.1	303.9	668.7	0.6
2012	20 423.6	4 223.6	1 142.0	498.0	1 536.1	402.4	644.6	0.5
2013	2 0361.2	4 238.6	1 156.2	503.1	1 549.5	361.3	667.9	0.6
2014	20 650.7	4 265.6	1 166.1	503.2	1 526.5	403.2	666.1	0.5
2015	20 822.5	4 274.5	1 137.8	506.4	1 552.6	417.5	659.7	0.5
2016	18 970.7	4 309.0	1 137.3	510.6	1 558.2	430.5	671.9	0.5
2017	21 267.6	3 959.0	1 019.8	487.0	1 473.7	448.8	529.2	0.5
平均	19 098.3	4 215.0	1 147.4	495.7	1 520.8	427.6	623.0	0.6

数据来源：国家统计局。

表 1-9　西南地区小麦总产量　　　　　　（单位：万 t）

年份	全国	西南	广西	重庆	四川	贵州	云南	西藏
2000	9 963.7	922.7	2.7	101.3	532.1	103.5	152.4	30.7
2005	9 744.5	713.7	1.8	78.6	427.4	73.0	106.9	26.0
2010	11 614.1	569.3	0.6	45.9	427.7	24.8	46.0	24.3
2011	11 862.5	652.9	0.2	42.4	436.0	50.4	99.0	24.9
2012	12 254.0	641.0	0.2	38.5	437.0	52.4	88.8	24.6
2013	12 371.0	611.4	0.3	33.7	421.3	51.5	80.5	24.1
2014	12 832.1	619.2	0.2	27.0	423.2	61.5	83.6	23.7
2015	13 263.9	625.8	0.9	22.9	426.3	61.7	90.6	23.4
2016	13 327.1	606.3	1.1	19.6	413.4	59.7	89.4	23.1
2017	13 433.4	398.7	0.5	9.8	251.6	41.2	73.7	21.9
平均	11 200.1	668.3	1.0	54.8	427.3	60.4	99.3	25.5

数据来源：国家统计局。

（三）谷物生产现状

1. 谷物种植面积缩小

2017 年西南地区谷物（不含口粮）总播种面积 13 392.9 千 hm²，较 2000 年缩减了 2349.3 千 hm²，降幅为 14.9%（表 1-10）。作为主要谷物之一的玉米，近年来种植面积则逐年增长，但增长幅度（35.0%）小于全国平均水平（83.9%）（表 1-11）。

表 1-10　西南地区谷物总播种面积　　　　（单位：千 hm²）

年份	全国	西南	广西	重庆	四川	贵州	云南	西藏
2000	85 264.2	15 742.2	2 955.6	1 793.5	5 202.2	2 126.6	3 473.6	190.7
2005	81 873.9	14 459.3	2 959.4	1 537.1	4 778.5	1 928.3	3 087.8	168.2
2010	92 621.3	13 806.8	2 648.0	1 319.7	4 781.6	1 831.2	3 063.4	163.0
2011	94 615.3	13 879.8	2 665.8	1 316.4	4 787.1	1 829.0	3 118.4	163.1
2012	97 142.2	13 894.5	2 658.7	1 305.4	4 769.7	1 829.1	3 167.9	163.8
2013	99 287.6	14 013.2	2 656.1	1 292.1	4 758.3	1 864.2	3 273.2	169.2
2014	101 086.8	13 942.2	2 631.2	1 276.9	4 720.4	1 869.7	3 274.4	169.7
2015	103 225.3	13 860.6	2 632.6	1 262.2	4 685.4	1 841.7	3 266.0	172.8
2016	102 701.7	13 752.5	2 594.3	1 260.9	4 649.5	1 816.5	3 255.0	176.3
2017	100 764.6	13 392.9	2 436.5	1 156.8	4 507.7	1 938.8	3 173.1	180.0
平均	90 444.8	14 132.1	2 744.4	1 407.7	4 805.2	1 881.2	3 122.4	171.4

数据来源：国家统计局。

表 1-11　西南地区玉米播种面积　　　　（单位：千 hm²）

年份	全国	西南	广西	重庆	四川	贵州	云南	西藏
2000	23 056.3	4 207.0	610.7	500.6	1 235.5	727.3	1 129.7	3.2
2005	26 358.1	4 138.0	575.7	460.3	1 196.6	719.5	1 182.6	3.3
2010	32 500.1	4 559.0	538.6	461.9	1 355.4	781.1	1 417.8	4.2
2011	33 541.7	4 596.9	565.9	466.9	1 363.1	787.8	1 409.0	4.2
2012	35 029.8	4 656.5	580.5	468.4	1 371.1	775.2	1 456.9	4.4
2013	36 318.4	4 720.1	587.6	466.7	1 378.0	778.4	1 505.1	4.3
2014	37 123.4	4 750.5	584.0	467.9	1 381.2	787.5	1 525.7	4.2
2015	38 119.0	4 780.4	622.6	470.8	1 402.0	763.2	1 517.3	4.5
2016	44 177.6	4 741.8	609.3	475.3	1 399.0	740.3	1 513.2	4.7
2017	42 399.0	5 677.5	591.2	447.3	1 863.9	1 006.4	1 763.8	4.9
平均	31 363.8	4 457.8	560.6	466.1	1 331.6	757.9	1 337.7	3.9

数据来源：国家统计局。

2. 谷物单产水平提高

　　2017 年西南地区谷物(不含口粮)单产水平为 5605.1kg/hm²，较 2000 年增加了 19.2%，但仍低于全国单产水平 6105.4kg/hm²（表 1-12）。但玉米单产总体呈现增长趋势，从 2000 年的 4150kg/hm² 增长到 2017 年的 5195kg/hm²，增长幅度为 25.2%（表 1-13）。

表 1-12　西南地区谷物单位面积产量　　　　（单位：kg/hm²）

年份	全国	西南	广西	重庆	四川	贵州	云南	西藏
2000	4752.6	4701.7	4790.6	4702.5	5442.9	4398.6	3691.0	4886.7

续表

年份	全国	西南	广西	重庆	四川	贵州	云南	西藏
2005	5224.6	4884.0	4679.7	5502.5	5402.1	4673.3	4077.8	5327.7
2010	5527.5	5134.8	5032.1	6229.4	5556.5	4978.2	4171.7	5429.8
2011	5713.9	5015.7	5001.2	6070.9	5752.3	3365.7	4389.8	5581.3
2012	5832.6	5243.3	5252.6	6121.8	5746.7	4483.5	4534.5	5627.8
2013	5907.1	5255.5	5366.7	6227.6	5916.6	3973.2	4536.9	5522.7
2014	5896.1	5352.7	5456.5	6240.5	5898.2	4364.3	4687.6	5611.7
2015	5988.7	5436.1	5403.3	6339.3	6032.8	4570.7	4733.0	5669.3
2016	6004.4	5523.7	5475.7	6394.0	6122.4	4709.7	4816.3	5662.8
2017	6105.4	5605.1	5327.3	6538.9	6282.1	4903.1	4941.8	5666.8
平均	5462.7	5040.4	5013.4	5715.7	5538.2	4536.7	4294.2	5432.3

数据来源：国家统计局。

表 1-13　西南地区玉米单位面积产量　　　　　　（单位：kg/hm²）

年份	全国	西南	广西	重庆	四川	贵州	云南	西藏
2000	4598	4150	3016	3945	4431	4705	4190	4375
2005	5287	4401	3682	5064	4854	4785	3799	5152
2010	5454	4739	3875	5446	4936	5318	4323	6540
2011	5748	4455	4325	5504	5147	3094	4246	6627
2012	5870	4839	4317	5471	5115	4415	4805	6023
2013	6016	4917	4526	5530	5533	3829	4878	5764
2014	5809	4913	4562	5471	5444	3985	4872	5745
2015	5893	4977	4508	5516	5462	4245	4925	1854
2016	5967	5104	4572	5569	5670	4382	4999	5851
2017	6110	5195	4594	5647	5730	4384	5176	6148
平均	5427	4557	3920	5051	4893	4556	4321	5302

数据来源：国家统计局。

3. 谷物总产水平稳定

西南地区谷物（不含口粮）总产量总体保持稳定，2017 年为 7506.9 万 t，较 2000 年仅增长了 105.4 万 t（表 1-14）。其中玉米的总产量呈逐年增加的趋势，17 年来增加了 1203.4 万 t，达到了 2949.4 万 t，增幅达 68.9%（表 1-15）。

表 1-14　西南地区谷物总产量　　　　　　（单位：万 t）

年份	全国	西南	广西	重庆	四川	贵州	云南	西藏
2000	40 522.0	7 401.5	1 415.9	843.4	2 831.5	935.4	1 282.1	93.2
2005	42 776.0	7 062.0	1 384.9	845.8	2 581.4	901.2	1 259.2	89.6
2010	51 196.8	7 089.5	1 332.5	822.1	2 656.9	911.6	1 278.0	88.5

年份	全国	西南	广西	重庆	四川	贵州	云南	西藏
2011	54 061.7	6 961.6	1 333.2	799.2	2 753.7	615.6	1 368.9	91.0
2012	56 659.0	7 285.3	1 396.5	799.1	2 741.0	820.1	1 436.5	92.2
2013	58 650.4	7 364.6	1 425.5	804.7	2 815.3	740.7	1 485.0	93.5
2014	59 601.5	7 462.8	1 435.7	796.8	2784.2	816.0	1 534.9	95.2
2015	61 818.4	7 534.7	1 422.4	800.2	2826.6	841.8	1 545.8	98.0
2016	61 666.5	7 596.4	1 420.6	806.2	2846.6	855.5	1 567.7	99.8
2017	61 520.5	7 506.9	1 298.0	756.4	2831.8	950.6	1 568.1	102.0
平均	49 743.4	7 109.3	1 371.4	794.3	2657.0	851.7	1 342.0	93.0

数据来源：国家统计局。

表 1-15　西南地区玉米总产量　　　　　　　　　　（单位：万 t）

年份	全国	西南	广西	重庆	四川	贵州	云南	西藏
2000	10 600.0	1 746.0	184.2	197.5	547.4	342.2	473.3	1.4
2005	13 936.5	1 821.1	212.0	233.1	581.0	344.0	449.3	1.7
2010	19 075.2	2 160.5	208.7	251.6	669.0	415.4	613.0	2.8
2011	21 131.6	2 048.0	244.7	257.0	701.6	243.7	598.2	2.8
2012	22 955.9	2 253.1	250.6	256.3	701.3	342.3	700.0	2.6
2013	21 848.9	2 321.0	266.0	258.1	762.4	298.0	734.0	2.5
2014	24 976.4	2 333.8	266.4	256.0	751.9	313.8	743.3	2.4
2015	26 499.2	2 379.0	280.7	259.7	765.7	324.8	747.3	0.8
2016	26 361.3	2 420.2	278.6	264.7	793.2	324.4	756.5	2.8
2017	25 907.1	2 949.4	271.6	252.6	1068.0	441.2	912.9	3.0
平均	18 147.4	2 044.0	220.2	234.7	657.2	344.2	585.6	2.1

数据来源：国家统计局。

（四）植物类食物生产现状

1. 种植面积持续增加

西南六省（自治区、直辖市）植物类食物的主要植物种植面积总体持续增加。其中，豆类和薯类作物种植面积基本稳定，2017 年豆类种植面积 1639.2 千 hm² ，较 2000 年的 1601 千 hm² 增加了 38.2 千 hm² 。薯类 2017 年达 3551.3 千 hm² ，较 2000 年仅增加 19 千 hm² ；而油料作物、糖料作物、蔬菜作物和果树种植面积均有较大幅度的增加。油料作物 2017 年较 2000 年增幅为 28.7%，达到 3006.3 千 hm² ；2000 年糖料作物种植面积为 819.0 千 hm² ，2016 年增加至 1136.2 千 hm² ，增幅达 38.7%；蔬菜作物种植面积增幅更大，2000 年为 2790.6 千 hm² ，2017 年增加至 5812.4 千 hm² ，增幅达 108.3%；果树种植面积从 2000 年的 1495 千 hm² 增加至 2017 年的 3138 千 hm² ，增幅为 112.9%。

2. 单产水平不断提高

除了面积，西南六省（自治区、直辖市）主要植物类食物的单产水平也不断提高。2016 年豆类单产 1960kg/hm²，较 2000 年的 1527kg/hm² 增长了 28.4%；薯类作物单产从 2000 年的 3076.7kg/hm² 增长到 2017 年的 3640.4kg/hm²，增幅 18.3%；2016 年糖料作物单产 73 865.7kg/hm²，较 2000 年增长了 31.5%；油料作物从 2000 年的 1661.2kg/hm² 增长到 2017 年的 2205.2kg/hm²，增长了 32.7%；2016 年蔬菜作物单产 23 794.7kg/hm²，较 2000 年增加了 12.4%；2017 年全区水果平均单产 13 355kg/hm²，较 2000 年增加 8442kg，增幅达 171.8%。

3. 总产水平整体上升

由于单产和种植面积均增加，西南地区非主粮食物的总体生产水平提升。其中，2016 年大豆总产水平已达到 123.7 万 t，较 2000 年增幅达 13.8%（表 1-16）；在全国薯类作物总产下降的背景下，西南地区薯类作物总产大幅度提高，2017 年较 2000 年增幅高达 19.0%（表 1-17）；油料作物近 17 年来增长幅度达到了 70.9%（表 1-18）；糖料作物 16 年来已增长了 103.8%，较全国同期增长高出 57.4 个百分点，同时占全国的比例也由原来的 60.3% 提高到 83.9%（表 1-19）；蔬菜作物 2000～2016 年增加了 122%，达到了 13 110.3 万 t，占全国蔬菜总量的 19.4%（表 1-20）；水果总产急剧提升，2000 年以来提高了 4 倍多，达到了 4190.8 万 t，已占全国总产量的 16.6%（表 1-21）。

表 1-16　西南地区大豆总产量　（单位：万 t）

年份	全国	西南	广西	重庆	四川	贵州	云南	西藏
2000	1540.9	108.7	36.4	8.8	37.4	18.1	7.7	0.26
2005	1540.6	111.9	34.4	5.9	38.6	16.7	16.0	0.30
2010	1650.5	118.8	32.3	9.3	42.5	18.4	15.9	0.40
2011	1539.3	125.0	36.0	10.0	46.0	17.7	14.8	0.43
2012	1740.2	135.3	31.1	16.5	49.1	17.9	20.0	0.06
2013	1634.8	136.0	32.1	17.7	52.6	16.2	17.4	0.13
2014	1508.2	87.8	14.0	8.3	40.3	14.1	10.9	0.19
2015	1279.3	106.5	14.2	13.3	46.0	14.9	17.9	0.17
2016	1570.9	123.7	14.6	15.4	50.6	16.6	26.2	0.07
平均	1470.9	122.2	21.8	15.3	47.9	14.6	22.5	0.13

数据来源：国家统计局。

表 1-17　西南地区薯类作物总产量　（单位：万 t，折粮）

年份	全国	西南	广西	重庆	四川	贵州	云南	西藏
2000	3685.2	1086.7	67.6	239.3	447.8	186.4	145.5	0.09
2005	3468.5	1232.9	62.1	280.3	498.2	213.1	178.6	0.57
2010	2842.7	1164.0	56.2	292.1	467.7	174.1	173.6	0.35
2011	2924.3	1212.4	67.8	284.3	441.7	239.3	178.9	0.36

年份	全国	西南	广西	重庆	四川	贵州	云南	西藏
2012	2883.0	1258.9	64.8	294.4	480.4	235.8	183.0	0.45
2013	2855.5	1321.6	73.0	297.4	479.7	263.4	207.6	0.51
2014	2798.8	1352.9	74.2	301.1	494.5	289.9	192.7	0.54
2015	2729.4	1400.2	78.4	306.8	516.3	303.8	194.2	0.66
2016	2726.3	1417.5	76.1	311.4	531.1	301.9	196.5	0.61
2017	2798.6	1292.8	47.8	283.3	537.9	266.3	157.0	0.54
平均	3060.6	1203.6	63.3	274.2	464.3	226.9	174.2	0.59

数据来源：国家统计局。

表 1-18 西南地区油料作物总产量 （单位：万 t）

年份	全国	西南	广西	重庆	四川	贵州	云南	西藏
2000	2954.8	387.9	58.6	31.1	193.0	74.3	27.0	3.96
2005	3077.1	465.5	63.2	42.7	232.3	84.9	36.2	6.13
2010	3212.5	459.2	45.8	44.5	268.5	60.3	34.2	5.86
2011	3285.6	521.1	50.1	46.5	278.5	78.9	60.8	6.35
2012	3287.4	548.9	54.5	50.1	287.8	87.4	62.8	6.33
2013	3371.9	559.4	57.2	53.1	290.4	91.5	60.7	6.38
2014	3390.5	588.1	61.3	56.9	300.8	98.1	64.7	6.38
2015	3390.5	605.8	64.7	59.9	307.6	101.3	65.9	6.40
2016	3400.1	621.1	69.0	62.7	311.3	103.4	68.5	6.21
2017	3475.2	662.9	64.9	62.4	357.9	115.5	56.3	5.94
平均	3117.0	482.9	53.5	43.9	254.0	82.2	43.5	5.70

数据来源：国家统计局。

表 1-19 西南地区糖料作物总产量 （单位：万 t）

年份	全国	西南	广西	重庆	四川	贵州	云南	西藏
2000	7 635.3	4 601.1	2 937.9	9.1	166.8	66.7	1 420.6	—
2005	9 451.9	6 783.1	5 154.7	11.5	133.2	67.8	1 415.9	—
2010	11 303.4	9 028.2	7 119.6	11.7	93.6	52.3	1 751.0	—
2011	11 663.1	9 312.2	7 270.0	11.8	88.0	43.6	1 898.8	—
2012	12 451.8	10 075.0	7 829.7	11.9	61.5	128.1	2 043.8	—
2013	12 555.0	10 478.0	8 104.3	10.9	57.1	159.4	2 146.3	—
2014	12 088.7	10 297.4	7 952.6	10.3	55.8	168.3	2 110.4	—
2015	11 215.2	9 655.1	7 504.9	9.8	54.2	156.1	1 930.1	—
2016	11 176.0	9 376.8	7 461.5	9.7	49.6	117.8	1 738.4	—
平均	10 882.1	8 380.8	6 428.6	11.0	106.9	88.7	1 745.7	—

数据来源：国家统计局。"—"表示无数据，余同。

表 1-20　西南地区蔬菜作物（含菜用瓜）总产量　（单位：万 t）

年份	全国	西南	广西	重庆	四川	贵州	云南	西藏
2000	44 467.9	5 905.1	1 613.2	781.9	2 312.6	595.2	584.8	17.4
2005	56 451.5	7 589.1	2 130.6	890.5	2 714.3	839.9	970.9	42.9
2010	53 030.9	9 362.3	2 129.4	1 309.5	3 408.3	1 202.0	1 255.0	58.1
2011	59 766.6	9 878.2	2 246.4	1 408.0	3 573.6	1 250.1	1 340.0	60.1
2012	61 624.5	10 544.6	2 356.7	1 509.3	3 764.7	1 375.6	1 472.7	65.6
2013	63 198.0	11 139.8	2 435.6	1 600.6	3 910.7	1 500.4	1 625.5	67.0
2014	64 948.7	11 797.8	2 610.1	1 689.1	4 069.3	1 625.6	1 735.5	68.2
2015	66 425.1	12 483.1	2 786.4	1 780.5	4 240.8	1 731.9	1 873.9	69.6
2016	67 434.2	13 110.3	2 928.8	1 875.1	4 388.6	1 878.5	1 968.6	70.7
平均	56 659.2	8 859.5	2 148.3	1 174.1	3 191.1	1 089.1	1 209.11	47.8

数据来源：国家统计局。

表 1-21　西南地区水果总产量　（单位：万 t）

年份	全国	西南	广西	重庆	四川	贵州	云南	西藏
2000	6 225.1	803.2	360.1	81.7	252.6	31.1	77.0	0.7
2005	16 120.1	1 715.3	766.8	154.6	527.2	96.0	169.7	0.9
2010	20 095.4	2 578.1	1 094.4	238.5	722.9	123.5	397.9	0.9
2011	21 018.6	2 866.1	1 223.0	261.1	776.6	128.0	476.4	1.0
2012	22 091.5	3 167.6	1 325.0	291.2	821.6	147.7	581.1	1.0
2013	22 748.1	3 396.2	1 433.2	319.3	840.1	167.8	634.5	1.3
2014	23 302.6	3 659.6	1 560.6	347.6	884.6	196.4	669.0	1.4
2015	24 524.6	3 983.1	1 720.0	376.0	934.2	224.9	726.5	1.5
2016	24 405.2	4 275.0	1 882.5	408.7	979.3	243.9	759.1	1.5
2017	25 241.9	4 190.8	1 900.4	290.3	1 008.0	208.1	783.9	0.2
平均	17 797.0	2 468.7	1 070.7	220.6	663.7	129.1	383.5	0.9

数据来源：国家统计局。

（五）动物类食物生产现状

1. 家畜年末存栏数量稳中略降

西南地区家畜年末存栏数量基本稳定，部分家畜数量降低。2000~2017 年猪年末存栏头数平均 13 555 万头，2017 年 12 530.3 万头，较 2000 年的 13 976.2 万头降低了 10.4%；牛存栏数总体保持在 3600 万头左右，2017 年 3184.1 万头，较 2000 年的 3981.2 万头降低了 20.0%；羊的存栏数较为稳定，平均 4860 万只，2017 年羊年末存栏数量有 4877.52 万只，较 2000 年 4622.94 仅增长了 5.5%。

2. 畜禽年末出栏数量稳定增长

2000~2017 年，西南地区畜禽年末出栏数量稳定增长。与 2000 年相比，2017 年猪的年末出栏数达到 17 324.6 万头,增长了 27.8%;牛的年末出栏头数 1092.4 万头,增长了 78.5%;羊的年末出栏规模达到了 3 873 万只,增长了 68%;家禽的养殖屠宰量达 207 038.4 万只,增长 75.9%。

3. 畜禽产品生产量较快增加

2000~2017 年,西南地区畜禽产品生产总量快速增加。2017 年,肉类总产量为 1912.3 万 t,较 2000 年增加了 44.5%(表 1-22);蛋类生产量这 17 年增长了 62.2%,高于全国同期增长率,2017 年总产达 258.5 万 t(表 1-23);奶类产量达到了 175.2 万 t,较 2000 年增长了 162.7%,但奶产量占全国总量的比例不足 6%,且较 2000 年下降了 2.3 个百分点(表 1-24)。

表 1-22 西南地区肉类总产量 （单位:万 t)

年份	全国	西南	广西	重庆	四川	贵州	云南	西藏
2000	6013.9	1323.0	276.2	153.6	555.6	123.8	204.9	14.9
2005	6938.9	1562.1	242.9	178.0	653.6	167.5	298.6	21.5
2010	7993.6	1762.4	387.8	192.5	656.6	179.1	321.4	25.0
2011	8023.0	1769.0	391.1	196.3	651.2	180.0	324.4	26.1
2012	8471.1	1846.6	411.0	201.2	670.2	190.3	348.7	25.2
2013	8632.8	1904.1	420.0	207.8	690.4	199.7	359.4	26.8
2014	8817.9	1955.7	420.0	214.2	714.7	201.8	378.5	26.4
2015	8749.5	1946.1	417.3	213.8	706.8	201.9	378.3	28.0
2016	8628.3	1921.0	411.2	210.9	696.3	199.3	375.6	27.7
2017	8654.4	1912.3	420.2	180.6	653.8	206.5	419.2	32.1
平均	7522.7	1653.9	340.1	180.7	631.1	170.3	308.3	23.4

数据来源:国家统计局。

表 1-23 西南地区蛋类总产量 （单位:万 t)

年份	全国	西南	广西	重庆	四川	贵州	云南	西藏
2000	2182.0	159.4	14.5	27.9	99.7	6.5	10.6	0.2
2005	2438.1	244.6	17.7	39.2	157.2	11.1	19.0	0.4
2010	2776.9	235.7	20.0	37.2	144.9	12.5	20.8	0.3
2011	2830.4	239.1	21.0	37.4	145.0	13.7	21.7	0.3
2012	2885.4	245.5	21.8	40.1	146.4	14.7	22.1	0.4
2013	2905.6	248.1	22.7	41.1	145.2	15.4	23.2	0.5
2014	2930.3	251.7	22.2	43.2	145.3	16.2	24.3	0.5
2015	3046.1	259.1	22.9	45.4	146.7	17.6	26.0	0.5
2016	3160.5	263.8	23.1	47.4	148.1	18.3	26.4	0.5
2017	3096.3	258.5	24.2	40.3	144.5	18.7	30.3	0.5
平均	2658.5	227.8	18.9	37.4	139.2	12.3	19.7	0.3

数据来源:国家统计局。

表 1-24 西南地区奶类总产量 （单位:万 t)

年份	全国	西南	广西	重庆	四川	贵州	云南	西藏
2000	827.4	66.7	1.7	5.6	28.5	1.7	13.0	16.2
2005	2753.4	128.5	5.4	8.6	58.6	3.8	30.9	21.2

续表

年份	全国	西南	广西	重庆	四川	贵州	云南	西藏
2010	3038.9	164.3	8.2	8.0	69.8	4.6	50.4	23.3
2011	3109.9	169.2	8.9	8.0	71.2	4.9	52.4	23.8
2012	3174.9	173.2	9.4	7.7	71.7	5.1	53.7	25.6
2013	3000.8	174.0	9.6	6.8	70.6	5.5	54.5	27.0
2014	3159.9	179.1	9.7	5.7	70.8	5.7	58.2	29.0
2015	3179.8	173.3	10.1	5.5	67.5	6.2	55.0	29.0
2016	3064.0	171.1	9.7	5.5	62.8	6.4	56.9	29.7
2017	3038.6	175.2	8.1	5.1	63.7	4.4	56.8	37.1
平均	2587.6	142.4	6.9	7.3	59.2	4.3	40.9	23.9

数据来源：国家统计局。

4. 水产品生产能力不断提高

西南地区淡水鱼养殖面积不断增加，2016年总面积达到708 179hm²，较2000年增加41.6%（表1-25）；同时，水产品产量也不断提高，2017年达到了611.7万t，较2000年增长了83.0%。但各地区发展较不平衡，广西一直是西南地区产量最大的省区，且近年仍有一定程度的增长，2017年达320.8万t，较2000年增长了33.7%，占西南地区总量的52.4%（表1-26）。

表1-25　西南地区水产（淡水鱼）养殖面积　　　　（单位：hm²）

年份	全国	西南	广西	重庆	四川	贵州	云南	西藏
2000	5 277 732	500 185	177 678	56 503	157 938	26 426	81 622	18
2005	5 850 488	601 918	202 076	69 683	200 941	43 245	85 956	17
2010	5 564 343	567 684	170 382	76 390	183 226	29 855	107 791	40
2011	5 728 568	592 792	173 507	81 245	188 423	32 572	117 017	28
2012	5 907 476	626 363	175 847	84 342	192 803	49 325	124 016	30
2013	6 006 130	653 714	177 664	88 039	196 809	56 237	134 934	31
2014	6 080 888	672 382	181 930	93 602	199 446	58 883	138 490	31
2015	6 147 241	694 436	184 135	96 675	211 476	59 893	142 226	31
2016	6 179 619	708 179	183 897	99 646	214 876	60 805	148 968	5
平均	5 622 165	578 192	182 277	72 467	187 036	38 450	97 935	29

数据来源：国家统计局和中国农业统计年鉴。

表1-26　西南地区水产品总产量　　　　（单位：万t）

年份	全国	西南	广西	重庆	四川	贵州	云南	西藏
2000	3706.2	334.2	239.9	20.0	51.3	6.2	16.6	0.18
2005	4419.9	440.5	283.9	25.1	98.2	9.5	23.8	0.01
2010	5373.0	441.7	275.5	22.4	105.1	8.8	29.8	0.05
2011	5603.2	474.0	289.2	27.6	112.1	10.9	34.2	0.04
2012	5502.1	509.5	303.9	33.1	118.9	13.5	40.1	0.04
2013	5744.2	549.2	319.3	38.5	126.1	16.7	48.6	0.04

续表

年份	全国	西南	广西	重庆	四川	贵州	云南	西藏
2014	6001.9	588.5	332.4	44.3	132.6	21.0	58.2	0.03
2015	6211.0	627.1	345.6	48.1	138.7	25.0	69.7	0.03
2016	6379.5	661.5	361.8	50.8	145.4	29.0	74.4	0.09
2017	6445.3	611.7	320.8	51.5	150.7	25.5	63.1	0.05
平均	5044.7	462.4	283.6	29.0	101.7	12.6	35.3	0.05

数据来源：国家统计局。

二、西南地区食物供需趋势分析

在调研西南各省（自治区、直辖市）近年来主要食物生产总量的基础上，对西南地区 2025 年和 2035 年食物的供需趋势进行分析。预测食物供给时，主要通过作物单产、种植面积和种养殖业发展趋势建立回归模型实现；预测食物需求时，人口数量参照已有的研究预测结果（表 1-27），人均需求量的界定按如下标准进行：口粮消费（生活用粮）标准按照人均 160kg；谷物（扣除口粮后的饲料、工业、种子用粮）需求标准按照人均 340kg；其他类食物需求以《中国食物与营养发展纲要（2014—2020 年）》标准，按照标准人均食用植物油脂 12kg、豆类 13kg、肉类 75kg、蛋类 16kg、奶类 36kg、水产品 18kg、蔬菜 140kg、水果 60kg；最后综合供给和需求情况，进行供需关系及其趋势的预测分析。

表 1-27　西南地区 2025 年和 2035 年人口预测　　　（单位：万人）

年份	广西	重庆	四川	贵州	云南	西藏	西南
2025	5 289.4	3 225.2	8 772.7	3 896.2	5 237.9	359.3	26 780.7
2035	5 582.2	3 371.0	9 211.0	4 078.8	5 456.4	405.9	28 105.3

注：数据预测基于王开泳（2016）。

（一）粮食供给小幅增加

据西南地区六省（自治区、直辖市）近年来粮食总产的发展趋势，预计到 2025 年和 2035 年，西南地区的粮食总产量分别为 9746.1 万 t 和 10 400.8 万 t（表 1-28），较 2017 年分别增长 6.73% 和 13.9%。

表 1-28　西南地区未来主要食物供给量预测　　　（单位：万 t）

食物类型	回归方程	2025 年	2035 年
粮食	$y=1.964x_1+0.434x_2-8\ 529.678$	9 746.1	10 400.8
水稻	$y=0.684x_1+0.65x_2-4\ 448.331$	4 078.3	3 995.2
小麦	$y=-0.282x_1-0.003x_2+1\ 500.26$	481.1	368.1
谷物	$y=-1.309x_1+0.389x_2+13\ 429.823$	8 156.8	7 597.5
玉米	$y=0.403x_1+0.514x_2-2\ 084.327$	3 075.6	3 700.9
豆类	$y=0.005x_1+0.099x_2-6.222$	123.6	124.7

续表

食物类型	回归方程	2025 年	2035 年
糖类	$y=0.113x_1+6.524x_2-7\,301.663$	13 802.2	16 997.1
蔬菜	$y=0.377x_1+2.274x_2-8\,505.378$	16 398.1	20 829.7
水果	$y=0.137x_1+1.489x_2-2\,252.758$	5 838.8	7 877.7
植物油脂	$y=0.252x_1+0.199x_2-497.12$	247.8	301.4

注：x_1 为单产，x_2 为种植面积。

（二）口粮供给能力基本稳定，未来基本自给

从供给来看，预测西南地区口粮（水稻和小麦，西藏不包括青稞）供给总量有小幅提升，到 2025 年和 2035 年，口粮供给分别为 4559.4 万 t 和 4363.3 万 t（表 1-29），其中 2025 年和 2035 年的口粮供给量分别较 2017 年增长 4.63% 和 0.13%。

表 1-29　西南地区未来主要食物需求与供需差预测　　（单位：万 t）

类型	2025 年需求	2035 年需求	2025 年供需差	2035 年供需差
口粮	4 434.5	4 496.8	124.9	−133.5
谷物	9 423.3	9555.8	−1 266.5	−1 958.3
豆类	360.3	365.4	−236.7	−240.7
蔬菜	3 880.2	3 934.7	12 517.9	16 895.0
水果	1 662.9	1 686.3	4 175.9	6 191.4
植物油脂	332.6	337.3	−84.8	−35.9
肉类	2 078.7	2 107.9	268.2	659.9
水产	498.9	505.9	258.5	431.6
蛋类	443.5	449.7	−131.1	−87.3
奶类	997.8	1 011.8	−752.0	−702.0

水稻供给总量呈小幅降低趋势，2025 年和 2035 年分别较 2017 年增加 119.3 万 t 和 36.2 万 t，其 2025 年和 2030 年的水稻供给量分别较 2017 年增加 3.01% 和 0.91%。

小麦供给总量呈较大幅度的变化，2025 年和 2030 年分别较 2017 年增加 82.4 万 t 和减少 30.6 万 t，其 2025 年和 2035 年的小麦供给量分别较 2017 年增加 20.7% 和降低 7.67%。

从需求及供需关系来看，西南地区口粮（水稻和小麦，西藏不包括青稞）需求稳中有小幅增加，预计到 2025 年和 2035 年，口粮需求量将分别为 4434.5 万 t 和 4496.8 万 t，供需差分别为 124.9 万 t 和−133.5 万 t（表 1-29）。尽管到 2035 年，西南地区的口粮总量出现缺口，但自给率为 97.03%，基本能够实现稳定自给。

（三）谷物供需均大幅增加，但需求缺口扩大

从供给来看，预计西南地区谷物（扣除口粮）到 2025 年和 2035 年，谷物（扣除口粮）供给分别为 8156.8 万 t 和 7597.5 万 t，较 2017 年增长 8.7% 和 1.2%。玉米是主要的谷物，

预计到 2025 年和 2035 年,西南地区的玉米供给量分别为 3075.6 万 t 和 3700.9 万 t,较 2017 年增长 4.28%和 25.48%。

从需求来看,预计西南地区谷物消费量需求稳步增加,到 2025 年和 2035 年,分别达 9423.3 万 t 和 9555.8 万 t。尽管西南地区谷物供给和需求均呈增长趋势,但需求量高于供给量,且供需差不断增加,缺口扩大。预计到 2035 年,缺口近 2000 万 t。

(四)豆类供给稳定,但生产供给能力有待提高

豆类供给总量稳定,预计 2025 年和 2035 年西南地区供给分别为 123.6 万 t 和 124.7 万 t。而 2025 年和 2035 年的豆类需求量分别为 360.3 万 t 和 365.4 万 t。因此,豆类缺口较大。预计到 2025 年和 2030 年,豆类需求缺口分别达到 236.7 万 t 和 240.7 万 t,自给率仅在 34%左右。

(五)其他非粮食物整体供大于求,未来富余增多

糖类供给将大幅度上升,2025 年和 2035 年将达 13 802.2 万 t 和 16 997.1 万 t,较 2016 年分别增长 47.20%和 81.27%。西南是全国主要的糖类输出地区,不断增加的糖类产量不仅可以满足自给,还提高了对全国糖类需求的保障能力。

西南地区是我国蔬菜的优势和特色产业区,是南菜北运的重要基地,最近几年蔬菜种植面积和单产水平不断提高。根据目前的发展现状,西南地区的蔬菜生产供给能力将进一步增强,预计到 2025 年和 2035 年,将分别达到 16 398.1 万 t 和 20 829.7 万 t,较 2016 年增长 25.08%和 58.88%。而需求量不会大幅度增加,且基本保持稳定。预计 2035 年的蔬菜需求量为 3934.7 万 t 左右,将有大量的蔬菜盈余,2025 年和 2035 年盈余量分别达到 12 517.9 万 t 和 16 895.0 万 t。

西南地区水果品种多样、特色鲜明,生产能力将不断提高,水果供给预计呈上升趋势,到 2025 年和 2035 年,将达到 5838.8 万 t 和 7877.7 万 t,分别较 2017 年增长 39.32%和 87.98%。但水果需求量仅呈小幅上升趋势,预计 2025 年和 2035 年的需求量分别为 1662.9 万 t 和 1686.3 万 t,总体接近饱和。因此,2025 年和 2035 年,供需差分别达 4175.9 万 t 和 6191.4 万 t,其供需差为需求量的 2.50~3.67 倍,有大量富余供给。

2025 年和 2035 年西南地区植物油脂生产量(油料作物转化为油脂,取系数为 0.33)将分别达到 247.8 万 t 和 301.4 万 t,较 2017 年增加 13.25%和 37.75%。需求量则基本保持稳定,分别为 332.6 万 t 和 337.3 万 t。因此仍存在较大缺口,2025 年和 2035 年的缺口量分别为 84.8 万 t 和 35.9 万 t,自给率则由 74.50%上升至 89.36%。

(六)肉类、水产富余增多,蛋奶缺口持续扩大

近年来,西南地区草食类家畜开始受到重视,同时草山草坡和秸秆资源也丰富,因此牛羊肉类生产能力将进一步提升,但考虑到耗粮型生猪养殖可能将适当调减,因此家畜肉类生产水平可能维持当前的发展趋势。预计到 2025 年和 2035 年,西南肉类生产供给量将达到 2348.9 万 t 和 2769.8 万 t,分别较 2017 年增长 22.83%和 44.84%。从需求来看,预计西南地区畜禽肉类的需求量稳定在 2100 万 t 左右。因此,西南地区畜禽肉类有大量盈余,预计到 2025 年和 2035 年时,盈余量将分别有 270.2 万 t 和 611.9 万 t(表 1-30 和表 1-31)。

水产品产量将不断增加，预计到 2025 年和 2035 年，分别为 759.5 万 t 和 939.1 万 t，将较 2017 年增长 24.16% 和 53.52%。但西南地区水产品盈余将增加，预计到 2025 年和 2035 年，供需差将分别为 260.6 万 t 和 433.6 万 t，其结余量为需求量的 52.23% 和 85.78%。考虑到高原淡水渔业的快速发展，实际可能有更多的盈余（表 1-30 和表 1-31）。

蛋类供给水平不断提高，到 2025 年和 2035 年将达 310.4 万 t 和 360.4 万 t，分别较 2017 年增长 20.08% 和 39.41%。但需求量也有小幅增加，2025 年和 2035 年将达 443.5 万 t 和 449.7 万 t，尽管自给率由 69.99% 提高至 80.14%，仍将不能实现完全自给（表 1-30 和表 1-31）。

西南地区是奶类生产能力较低的地区，但近年来发展速度加快。由于西南地区具有奶业生产的资源优势，预计到 2025 年和 2035 年，奶类生产量将分别达到 247.8 万 t 和 311.9 万 t，较 2017 年增长 41.44% 和 78.03%。从需求来看，2025 年和 2035 年，预计西南地区奶类的需求量为 997.8 万 t 和 1011.8 万 t。尽管生产能力有望大幅提升，但西南地区奶类缺口仍较大，缺口将分别为 750.0 万 t 和 699.9 万 t，其自给率仅为 24.83% 和 30.83%（表 1-30 和表 1-31）。

表 1-30　西南地区未来动物性食物供给量预测　（单位：万 t）

区域	回归方程	2017 年	2025 年	2035 年
肉类	$y=42.093x-82\,889.428$	1912.3	2348.9	2769.8
水产	$y=17.965x-35\,619.653$	611.7	759.5	939.1
蛋类	$y=4.995x-9\,804.468$	258.0	310.4	360.4
奶类	$y=6.405x-12\,722.300$	175.2	247.8	311.9

注：x 为年份。

表 1-31　西南地区未来动物性食物需求与供需差预测　（单位：万 t）

类型	2025 年需求	2035 年需求	2025 年供需差	2035 年供需差
肉类	2078.7	2107.9	270.2	611.9
水产	498.9	505.9	260.6	433.6
蛋类	443.5	449.7	−133.1	−89.3
奶类	997.8	1011.8	−750.0	−699.9

三、小结

2000~2017 年，西南地区食物生产水平不断提高，尽管作物种植面积变化略有降低，但单产总体（除口粮）提高，因此总产水平持续增加，尤其是蔬菜、水果、玉米、马铃薯的生产能力快速提升；在动物类食物生产方面，畜禽和水产年末出栏量稳步增长，但占全国比例未明显提高，且存在一定的区域不平衡，从畜禽产品生产量来看，主要集中在四川和云南两省。

预计到 2035 年时，西南地区口粮供需差为 −133.5 万 t，略有不足。但缺口量占比不足 3%，因此总体上口粮供给能力稳定，基本自给；蔬菜、水果、肉类、水产类供给大于需求，富余增多。届时盈余量蔬菜达 16 895.0 万 t、水果达 6191.4 万 t、肉类达 611.9 万 t、水产类达 433.6 万 t。但谷物、豆类、植物油脂、奶类和蛋类均存在不同程度的缺口，其中谷物缺口 1958.3 万 t，自给率 79.5%。豆类缺口达 240.7 万 t，自给率仅 34.1%。奶类缺口 699.9 万 t，自给率仅有 30.83%；植物油脂和蛋类缺口分别 35.9 万 t 和 89.3 万 t，自给率分别提高至 89.36% 和 80.14%，这些食物的安全保障面临一定的挑战。

第二章　西南地区食物安全存在的问题

西南地区属于我国地形的第一、第二阶梯，地势起伏较大，高峰众多。区内河流纵横，峡谷广布，地貌以高原和山地为主，还有广泛分布的喀斯特地貌、河谷地貌和盆地地貌等。西南地区总体上属亚热带季风气候，受到地貌起伏和地形影响，气候的区域差异和垂直变化十分明显，区内从干热、湿热到温凉、冷凉、高寒气候类型均有。雨量丰富，年平均降雨量 1000～1300mm，但由于地理位置、地形和海拔的变化，局部自然条件差异大。

西南地区地理位置偏远，历史上交通闭塞，经济文化落后，是我国少数民族主要聚居区之一，少数民族人口占总人口数量的 35% 以上，尤其是西藏，达到 95% 以上，对新的生产方式和科学技术接受能力弱。有长达 8000 多米的陆地边境线，社会环境复杂。自然资源十分丰富，但受地理位置、自然环境和社会经济发展的影响和限制，食物安全存在诸多问题。

本章在西南地区食物安全现状分析的基础上，从自然资源禀赋、农业基础设施建设、食物生产结构、生产方式和模式、软环境和国际化背景等方面，对西南地区食物安全存在的问题进行分析。

一、自然资源禀赋不足，开发利用受限

（一）自然灾害频繁且日趋加重，食物生产损失严重

受到季风气候、地貌、地形、地势及人类活动的综合影响，西南六省（自治区、直辖市）对食物安全产生重大影响的主要自然灾害有干旱、洪涝、低温等，常年受灾面积达 629.42 万 hm^2，占耕地总面积的 25.4%。例如，2009～2013 年，西南地区受各种灾害面积达到 1000 万 hm^2 以上，两成以上的农作物受到了影响。

从西南地区主要的自然灾害分布来看，该地区是中国干旱灾害最为频发的地区之一，干旱成为西南六省（自治区、直辖市）影响范围最广、持续时间较长、出现频繁、危害较重的自然灾害。1949～2012 年的 5 种主要气象灾害中，干旱占主导地位，干旱灾害频次约占总自然灾害的 1/3，为各项灾害之首，粮食因旱灾减产占总产量的 4.7% 以上。近 60 多年的气象资料表明，西南的干旱灾害发展具有面积增大和频率增高的趋势。云南受灾率增加最明显，其次是四川，贵州最小；云南成灾率增加也最明显，其次是贵州，四川最小；贵州绝收率增加最明显，其次是云南，四川最小。西南地区多年平均综合损失率为 3.93%，2000 年以来综合损失率为 7.29%，明显高于全国平均水平（5.51%）。主要原因是西南地区降水减少，气温明显上升，特别是 20 世纪 80 年代中期以来，升温速度显著加快。区域降水减少和气温升高加剧了西南地区干旱风险（胡豪然和梁玲，2015）。

西南地区干旱主要受春旱和伏旱影响较大,夏旱相对较轻,秋旱、冬旱影响面很小。从地区分布看,西部多春旱,东部多伏旱。春旱是云南高原最主要的干旱类型,另外黔西、四川盆地西部、桂西、桂中也比较突出。春旱主要影响早稻播栽和小春扬花结实,各地3月以后温度回升加快,蒸发蒸腾旺盛,空气和土壤已比较干燥,但这时东南季风带来的降水主要在东部,对西部影响小。云南高原、黔西、桂西降水主要受益于西南季风,而西南季风一般5月中下旬到达,雨季才开始。所以,上述地区3月、4月农作物缺水是普遍现象。问题严重的是春旱、夏旱相连,如果5月甚至6月雨季都未开始,则易酿成大旱。历史上如1977年云南全省大部分地区雨季推迟到7月才开始,比正常年晚了1个多月,出现了全省大面积的春、夏连旱,造成大春、小春普遍减产。伏旱主要出现于四川盆地东南部,贵州东北部、中部以及桂中、桂东北。伏旱危害中稻抽穗、晚稻栽插及玉米、棉花生长,并影响蓄水。西南六省(自治区、直辖市)以大春作物为主,故伏旱带来的损失常常更大。例如,1972年,贵州出现了百年难遇的严重伏旱,旱情几乎遍及全省,当年粮食总产量比趋势产量减少20%以上。同年,四川盆地伏旱遍及112个县,严重干旱的有60个县,旱期降水比常年减少70%~90%,造成一些地方塘堰无水,河溪断流,人畜饮水都成问题,并使大春作物遭受严重损失(韩兰英等,2014)。

洪涝灾害在四川盆地西部、西北部和东北部较多,其次是桂南,云贵高原降水强度相对较小,地形起伏较大,洪涝成灾面积一般比较小。桂南洪涝主要是台风引起的,如1984年9月第10号台风和1985年8月的10号台风,都造成了桂南地区的洪涝灾害,损失十分严重。四川盆地西部、北部洪涝则主要是由暴雨引起,暴雨日数一般以7月、8月最多,占全年暴雨日数的70%~80%。据统计,1956~1982年,四川盆地除盆南边缘山区外,均有区域性洪涝出现,盆西边缘和米仓山南麓在10次以上,青衣江流域及绵阳市西北部超过15次,北川、安县和洪雅等洪涝中心多达20次以上。最典型的是1981年7月9~14日,在盆地西部、中部地区的一次区域性大暴雨,造成历史上罕见的特大洪灾,不少河流达历史最高水位,长江水位也居20年来第三位,出现百年一遇洪峰,四川全省119个县、市共1500万人受灾,工农业经济损失达25亿元。

相对而言,低温灾害对于西南六省(自治区、直辖市)影响较小,但全年不同时期、不同地区仍有不同程度的冷空气入侵,对农作物造成危害。春季低温各地时有出现,三四月间出现日平均温低于12℃的天气,且持续一段时间,造成水稻烂种烂秧,群众称为"倒春寒"。夏季低温出现于云南高原,在8月日均温降至18℃以下,最低气温降至14℃以下或出现连续阴冷天气,导致水稻抽穗延迟,空秕率增加。这是造成滇中、滇东一带水稻大面积、大幅度减产的严重灾害天气。秋季低温主要影响四川盆地和广西双季稻产区,寒露前后,正是晚稻孕穗或抽穗扬花时期,若遭到冷空气的袭击,就会使空秕粒增加,造成减产。冬季寒害危害云南和广西南部热带、南亚热带地区的热带作物,有时强冷空气到来,可出现低温或低温霜冻天气,使热带作物受害。例如,云南1973~1974年和1975~1976年两次罕见的强冷空气,使整个垦区橡胶树蒙受巨大损失。可见,自然灾害对西南食物生产造成了重要影响和较大损失。又如,2008年持续较长时间的低温冻害,不仅造成了农业生产的巨大损失,而且造成了整个西南地区生产、生活和基础设施的破坏。

（二）土地资源总量少且质量差，承载力弱

西南地区除西藏自治区外，其余五省（自治区、直辖市）均有喀斯特地貌广泛分布，形成了以贵州为中心，包括湘西、鄂西的西南喀斯特集中分布区，喀斯特出露总面积达到 54 万 km^2，也是世界上 3 个喀斯特集中分布区中出露面积最大、喀斯特发育最强烈、景观类型最多、生态环境最复杂、人地矛盾最尖锐的地区。各省（自治区、直辖市）喀斯特地貌所占面积百分比见表 2-1。喀斯特区是典型的生态脆弱区，土壤稀少、浅薄、零星，基岩裸露率高，植被一旦破坏，生态系统即濒于崩溃。近几十年来，喀斯特区人口严重超载，生存压力破坏了生态环境，水土流失严重，土地生产力退化，形成了喀斯特石漠化，几乎丧失了人类生存条件。目前，贵州石漠化面积占全省土地总面积的 14.0%，云南石漠化面积达到 6.0%，广西石漠化面积占6.5%，重庆石漠化面积占 9.4%。喀斯特地貌和石漠化成为西南地区社会经济发展和食物安全的极大障碍。

表 2-1 2017 年西南六省（自治区、直辖市）土地资源情况

省（自治区、直辖市）	国土面积/万 km^2	山地面积/%	丘陵面积/%	喀斯特面积/%	耕地面积/万 hm^2	人均耕地面积/hm^2
重庆	8.2	75.8	18.2	38.4	245.59	0.081
四川	48.6	79.5	11.0	5.7	672.59	0.074
贵州	17.6	61.7	30.8	61.9	454.39	0.129
云南	39.4	84.0	10.0	28.1	621.33	0.129
广西	23.7	63.9	21.7	41.0	438.92	0.078
西藏	120.2	—	—	—	44.40	0.132

注：表中数据来源于《中国统计年鉴 2018》、各省（自治区、直辖市）的 2018 年统计年鉴以及各省（自治区、直辖市）国民经济和社会发展统计公报。

西南六省（自治区、直辖市）国土总面积 257.7 万 km^2，占全国国土总面积的 26.8%。耕地总面积仅 2477.2 万 hm^2，仅占西南六省（自治区、直辖市）国土总面积的 9.6%，与全国平均水平相比，耕地比例占国土面积比例严重偏少。

从表 2-1 还可以看出，除西藏外，5 个省（自治区、直辖市）地貌均以山地和丘陵为主，其中，重庆和云南两种地貌占国土面积比例最高，山地和丘陵地貌占国土面积的94.0%，贵州占 92.5%，广西最低，也达到 90.6%。

国土资源部 2016 年全国耕地质量等别更新评价主要数据成果显示，全国耕地质量平均等别为 9.96 等。其中，优等地面积为 389.9 万 hm^2，占全国耕地评定面积的 2.9%；高等地面积为 3579.6 万 hm^2，占全国耕地评定面积的 26.6%；中等地面积为 7097.5 万 hm^2，占全国耕地评定面积的 52.7%；低等地面积为 2395.4 万 hm^2，占全国耕地评定面积的17.8%。西南地区优等地、高等地、中等地和低等地面积占西南地区耕地总面积的比例分别为 0.17%、19.97%、76.34%和 3.52%（表 2-2），中等、低等质量耕地比例达到约 80%。

综合表 2-2、表 2-3 的数据分析表明，在西南六省（自治区、直辖市）有限的耕地资源中，有相当大的一部分是坡耕地资源，耕地有效灌溉面积少，自然条件差，土地生产力低。

表 2-2 西南六省（自治区、直辖市）耕地质量等别状况 （万 hm², %）

等别	广西	重庆	四川	贵州	云南	西藏	等级	面积	比例
1 等	0.00	0.00	0.00	0.00	0.05	0.00	优等地	4.16	0.17
2 等	0.00	0.00	0.00	0.00	0.00	0.00			
3 等	0.00	0.00	0.00	0.00	1.31	0.00			
4 等	0.89	0.00	0.22	0.00	1.70	0.00			
5 等	7.08	0.00	3.48	0.00	3.01	0.00	高等地	489.44	19.97
6 等	51.52	0.10	12.00	0.00	11.01	0.00			
7 等	81.65	2.60	52.40	0.53	14.69	0.00			
8 等	55.03	28.63	133.18	7.48	25.05	0.00			
9 等	95.71	64.73	167.91	34.54	48.66	0.00	中等地	1870.99	76.34
10 等	122.36	79.69	184.12	75.49	135.10	1.28			
11 等	25.99	59.68	86.60	113.97	233.96	4.59			
12 等	0.00	7.61	29.06	146.85	144.13	8.97			
13 等	0.00	0.00	4.18	72.56	2.20	4.87	低等地	86.24	3.52
14 等	0.00	0.00	0.00	2.30	0.00	0.11			
15 等	0.00	0.00	0.00	0.01	0.00	0.00			
总计	440.23	243.05	673.14	453.74	620.85	19.82		2450.83	100.00

数据来源：国土资源部《2016 年全国耕地质量等别更新评价主要数据成果》。

表 2-3 西南地区耕地有效灌溉面积

省（自治区、直辖市）	有效灌溉面积/万 hm²	占耕地总面积百分比/%
广西	166.99	38.05
重庆	69.43	28.27
四川	287.31	42.72
贵州	158.57	34.90
云南	185.14	29.80
西藏	26.12	58.83

数据来源：《中国统计年鉴 2018》。

（三）生态屏障功能突出，资源开发受限

西南地区除了广西外，其余 5 省（自治区、直辖市）均处于长江、珠江等一系列河流上游，地貌起伏大，山高坡陡，降水量大，对"两江"中下游地区的生态安全有着至关重要的作用。

长江干流横亘四川南部，幅员面积约占长江上游的一半，是长江上游生态屏障的主体。贵州处在长江和珠江水系上游分水岭地带，"两江"流域面积分别占全省国土总面积的 65.7% 和 34.3%，是长江、珠江上游重要的生态屏障，生态区位十分重要，但生态环境十分脆弱，生态修复难度很大。云南是世界生物多样性保护的重要热点地区，还是一个山地面积占国土总面积 94% 以上的多山省份，处于长江、澜沧江、怒江、珠江等江河的上游或源头，其生态体系建设对维护本省、国家及国际跨境流域的生态安全至关重要。重庆位于长江上游，属于青藏高原和长江中下游平原的过渡地带，长江干流自西向东横贯全境，流程长达 665km，形成举世闻名的长江三峡。

为维护生态平衡、保护生态系统和生物多样性以及中下游地区的国土安全，长期以来，西南地区在建设生态屏障方面投入了大量的人力、物力和资金，实施了一大批生态环境建设工程项目，包括天然林保护、退耕还林（草）、石漠化治理、绿化荒山、植被恢复等系列工程，取得了显著成效。2010～2014年，仅贵州省林业部门在植被恢复和生态建设方面就累计投入资金 188.63 亿元，年均达到 37.73 亿元。2017 年，西南地区 6个省（自治区、直辖市）共计投入林业建设资金达到 1689.4 亿元，林业重点生态工程建设面积达到 103 万 hm²。

由表 2-4 可知，近年来，西南地区森林面积和森林覆盖率迅速增加，其中森林面积增加幅度达到 8.9%～36.5%，为构建西南生态屏障作出了重要贡献。

表 2-4 西南部分省、直辖市森林资源增长情况

省、直辖市	2010 年		2017 年		增加面积/万 hm²	年均增加/万 hm²
	森林面积/万 hm²	森林覆盖率/%	森林面积/万 hm²	森林覆盖率/%		
云南	1817.73	47.5	2273.56	59.3	455.83	65.12
贵州	713.8	40.5	974.20	55.3	260.40	37.20
四川	1688.8	34.8	1839.77	38.0	150.97	21.57
重庆	304.9	37.0	382.2	46.5	77.30	11.04

数据来源：《中国统计年鉴 2011》《中国统计年鉴 2018》。

为进一步加强和巩固西南生态屏障，各省（自治区、直辖市）在"十三五"规划中，都提出了生态环境建设和构建生态屏障的明确目标。例如，贵州、云南到 2020 年森林覆盖率将达到 60%，重庆森林覆盖率稳定在 46%，四川森林覆盖率达到 40%。

由此带来了社会经济发展的另一面，即在国家政策不完善和社会资金不足的情况下，生态环境建设和保护占用了西南地区十分有限的资金和土地资源，限制了西南地区对资源的开发利用，影响了食物生产和供给，也影响了西南地区社会经济的发展。

二、农业基础设施薄弱

（一）农田基础建设投入少

农业基础设施建设是加快农业产业发展和实现农业现代化的重要措施之一。但由于受地形地貌和自然气候，以及经济、社会、人文等因素的影响，西南地区的农田基础设施建设较为落后。季节性干旱是西南地区主要农业灾害之一，干旱所造成的农业损失占各种农业灾害总损失量的 50%～70%。西南地区干旱存在如下特点：季节性干旱与区域性干旱并存，干旱类型多，农业危害重；季节连旱频率大。近年来，全球气候环境变暖使西南地区季节性干旱呈加重态势，水资源短缺和干旱限制了西南地区农业产业的发展。同时，旱作农业在西南地区农业生产中占有重要地位，如云贵两省旱作农田占耕地面积的比例分别高达 74.1% 和 69.5%。因此，加强农田水利建设是西南农业基础设施建设的重要部分，对于农业灾害控制和促进农业生产具有重要作用。

近年来，通过中央、省、市、县、乡等各级投资，以及群众和社会资本参与等方式进行农田水利建设，西南地区的农田基础设施建设有很大的进步。其中，2014～2016

年，每年投资额分别在 2576.5 亿元、2927.6 亿元、1670.5 亿元。投资占比最高的是广西和云南，投资持续增加的是广西，近 3 年分别为 3.9%、4.4%、5.5%，说明广西、云南在农田水利基本建设方面投入力度大，建设效果显著。在新修/改造泵站（座）方面，2014 年，除西藏外的三省一区一市均有建设工程；2015 年和 2016 年主要集中在广西和重庆，以解决发电和电力供应；新修水库（座）主要集中在贵州、云南和重庆，解决工程性缺水和季节性干旱，提供农业灌溉用水。因广西水资源丰富，河流相对多，在新修水库上相对较少；而西藏因河流少，仅在 2016 年建设 1 座水库（座）。村镇供水难度最大的是云南，建设村镇供水工程（处）主要集中在云南。因此，近 3 年，云南建设村镇供水工程（处）的占比均较大。

通过近年来的农田水利建设，西南农业基础设施建设得到很大的提升，但季节性干旱和农业缺水在西南地区仍然严重，当前及今后一段时期仍然要加强农业水利建设。

表 2-5　2014~2016 年年底冬春农田水利建设情况

2014 年 12 月	投资/亿元	投资占比/%	新修或改造泵站/座	占比/%	新修水库/座	建设村镇供水工程/处	占比/%
全国	2 576.47	—	16 054	—	157	36 833	—
广西	100.57	3.90	139	0.87	—	2 147	5.83
重庆	65.84	2.56	456	2.84	5	521	1.41
四川	83.38	3.24	925	5.76	6	1 781	4.84
贵州	74.26	2.88	292	1.82	18	1 899	5.16
云南	127.95	4.97	160	1.00	86	7 675	20.84
西藏	4.60	0.18	—	—	—	60	0.16

2015 年 12 月	投资/亿元	投资占比/%	新修或改造大型泵站/座	占比/%	新修水库/座	建设村镇供水工程/处	占比/%
全国	2 927.59	—	962	—	160	47 947	—
广西	127.98	4.37	566	58.84	1	5 068	10.57
重庆	95.19	3.25	—	—	4	1 879	3.92
四川	86.86	2.97	1	0.10	—	2 400	5.01
贵州	83.86	2.87	—	—	13	1 880	3.92
云南	107.02	3.66	—	—	71	3 993	8.33
西藏	4.25	0.15	—	—	—	—	0

2016 年 12 月	投资/亿元	投资占比/%	新修或改造大型泵站/座	占比/%	新修水库/座	建设村镇供水工程/处	占比/%
全国	1 670.46	—	112	—	88	9 824	—
广西	92.39	5.53	—	—	3	507	5.16
重庆	36.10	2.16	15	13.39	29	730	7.43
四川	39.43	2.36	—	—	1	—	—
贵州	57.21	3.42	—	—	0	785	7.99
云南	73.15	4.38	—	—	17	1 484	15.11
西藏	3.03	0.18	—	—	1	5	0.05

数据来源：水利部农田水利基本建设简报数据。

中低产田因土壤环境因素和土体内存在限制因子影响了土壤生产力的发挥，导致农作物产量低、产量不稳定，其形成机制与气候、地形、岩石、耕作因素等相关。西南三省中低产田共有 1581.7 万 hm²，占耕地总面积的 81.1%。其中，中产田土占 38.1%，低产田土占 43.0%。土壤主要分为红壤、黄壤，中低产水稻土和坡薄土三种类型。贵州和云南的中低产田土比例大。加强西南中低产田的改造，对改善农业生产基本条件、提高农业综合生产能力、增加农产品有效供给、提高农民收入具有重要作用。2015 年，云南和四川中低产田的改造力度相对较大，占比为 2.43% 和 2.87%；2016 年，同样是四川、云南中低产田的改造力度相对较大，占比为 9.58% 和 4.01%（表 2-6）。西藏、贵州和广西力度较小。因此，针对石漠化严重的贵州、广西等喀斯特山区，加强中低产田改造，对于提高农业综合生产能力和增加农产品有效供给具有重要的意义。

表 2-6　2014~2016 年西南农田灌溉实施建设分析

项目	新增节水灌溉工程		治理水土流失	
	面积/万亩①	占比/%	面积/km²	占比/%
2014 年				
全国	2 621	—	18 553	—
广西	34.72	1.32	85.53	0.46
重庆	16.89	0.64	302.04	1.63
四川	63.60	2.43	692.51	3.73
贵州	16.28	0.62	599.26	3.23
云南	48.36	1.85	997.49	5.38
西藏	6.21	0.24	1.15	0.01

项目	新增节水灌溉工程		新增饲草料地灌溉		改造中低产田	
	面积/万亩	占比/%	面积/万亩	占比/%	面积/万亩	占比/%
2015 年						
全国	3311.90	—	15.17	—	1506.94	—
广西	56.00	1.69	0.00	0.00	1.98	0.13
重庆	26.60	0.80	—	—	10.50	0.70
四川	61.60	1.86	3.32	21.89	51.71	3.43
贵州	17.79	0.54	0.00	0.00	0.00	0
云南	65.37	1.97	0.36	2.37	43.21	2.87
西藏	5.60	0.17	0.69	—	3.00	0.20

项目	新增节水灌溉工程		新增饲草料地灌溉		改造中低产田	
	面积/万亩	占比/%	面积/万亩	占比/%	面积/万亩	占比/%
2016 年						
全国	1734.50	—	21.08	—	632.88	—
广西	31.24	1.80	0.00	0.00	11.00	1.74
重庆	10.98	0.63	1.23	5.83	2.51	0.40
四川	27.14	1.56	0.25	1.19	60.64	9.58
贵州	13.40	0.77	0.90	4.27	3.62	0.57
云南	63.98	3.69	1.32	6.26	25.38	4.01
西藏	20.92	1.21	5.43	25.76	1.78	0.28

数据来源：水利部农田水利基本建设简报数据。

---

① 1 亩≈666.7m²。余同。

（二）农田灌溉设施不足

因为西南地区存在季节性缺水，所以综合运用工程、农艺、管理等措施，发展节水灌溉农业，推广滴灌、喷灌等节水技术是解决农业用水不足的有效措施。国家水利部通过整合中央、省、市、县、乡、民间社会资本，大力建设节水灌溉工程，取得显著效果。其中，近3年广西、四川、云南新增的节水灌溉工程（万亩）占全国比例相对重庆、贵州和西藏要高；2016年，增幅最大的是云南，占比为3.69%（表2-6）。而贵州、重庆在农田缺水状况方面还较为严重，投入相对较小。

同时，贵州、云南、广西存在的石漠化严重地区，土壤贫瘠，水土流失严重。例如，贵州河流悬移质输沙量为6225万t，平均输沙模数376t/km^2，其中，长江为4561万t，平均输沙模数394t/km^2，珠江流域为2064万t，平均输沙模数342t/km^2。因此，在西南地区土壤流失、水源枯竭现象普遍，在喀斯特岩溶地区的水土流失情况严重。因此，迫切需要开展保护性耕作和推广休耕技术、测土配方施肥和土壤有机质提升工程。水土流失需与农业和林业部门协同，使坡改梯、生态修复及退耕还林协同应用。此外，实施旱作农业示范工程，可改善和提高耕地质量。2014年，中央在云、贵、川三省进行治理水土流失工程建设，云、贵、川三省相对全国来说，其强度相对大，治理成效显著，但问题仍然不少。水土流失如何与人口控制、易地搬迁等相结合，还需要探索。

西南在畜牧业发展上具备一定的优势，畜牧业近年被列为西南地区农业产业的重要支柱产业。2015年，四川、云南、贵州畜牧业总产值2515.6亿元、1900亿元、569.29亿元，占农业总产值比例为39.4%、35.0%、26.8%。2015～2016年，中央安排和筹措经费进行新增饲草料地灌溉和改造中低产田建设；2015年新增饲草料地灌溉工程主要针对四川，解决畜牧饲草用地建设面积达3.3万亩，占比为21.9%；2016年新增饲草料地灌溉工程主要针对西藏，解决畜牧饲草用地建设面积达5.4万亩，占比为25.8%。而贵州、云南、重庆近年来均在适宜区域发展畜禽养殖业。因此，对这两省一市还需加大饲草料地灌溉工程的建设力度。

三、农业产业结构发展不平衡

（一）食物生产结构不合理，与自然资源禀赋不协调

2017年，西南地区国民生产总值为106 156.3亿元，农林牧渔业生产总值为21 021.8亿元，占GDP的比例为19.8%，其中，农业生产总值为11 846.7亿元，占农林牧渔业生产总值的56.4%。全国2017年农林牧渔业生产总值仅占GDP的13.2%。当年GDP排名前5名的广东省、江苏省、山东省、浙江省和河南省，农林牧渔业生产总值占GDP的比例分别为6.7%、8.4%、12.6%、6.0%和17.0%，即使是农业大省山东和河南，也低于西南地区，可见，西南地区农业尤其是农业生产占比过高。

从食品的需求收入弹性看，较为低级的食品（主要是植物类产品）的需求收入弹性较小，而较为高级的食品（主要是动物类产品）的需求收入弹性较大。随着人们收入水平的提高，对动物类产品的需求增长较快。需求的变化必然引起农业产业结构的变化，即从种植业为主，向种植业与畜牧业并举，再向以畜牧业为主转变。从发达国家的实践来看，畜

牧业的发展速度远远超过了种植业,在农业中所占的比例越来越大。同时,在畜牧业中,提供低脂肪、高蛋白畜产品的畜牧生产比例日益增加。按照这个标准,西南地区畜牧业占比仅为农林牧渔业总产值的 29.1%,与种植业与畜牧业并举的过渡时期还有相当大的距离,更不用说超过种植业了。而西南地区山多地少,耕地总面积 2477.7 万 hm^2(2017 年),仅占西南地区国土总面积的 9.6%。过多的山地资源并不适合发展种植业,目前西南地区的食物生产结构与自然资源禀赋不相匹配。

从各个省的情况来看(表 2-7),除西藏条件特殊,畜牧业生产总值占比达到 51.74% 外,其余省区均未达到 35%。四川是西南的畜牧业大省,畜牧业生产总值占比也只有 31.63%。而畜牧业生产总值占比较低的重庆和贵州,农业(种植业)却高达 60% 以上,产业结构与占国土面积 92% 以上的山地资源和喀斯特地貌条件极不相称。

表 2-7　2017 年西南地区农林牧渔业生产总值

省(自治区、直辖市)	生产总值								
	农林牧渔/亿元	农业/亿元	占比/%	林业/亿元	占比/%	畜牧业/亿元	占比%	渔业/亿元	占比%
广西	4698.7	2538.9	54.03	346.4	7.37	1128.6	24.02	471.0	10.02
重庆	1902.5	1165.7	61.27	85.2	4.48	522.5	27.46	94.8	4.98
四川	6955.55	4004.2	57.57	346.8	4.99	2199.7	31.63	234.9	3.38
贵州	3413.9	2077.0	60.84	228.8	6.70	885.8	25.95	60.1	1.76
云南	3872.93	1982.5	51.19	381.5	9.85	1289.5	33.30	87.7	2.26
西藏	178.2	78.4	44.00	2.9	1.63	92.2	51.74	0.3	0.17

数据来源:《中国统计年鉴 2018》。

总体而言,西南地区食物生产各产业中,种植业比例过大,畜牧业比例过低,资源利用方式不当,土地产出和经济效益低。

(二)食物产品结构不合理,与社会发展需求不协调

2017 年西南地区种植业产品总量为 23 150.6 万 t,其中粮食(含谷物、豆类和薯类)产量为 9131.7 万 t,经济作物(含油料、甘蔗、烟叶、蚕茧、茶叶和水果)产量为 14 019.0 万 t,是粮食产量的 1.54 倍,两类产品分别占食物产品总量的 39.4%和 60.6%。

随着社会经济的发展,工业对棉花、天然橡胶、糖料、药材等原料性经济作物的需求逐步增大;城乡居民对蔬菜、水果、花卉等的需求也在增加,种植经济作物的经济效益好于一般粮食作物。从总体数据看,西南地区食物产品结构中经济作物在种植业中所占的比例大,结构比较合理。但从表 2-8 的数据可以看出,西南地区经济作物比例大,其主要贡献值来源于广西和云南甘蔗产量高。广西甘蔗产量是粮食产量的 5.2 倍,云南甘蔗产量仅比粮食产量少 17.8 个百分点,分别占两省经济作物产量的 78.3%和 61.1%,两省甘蔗产量之和占西南六省(自治区、直辖市)经济作物总产量的 62.4%。重庆、贵州、四川和西藏是甘蔗产量很少或没有的省(自治区、直辖市),经济作物产量占食物总产量的比例最高才达到 31%,西藏最低,只有 5.42%,平均比例为 23.51%,可见,西南地区总体上经济作物产品所占比例还是偏低,土地经济产出和食物产品价值不高。

从饲料作物(玉米)产品在粮食作物产品中所占比例看(表 2-8),西南六省(自治区、直辖市）粮食总产量为 9131.6 万 t，饲料作物（玉米）产量为 2949.3 万 t，占粮食总产量的 32.3%。其中，饲料作物产品占比最大的是云南省，接近 50%，其余省（自治区、直辖市）均在 36% 以下，这表明各省（自治区、直辖市）口粮占比均在 60% 以上（西藏除外），广西自治区甚至高达 81.2%。

表 2-8　2017 年西南地区食物产品产量　　　（单位：万 t，%）

省（自治区、直辖市）	食物总产量	粮食				经济作物						
		总产量	占比	玉米	占粮食比	总产量	占比	油料	甘蔗	烟叶	茶叶	水果
广西	10 479.60	1 370.5	13.08	271.6	19.82	9 109.10	86.92	64.9	7 132.30	4.3	7.2	1 900.40
重庆	1 565.30	1 079.9	68.99	252.6	23.39	485.40	31.01	62.4	8.80	6.9	3.9	403.40
四川	4 935.20	3 488.9	70.69	1 068.0	30.61	1 446.30	29.31	357.9	34.70	18.0	27.8	1 007.90
贵州	1 732.70	1 242.4	71.70	441.2	35.51	490.30	28.30	115.5	50.30	26.8	17.6	280.10
云南	4 325.20	1 843.4	42.62	912.9	49.52	2 481.80	57.38	56.3	1 516.10	86.2	39.3	783.90
西藏	112.60	106.5	94.58	3.0	2.82	6.10	5.42	5.9	—	—	—	0.20

数据来源：《中国统计年鉴 2018》。

随着人们的食品需求从低级向高级转换，畜牧业得以较快地发展，进而导致市场对饲料需求的增长，种植业生产的粮食越来越多地被用作饲料，同时，饲料作物的种植面积迅速增加。种植业由原来的"粮食作物-经济作物"二元结构逐步转变为"粮食作物-饲料作物-经济作物"的三元结构。目前在世界粮食总产量中，居民口粮只占 60%，饲料粮达 40%，发达国家饲料粮甚至占 70%～80%。可见，西南地区食物产品结构与社会发展需求之间仍存在较大的不合理性。

四、农业生产方式转变速度慢，农业产业效率提升空间大

（一）生产方法落后，生产效率低

1. 农业机械动力低于全国水平，农业生产效率低下

2015 年西南地区的总农业机械动力为 11 513.3 万 kW，占全国的 12.4%；总农业柴油使用量为 191.9 万 t，占全国的 9.5%；总农业排灌机械保有量为 410.9 万 kW，占全国的 4.7%。西南地区机耕率低于全国平均水平，各省机耕、机播和机收面积及所占比例又有所差异。例如，贵州 2014 年机耕面积为 1475.8 千 hm^2，机耕率为 32.5%（图 2-1）。广西机播面积最大，2014 年机播率为 14.1%，贵州、云南机播率最低，为 1.3%、1.8%，远远低于全国的 50.8%（图 2-2）。

2. 农业生产工具整体水平落后，农业机械化水平有待提高

西南地区农机化滞后导致生产率落后。机械替代劳动进程慢，劳动力成本上涨，导致产业成本高，产品缺少竞争力。例如，西藏阿里地区农机化作业仅占农牧生产的 30%～50%，生产主要依靠人力进行，又由于农村生活条件艰苦，大量农村劳动力外出务工，农业生产的重担落在了留守农村的老弱病残和妇孺身上，劳动力缺乏导致农业生产粗放，农村耕地撂荒现象时有发生。

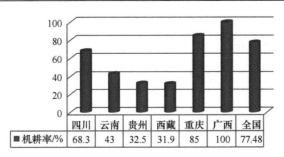

图 2-1　2014 年西南地区机耕率
数据来源:《中国农业年鉴》

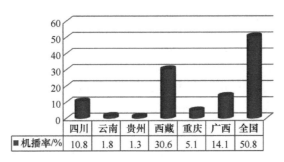

图 2-2　2014 年西南地区机播率
数据来源:《中国农业年鉴》

尽管西南地区机耕、机播和机收面积的增加,为粮食生产提供了良好的生产条件,然而,由于山地较多,且田块较小,大型机械难以应用,农业机械的利用受到限制,因而农业机械化水平较低。因此,大力开发和推广小型农业机械将是西南地区考虑的重点。总的来说,西南地区农业机械化水平需要进一步的提升,主要作物、主产地区和关键环节的农机作业发展不均衡,主要表现在机耕水平较高,机播和机收水平较低,平原地区机械化水平较高,丘陵山区机械化水平较低。因此,要大力推广适用于西南地区的农业机械,提升西南山区作物生产全程机械化水平并打破机械化制约瓶颈积极促进小型山地畜牧业和渔业机械化,提升设施农业、病虫防治装备水平。

3. 灌溉技术落后,需加大滴灌、水肥一体化的设施建设

农田水利设施建设滞后,西南地区的有效灌溉面积所占比例小。2015 年,西南地区的有效灌溉面积仅占耕地面积的 36.4%;其中,重庆有效灌溉面积仅占总耕地面积的52.03%,云南、广西、贵州和四川分别占总耕地面积的 40.7%、36.2%、33.3% 和 24.6%。耕地水土保持措施不到位,雨水综合利用能力差,农机装备老化,运行困难,农田交通不便利,农机化水平低。

(二)生产组织模式处于低级阶段,规模化生产不足

1. 农业从业人员素质偏低,影响农业现代化进程

1)农村人口文化素质水平偏低

农业人口素质对促进农业增长方式的转变、提高生产效率具有重要作用。西南地区农村人口数量大,文化素质偏低,直接导致农业新知识、新理念、新技术的吸收效率低,农业科技成果的推广和示范转化难度较大。例如，2015 年，西南三省两区一市的农村农业从业人员总数达 6678.7 万人，但文盲半文盲比例大，懂技术的农民比例小，占农民总数的 0.04%。

2）农村人口群体的结构存在区域特征性变化

据统计，2015 年广西有 2539 万农村人口，较 2000 年减少了 16.8%。除西藏农村人口有小幅增长外，西南地区农村常住人口逐年下降，人口下降的主要原因是外出务工，特别是少数民族边疆地区，留在家乡的人员主要是妇女、老人、儿童。例如，2015 年，四川省转移输出农村劳动力 2478.9 万人，比上年增长 0.3%；其中，省内转移 1339.7 万人、省外输出 1136.2 万人、外派劳务 3 万人。因此，从事农业产业人员的素质直接影响了农业生产效率的提升。

3）新型高素质农民培育力度有待加强

目前，西南地区农村劳动力大量向二三产业转移，出现新生代农民工对土地"陌生"，而留守农业人群呈现总量相对不足、整体素质偏低、结构不尽合理等问题。这种现象在西南地区的少数民族密集区尤为突出。农村劳动力的从业人员现状制约了农业生产的发展，严重影响了农业生产力的提升和生产技术的更新。2018 年，中央一号文件提出优化农业从业者结构，加快建设知识型、技能型、创新型农业经营者队伍，强调要大力培育新型高素质农民。新型高素质农民是接受过一定培训或学习，具有较高素质的，以农民为职业的，集经营管理、生产示范、技术服务为一体的新一代农田管理者和经营者。新型高素质农民有别于传统农民，具有职业性、科学性和创造性等特点。随着部分地区农业产业发达程度的加快，新型农业组织在形成，并吸纳了不少新型高素质农民，他们同时也带动辐射了当地的农业生产。资料显示，截至 2016 年，贵州培育新型高素质农民 2.5 万余人，其中，生产经营型不少于 1.5 万人（含青年农场主），专业技能型和专业服务型 1 万人；云南培训新型高素质农民 3.86 万人；2016 年，广西在柳州、钦州、贺州、河池 4 个市和武鸣等 80 个示范县，培育新型高素质农民 1.7 万人以上。为了适应农业产业化、规模化、现代化的需求，发展新型高素质农民是必然要求。为加快新型高素质农民的培育，贵州省政府办公厅印发《贵州省全民科学素质行动计划纲要实施方案（2016—2020 年）》提出：大力开展新型高素质农民培育工作，着力培养一大批有文化、懂技术、擅经营、会管理的新型高素质农民。"十三五"期间，每年培育新型高素质农民 1 万人。

然而，当前在新型高素质农民的培育中仍然存在诸多问题。如农民的自主学习意识不强、培训机构及师资力量薄弱、相关的政策支持力度不足、农民接受培训后对技术的辐射带动效应不理想。

2. 生产组织化程度不高，阻碍农业产业的进步和行业的发展

农业生产的组织形式是由社会对农业生产在社会总生产体系中的功能定位所确定的。当前，项目区存在 4 种农业生产组织形式并存的现象，即传统的农户、规模化的大户、农村专业合作社或股份合作社和农业公司。为提高农业生产效益，西南各省市区积极推进农村专业合作社的生产组织形式，在技术模式、组织方式、工作机制上不断深化机制，从区域着手，形成各地有特色的专业合作社，形成规范、统一的标准化生产模式，在田间设施标准化、栽培技术模式化、管理服务专业化、生产过程机械化等方面取得了一定的进步。

但还存在多个方面的问题。第一，组织化程度还不足。专业合作社在栽培技术、管理服务等方面还需提升。例如，贵州近年在规模化发展经济作物和果树产业时，在有条件、有基础的区域开展了茶叶专业合作社、猕猴桃专业合作社的培育和建设。这些专业合作社对于标准化田间作业、保障农业物资有效供给、保障市场供求等方面具有一定的积极意义；同时，通过有效组织农民的农事生产活动，充分利用了荒置土地，解决了富余劳动力等问题。第二，专业合作社管理不规范。目前，农民专业合作社建立了管理章程、财务制度，但在组织结构、内控制度、经营管理、效益分配、战略规划等方面仍显不足。第三，抵御市场冲击能力差。因为在技术标准、管理标准、组织模式等方面没有真正做到最优化，其产品的市场竞争力不足，科技创新能力缺乏，对抗市场冲击的能力低。第四，金融资本融合难度大。农民专业合作社经济实力较弱，有效资产缺乏，担保机制不健全，农村金融体系又处于建设期，因此，生产组织的贷款难度大。

为了进一步提升农业发展需求，要更加注重农业生产市场定位，通过人才、技术、资金、管理、信息的聚合，注重合作社管理规范，向农业公司转化升级，推进农民合作社发展，提高组织化水平。重点培育一批跨界联合社，形成农产品完整产业链条，融合一二产业，向着全产业链方向发展。

五、保障支撑服务体系不健全，阻碍产业快速发展

（一）部分产业政策及规划不科学

西南地区农业存在投入大、周期长、风险高、回报低等共性问题，以及西南山地农业生产组织化程度较低，农产品市场准入机制不健全，种植管理技术服务体系、农产品质量控制体系、行业服务体系等农产品质量保障服务体系不健全的困难和短板。此外，西南地区农业金融资本发育成熟度不足，抵御农业风险灾害弱，这些因素均限制了西南农业的可持续健康发展。政府在农业产业规划过程中应考虑生态地理、区域要素、人文因素等多方面的因素，同时，要考虑短期效益和长期效益，走可持续发展道路。当前，政府在推动农业产业发展方面的成效是显著的。例如，贵州省近年来的茶产业就是一个很好的例证。贵州省委省政府为了快速发展茶产业，出台了 2014～2016 年茶叶产业 3 年提升行动计划方案。经过 3 年的时间，2019 年年末，贵州省茶园面积达 750 余万亩，位列全国第一。这充分说明了政府在规划发展农业产业方面的优势。同时，"贵州绿茶"成了中国罕有的省级地理标志性品牌。

但地方政府在宏观调控与政策把控上还应考虑生态地理、区域要素、人文因素等多方面的因素，因地制宜，既要产业发展的速效，更要生态的长效。

（二）农业金融体系不健全

农业金融资本的融合对于壮大农业产业，抵御农业风险灾害，培育健全的农业产业链有着重要的作用。但目前农业金融资本存在诸多问题。第一，农村金融服务体

系存在缺陷且运转不良。目前，农村农业资金来源主要依靠农村信用社，但信用社的资金实力有限，对农业新产业的支撑力度不足。而农业发展银行对农业的支持范围有限。第二，民间金融利率高且缺少法律保护，农村金融风险大。第三，农业保险发展缓慢，农业保险公司覆盖面狭窄。金融机构中的涉农机构不健全，运转功能不正常，对新型农业生产组织的信用等级、风险状况及生产组织的运营状况方面缺乏科学、准确和客观评价。

（三）农产品质量保障服务体系不健全

西南地区在推进农业标准化、加强农产品质量安全等方面取得了一些成效，但仍然存在诸多的问题。第一，生产技术水平落后，生产组织化程度较低，农产品缺乏生产标准。第二，农产品市场准入机制不健全，农产品加工企业的规范、管理功能不完善。第三，农产品质量保障服务体系，包括种植管理技术服务体系、农产品质量控制体系、行业服务体系等不健全。例如，云贵地区农作物或特色农作物、经济作物种植地域普遍存在气候类型复杂、海拔落差显著、立体气候明显、土壤贫瘠、土层较薄、水土流失严重等因素。因此，柑橘、猕猴桃、火龙果、葡萄等因为土壤、积温、光照等导致糖度较低、酸度较高等理化代谢指标难以均一、果品质量差异较大等问题。在前期基地建设中，未对果树种植基地的采光、水分、土壤肥力、积温等因素进行综合测评，同时未提出针对性的、标准化的技术措施，这直接导致果品标准化差，市场竞争力弱等。这在贵州猕猴桃、火龙果，四川柠檬、蜜柚等产业非常突出。因此，依据具体果树所需的养分、阳光、积温等，针对性制定规范种植方案，建立技术服务体系，制定果树的标准化生产技术体系和规程，完善农资供应体系、质量安全检测体系、质量安全可追溯系统，对于提高农产品产出、增加市场竞争力具有重要意义。

（四）科技创新能力和支撑服务体系不足

实现农业持续稳定发展，长期确保农产品有效供给，根本出路在科技。科技创新是发展优质、高产、绿色、生态、安全的现代农业的基本支撑。目前，与东部发达地区相比，西南地区农业科技对农业生产的贡献率不足。主要表现在缺乏专业技术人才队伍，基层技术体系和对应的功能缺失；基层乡镇农技站功能不健全，农技人员转岗、人才流失严重，农技人员待遇低，缺乏稳定的职称晋升、绩效奖励政策支持。

目前农业产业的科技创新能力和支撑能力不足问题非常突出和严重，主要表现在如下几个方面。①支撑技术的熟化度不够。目前，贵州、云南、广西等省（自治区）在大力发展果树产业，但当地缺乏种植、管理技术能手，在果树种植过程中，只能聘请其他区域的农业能手作为技术专家。由于区域差异所造成的病虫害差异明显，这些技术专家并不能解决当地生产中的实际问题。②当地农业管理服务部门职能缺陷。各省市区的基层普遍存在农技人员留不住、农技人员不安心于专业和本职岗位、农技人员转岗等突出现象。有的乡镇没有农技站等部门，或者有但名存实亡。③行业主管部门重视政策的制定与管理，对于行业发展自身问题缺乏有效解决措施。④省级农科院所和高校对农业产业中的技术支撑力度不足，高校院所的科研工作与实际需要脱节。⑤各省市区的科技厅在农业产业急需解决的问题或共性问题上，未给予科研课题分配或进行立项资助。

六、西南地区食物绿色化安全保障需提升

西南地区在我国农业板块中占有十分重要的地位，农业耕作历史悠久、种植结构特色鲜明、种植区域性强。农业生产区域海拔跨度大。农田位于盆地、河谷、丘陵、低山、中山、高山和高原。农业生产区域气候类型丰富多样，受亚热带和热带季风气候及印度洋西南季风和太平洋东南季风调控影响，雨量充沛。由于河流纵横、河谷沟川海拔落差显著，立体气候明显，农田生态系统复杂且生物多样性丰富。因此，西南地区在种植业发展及病虫草害防控方面的特殊性不可复制和替代。同时，西南地区畜牧产品"绿色化安全保障"主要依靠发展生态畜牧业，因此要加强畜产品质量安全体系建设；加强环境保护，大力发展生态畜牧业；加强畜产品的安全检测，强化监督管理；加强畜产品的安全检测，强化监督管理；强化兽药监管，加强疫病防控。基于西南地区地理生态环境、种养习俗、产业发展现状的特点，进行农作物、畜牧业的可持续地控制，实现食物产品在种养环节的质量安全有效控制，具有重要意义。

（一）农作物"绿色化、可持续、安全保障"技术需提升

相对于华东、华南、东部沿海地区，西南地区农作物病虫害发生频次低、危害严重度轻，农作物农药施用量低。近年来，在国家大力实施农作物化肥农药减施增效，倡导质量兴农、绿色兴农、产业兴农的背景下，西南地区农作物化肥农药"减施增效"问题有所完善解决。但在病虫害防控和农药用药方面仍然存在诸多问题。①新型高效、绿色、环保药剂少。药剂有效成分和剂型选择上仍以传统制剂为主，吡虫啉、阿维菌素等还是农药主导品种，新型高效、绿色、环保药剂使用量相对较少，推广面还很小。近两年，由于国家加大对化工企业的环保治理监管力度，"三废"治理成本增加，大量化工厂因为运行成本问题而关闭，农药原药价格一再上涨，这促使低成本的农药品种成为市场上的有力品种，这对农作物病虫害防控的药剂选择提出了挑战。②以牺牲环境为代价的"轻简化"技术措施仍占主导地位。农药浸种或拌种技术、大田期采用"一喷三防"等"轻简化"技术，存在药剂使用量大、施用次数多、病虫害未合理兼治等问题。③环境友好的生物农药和绿色农药及先进施药技术推广难度较大。环境友好的生物农药和绿色农药因应用成本高，以及防治效果比化学防治效果差而推广难度较大。在施药器械方面，传统手动喷雾器仍占主导地位，省工省力的新型施药设备还未全面推开，农田生态调控技术控制虫害和草害技术等如何与药剂协调使用，还需进一步研究和总结，绿色防控和生态防控工作任重道远。④肥料以化肥为主，浪费大，面源污染风险大，生物肥、有机肥的应用不足。

（二）畜产品"绿色化、优质化安全保障"体系建设不够

1）加强环境保护，加大生态畜牧业发展力度。西南地区自然资源丰富，生态环境良好，要深入推进畜牧业绿色化、优质化、特色化、品牌化，调整优化畜牧业生产力布局。发展生态循环农业是西南地区的比较优势，发展无公害、有机、绿色农产品生产，环境生态效益明显，发展适度规模、种养结合、循环利用的生态养殖模式潜力巨大。

2）加强饲料与畜产品质量检测，强化安全保障体系。畜产品质量安全事关广大人民群众身体健康、生命安全，关系到社会稳定，是构建和谐社会的基础之一。饲料和畜产品质量安全保障体系，是保证食品安全的前提条件之一。过去所发生的瘦肉精、三聚氰胺事件，都与饲料和畜产品的质量有关。经过多年的建设，我国已建立了国家、省、市（县级）三级饲料及畜产品质量安全保障体系。但还存在机构不健全、人员不足、设备不配套、经费紧张、职责不明等诸多问题。为保证食品安全，保障人民的身心健康，应从机构、人员、设备、投资方式、职责等方面入手，建立一个机构健全、职责明确、功能齐全、保障有力的饲料及畜产品质量安全保障体系。

3）加强畜产品的安全检测，加大监督管理。通过 HACCP、QC 和无公害畜产品的产地认定和产品认证，有计划地积极推行 GMP、HACCP、ISO9000 系列标准，最终逐步在畜产品生产过程中形成以 GAP 认证为主，兽药生产以 GMP 认证为主，饲料及饲料添加剂生产、畜产品加工以 HACCP 认证为主，畜产品以强制性认证为主的认证体系。普及并强化畜产品生产者质量安全责任。加强畜产品质量安全检测。在实际生产中，应对养殖、屠宰生产者加强法律法规培训。要对畜产品消费者加强宣传，使其了解畜产品质量安全的有关知识，增强对畜产品质量安全的信心，营造畜产品健康消费氛围，推动畜产品产业健康发展。实行畜产品质量安全责任追究制。强化涉及畜产品安全事件的企业的相关责任，加大执法力度和打击力度，同时健全市场管理制度和畜产品生产许可证制度、成品市场准入制度和不安全畜产品强制召回制度。对见利忘义、知假造假、危害消费者身心健康者从严从重处罚。

4）加强兽药监管，强化疫病防控。当前，国内重大动物疫病防控形势依然严峻，外来疫病防控难度加大，严重威胁畜牧业发展和公共安全。基层防疫队伍及机构不健全，职能弱化，技术人员少，且执法主体不具备相关资格，难以承担基础免疫、监测采样和动物卫生监管的职责任务。用于各级防疫的实验室，检疫装备，专项动物疫病控制净化以及常规面上疫情监测、采样、流调、处置的经费严重不足。导致近年来发生非洲猪瘟、禽流感、小反刍兽疫等疫情，动物布病在局部地区呈抬头趋势，加之畜禽调运频繁，国内外病原不断传入，增加了西南地区动物疫病防控和畜产品安全风险。加强重大动物疫病防控、病死畜禽无害化处理监管、养殖环节监督执法、生猪屠宰行业管理、兽药使用监管工作。加强重大动物疫病防控体系建设。优化养殖业空间布局，大力发展绿色生态健康养殖。

七、西南食物国际贸易存在的问题

党的十八大以来，我国全面实施国家粮食安全战略，一系列重要文件相继出台。2013年年底召开的中央经济工作会议和中央农村工作会议，均高度重视粮食安全问题，明确要求实施"以我为主、立足国内、确保产能、适度进口、科技支撑"的国家粮食安全新战略，明确提出确保"谷物基本自给、口粮绝对安全"的国家粮食安全新目标。准确把握这一新战略、新目标的内涵及其实现途径，对顺利推进我国现代农业建设、正确处理国内外两个市场、两种资源的关系至关重要。

西南六省份面向东盟，有中国-东盟自贸区的政策优势，是"一带一路"倡议的其中一个源头。近年来,西南各省份高度重视农产品食品进出口贸易,在食物对外贸易中取得了显著的进步,但也面临着一些困难和问题。

(一)出口总量较小,出口产品种类和市场结构较为集中

在出口总量方面,西南各省份农产品出口总值从 2011 年的 42.3 亿美元逐步上升到 2015 年的 72.2 亿美元(图 2-3);在全国农产品出口总额中的比例从 2011 年的 7.0%逐步上升到 2015 年的 10.3%(图 2-4)。

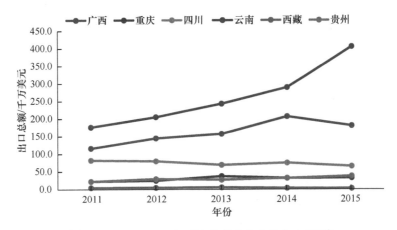

图 2-3 2011~2015 年西南各省份农产品出口总额[①]
数据来源:国家商务部

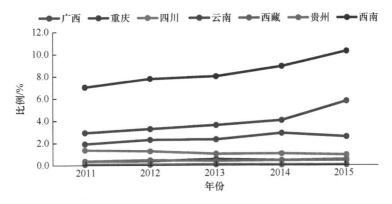

图 2-4 西南农产品出口在全国农产品出口总额中的占比
数据来源:根据国家商务部数据计算

农产品进口在全国农产品进口总额中的比例则有所波动,进口总值 2011 年为 47.4 亿美元,2012 年和 2013 年上升到 71.7 亿和 71.6 亿美元,2014 年和 2015 年则又回落至 69.5 亿和 66.2 亿美元(图 2-5);在全国农产品进口总额中的占比 2011 年为 5.1%,2012 年和 2013 年逐步上升到 6.4%和 8.0%,2014 年和 2015 年则又回落至 5.7%(图 2-6)。

2011~2015 年,西南各省份农产品进出口总值对比如图 2-7 所示,可以看出农产品出口呈现逐年上升趋势,且在 2015 年首次出现了出口总值大于进口总值的情况。

---

① 本书彩图请扫描封底的本书二维码,注册登录后,进入"多媒体"查阅。后同。

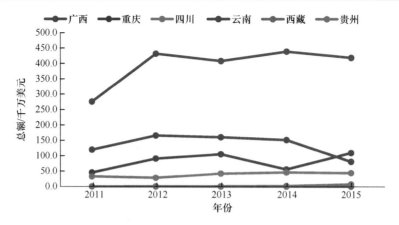

图 2-5　2011~2015 年西南各省份农产品进口总额
数据来源：国家商务部

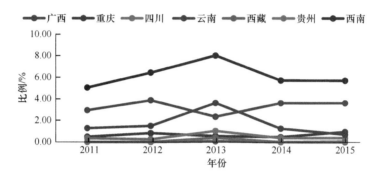

图 2-6　西南农产品进口在全国农产品进口总额中的占比
数据来源：根据国家商务部数据计算

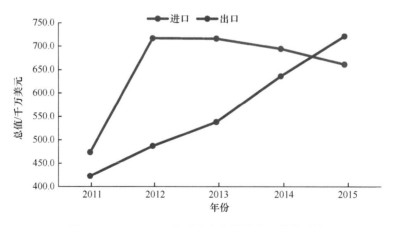

图 2-7　2011~2015 年西南农产品进出口总值对比
数据来源：国家商务部

对各省份的情况进行进一步分析可以看出，云南农产品出口总额远高于进口总额，而广西农产品进口总额远高于出口总额（图 2-8）。

在食品方面，西南各省份食品出口总值从 2006 年的 9.8 亿美元逐步上升到 2015 年的 55.8 亿美元，增长了 5.7 倍（图 2-9）；在全国食品出口总额中的比例从 2006 年的 3.7% 逐步上升到 2015 年的 9.6%（图 2-10）。

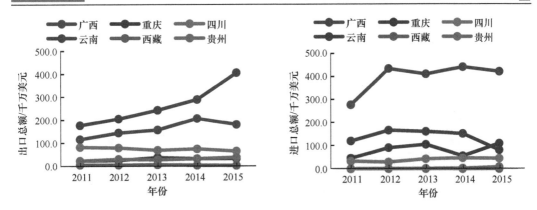

图 2-8　2011～2015 年西南各省份农产品进出口总额
数据来源：国家商务部

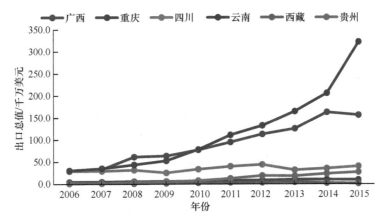

图 2-9　2006～2015 年西南各省份食品出口总值
数据来源：国家商务部

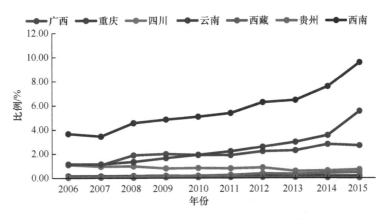

图 2-10　西南食品出口在全国食品出口总额中的占比
数据来源：根据国家商务部数据计算

西南各省份食品进口总值从 2008 年的 5.5 亿美元逐步上升到 2013/2014 年的 22.1 亿和 21.8 亿美元，增长了 4 倍，随后在 2015 年回落到 18.2 亿美元（图 2-11）；在全国食品出口总额中的比例从 2008 年的 2.4% 逐步上升到 2012/2013 年的 4.7% 和 4.5%，随后在 2015 年回落到 3.5%（图 2-12）。

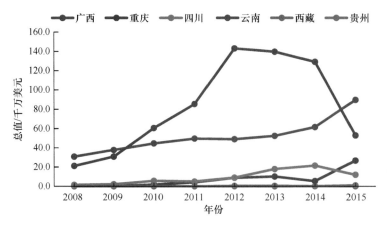

图 2-11 2008~2015 年西南各省份食品进口总值
数据来源：国家商务部

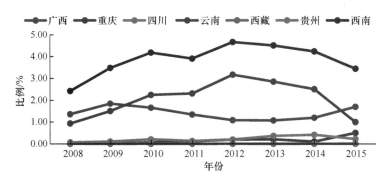

图 2-12 2008~2015 年西南地区食品进口在全国食品进口总值中占比
数据来源：根据国家商务部数据计算

2008~2015 年，西南各省份食品进出口总值对比如图 2-13 所示，可以看出食品进出口均呈现逐年上升趋势，仅在 2014 年后出现小幅回落；且食品出口总值均大于进口总值。

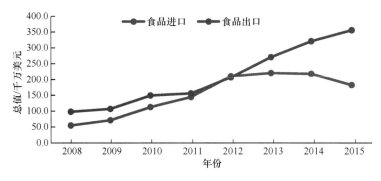

图 2-13 2008~2015 年西南食品进出口总值比较
数据来源：国家商务部

在西南地区出口的农产品中，猪肉、柑橘、苹果、梨等在全国农产品出口总值中占比较大（图 2-14）。这是由于西南农产品生产横跨温带、亚热带、热带三个气候区，具有独特的地理气候条件与丰富的生物多样性，使得部分农产品具有良好的比较竞争优势，出口的食物产品以特色经济作物农产品尤其是初级农产品为主，出口产品结构较为单一。出口的主要对象以东盟国家为主，加上欧美、亚洲、非洲等部分国家。

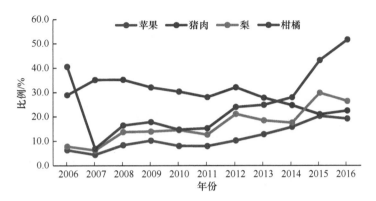

图 2-14　部分农产品在全国出口总值中的比例
数据来源：根据国家商务部数据计算

　　西南各省份中，广西和云南出口总值最高，但也面临着各自的问题。广西出口的农产品种类主要有水果、糖料、蔬菜、畜产品和水产品，出口市场主要是东盟、美国和巴西等，其中尤以东盟国家为主。2014 年，广西对东盟出口 170.73 亿美元，其中对越南出口 152.99 亿美元，占出口东盟的 89.6%，出口东盟市场过于集中在越南。出口市场的过分集中和对少数国家或地区的依存度过大，制约了广西农产品出口贸易的进一步发展，潜在风险也随之较大，一旦这些国家的贸易政策或市场需求发生大的变化，就会对广西农产品的出口产生较大的影响和阻力。

　　云南由于同时兼备温带、亚热带、热带三个气候区，农业生物多样性在中国绝无仅有，这使得它与东盟国家农产品贸易的互补性要大于竞争性。出口资源丰富、运输距离短、农产品加工业具有比较优势等都使云南具备了对东盟国家的农产品贸易优势。但这也导致了云南同样存在出口市场过于集中的问题，如 2016 年云南对东盟的出口额占农产品出口总额的比例达 57%。

（二）西南边境食物产品走私进口不容忽视

　　广西、云南等省（自治区）和多个东盟国家接壤，大米、生猪等重要的基本食物产品从境外走私的问题不容忽视。据国家海关总署数据，仅 2015 年，全国海关全年查获大米走私刑事、行政案件 467 起，案值 12.55 亿元，涉税 4.66 亿元，查证走私大米 21.01 万 t，南宁、昆明、拱北、南昌等沿边、沿海、内陆海关先后破获一批走私大米重大案件。查获肉类走私刑事案件 96 起，案值 20.1 亿元，查证走私肉类 12.2 万 t。生猪方面，仅广西某一个口岸每年估计就有超过 60 万头越南走私猪进入我国。2017 年，全国十大缉私案例中，仅昆明海关缉私局侦办的"8·11 走私大米案"单一案件就查到走私进境大米 18.9 万 t。走私大米既扰乱了国内粮食市场正常流通秩序，又影响了国内粮食供求平衡，对粮食质量和食品安全也带来一定隐患。而生猪走私一方面相当于走私玉米、饲料等农产品，影响我国玉米泄库，另一方面也由于未经检疫带来食品安全方面的问题。

（三）食物产品出口遭遇贸易政策及技术、贸易壁垒方面的困难

在早期的收获方案中，为了保护东盟中一些较为落后的东南亚国家的农业发展，中国在对外贸易中给予了东盟国家农产品上的较大优惠，在国际市场上，其他东盟各国享有特殊优惠的农产品明显更加具有竞争力。但是中国的农产品并未享受到同等的优惠待遇，这也给西南农产品向东盟的出口造成了不利的局面，削弱了西南农产品的竞争优势。例如，由于所处纬度较低，泰国的热带水果无论是产量还是质量都比西南地区的高，随着中国-东盟自由贸易区的建立，这些热带水果关税都降为零，使得泰国的龙眼、香蕉、杧果等热带水果出口竞争优势更明显，给西南热带水果出口带来严重的经济损失。另外，西南地区本来就缺乏出口优势的杧果、龙眼、荔枝、菠萝等热带水果到越南、老挝、柬埔寨等国家，由于没有被列入关税优惠品类，致使这些农产品的出口在进口国家得不到保护。

西南地区农产品出口过程中，还经常会遭遇技术壁垒和贸易壁垒的限制。例如，美国通过制定严格的进口农产品加工技术标准，限制广西产柑橘、龙眼、荔枝、猪肉等特色农产品出口美国；日本通过增加农产品农药残留检测项目，使广西产的部分冻鸡、猪肉等限制出口到日本。茶叶是西南地区重要特色经济作物，仅贵州一省 2016 年种植面积就已达 700 万亩，连续三年位居全国第一，但在茶叶出口过程中，欧美发达国家及日本等均设置了严苛的农药残留限量标准来限制我国茶叶产品出口。尤其是德国，在食品安全政策上，对一些毒性风险未定的所谓"新型污染物"，并不参照国际 FAO/WHO 相关标准，而是按照自己的考虑制定所谓标准，其行为甚至不惜违反 WTO 原则。例如，蒽醌类物质，并不是农药，且在自然界中的多种植物中均有存在，在茶叶种植过程中也不存在人为添加情况。目前茶叶中蒽醌成因不明，风险情况未定，检测技术不成熟，且检测结果稳定性差。但 2013 年，欧盟对蒽醌残留限定 0.01mg/kg，导致了中国被检出频次最多，可能会产生大的风险。还有一个指标是高氯酸盐，2015 年，德国茶叶协会发现产自中国的所有茶叶样本都含有高氯酸盐，而其他国家和地区的茶叶中尚未发现，目前欧盟正在酝酿针对中国茶叶的 0.75mg/kg 的高氯酸盐限量标准，一旦确定，将对西南乃至全国的茶叶产品出口德国及欧盟产生极其不利的影响。

（四）企业国际化投资目标不明确、经营理念落后

自 2004 年农产品对外贸易开始出现逆差以来，我国农产品对外依存度不断攀升，每年我国都需从国外进口大量谷物、棉花、糖、油脂、大豆、植物油等大宗农产品。

近年来，"一带一路"倡议的推进和相关政策措施的出台，促使我国企业掀起新一轮的海外农业投资热潮。"一带一路"沿线国家拥有丰富的农业资源，为我国农业在海外投资与合作带来了极大的空间。"一带一路"沿线国家大多为发展中国家，大多迫切希望改善农田水利设施，提高农业科技水平和农业综合生产能力，而我国地域辽阔，农业文明历史悠久，积累了在各种气候条件下从事种植、养殖的先进技术，沿线国家对我国的农机装备、温室种植、动植物检验检疫等产品和技术都有强烈需求。

另外，由于多种因素影响，在国外租地建立中国粮食基地的模式遇到了很大困难。因此当前我国农业对外投资正在从到国外"圈地"逐步转到加工、仓储、物流等多个领

域。但农业对外投资仍然主要集中在附加值不高、技术含量低等劳动密集型行业和传统领域，没有从战略上建立农业投资、贸易等互为一体的全球农产品供应链。

此外，在"一带一路"沿线国家投资的企业大多规模小、竞争力不强，投资区域和领域高度集中。数据显示，截至 2014 年年底，中国共有 233 家境内投资主体在"一带一路"区域进行农业投资，其中民营企业 210 家，占总数的 90.1%。以西南地区的云南省到老挝进行农业投资生产经营为例，目前中国在老挝的农业投资企业总数约为 125 家（国有企业 2 家），其中从事种植业的企业共有 90 多家，而从事橡胶种植的企业占了总数的一半以上。

在农业产业走出去的过程中一系列问题逐步出现。其中包括走出去的企业存在着一定的投资盲目性和管理经营不规范问题。国内企业尚不了解对象国招商引资条件，资金渠道是否畅通，缺乏跨国投资经验和经营管理专业人才就进行盲目投资，使企业利益受损。被投资国的地方保护主义是所面临的另一方面的挑战，其原因包括国内企业的竞争优势令当地同类型企业处于竞争弱势，国内企业进行恶性生产开发使得当地产业和居民对国内企业排斥等。而农业企业走出去的最大瓶颈还是在于缺乏懂得国际农业发展大势、了解对象国农业政策、具备跨文化地域沟通能力的专门人才。

（五）食品进口主要是植物产品，进口地主要集中在东南亚

针对四川进口食品相关商品的统计分析，对食品及活动物、饮料及烟类、动植物油脂及蜡等进行分析，2011～2014 年，进口额度和最大占比是食品及活动物，分别为 12 451 万美元、14 829 万美元、22 928 万美元、31 580 万美元，4 年间一直保持递增，其占比分别为总进口额的 0.66%、0.72%、1.01%和 1.24%。针对贵州进口食品相关商品的统计分析，对活动物（动物产品）、植物产品、动植物油脂及分解品和精制的食用油脂等指标进行分析，2011～2015 年，四年均呈稳步上升的是植物产品，进口额分别为 21 万美元、96 万美元、365 万美元、1756 万美元、7206 万美元。2015 年比 2014 年增长比例为 310.4%。云南 2015 年外贸进出口总额达 245.27 亿美元，比上年下降 17.2%。其中出口总额 166.26 亿美元，下降 11.5%；进口总额 79.01 亿美元，下降 27%。全年对欧盟进出口 15.01 亿美元，下降 15.7%；对东盟进出口 131.66 亿美元，下降 8%；对南亚进出口 11.04 亿美元，增长 40.4%。

西南地区进口主要集中在植物产品。西南地区的大米来源地以毗邻的东南亚国家为主。广西是西南大米进口的主要省份，进口的大米来自越南、柬埔寨、泰国 3 个国家，其中越南、柬埔寨大米占绝大部分，分别占广西大米进口总质量的 78.4%和 13.5%，但总体来说经由西南各海关进口的大米数量占全国的比例很小。

八、小结

多年来，通过天然林保护、退耕还林、石漠化治理、绿化荒山等生态屏障建设工程使得西南地区生态系统得到大幅改善；新建水库、增加节水灌溉工程等农田水利建设工程使得农业基础设施得到改善；大力发展农机装备、推广农机技术；建设高效、节水、水肥一体等灌溉设施，推广高效灌溉技术；培育新型高素质农民，壮大农业专业合作社

等；强化政策、科技、金融、行业技术支撑保障服务体系建设。因此，西南地区在农业产业发展上取得重大的进步。

但与此同时，受地形地貌、经济发展、人文社会、科技发展等限制因素的影响，西南食物安全还存在诸多问题。主要表现在生态脆弱，自然资源限制因子多，农业基础设施薄弱；农业生产方式转变速度慢，农业经营主体不突出，食物一二三产业结构不合理；科技创新能力不强，保障支撑服务体系不健全。上述问题使西南地区食物产业整体竞争力不强，食物国际贸易竞争力不足，区域食物安全还面临着不少挑战。

第三章 西南地区食物安全的潜力

西南地区从地理区位上包括了巴蜀盆地、云贵高原、秦巴山地等，是多民族共居的区域。西南地区土地资源、能源资源、生物资源丰富，发展潜力巨大。同时，通过多年的生态修复工程，西南地区生态安全屏障作用日益突出，生态与农业产业相互支撑功能日益突出，发展绿色安全农产品潜力巨大。近年来，西南地区充分利用中央到地方的政策优势，以及西南特有的区位优势，参与和共享了"长江经济带"的产业发展，积极融入国家"一带一路"倡议，利用西南交通网络的升级推动经济转型。特别是近两年来，西南地区按照中央一号文件精神，促进农业产业结构调整，转变生产方式，加大农业产业的科技投入，大力发展西南山地高效农业和特色农业，农业产业得到快速发展，农业产业成了西南地区的富民产业、生态产业。

本章在西南地区食物安全现状分析的基础上，从资源潜力、经济潜力、环境潜力、科技潜力等方面，对西南地区食物安全的潜力进行了分析。

一、资源潜力

（一）生态资源

西南地区总体上生态资源丰富，多样性非常高。例如，云南处于低纬度、高海拔地区，地形高低悬殊，气候类型复杂多样，有北热带、南亚热带、中亚热带、北亚热带、南湿带、中温带和高原气候类型。云南气候类型的多样化带来了生物多样性的丰富。贵州由于地形上海拔落差显著，立体气候明显，同时，受亚热带和热带季风气候及印度洋西南季风和太平洋东南季风调控影响，雨量充沛，生态多样性丰富。贵州确定生态保护面积（扣除重叠部分）为5.6万余平方千米，占全省国土总面积的31.9%。2016年，贵州累计完成营造林面积875万亩，其中新造林577万亩、封山育林124万亩、退化林修复174万亩，森林覆盖率达到52%。截至2016年年底，贵州森林面积达1.37亿亩，活立木总蓄积量达4.25亿m^3，森林覆盖率年均增长1个百分点以上。广西也是我国生态大省，为亚热带季风气候区，动物、植物和海洋资源丰富。2015年，广西农林牧渔业增加值2634.3亿元，其中，种植业增加值1478.7亿元；林业增加值235.5亿元；畜牧业增加值560.7亿元；渔业增加值291.1亿元。西藏是国家重要的生态安全屏障，有着独特的自然生态和地理环境。西藏气候自东南向西北由暖热湿润向寒冷干旱呈递次过渡，自然生态由森林、灌丛、草甸、草原到荒漠呈带状更迭，森林面积717万hm^2，活立木蓄积量达20.9亿m^3。

（二）物种资源

西南地区微生物、植物、动物、海洋资源丰富。

云南是中国生物资源最为丰富的省份。热带、亚热带的高等植物约 1 万种，中草药 2000 多种，香料植物 69 科约 400 种，有 2100 多种观赏植物。野生植物资源众多，稀有植物 5000 多种。动物中，已知的脊椎动物有 1704 种，约占全国的 55%。云南冷水性、温水性和热带暖水性优质水生生物品种丰富。云南已有 432 种鱼类记录，分属于 9 目 27 科 143 属，种数占全国淡水鱼类（总物种数 1023 种）的 42.2%。云南的微生物资源也非常丰富，是"菌类王国"。农作物品种方面，云南有很多水稻稀有品种。例如，有适应性强和管理粗放的'长毛谷水稻'和'月亮谷水稻'；有口感好、栽培历史长的'老黑谷水稻'等地方稀有品种。这些品种为杂交选育优良品种提供重要的遗传资源。云南动物资源也非常丰富。在低海拔热带和亚热带雨林地区有华南型'滇南小耳猪'；在中海拔气候温和农区有'大河猪'、'撒坝猪'和'保山猪'；在高海拔冷寒牧区有'迪庆藏猪'和介于藏猪和保山猪之间的'高黎贡山猪'。这些猪种有独特的遗传资源，值得开发利用。例如，'滇南小耳猪'耐高温高湿，边长边肥，皮薄骨细，不饱和脂肪酸含量较高。

贵州生物资源也非常丰富，有 3700 余种药用植物资源，占全国中医药品种的 80%，是全国四大中药材产区之一。贵州农作物植物品种丰富，涵盖了亚热带到暖温带的作物，已栽培的有近 600 个品种，从喜温的水稻、玉米、甘薯到喜凉的小麦、油菜、马铃薯，从需要热量多的甘蔗、芭蕉、柑橘，到需热量次多的油桐、油菜，从喜温的常绿阔叶林种到喜干的针叶林种。丰富的生物资源为贵州发展特色农业提供了资源潜力。在品种资源的保护和培育方面，贵州在农作物和畜牧养殖品种方面均形成很多地方特色品种。例如，在茶树品种方面，贵州具有'石阡苔茶'等一批地方优良品种；同时，近年来选育出早生、高产、抗虫、优质茶树品种'黔湄 601'和'黔茶 8 号'等。"十一五"期间，引进吸收、集成、创新了无性系育苗技术，在贵州建成世界最大绿茶育苗基地，推广无性系茶园 227 万亩；在核桃品种上选育出坚果品质优、丰产性好、适应性强及抗病性强的'黔核 7 号'；培育维生素 C 含量高、果肉细嫩翠绿、肉质多浆、果汁丰富、清甜爽口、酸甜适中的'修文贵长猕猴桃'地方知名品种。在白酒产业方面，在贵州黔北高粱长期的栽培史中，选育出颗粒坚实、饱满均匀、粒小皮厚、支链淀粉含量高、富含单宁的高粱品种'红缨子'。在畜牧养殖方面，有'贵州香猪''黔北麻羊''关岭牛'等具有耐粗饲、适应性强、肉质好等特点的优良地方特色品种资源。这些都是特色农业发展得天独厚的先决条件。

广西生物资源也非常丰富，已发现植物 280 多科，1670 多属，近 8000 种。广西糖料蔗产量居全国首位，水果品种资源丰富，主要有香蕉、菠萝、荔枝、龙眼、沙田柚、柑橙、杧果等。已发现的渔猎动物及淡水鱼类 200 多种。

西藏现有各类脊椎动物 798 种，昆虫类近 4000 种，已有 125 种被列为国家重点保护野生动物。有 600 余种高等植物、200 余种陆栖脊椎动物为青藏高原所特有。

（三）能源资源

西南地区水能资源丰富，其水能资源居全国之首，可开采能力占全国水能资源的 68% 左右。全国的主要河流的发源地大多在西南地区或流经西南地区，并有着大量的湖泊及水库等水利设施。国内水力发电工程也大多在西南地区。同时，西南地区雨水充足，全年降水量是全国平均水平的 3 倍。人均、亩均分摊的水量均居全国第一。

西藏的能源以水能、太阳能、地热能、风能等为主。西藏水能资源理论蕴藏量为 2 亿 kW，约占全国水能蕴藏量的 30%，居中国首位。西藏水能资源绝大部分集中于藏东南地区，主要来自雅鲁藏布江。西藏是中国地热活动最强烈的地区。据估算，西藏地热总热流量为每秒 55 万 kW。西藏太阳能资源居全国首位，是世界上太阳能最丰富的地区之一。西藏有两条风带，推测年风能储量 930 亿 kW，居全国第七位。

四川能源资源也比较丰富，以水能、煤炭和天然气为主，煤炭资源约占四川能源资源的 23.5%，天然气及石油资源约占 1.5%，水能资源约占 75%。四川水能资源理论蕴藏量达 1.43 亿 kW，占全国 21.2%，仅次于西藏。其中，技术可开发量 1.03 亿 kW，占全国的 27.2%；经济可开发量 7611.2 万 kW，占全国的 31.9%，均居全国首位，是中国最大的水电开发和西电东送基地。水能资源集中分布于川西南山地的大渡河、金沙江、雅砻江三大水系，约占四川水能资源蕴藏量的 2/3，也是全国最大的水电"富矿区"，其技术开发量占理论蕴藏量的 79.2%，占全省技术开发量的 80%。保有煤炭资源量 122.7 亿 t，主要分布在川南。天然气资源十分丰富，是国内主要的含油气盆地之一，已发现天然气资源储量达 7 万多亿立方米，约占全国天然气资源总量的 19%。

云南正常年水资源总量 2222 亿 m^3，水能资源理论蕴藏量为 10 364 万 kW，可开发的装机容量为 9000 多万 kW，年发电量为 3944.5 亿 kW·h。云南的煤炭资源十分丰富，全省煤炭资源总储量达 679.04 亿 t。

（四）土地资源

西南地区土地类型多样，以山地、丘陵为主，达 80% 以上，为西南林业、畜牧养殖业发展带来广阔前景。此外，有盆地、河谷沟川、平坝地等。多样性土地类型为农业产业发展提供资源条件。西南地区光合潜力大、水热条件好。例如，粮食生产光合潜力在贵州全省可达 1500kg/（亩·a）以上。西南地区喀斯特资源丰富，在发展农业的同时，与旅游结合，打造农旅结合、观光农业、休闲农业，提升农业产业附加值，具有重要意义。西南地区土地整治工作推进有力，近年来，通过改善土质、测土配方等系列工作，土壤土层瘠薄、坡度陡大、侵蚀严重、重金属污染等限制因素逐一改善，这为发展山地高效农业以及农业提质增效创造条件。

例如，四川土壤类型丰富多样，全省土壤类型共有 25 个土类、66 个亚类、137 个土属、380 个土种，土类和亚类数分别占全国总数的 43.5% 和 32.6%。土地利用以林牧业为主，林牧地集中分布于盆周山地和西部高山高原，占总土地面积的 69.2%；耕地则集中分布于东部盆地和低山丘陵区，占全省耕地的 85% 以上；园地集中分布于盆地丘陵和西南山地，占全省园地的 70% 以上。云南山地约占 94%，平坝占 6%。半山区面积为 19.6 万 km^2，是云南种植业、养殖业和经济林木的主要分布地区；山区面积 1028 万 km^2，林业、畜牧业资源丰富；高寒山区面积共 7.12 万 km^2，有丰富的森林和草场资源。贵州山地和丘陵约占 92.5%。山地 1087.4 万 hm^2，占全省土地总面积的 61.7%；丘陵 542 万 hm^2，占全省土地总面积的 30.8%；山间平坝区 132.3 万 hm^2，占全省土地总面积的 7.5%。贵州山地和丘陵为发展山地高效农业提供基础。西藏总面积 122 万多平方千米。其中，牧草地 65 万 hm^2；耕地集中分布在藏南河谷及河谷盆地中，东部和东南部也有少量分布，总面积达 36 万 hm^2。西藏土地资源的最大特点是未利用土地多，占土地总面积的 30.7%，可利用潜力很大。西藏天然草地面积超过内蒙古和新疆，位居全国第一，是中国主要的牧区之一。

二、经济潜力

经济全球化是当今世界最重要的特征之一，也是 21 世纪的发展趋势。我国加入 WTO 后，食物被纳入经济全球化的进程，食物国际化的水平大幅度提高。未来 30 年，我国农业将加快参与国际市场的交换与分工，农业发展与国际市场将越来越紧密地联系在一起。

西南六省（区、市）是我国民族聚居地区之一，也是我国集资源重要性、生态脆弱性、环境敏感性、经济贫困性于一体的特殊区域，在新常态背景下面临发展经济和保护环境的双重责任。一方面，承担着"赶"（赶上全国发展步伐）与"转"（转变经济发展方式）的重任；另一方面，又需深入推进生态文明建设，提高生态环境承载力，大力发展低碳经济，促使经济绿色转型，促进人与自然和谐发展，推动民族地区走出一条百姓富、生态美的绿色发展之路。

经济的发展，与食物的数量和质量安全紧密相关，对食物的生产能力、流通领域、消费方式、加工水平等产生深远影响。宏观来看，经济实力能更好地提升食物安全保障的水平。以下从国家政策影响、区位优势和特色资源等方面，分析西南地区经济未来发展的空间。

（一）后发赶超，经济持续快速增长

改革开放以来，特别是 10 余年来，西南地区经济得到了快速增长。从 2017 年各省份 GDP 增速看，西南地区各省份的经济增长速度普遍较快，保持着加速追赶东部的态势。在全国 GDP 增速排名前十的省份中，来自西南地区的省份占有四席，分别是贵州、西藏、云南和重庆，其中，贵州和西藏 GDP 增速继续维持两位数增长。

2017 年，贵州省地区生产总值达到 1.4 万亿元，比上年增长 10.2%，增速高于全国（6.9%）3.3 个百分点。2017 年，全省农林牧渔业增加值 2128.5 亿元，比上年增长 6.5%。云南省 GDP 完成 1.6 万亿元，同比增长 9.5%，比全国平均水平高出 2.6 个百分点，增速全国排名第 3 位。四川省 2017 年实现地区生产总值 3.7 万亿元，比上年增长 8.1%，增速比全国平均水平高出 1.2 个百分点。

"十一五"期间，广西经济平均增长速度达到 13.9%，高于全国 GDP 年均实际增速（11.2%）2.7 个百分点。"十二五"期间，广西经济实现了年均 10.1% 的增长，高于全国平均水平（7.8%）2.3 个百分点。2004～2014 年，广西 GDP 总量从 3433.5 亿元提升到 1.6 万亿元，年均增速达到 16.4%，高于同期我国 GDP 的平均增速；广西外贸进出口贸易总额从 42.88 亿美元迅速增长到 405.5 亿美元，年均增速超过 25%，2017 年达到 572.10 亿美元，比上一年增长 19.4 个百分点。

成立直辖市以来，重庆经济一直保持高速增长，发展态势较好。2015 年全市生产总值达到 1.57 万亿元，五年年均增长 12.8%；人均生产总值突破 8000 美元，超过全国平

均水平。2017 年重庆实现 GDP 1.95 万亿元，增长 9.3%，人均 GDP 6.3 万元。

2017 年西藏全区生产总值达 1310 亿元，增长 10.0%，连续 25 年保持两位数增长。

虽然如此，西南地区经济基础仍相对薄弱，经济总量和规模小。以 2017 年 GDP 总量前十名来看，西南六省（自治区、直辖市）中，只有四川省超过 3 万亿，排名第 6 位，其余省份均无缘进入。西南六省（自治区、直辖市）GDP 总量仅占全国 GDP 总量的 12.8%，与广西毗邻、排名第一的广东省 GDP 总量达到 8.97 万亿元，占全国 GDP 总量的 10.8%，分别是广西、贵州、云南、四川、重庆和西藏的 4.8 倍、6.6 倍、5.5 倍、2.4 倍、4.6 倍和 68.4 倍。有研究表明，西部和中部目前的经济增长主要靠投资拉动。2016 年全国投资额超过 GDP 的省份就有山西、安徽、江西、贵州、云南、西藏、陕西、甘肃、青海、宁夏和新疆，西南六省（自治区、直辖市）有一半入列。

（二）国家倡议助推有力，区位优势突显

1."一带一路"的倡议构建

2013 年 9~10 月，习近平主席在出访中亚、东南亚国家期间，先后提出了共同建设"丝绸之路经济带"和"21 世纪海上丝绸之路"的倡议。"一带一路"贯通中亚、南亚、东南亚、西亚等区域，连接欧洲和亚太两大经济圈，可以说是目前世界上跨度最大、最具发展潜力的经济合作地带。西南地区是"一带一路"的重要门户，"一带一路"发展倡议和强大的发展空间，为西南地区开拓了宽阔的发展道路。

当前，中国正在以"一带一路"为契机，以亚洲基础设施投资银行为平台，构建东盟互联互通、APEC 互联互通、泛亚铁路网、泛亚能源网、大湄公河次区域互联互通、孟中印缅走廊、中巴经济走廊等框架基础。

广西是古代"海上丝绸之路"的发源地和始发港之一，南靠北部湾，与东盟国家既有陆路相连又有海路相通，是我国西南、中南的出海大通道。截至 2017 年年末，广西已具有万吨级以上泊位 83 个，比 2011 年增加 27 个，最大靠泊能力为 20 万 t 级；港口年综合通过能力达到 2.43 亿 t，集装箱通过能力达到 423 万标箱。目前广西北部湾港实现"三港合一"，正朝着现代化大型组合港发展。2016 年，完成港口货物吞吐量 3.21 亿 t，是 2011 年的 1.37 倍。广西北部湾经济区已成为建设"海上丝绸之路"的国际枢纽和重要支点，成为我国面向东盟开放合作的前沿阵地，将建设成为中国—东盟合作的商贸基地、物流基地、加工制造基地和信息交流中心，是我国西南、中南地区与东盟开放合作的战略支点和龙头。

西藏自治区位于我国西南边疆，其南部和西南部分别与东南亚和南亚的缅甸、印度、不丹、尼泊尔及克什米尔地区等相连，已在其边境开设 5 个国家口岸。改革开放以来，西藏进出口贸易快速发展，2017 年，进出口贸易总额达到 58.85 亿元，比 2016 年增长 13.9%。

2."西部大开发"不断深入

在我国经济社会发展面临一个全新的国内、国际环境的关键时期，中央决定实施新一轮的"西部大开发"战略，西南地区的重要性不言而喻。以四川、贵州、云南和重庆三省一市为代表，包括广西和西藏在内的我国西南地区，是我国与东盟各国直接贸易往

来的主要市场，也是我国同中亚、南亚经济交流与合作的重要窗口。

根据经济发展战略所设定的中国各地区的发展与开放态势，西南地区的战略目标定位是建设"开放型内陆经济高地"，就是要把西南地区建设发展成为我国内陆地区经济发展的高水平地区，带动西部其他地区经济的发展，缩小西部民族地区与东部沿海地区经济发展的差距，促进中国经济东西部的平衡发展。

3. "长江经济带"带来了新的机遇

20 世纪 90 年代初期，中央提出发展"长三角及长江沿江地区经济"的战略构想。2016 年 9 月，《长江经济带发展规划纲要》正式印发，表明长江经济带建设进入了一个崭新的黄金时期。长江经济带覆盖上海、江苏、浙江、安徽、江西、湖北、湖南、重庆、四川、云南和贵州 9 省 2 市，国土面积约 205 万 km²，占全国国土总面积的 21%，人口和经济总量均超过全国的 40%。

从国际背景看，"长江经济带"战略是构建新型国际政治经济格局的重大举措。"长江经济带"在中国外贸经济中占有重要地位，可为改变国际经济和贸易空间格局，实现世界经济重心从大西洋转移至亚太区域承担重要角色。从国家和区域背景看，"长江经济带"战略是国家经济进入新常态的现实需要。

"成渝城市群"是"长江经济带"的重要组成，包括四川省和重庆市的主要部分，地处长江上游重要位置，既是国家"两屏三带"生态安全屏障的重点区域之一，又是国家重点经济区——"成渝经济区"和国家级城市群——"成渝城市群"的承载地。"成渝城市群"同时承担着建设中国未来经济增长的"第四级"和"长江上游生态安全保障区"的双重重要国家战略任务。

2017 年，全国各省份生产总值排序中，江苏、浙江、四川、湖北、湖南分别位居第 2、第 4、第 6、第 7、第 9，前十的省份中长江经济带省份占一半。2012～2017 年，长江经济带地区生产总值由 23.86 万亿元增加到 37.38 万亿元，年均增长 8.6%。2017 年长江经济带地区经济总量占全国经济总量的 43.7%，较 2016 年提高 0.6 个百分点。在 2017 年中国经济增速最高的十大省份中，长江经济带占了 7 个，前 3 位从高到低依次为贵州 10.2%，云南 9.5%，重庆 9.3%。在经济总量稳步增长的同时，人均地区生产总值也快速增加。2017 年，长江经济带人均 GDP 达到 63 015 元，比全国人均高 3355 元。长江经济带有 6 个省份超过全国平均水平，比 2012 年多 3 个。

2017 年，长江经济带 11 省市实现货物进出口总额 12.13 万亿元，占全国的比例达 43.7%，同比提高 1.2 个百分点；出口总额 7.17 万亿元，占全国比例达 46.8%，提高了 1.2 个百分点；进口总额 4.97 万亿元，占全国比例达 39.8%，提高了 1.5 个百分点。对外投资额达 401.14 亿美元，占全国比例的 33.4%；入境旅游人数 5372.77 万人，占全国的 38.5%，国际旅游收入 308.26 亿美元，占全国的 25.0%。在我国经济进入新常态背景下，长江沿江地区的开放发展将对我国开放型经济的发展起着引领作用。

4. 铁路网的升级拉动区域经济转型升级

铁路，尤其是高铁枢纽建设对于推动区域经济发展的作用显而易见。高速铁路对产业、区域可达性、劳动力就业、城市发展、居民生活、环境保护、能源节约、社会稳定、文化传播等方面都有重要的影响。随着沪昆高铁开通运营，"华中""长三角""长株潭"三个经济圈间的交流通道被打通。此外，沪昆高铁南昌至长沙段连通京广高铁和沪昆高铁后，形成华中、珠三角、西南三个地区快捷的直达通道。加上湖北、福建，沪昆高铁南昌至长沙段，形成一条连接 6 省的人流、资源、信息交流的通道。这将极大地改善西南区域交通条件，促进西南区域经济社会发展。

贵广高铁和沪昆高铁（贵州东段）分别于 2014 年 12 月 26 日和 2015 年 6 月 18日开通，不到 3 年时间，高铁对西南城市的经济扩散、城市经济结构的转变、居民生活方式的变化、区域地位的提升已逐步显现。城市之间的时间得到极大压缩，增强了各城市之间的经济联系，区域可达性得到较大提升，尤其是较偏远城市的边缘化趋势得到明显改善；极大改善沿线地区的投资环境，形成"小时经济圈"，吸引外来投资，促进生产力优化布局和产业结构升级，更有利于西南有效承接东南部沿海发达地区产业转移，加快沿线地区优势特色农业及有色金属、医药、烟草等优势产业的生产力布局和转型升级，并带动物流、旅游、金融等现代服务业的聚集发展，为西南地区带来更多发展机遇。

（三）边境优势逐步突显，国际合作经济异军突起

中国在陆地上与 14 个国家接壤，边境线长达 2.2 万多千米，沿边境线分布着广西、云南、西藏、新疆、甘肃、内蒙古、辽宁、吉林、黑龙江 9 个省（自治区）。自古以来，边境贸易作为一种特殊的对外经济贸易形式，长期存在，并对促进边疆地区社会经济发展、增进各民族的团结，以及强化同周边国家的睦邻友好关系发挥着重要作用。

云南、四川、重庆、贵州、广西和西藏位于祖国的大西南，紧连东南亚和南亚地区，区位优势突出，是我国重要的国际通道。西南地区不仅可以直接通往东南亚和南亚地区，辐射、沟通中亚地区，并可远至欧洲。例如，四川省的成都市是国务院确立的西南地区的科技、商贸、金融中心和交通、通信枢纽，也是"中欧航路"和亚欧大陆桥的关键节点城市；云南省的昆明市被确定为建设面向南亚地区、东南亚地区开放的桥头堡、区域性国际金融中心。

1. 孟中印缅经济走廊

2013 年 5 月 19～22 日，李克强总理对印度进行国事访问时，建议中印共同倡议建设"孟中印缅经济走廊"。同年 12 月 18～19 日，"孟中印缅经济走廊联合工作组"第一次会议在云南省昆明市举行，正式建立了四国政府推进经济走廊合作的机制。2014年 7 月 15 日，习近平主席会见莫迪总理时提出"推进孟中印缅经济走廊建设，引领区域经济一体化进程"。

在"孟中印缅经济走廊"建设战略中，主要任务就是：第一，推进云南与周边国家国际运输通道建设，打造大湄公河次区域经济合作新高地；第二，推进西藏与尼泊尔等国边境贸易和旅游文化合作；第三，依托长江上中游城市群、成渝城市群重点区域，推动区域互动合作和产业集聚发展；第四，打造重庆成为西部开发开放的重要支撑。

"孟中印缅经济走廊"建设的实施，使西南地区由内陆腹地转变成为面向南亚地区、东南亚地区，甚至中亚地区，远至欧洲地区的开放性的前沿地区，结合西南各地已经具

有的条件和实力，将使之进一步升级为国际区域的交通枢纽、物流枢纽，在国际交流合作上迎来新的机遇。同时，西南地区在全国具有一定比较优势的产业恰好也是"孟中印缅经济走廊"建设沿线国家的需求重点，具有较大的合作潜力，通过"孟中印缅经济走廊"进入南亚地区和东南亚地区，出口贸易具有更大的成本优势（林民旺，2017）。

2. 大湄公河次区域合作

随着中国与东盟经济交往的不断深入，与越南、缅甸、老挝三国有着 5081km 陆地边境线的广西、云南两省区，近年来，充分利用地缘优势，积极开展跨境经济合作区建设，加快实现中国与毗邻国家经济一体化进程。

2000 年 6 月，国务院批准在云南瑞丽口岸实施"境内关外"特殊监管模式，将 2.4km^2 的姐告边境经济贸易区设立为中国唯一实施该项政策的"特区"。随后，缅甸政府把木姐升格为国家级开放口岸城市，建立"木姐特殊经济贸易区"，建设缅甸对华贸易最大物流中心。云南省自 2007 年开始论证建立"中缅瑞丽－木姐跨境经济合作区"，已被正式列入商务部和云南省政府"共同提升云南沿边开放水平合作备忘录"，计划在瑞丽江两侧 600km^2 范围内建成为集国际经济贸易、保税仓储、进出口加工装配、国际会展、跨境金融保险服务、跨境旅游购物、跨境投资和边境社会发展事务合作的综合型跨境经济合作区，兼顾国际物流和旅游的贸工型自由贸易区。

2007 年，广西和越南相关省份签署地方政府间"中越跨境经济合作区"相关框架协议（备忘录），先后建立 4 个"中国-越南跨境经济合作区"。

3. 中国-东盟自由贸易区

中国-东盟自由贸易区是一个涵盖人口最多，也是发展中国家间最大的自由贸易区。

广西与东盟各国山水相连，居于中国-东盟自由贸易区的地理中心，被界定为我国西南、中南开放发展新的战略支点以及连接海上丝绸之路与丝绸之路经济带的有机衔接门户。利用对接东盟"桥头堡"的优势，广西近年来对外贸易保持快速增长，2013 年广西进出口总量排全国第 18 位、西部第 3 位。2017 年进出口总额达到 3866.3 亿元人民币，增长 22.6%，增幅较全国高 8.4 个百分点。

云南作为我国最早与周边国家开展经济、金融合作的省份，沿边金融发展特色鲜明，跨境金融和泛亚金融合作优势明显，也是我国最早在边境贸易中使用人民币结算的省份和最早尝试用人民币进行跨境投资的省份。为进一步加快我国沿边金融开放，2013 年 11 月 20 日，国务院正式批复《云南省 广西壮族自治区建设沿边金融综合改革试验区总体方案》，将云南省列为我国沿边金融开放的"试验田"，这既是对云南金融发展和金融桥头堡建设的高度重视，也是对我国金融国际化和人民币国际化的大力推动。

西藏曾是历史上的南方丝绸之路唐蕃古道、茶马古道段的重要参与者，具有独特的区位优势和地缘优势，是中国与部分南亚国家交往的重要门户。2006 年 7 月，随着青藏铁路和拉日铁路的正式开通，西藏对外开放区位优势进一步显现。"环喜马拉雅经济合作带"构想以西藏作为中国对南亚国家开放的桥头堡，以樟木、吉隆、普兰、亚东等口岸为窗口，以拉萨、日喀则等城市和内地援藏省市为腹地支撑，推进中国与尼泊尔、印度、不丹、斯里兰卡等南亚国家在经贸、物流、投融资等方面的合作与发展。

中印两国均为新兴市场国家和金砖五国成员国，经济发展领域和产业互补性强，市场极具潜力。2000~2015 年，双边贸易额年均增速高达 23.8%，明显高于同时期我国外贸总额年均增速。2015 年，双边贸易总额合计达 716.2 亿美元，其中出口额为 582.4 亿美元，进口额为 133.8 亿美元。2017 年，印度与中国双边贸易进一步增加，货物进出口额达到 845.4 亿美元，增长 21.4%。我国已取代美国和阿联酋，成为印度第一大贸易伙伴国和第一大进口来源地。

（四）特色资源经济独树一帜

西南地区总体上属亚热带季风气候，受到大地貌起伏和地势影响，气候的区域差异和垂直变化十分明显，区内从干热、湿热到温凉、冷凉、高寒气候类型均有，包括了从南亚热带到寒温带的各种气候类型，并有着我国其他地区没有的高原气候类型。这种丰富多样、复杂多变的气候和土壤组合，形成了西南地区独特的自然环境，也孕育了其丰富多样和独特的生物资源。

1. 茶产业多位一体

茶产业是集生态、健康、富民、特色优势为一体的战略性产业。西南地区位于"两江"上游，是国家生态屏障，种植茶叶能够实现生态与经济相互促进和融合。西南地区有着独特的气候资源和丰富的茶树资源，仅贵州省就有 720 种茶树和 100 万 hm^2 宜茶土地，茶叶已成为西南地区的优势和特色之一。

世界之茶源于中国，中国之茶源于云贵。贵州发现了世界上唯一的、距今 200 万~500 万年的晴隆古茶籽化石，是当之无愧的茶叶原生地和优生区。高海拔、低纬度、寡日照、多云雾、无污染的环境条件，最适宜于茶叶生长和生产优质茶叶。近年来，西南地区尤以贵州、云南和四川为主的茶叶产量稳步提升，其中贵州提升最快，5 年间产量增加了近 1 倍。表 3-1 为 2013~2017 年西南各省份茶叶产量。由表 3-1 中可以看出，贵州、云南、四川是西南地区茶叶生产的主体。2017 年西南地区茶叶总产量 95.98 万 t，占全国茶叶总产量的 39.0%。

表 3-1　2013~2017 年西南地区和全国茶叶产量　　（单位：万 t）

年份	四川省	贵州省	云南省	重庆市	广西壮族自治区	全国
2013	21.97	8.90	30.17	3.42	5.39	188.7
2014	23.47	10.71	33.55	3.38	5.88	204.9
2015	24.61	11.80	36.58	3.52	6.36	227.7
2016	26.51	14.13	37.30	3.70	6.81	231.3
2017	27.78	17.65	39.30	3.92	7.33	246.0

数据来源：《中国统计年鉴》和各省（自治区、直辖市）的统计年鉴。

截至 2017 年年底，贵州茶园面积 47.8 万 hm^2，占全国茶园总面积的 16.8%，连续 5 年排名全国第一，产值 361.9 亿元，综合产值 502.2 亿元，茶产量、销量均实现 20% 以上的增长，出口 2300t，贸易额已超过 7100 万美元，茶产业成为贵州农业农村经济的支柱产业和特色优势产业发展中的一张亮丽名片。"十三五"期末，全省将实现茶叶年产量 40 万 t，茶产业综合产值超过 1000 亿元。

2. 白酒产业量大质优

西南地区具有丰富的生物多样性，除了动物和植物资源，也孕育了独特而丰富的微生物，这为西南地区白酒生产奠定了不可替代的基础。

2015 年，西南地区白酒总产量 455.5 万千升①，占全国白酒总产量的 34.7%；2017 年，白酒总产量 453.6 万千升，虽然产量降低，但占全国的比例却进一步增加，达到 37.9%。西南地区白酒产量最大的是四川省，在全国各省市白酒产量中排名第一，2017 年占全国白酒总产量的 31.1%（表 3-2），产值收入 2260 亿元，占当年全省 GDP 的 6.1%；其次是贵州省，全国排名第 8，产值达 902 亿元，占当年全省 GDP 的 6.7%。

表 3-2 西南地区 2015～2017 年规模以上企业白酒产量（单位：万千升）

年份	四川省	贵州省	云南省	重庆市	广西壮族自治区	全国
2015	370.9	42.8	9.6	20.4	11.8	1312.8
2016	402.7	49.0	10.2	22.2	12.0	1358.4
2017	372.4	45.2	11.3	11.7	13.0	1198.1

数据来源：各省（区、市）统计年鉴和中商情报网。

1915 年巴拿马太平洋万国博览会一举成名以来，贵州茅台酒独特的生产环境、工艺和优良的品质使之成为世界三大名酒之一。四川的五粮液酒历次蝉联"国家名酒"金奖，1991 年被评为中国"十大驰名商标"，继 1915 年获巴拿马奖 80 年之后，1995 年又获巴拿马国际贸易博览会酒类唯一金奖，成为我国浓香型白酒的典范和第一品牌。

全国最著名的十大白酒品牌——茅台、五粮液、剑南春、泸州老窖特曲、西凤酒、汾酒、古井贡酒、董酒、洋河大曲和郎酒中，西南地区占了 6 个。此外，还有四川省的国窖 1573、剑南春、沱牌曲酒、水井坊、泸州老窖、金六福、全兴大曲，贵州省的茅台王子酒、珍酒、习酒、金沙回沙酒、国台酒、天朝上品酒、贵州醇、青酒、贵烟、鸭溪窖酒、匀酒等数十个品牌，它们在国内白酒市场占据了相当大的份额。

可见，西南地区白酒产量高、品质好、经济效益突出，不仅在全国有着独特的优势，也是四川、贵州和重庆等西南省区重要的经济支柱。

3. 辣椒产业优势突出

目前，全球辣椒种植面积 370 万 hm²，产量 6000 余万吨，是世界上仅次于豆类、番茄的第三大蔬菜作物，其中，干辣椒种植面积 200 万 hm²，产量近 400 万 t；辣椒及其制品 1000 余种，国际贸易量超过咖啡与茶叶，交易额 300 余亿美元。

据测算，全球辣椒产品需求量呈刚性增长，辣椒市场价格虽然在一些年份受产量、品质影响有所起伏，但总体上保持较高的水平。我国辣椒种植面积超过 133 万 hm²，占世界辣椒种植面积的 35.9%，近 3 年平均年产量约为 2800 万 t，占世界辣椒总产量的 46.7%，每年有超过 700 亿元的产值，占世界蔬菜总产值的 16.67%，辣椒产业已成为国内最大的蔬菜产业。

---

① "万千升"为白酒行业常用计量单位，1 万千升=1000 万升。后同。

从种植面积分布来看，全国有 28 个省份种植辣椒，形成了贵州、湖南、江西、四川、陕西、河北、河南、吉林等 16 个重点辣椒产区，种植面积超过 6.7 万 hm^2（100 万亩）的省份有贵州、江西、湖南、海南、四川、河北、陕西、广西和湖北 9 个省（自治区）。

辣椒产业是贵州省产业化水平相对较高的特色优势产业之一。贵州省辣椒种植面积、加工规模与效益、市场集散规模均居中国第一位，辣椒常年种植面积 33.3 万 hm^2 左右，产值 150 亿元左右。贵州省辣椒种植面积、产量和产值分别占全国的 24.6%、17.4% 和 20.8%，由于品质优异，贵州辣椒仍处于供不应求的状态。

贵州省辣椒加工企业近 200 家，产值约 100 亿元，主要加工产品有油辣椒、泡椒、豆瓣酱、剁椒、辣椒酱、糊辣椒、干辣椒七大系列共 50 余个品种。以油辣椒制品为代表的加工业已具有一定规模，在国内处于领先水平，其中"老干妈"成为全国辣椒制品加工行业的龙头企业，其辣椒制品被作为蓝本制订了国家标准。贵州省油辣椒加工产品国内市场占有率达到 70%，"老干妈""苗姑娘""乡下妹"等已形成了著名的国际品牌。

贵州省已形成以遵义虾子辣椒批发市场为中心，重要产地乡镇集市为纽带的干（鲜）辣椒市场网络体系，遵义虾子辣椒专业市场已经成为全国最大的辣椒专业市场。遵义辣椒畅销四川、重庆、湖南、湖北、上海、新疆等 20 多个省（自治区、直辖市），还包括日本、缅甸、尼泊尔、印度、美国、墨西哥、韩国等十多个国家以及中国香港、澳门、台湾等地区。

辣椒种植在四川省增长速度也很快，种植面积逐年扩大。2014 年，四川省辣椒种植面积达 10.1 万 hm^2，其中，资阳市种植面积最大，与南充市一起占全省近三成。广西壮族自治区 2013 年辣椒种植面积达到 7.2 万 hm^2，产值 23 亿元。

4. 小泡菜大产业

泡菜是中国传统生物发酵食品的典型代表，历史悠久，传承千年。四川省气候温暖湿润，是泡菜加工最适宜区。四川泡菜被誉为"川菜之骨"，独具鲜、香、嫩、脆的品质，品种涵盖泡渍泡菜、调味泡菜、传统腌菜及辣椒豆瓣等调味品，一直以来深受人们喜爱。近年来，四川省政府将泡菜产业作为特色优势产业和农业主导产业加以扶持和发展，取得了明显成效，泡菜产量位居全国第一，新繁泡菜、宜宾芽菜、南充冬菜、资中冬尖、临江寺豆瓣、郫县豆瓣享誉海内外。

2009 年，四川省泡菜产量 120 万 t，产值 90 亿元；全省泡菜企业中省级农业产业化重点龙头企业 29 家，国家级农业产业化重点龙头企业 2 家；全省拥有 6 个泡菜"中国驰名商标"，并拥有自营出口权。2010 年，"四川泡菜"获农业部农产品地理标志登记证书，全省泡菜产值 120 亿元，居全国第一，泡菜年销售产值 1000 万元以上的企业 130 余家，有"中国驰名商标"7 个，中国名牌 1 个。2011 年，四川泡菜产量达到 180 万 t，产值 150 亿元（其中销售收入上亿元的企业 16 家），年加工鲜菜近 500 万 t。2014 年，全省泡菜产量 310 万 t，产值 260 亿元，占全国泡菜产量的 60%～70%；2017 年四川全省泡菜产量 390 万 t，产值 330 亿元，约占全国泡菜产量的 70%。其中，眉山市"东坡泡菜"产量和产值均占据四川泡菜半壁江山。

目前，四川省眉山市建成了全国规模最大、功能最全、工艺最先进的泡菜产业园区——"中国泡菜城"，建成了全国第一个以泡菜文化为主题的泡菜博物馆，成立了全国第一个专门研发泡菜生产技术的四川东坡中国泡菜产业技术研究院,建成了国内第一个专门检测泡菜质量安全的国家级泡菜检测中心,先后有 19 项泡菜产业技术获得国家发明专利。四川泡菜、眉山东坡泡菜分别获得国家地理标志认证。

泡菜产业的发展对带动农民增收、推进农业产业升级发挥了重要作用。目前,四川全省已建设原料基地 14.7 万 hm^2 以上,年加工鲜菜超过 700 万 t,带动基地农民增收近 30 亿元,产业从业人员超 60 万人。现在产值上亿元的泡菜企业已经超过 30 家,不少企业已经上市或正在筹备上市。

如今"四川泡菜"不仅畅销国内,还远销数十个国家和地区。

(五)生态旅游和乡村旅游方兴未艾

影响旅游经济差异的主要因素为旅游资源禀赋、经济发展水平和交通可达性。得益于地理位置优势、独特的地形地貌和优越的生态环境,西南地区旅游资源极其丰富多样。2017 年,西南六省(自治区、直辖市)共有国家旅游局认定的 5A 级旅游景区44 个,其中,四川省 12 个,重庆市 8 个,云南省 8 个,贵州省 6 个,广西壮族自治区 6 个,西藏自治区 4 个;4A 级旅游景区 666 个,其中,最多的是四川省(208 个),其次是广西,有 173 个,最少的是西藏,有 11 个。4A 级以下的景点更是数不胜数。贵州省 2016 年对全省旅游资源以行政村为单位进行了地毯式普查,结果新发现 51 630个旅游资源,其中,具有成为 4A 级以上景区潜力的就达 233 个。西南旅游资源的丰富程度由此可见一斑。

受限于交通闭塞、基础设施落后和资金短缺,除少部分名气特别大的景点外,西南大部分旅游资源未能得到充分开发利用,相当一部分优秀旅游资源的开发等级没有得到有效提升,处于一种"藏在深闺无人问""养在深闺人未识"的状态,这在很大程度上限制了西南生态旅游业的发展。

"十二五"以来,随着"一带一路"倡议的实施,以及国家扶贫攻坚和西部大开发的深入,西南地区的基础设施,尤其是交通设施得到了大力提升和完善。表 3-3 是西南地区 2011 年和 2017 年高速公路通车里程。从表 3-3 可以看出,短短 7 年时间,西南地区高速公路总里程从 12 096km 增加到 25 998km,是 2011 年的 2.1 倍。2015 年 12 月 31日,贵州省全省 88 个县(市、区)全部贯通高速公路,成为我国西部第一个"县县通高速"的省份。加上贵广高铁、沪昆高铁的开通,西南地区全面融入了国家经济发展的潮流,为西南地区生态旅游带来了巨大生机。

表 3-3 西南地区 2011 年和 2017 年高速公路变化情况 （单位：km）

时间	四川省	贵州	重庆	云南	广西	西藏
2011 年	3000	2022	2000	2500	2574	0
2017 年	6821	5835	3023	5022	5259	38

数据来源:《中国统计年鉴 2018》。

表 3-4 是西南六省(自治区、直辖市)2011～2017 年旅游总人数和总收入基本情况。由表 3-4 可以看出,2011 年西南地区旅游总人数为 10.96 亿人次,2017 年达到 30.82亿人次,是 2011 年的 2.8 倍;2011 年西南地区旅游总收入为 7822.41 亿元,2017 年达

到 32 340.64 亿元，是 2011 年的 4.1 倍。无论是旅游人数还是旅游收入，西南地区都呈现井喷式趋势。其中，旅游收入增长最快的是云南，2017 年旅游总收入是 2011 年的 5.3 倍，最少的是重庆，也有 2.6 倍；旅游人数增长最快的是贵州省，2017 年旅游人数是 2011 年的 4.4 倍。

表 3-4　西南地区 2011～2017 年旅游人数及收入（单位：亿人次、亿元、%）

省份	指标	2011 年	2012 年	2013 年	2014 年	2015 年	2016 年	2017 年	2017 年收入占 GDP 百分比
四川	人数	3.50	4.35	4.87	5.35	5.90	6.30	6.72	
	收入	2449.15	3280.25	3877.40	4891.04	6210.50	7705.50	8923.06	24.13
	收入增长	—	33.93	18.20	26.14	26.98	24.07	15.8	
贵州	人数	1.70	2.14	2.68	3.21	3.76	5.31	7.44	
	收入	1429.48	1860.16	2370.65	2895.98	3512.82	5207.54	7116.81	52.56
	收入增长	—	30.13	27.44	22.16	21.30	48.24	36.7	
重庆	人数	2.20	2.90	3.08	3.49	3.92	4.51	5.42	
	收入	1268.62	1662.15	1771.02	2003.37	2251.31	2645.21	3308.00	17.03
	收入增长	—	31.02	6.55	13.12	12.38	17.50	25.1	
云南	人数	1.71	2.05	2.50	2.91	3.34	4.37	5.73	
	收入	1300.29	1702.54	2111.24	2665.74	3281.79	4726.25	6922.23	42.27
	收入增长	—	30.94	24.01	26.26	23.11	44.01	46.5	
广西	人数	1.76	2.12	2.46	2.89	3.45	4.09	5.18	
	收入	1277.81	1659.72	2057.14	2601.99	3254.18	4191.36	5580.4	30.13
	收入增长	—	29.89	23.95	26.49	25.07	28.80	33.1	
西藏	人数	0.09	0.11	0.13	0.16	0.20	0.23	0.33	
	收入	97.06	126.48	165.18	204.00	280.00	370.00	490.14	37.39
	收入增长	—	30.31	30.60	23.50	37.25	32.14	32.7	

数据来源：各省（自治区、直辖市）2018 年统计年鉴和中商情报网。

不仅如此，旅游收入已经成为西南地区一项重要经济支撑。2017 年旅游总收入占 GDP 百分比除重庆市外，其余各省份均达到 24% 以上，最高的是贵州，达到 52.56%，已经超过全省 GDP 的半壁江山，云南也达到 42.27%。由此可见，西南地区旅游业的发展潜力巨大，旅游业成为区域经济发展强有力的支撑。

2015 年，四川乡村旅游总收入 1708 亿元，同比增长 27.5%；全省农民从旅游发展中得到人均纯收入 786.2 元，比上年增加 81.7 元。2016 年，全省实现乡村旅游收入 2015 亿元，同比增长 18.0%，全省农民人均旅游纯收入达到 885.3 元，同比增长 12.6%，占全省农民人均纯收入的比例为 8.4%；448 个贫困村通过发展旅游实现脱贫摘帽，占当年退出贫困村总数的 19.1%。2017 年，四川省实现乡村旅游收入 2283 亿元，同比增长 13.3%。

贵州 2015 年乡村旅游收入达 705.9 亿元，占全省旅游总收入的 20.1%，旅游接待人数 1.593 亿人次，占全省旅游接待人数的 42.4%。2016 年，全省乡村旅游接待游客 2.4 亿人次，实现总收入 1070 亿余元，同比增长了 50.7% 和 51.6%。2017 年，贵州乡村旅游接待游客 3.1 亿人次，占全省接待游客的 41.6%；实现总收入 1500 亿元，占全省旅游收入的 24.3%。

云南紧紧围绕扶贫攻坚的主线，大力发展乡村旅游，带动贫困地区群众脱贫致富。全省 2016 年乡村旅游投资达 180.8 亿元，接待游客 1.34 亿人次，实现总收入 1308.6 亿元。目前云南已有全国休闲农业与乡村旅游示范县 6 个、示范点 16 个，全国特色景观旅游名镇 8 个、名村 4 个，省级休闲农业与乡村旅游示范企业 91 家、旅游特色村 200 个、民族特色旅游村寨 150 个、度假村 712 家、规模以上的乡村旅游接待点 4887 处、农家乐 1 万多家，特色民居客栈 4000 余家，呈现类型多样、梯次合理、特色鲜明的乡村旅游发展体系。按照规划，云南力争到 2020 年再建设 300 个民族特色旅游村寨，打造具有云南特色的"接得了地气、望得见乡愁、引得来客人、留得下游客"的乡村旅游。

截至 2016 年年底，重庆市成功创建了 10 个全国休闲农业与乡村旅游示范区县、23 个示范点、23 个最美休闲乡村和中国美丽田园；建设部级美丽乡村 36 个、市级示范村 388 个；打造休闲农业和乡村旅游景区景点 3000 余个，发展农家乐 2 万余家、休闲果园及农庄 7500 多个，全年休闲农业和乡村旅游接待游客 1.52 亿人次，营业收入 349 亿元。2017 年已建成 302 个新农村建设示范村和 420 个美丽乡村示范村，休闲农业和乡村旅游接待游客 1.7 亿人次，综合收入 510 亿元。

近年来，广西大力实施"十百千万"工程，乡村旅游得到了迅猛发展。2015 年全区乡村旅游接待游客 1.39 亿人次，占全区接待游客量的 42.98%；乡村旅游总消费约 803.15 亿元，占全区旅游总消费的 25.80%。2016 年又新增四星级以上乡村旅游区 37 个、农家乐 49 家。2017 年，广西全区乡村旅游接待游客约 2.19 亿人次，同比增长约 24%；乡村旅游消费约 1405.8 亿元，同比增长约 29%。

以体验乡村民俗文化、农家生活、生态田园和康体休闲为主题的乡村旅游成为西南旅游普遍的热点和重要旅游方式。

综上所述，未来一段时期，西南地区经济发展有很好的区域优势和地域特色，有较大的增长空间，仍将继续保持较快的增长速度。经济快速增长虽然会增加对食物安全的压力，但经济增长也将为确保西南地区食物安全提供有利的条件，对未来的食物安全产生积极的影响。

从宏观上看，经济增长提高了西南地区的经济实力。经济实力的增强，使得西南地区能够增加保障食物安全的财政支出，提高保障食物安全的能力。随着经济增长，用于发展食物生产的投入将有明显的增加，农业基本设施建设和农业科研与技术推广将得到切实重视和加强，高效农业技术体系得以实现，食物生产效率和水平得到提升，食物生产的产量和质量得到提高，用于提高现代化水平的食物储藏和流通设施的投入也将进一步增强。经济增长改变了食物生产的产业结构、流通格局和区域布局，以及农业产品的利用和转化方式，因此可以根据需要从区域外调入一定数量的食物，以弥补区域内食物供给的不平衡。经济增长能够推动国际合作与交流，对于土地密集型和劳动力密集型产业，可以充分利用区域外甚至周边国际资源，减轻西南地区土地不足的压力，实现本区域食物生产的绿色可持续发展。

从微观角度分析，经济增长提高了居民的收入水平，增加了居民的食物购买力，降低了低收入阶层的食物安全风险。经济发展还将促进消费结构的改变，西南地区食物消费已经从温饱型的数量消费时期向小康型和后小康型的质量和健康消费时期转变，食物品质、营养和健康成为食物安全的重要内容。随着经济增长和人民整体生活水平的提高，食物安全观念、安全意识将在城乡居民和食物生产企业中得到强化和普及，人民对食物安全提出了更高的要求，食物生产绿色化和完善的质量过程追溯控制体系逐渐建立，将形成一个更加有利于食物安全的社会环境。

三、环境潜力

（一）生态系统复杂多样，生态安全屏障作用突出

西南地区生态系统复杂多样，是我国生物多样性和水资源等自然资源最为丰富的地区之一，也是我国长江流域、珠江流域以及西南诸河的源头及上游区，对于维系华东、华南乃至东南亚的生态及社会经济安全起着重要的作用，是我国重要的生态屏障区。西南地区地貌类型复杂，分布着高原、高山峡谷、喀斯特地貌等，也是我国生态极为敏感和脆弱的区域。西南地区是我国少数民族和低收入人口集中分布的区域，长期而强烈的人类活动对原生生态系统破坏严重，导致生态系统服务严重下降，引起了石漠化、水土流失等一系列生态问题，使其生态屏障作用不断被削弱，从而对区域生态安全造成严重威胁。同时该区域环境复杂、生态脆弱、灾害严重，在全球气候变化背景下，人类活动和经济发展导致的生态环境问题比较突出。在气候变化、人类活动和社会经济政策等因素的影响下，该区的生态安全问题受到广泛关注。如何维持生态安全水平，提高生态系统服务效益，构建生态安全体系，对西南地区农业可持续发展，以及长江中下游地区生态安全保障和推动我国生态文明建设具有重要作用。

长江干流横亘四川南部，幅员面积约占长江上游的一半，是长江上游生态屏障的主体。贵州处在长江和珠江水系上游分水岭地带，"两江"流域面积分别占全省国土总面积的65.7%和34.3%，是长江、珠江上游重要的生态屏障，生态区位十分重要，但生态环境十分脆弱，生态修复难度很大。云南是世界生物多样性保护的重要热点地区，是山地面积占总面积94%以上的多山省份，处于长江、澜沧江、怒江、珠江等江河的上游或源头，其生态体系建设对维护国家及国际跨境流域的生态安全至关重要。重庆位于长江上游，属青藏高原和长江中下游平原的过渡地带，长江干流自西向东横贯全境，流程长达665km，形成举世闻名的长江三峡。

为了维护生态平衡、保护生物多样性和维护长江中下游地区的国土安全，长期以来，西南地区在建设生态屏障方面投入了大量的人力、物力和资金，实施了一大批生态环境建设工程项目，包括天然林保护、退耕还林（草）、石漠化治理、绿化荒山、植被恢复、实施生物多样性保护等工程。截至2015年年底，重庆市森林面积374.07万 hm^2，森林覆盖率达到45.4%，年涵养水量达94.69亿 m^3，年固土量达1.35亿 t，重庆作为长江上游重要生态屏障，加快实施荒山造林、退耕还林、石漠化治理、天然林保护等重点工程；四川森林面积1792.59万 hm^2，森林覆盖率达到36.88%，年减少土壤流失1.26亿 t，涵养水源723.74亿 t。2016年贵州省森林面积达915.90万 hm^2，森林覆盖率达到52%；云南省森林面积2273.56万 hm^2，森林覆盖率59.30%，为构建西南生态屏障作出了重要贡献。为进一步加强和巩固西南生态屏障，各省（自治区、直辖市）在国民经济发展"十三五"规划中，都提出了生态环境建设和构建生态屏障的明确目标，如贵州、云南到2020年森林覆盖率将达到60%，重庆市森林覆盖率稳定在46%，四川省森林覆盖率达到40%。

（二）环境承载能力有限，支撑大规模养殖能力不足

我国是世界上喀斯特分布面积最大的国家，石灰岩出露地表的总面积约有 130 万 km^2，约占全国总面积的 13.5%，其中西南地区贵州、广西、云南喀斯特地貌总面积占全国的 50% 以上。由于喀斯特岩溶地区的特殊结构，岩溶漏斗、岩溶管道、岩溶裂隙极其发育，又由于该区域地处亚热带气候区，雨量充沛（年降雨量 1200mm 以上），导致养殖污染物随地表水大量浸入，容易造成地表水和地下水污染。近年来，沿海、沿江地区实行畜禽禁养，经济发达地区的养殖企业，如温氏集团、正大集团、希望集团等大型养殖集团企业的养殖生产向喀斯特地区转移，大型养殖基地快速发展，家庭牧场兴起，适度规模养殖场推进，西南喀斯特地区已成为我国肉类的主要生产与供应基地，畜禽养殖污染日益严重，要守住发展与生态保护的两条底线，任务十分繁重。贵州、云南、重庆及广西又是长江、珠江"两江"上游生态屏障。因此，加强西南地区农业面源污染防治，开展农业绿色发展行动，实现投入品减量化、生产清洁化、废弃物资源化、产业模式生态化，推进有机肥替代化肥、畜禽粪污处理、农作物秸秆综合利用、养殖污染控制及种养结合资源化利用，既能解决生态脆弱区的环境污染与生态保护问题，又能推进地方经济发展，对推进乡村绿色发展，支撑西南地区食物安全、资源化利用及农业可持续发展具有重要的意义。

当前畜禽养殖污染已成为农业面源污染的重要来源，国家把畜禽养殖污染纳入主要污染物总量减排范畴，将规模化养殖场（养殖小区）作为减排重点，畜禽粪便资源化利用已被纳入"一控两减三基本"的目标框架体系，对全面推进畜禽粪便污染处理和综合利用工作高度重视。目前我国许多养殖基地已向西部大量转移，西南喀斯特地区已成为我国畜禽产品的主要生产与供应基地，发展畜禽养殖业已成为解决"三农"问题的重要途径之一，但也导致了环境的严重污染。特别是喀斯特地区典型的地貌特征，极易导致污染物随地表水渗漏污染地下水，造成生态环境破坏，威胁人类健康。西南地区养殖业发展既要满足社会对发展绿色、安全畜禽产品的需要，又要守住生态保护这条底线。

近年来，随着社会经济的发展，全国的环境保护问题日益突出，已成为畜牧业发展的主要制约因素之一。例如，贵州省生猪 2015 年年末存栏数达到 1558.96 万头，猪出栏数达 1795.26 万头，年均增长 9.20%。2014 年，全省年出栏 50 头以上的生猪养殖场（户）29 492 户，规模化养殖比例由 2010 年的 15.65% 增长到 2014 年的 70.84%。部分养殖企业对粪污处理意识薄弱，设施设备和技术力量缺乏，没有有效治理畜禽粪便，对周围环境造成污染。养殖废弃物排放及养殖环节使用的兽药、添加剂等物质可能导致农业环境面源污染。

（三）农业生态环境优越，绿色安全农产品发展潜力大

西南地区气候总体上属亚热带季风气候，年温差小，年均温分布极不均匀；受地貌起伏和地势影响，气候的区域差异和垂直变化十分明显，区内从干热、湿热到温凉、冷凉、高寒气候类型均有，包括了从南亚热带到寒温带的各种气候带，并有着我国其他地区没有的高原气候类型。贵州冬无严寒，夏无酷暑，年平均气温 14～16℃，日均温在10℃以上的时间长达 8 个月，无霜期多为 260～320 天，为发展特色优势农业创造了得

天独厚的自然气候环境。贵州生态环境好，工业化程度较低，农用土地平均单位面积"三废"排放量小，对水资源和土壤的污染程度相对较轻，环境状况明显优于发达省份和周边地区，是全国农用土地污染最轻的省份之一，适宜于发展高附加值的特色优质农产品。优越的生态环境，为西南地区发展无公害、绿色和有机特色农产品及产业提供了有利条件。西藏高原农区位于雅鲁藏布江、年楚河和拉萨河流域。该区气候的突出特点是光照资源丰富，全年日照时数 3000h 以上，年均日照率达 70%，全区年均降水量 400mm 左右，5～9 月平均温度在 13℃左右，但气温日较差达 15℃左右，雨热同期，适合作物生长，容易通过增加种植密度获得高产。西南农区的自然气候具有有利于特色农作物生产的明显优势，发展特色农业潜力巨大。四川盆地湿润多雨，属北亚热带季风气候区。气候比较柔和，湿度较大，多云雾，地势较为平缓，是农业集中发展区域，人口也较为集中。云贵高原为低纬高原，属中南亚热带季风气候区。低纬高原是四季如春气候的绝佳温床，云贵高原四季如春气候的代表城市有昆明、大理等，这些区域的山地适合发展林牧业，坝区适宜发展农业、花卉、烟草等产业。广西盆地（丘陵）属南亚热带北热带气候区，气候温暖、降雨丰富，地势较为平坦，是亚热带和热带作物种植。西藏自治区和川西高原是高山寒带气候与立体气候分布区，是主要的牧业区。西南地区森林覆盖率高，空气清新，水无污染，土壤干净，环境状况明显优于周边地区。气候条件适宜多种农作物和牧草生长，特别适宜畜禽的生长和繁育。广大宜牧山区远离工业污染，化肥、农药施用少，土壤环境容量大，具有生产无公害、绿色、有机畜产品的独特优势和潜力。

（四）生态建设成效显著，生态循环农业潜力巨大

贵州是长江和珠江"两江"上游的重要生态屏障。作为世界上岩溶地貌发育最典型的地区之一，贵州岩溶面积占全省总面积的 61.9%，是全国石漠化面积最大、类型最多、程度最深、危害最重的省份。历史上的贵州，因为生态系统脆弱，石漠化危害严重，一度处于"人增—耕进—林退—土地石化"恶性循环中。2011 年，时任国家副主席习近平同志考察贵州时指出，贵州生态良好，要做到既要金山银山，又要绿水青山。2016 年，习近平总书记在长江经济带发展座谈会上指出，要走生态优先、绿色发展之路，使绿水青山产生巨大生态效益、经济效应、经济效益。贵州是长江经济带重要一员，总书记对贵州生态文明建设千叮咛万嘱咐，要求绝不能掉以轻心，更是大意不得，提出要守住发展和生态两条底线，赋予贵州建设国家生态文明试验区的使命担当。

为加强生态保护红线管理，保障国家和区域生态安全，2017 年 2 月，贵州发布了生态保护红线范围。保护红线区由禁止开发区、5000 亩以上耕地大坝永久基本农田、重要生态公益林和石漠化敏感区 4 部分组成。近年来，贵州省委省政府非常重视贵州"生态立省"战略，牢牢守住两条底线，厚植生态优势，通过政策引导、资金扶持、产业推动等系列举措，生态优势在贵州越发明显。例如，将"生态文明贵阳国际论坛"作为贵州面向世界宣告生态战略的窗口，年年举办，生态战略思维对全省产业发展推动根深蒂固。2016 年 8 月，中共中央办公厅、国务院办公厅印发《关于设立统一规范的国家生态文明试验区的意见》，首批选择贵州省作为试验区。贵州省发布的《省人民政府办公厅关于健全生态保护补偿机制的实施意见》，针对包括森林、草地、湿地、水流、耕地等重点领域和禁止开发区域、重点生态功能区在内的重要区域所呈现的差异化特点，制定

了多项生态保护补偿制度。同时，全省还将逐渐建立以政府购买服务为主体、林权权利人管护为补充、社会广泛参与的公益林管护机制，将天然林全部纳入保护范围，对停伐实施补助奖励。此外，针对水源、耕地等的生态保护补偿，贵州省提出将在江河源头区、集中式饮用水水源地等重要区域，全面开展生态保护补偿。在全省江河湖泊全面推行党政同责的省、市、县、乡（镇）、村五级"河长制"。对岩溶石漠化地区25°以下坡耕地和瘠薄地，全省将实施耕地休耕，并对休耕地农民给予资金补助，落实国家以绿色生态为导向的农业生态治理补贴制度。

在生态环境损害责任追究中，贵州在全国率先建立了生态环境保护执法司法体系，司法力量强力介入生态领域。例如，贵州省仁怀市是全国重要的白酒产区，白酒企业废水污染是当地最大的工业污染源。贵州省在全国省级层面率先成立公、检、法、司配套的生态环境保护司法专门机构，集中管辖处理生态环境保护案件，市、县两级也陆续成立专门机构。为牢牢守住发展和生态两条底线，贵州近年加快推进生态环境保护法规制度体系建设，明确问责对象、情形、方式等内容，构建问责制度的基本框架。为保证保护面积不减少、生态功能不退化，贵州实行"生态问责"，将领导干部作为责任追究的重点对象。2007年，贵阳市在全国率先成立了环保"两庭"，即贵阳市中院环保法庭和清镇市法院环保法庭。2013年成立了贵阳市检察院生态保护分局和贵阳市公安局生态保护分局，建立起市级环境司法体系。

2016年9月，中共贵州省委十一届七次全会对推动绿色发展、建设生态文明又作出了全面部署，提出了贵州推动绿色发展、建设生态文明的五大任务：第一，因地制宜发展绿色经济；第二，因势利导建造绿色家园；第三，与时俱进完善绿色制度；第四，绵绵用力筑牢绿色屏障；第五，久久为功培育绿色文化。省委省政府确立了"生态优先、绿色发展、健康栽培、品质安全"的贵州山地农业发展共识。2017年年初，在贵州省委省政府的指导下，全省启动了"贵州绿色农产品风行天下"行动，以大生态推动经济社会发展，把"绿色+"的理念融入农业产业。

贵州以生态文明先行示范区建设为抓手，坚持以生态文明理念引领经济社会发展，推动发展和生态两条底线一起守、两个成果一起收，探索走出了一条经济发展与生态保护双赢的新路子。贵州有中国"公园省"的美誉。地处长江、珠江上游的贵州是"两江"流域的重要生态屏障。为了守住绿水青山，贵州付出了不懈的努力。2016年，全省累计完成造林面积528万亩，全省森林面积达1.374亿亩，森林蓄积4.25亿 m^3。从2000年以来，贵州连续16年实现森林覆盖率年均增长1个百分点以上，从"十二五"初的41%提高到2016年年底的52%，"两江"上游生态屏障基本建成。2017年2月，贵州发布《省人民政府办公厅关于健全生态保护补偿机制的实施意见》，推动基本形成符合省情的生态保护补偿制度体系。2017年3月，贵州省政府办公厅印发《贵州省环境保护十大污染源治理工程实施方案》，向贵阳市小寨坝片区开磷集团污染源、贵阳市开阳县洋水河磷矿开采及磷化工企业污染源等十大污染源宣战。以实施污染源治理工程为抓手，守住山青、天蓝、水清、地洁的底线。由于率先落实流域生态补偿机制、引入第三方进行污染治理等，赤水河被称为贵州的生态河、改革河。

云南在生态建设方面进行了体制机制建设，坚持从"生态立省、环境优先"的战略高度开展生态立省工作。云南省委省政府充分认识到，"绿水青山就是金山银山，保护生态环境就是保护生产力，改善生态环境就是发展生产力"。2014 年，在云南省委省政府的高度重视下，推进生态文明体制改革，审议通过了《云南省全面深化生态文明体制改革总体实施方案》，印发了《云南省大气污染防治行动实施方案》等文件，起草《云南省自然保护区管理机构管理办法》、《云南省生物多样性保护条例（草案）》和《云南省生态文明建设目标体系》，启动《云南省环境保护条例》和生态保护红线划定研究工作。2015 年 3 月，云南发布《云南省人民政府办公厅关于加强环境监管执法的实施意见》，包括全面推进环境监管全覆盖、严厉打击环境违法行为、严格规范环境执法行为、形成环境监管执法合力、加强环境监管能力建设 5 个部分共 17 个方面，提出了明确具体的贯彻落实措施，为全省严格环境监管执法提供了依据。省环保厅、财政厅联合制定和印发《云南省县域生态环境质量监测评价与考核办法（试行）》，在全国率先探索出覆盖全省的全面生态指标考核体系。对县域生态环境质量考核引入"一票否决制"，用环境质量倒逼环境管理转型，引导和督促基层政府真正履行其生态环境保护的公共职责，推动全省生态环境质量不断改善。云南省委常委会议审议并原则同意《中共云南省委云南省人民政府关于加快推进生态文明建设排头兵的实施意见》，要求各级各地各部门要紧紧围绕全国生态文明建设排头兵的战略定位，以生态文明先行示范区建设为抓手，以健全生态文明制度体系为重点，优化国土空间开发格局，全面促进资源节约利用，加大自然生态系统和环境保护力度，大力推进绿色循环低碳发展。2017 年 3 月，云南省政府办公厅印发《关于健全生态保护补偿机制的实施意见》（以下简称《意见》），要求实现重点领域和重要区域生态保护补偿全覆盖。《意见》从建立生态保护补偿资金投入机制，完善生态功能区转移支付制度，创新重点流域横向生态保护补偿机制，探索市场化、社会化生态保护补偿新模式，创新生态保护补偿推进精准脱贫机制，健全配套制度体系，创新政策协同机制，推进生态保护补偿制度化和法制化 8 个方面对着力抓好体制机制创新提出了具体的要求；明确提出：到 2020 年，全省森林、湿地、草原、水流、耕地等重点领域和禁止开发区域、重点生态功能区、生态环境敏感区、脆弱区及其他重要区域生态保护补偿全覆盖，生态保护补偿试点示范取得明显进展，跨区域、多元化补偿机制初步建立，基本建立起符合省情、与经济社会发展状况相适应的生态保护补偿制度体系。

云南省一直坚持生态优先、绿色发展。"森林云南"建设不断加强，生物多样性保护、退耕还林还草、生态修复、水土保持、地质灾害防治有序推进。以滇池、洱海为重点的九大高原湖泊保护和治理得到加强，空气质量总体保持良好。2017 年云南省政府工作报告指出：过去一年，我省实施退耕还林还草 160 万亩，治理水土流失面积 4720km^2，完成中低产田改造 336 万亩；全面加强耕地数量质量生态"三位一体"保护，启动耕地轮作休耕试点；集中打击破坏森林资源违法违规行为，扎实开展了非煤矿山专项整治。2017 年，云南省全面推行"河长制"，加强长江、珠江等六大水系和滇池、洱海等九大高原湖泊保护和治理；深入实施土壤污染治理修复示范工程，加大重金属污染治理，防控和整治农业面源污染，确保永久基本农田土壤环境质量不下降；实现 16 个州市政府所在地环境空气质量优良天数不低于 98%，主要河流断面水质优良率不低于 80%，县级以上城市集中式饮用水水源地水质达标率达到 100%，主要出境、跨界河流断面水质达标率达到 100%。2017 年，云南省在生态文明建设方面继续加强生态保护修复，划定并严守生态保护红线，深入推进"森林云南"建设，进一步提高森林覆盖率；加大矿山生态修复力度，实施退耕还林还草等生态工程；强化自然保护区、森林公园、国家公园等保护地管理，加强生物多样性保护，全面提升生态系统功能。

西藏在坚持生态优先上形成共识，认为保护生态就是保护生产力、发展生产力。根据国家的总体规划和要求，西藏自治区人民政府正在实施《西藏自治区自然保护区发展规划（1996—2010）》，建立自治区级以上自然保护区。

西南地区地形地势复杂，地貌起伏大，耕地资源严重不足，土地生产力低。发展生态循环农业是西南地区的比较优势，西南地区粮食饲料种植面积与产量有限，发展以粮为主的生猪养殖规模可利用潜力不大，而草山草坡面积大，在草地生态养牛、养羊及林下养鸡发展潜力空间都很大。发展适度规模、种养结合、循环利用的生态养殖模式潜力巨大，如建立猪-沼-菜、牛-肥-果、羊-肥-草、鸡-肥-果等模式的生态农业和特色农业。近年来贵州大力发展生态循环农业，建立了猪-沼-菜、羊-肥-茶等生态养殖模式，建立了无公害、有机、绿色农产品生产基地，取得了明显的社会效益和经济效益。西南地区农业发展绿色化、优质化、特色化、品牌化潜力巨大，调整优化农业生产力布局，推动农业由增产导向转向提质导向。

四、科技潜力

（一）农业科技具备良好科技平台和队伍，支撑农业生产和食物安全成效显著

经过多年发展，西南地区农业科技事业取得了显著进步，具备了良好的科技研发平台和队伍。拥有四川农业大学、云南农业大学、贵州大学、西南大学、广西大学、四川大学等为主体的一批农业及涉农高等院校，以及中国农业科学院沼气研究所，四川、云南、贵州、广西、重庆等各省市区农业科学院为主体的一批农业及涉农研究院所；拥有作物遗传育种（四川农业大学）、动物营养与饲料科学（四川农业大学）、农药学（贵州大学）、特种经济动物饲养（西南大学）等一批国家级重点学科；拥有家蚕基因组生物学国家重点实验室、亚热带农业生物资源保护与利用国家重点实验室（广西大学与华南农业大学联合共建）、农业生物多样性应用技术国家工程研究中心、国家柑橘工程技术研究中心等为代表的一批国家级和省部级科研平台；拥有一支以 4 名农业领域院士为代表的农业科技人才队伍。它们为西南农业科技发展奠定了坚实的基础，产出了一批重要的农业科技成果，为西南农业生产和粮食安全提供了重要的科技支撑。

四川是农业科技大省，有各类农业科研教学单位 40 多个、农业类国家级重点实验室和创新中心 41 个、专职农业科研人员 2000 多名、各级各类农技推广机构 11 746 个、在编农技推广人员 58 573 人，农业科技在四川从传统农业向现代农业跨越过程中发挥了重要的支撑和引领作用。"十二五"期间，四川省育成并通过国家审定农作物新品种、畜禽品种 357 个，省级审定 444 个，畜禽国家保护品种达到 11 个；创制育种材料 300 多份；研究集成新技术、新模式、新工艺 240 多项，研发新产品 20 多个；获得植物新

品种授权及专利 84 项，形成技术标准和技术规程 50 多个；获得国家及省级科技进步奖励 140 多项。全省农业科技成果转化应用率达到 71.8%，主要农作物和畜禽良种覆盖率分别达到 95% 和 85% 以上，主导品种和主推技术入户率达到 80% 以上，主要农作物耕种收综合机械化水平超过 50%，病虫害综合损失率控制在 4% 以内，农业科技进步贡献率达 55%。

"十二五"期间，云南省农业领域获得国家科技项目支持 135 项，总经费 2.8 亿多元；546 个主要农作物品种通过省级审定；自主选育了 320 个粮食作物新品种；农业类科技成果登记数达 1162 项，占全省应用类科技成果登记总数的 1/3；农业类科技成果获国家科技进步奖二等奖 9 项；获省级科学技术奖 218 项，其中农作物品种创新、产业技术升级、新产品研发等重点领域的获奖成果 195 项，占获奖项目总数的 89.4%。云南杂交水稻、核桃、鲜切花、甘蔗等领域育种水平全国一流，'云光 17''楚粳 28''云瑞 88''云粳 26''热垦 523''热垦 525' 等新品种及测土配方施肥技术、甘蔗温水脱毒种苗生产技术，入选农业部主推技术清单。核桃、鲜切花、咖啡、茶叶、甘蔗、蔬菜等相关经济作物面积及产量居全国前列，农产品出口创汇连续多年居西部省区市第一位。

广西建有农业科研机构 40 余家，截至 2013 年，已经建成国家重点实验室 1 个、农业类工程技术研究中心 1 个，批准建设国家农业科技示范园区 3 个、国家新农村发展研究院 1 个，自治区认定建设重点实验室 50 个、农业工程技术研究中心 31 个、农业良种培育中心 100 个、农业产业技术创新战略联盟试点 15 个、农业标准化生产技术 200 个。2011~2013 年，通过广西农作物品种审定委员会审定的自主研发的农作物新品种 332 个，通过国家审定的水稻品种 2 个（超级稻 1 个）、林木品种 2 个、畜禽品种 1 个。获农业科技成果登记 429 项、国家科学技术进步奖 6 项、广西科学技术奖 120 项、广西技术发明奖二等奖 3 项。据统计，2013 年广西农业良种平均覆盖率达 92.2%，农业先进适用技术覆盖率达 88.5%。

贵州近年来在科技人才团队建设、科技经费投入等方面对农业予以大力支持，2016 年度贵州省科技厅支持农业领域科技创新团队占比 15%，资助经费占比 15.2%，均仅次于生物/医药。同样在 2016 年，贵州省科技厅在农业领域投入经费占比最高，为 40.25%。

（二）农业科技进步贡献率提升空间大

2014 年，习近平总书记在中国科学院第十七次院士大会、中国工程院第十二次院士大会开幕会上发表重要讲话，强调要"坚定不移创新创新再创新，加快创新型国家建设步伐"。随后，国家出台了一系列的政策文件，强调要深化农业科技体制改革，促进农业科研成果转化，要用发展新理念破解"三农"发展难题，并强调"藏粮于技"的发展战略。2015 年，我国农业科技进步贡献率 56%，主要农作物良种基本实现全覆盖，主要农作物耕种收综合机械化率 63.8%，森林覆盖率 21.66%，我国农业发展已经进入更加依靠科技进步的新阶段。2019~2022 年，我国农业科技进步贡献率年均超过 60%；2022 年的农作物耕种收综合机械化率达到 73%。

以贵州为例，"八五"至"十二五"期间，贵州农业科技进步对农业经济增长的贡献率不断提升。"八五"到"十五"时期，贵州科技进步对农业经济增长的贡献率分别为 24.7%、27.8%、35.9%，农业科技成果转化率也提高到 45% 以上，可看出农业经济增长方式逐渐好转，有力推动了农业增效和农民增收。在"十二五"发展的基础上，贵州出台《关于加快推进山地特色高效农业发展的意见》，提出贵州农业科技贡献率将达到53%。

进一步分析表明，西南六省（自治区、直辖市）中，云南、四川、广西农业科技进步贡献率处于全国中游，而重庆、贵州、西藏农业科技进步贡献率相对偏低。以植物新品种创新为例，植物新品种专利申请的省份中，西南地区除四川、云南属于第二、第三梯队外，广西、重庆、贵州、西藏等都属排名最弱的第四梯队，其中西藏的申请量仅为5件，仅是北京的0.41%，授权数则是零。

这一方面说明了西南地区的农业科技发展程度、农业科技成果转化水平在全国相对较低，导致了农业科技进步贡献率在全国处于较低水平；但也说明了通过农业科技进步促进西南地区农业生产、保障食物安全还有很大的潜力。考虑到农业科技贡献率较低的贵州、西藏、云南也是国家扶持发展的重点地区，如能加大对西南尤其是贵州、西藏、云南的科技扶持力度，加速提升西南地区农业科技进步贡献率，对于保障西南食物安全具有重要的战略作用。

（三）强化农业科研基础条件可进一步提升科技对农业生产及食物安全的支撑能力

科研基础条件是支撑科研工作的重要平台。我国农业科研基础条件整体水平的改善主要得益于"十一五"以来国家对科研基础条件投入的跨越式发展。

在全国农业科技平台的行政区域分布中，华北地区农业科研机构的科技条件平台数量最多，占科技条件平台总数的34%，其次是华东地区（20%）、中南地区（18%）、西南地区（16%）、东北地区（7%）、西北地区（5%）。在上述科技平台中，国家级科技条件平台的地区分布中，西南地区占14%，低于华东（25%）、中南（24%）、华北（16%），而高于东北（12%）、西北（9%）。如果国家能在农业科技基础条件平台建设方面给予西南地区以政策和资金上的大力支持，通过加强基础条件平台建设推动西南地区农业科技进步，有可能给西南农业生产和食物安全带来巨大的促进作用。

（四）持续增加投入和不断重视发展规划为西南农业科技发展带来了新的机遇

随着经济社会的快速发展，西南各省区的农业科技投入也在持续增长，为西南农业科技发展提供了重要保障。另外，西南各省区在"十三五"农业及农村发展规划中也分别对农业科技创新做了重点强调。四川在"十三五"农业规划中明确提出，要加强农业科技创新推广，明确提出了推进农业科技平台建设、强化产业技术体系建设、健全基层农技推广突袭、深化农业科技体制改革等重点任务；云南在"十三五"农业发展规划中明确了强化科技创新是重点任务；贵州"十三五"农业规划中也明确提出要强化科技支撑的作用；广西也在"十三五"农业规划中强调要培育现代农业创新发展动力，大力推进农业科技创新。这些规划的制定和实施必将给西南农业科技发展带来持续动力。

（五）"一带一路"视角下西南农业科技创新潜力

"一带一路"是我国实施的重大发展规划。西南地区面向东盟，中国-东盟自贸区覆盖了全球近1/3的人口，在"一带一路"重大倡议实施过程中迎来了重大发展机会。农业是东盟大多数国家的支柱产业，农业科技合作在南海丝绸之路建设中的地位至关重要。虽然东盟五国的稻米产量大，但目前越南、老挝、柬埔寨、缅甸等国家种植的水稻品种大多为来自中国的杂交水稻品种，且产量仍然偏低，急需向中国学习。而我国在杂交水稻育种和种植技术方面具有强大的创新能力和技术能力，因此在持续提升我国农业科技创新能力的基础上，利用东盟国家丰富的土地资源，加强水稻育种和种植等方面的技术转移，推动东盟国家水稻生产的可持续发展，提高东盟国家粮食生产能力和出口能力，使东盟成为我国稻米进口的一个稳定可靠的来源，对我国乃至东盟国家的粮食安全都具有重大的战略意义。西南六省（自治区、直辖市）中云南、广西、四川等水稻生产条件与东盟各国相似，在对东盟国家进行农业科技成果转移和转化方面具有优越的先天条件，在此领域大有可为。

另外，东南亚还是世界上重要的热带作物生产基地，而中国是东南亚热带作物的主要进口国与最大的合作种植国。加强农业领域的科技合作，有助于优化双边产业合作结构、提升我国的大国形象。尤其值得注意的是，农业科技合作一直是广西、云南与周边东盟国家次区域合作的重点内容与活跃领域，是双边科技合作最有条件、最有需求也是最容易推进的领域，这也为"一带一路"框架下西南地区-东盟农业科技合作打下了坚实基础。

五、小结

总体来说，西南地区拥有生态、土地、能源等丰富多样的自然资源；丰富的生物多样性为特色高品质食物产业提供了品种及资源支撑，良好的生态环境不仅为山地绿色高效农业发展、生产绿色生态优质农产品提供了优越的先天条件，也为农旅结合和大力发展生态旅游、乡村旅游打下了坚实基础；农业科技人才队伍和基础条件平台建设都有了显著的进步，科技进步对食物安全的支撑作用日益显著；而在国家"西部大开发"以及"一带一路"倡议等实施过程中，西南地区经济得到了迅速发展，为西南地区农业产业结构调整、生产方式转变提供了重要的经济保障，也为西南农业科技条件进一步提升、食物安全支撑能力提升提供了坚实保障。

第四章　西南地区食物安全可持续发展战略构想

西南地区食物安全的可持续发展，不仅是保障国家总体食物安全的重要组成部分，而且关系到生态文明、边疆稳定、民族团结与发展致富等多个方面的国家重大战略。在国际化和绿色化背景的新形势下，遵循乡村振兴战略和《全国农业可持续发展规划（2015—2030年）》等国家战略规划的总体要求，结合西南地区的实际情况，科学制定西南地区食物安全可持续发展战略，对确保西南地区的食物安全，推动区域农业供给侧结构性改革，促进经济、社会的生态和协调发展均具有重要意义。

一、发展思路

（一）总体思路

结合西南区域的资源禀赋、生态功能、区位优势、生产条件和消费需求，按照"创新、协调、绿色、开放、共享"的发展理念，遵循"十九大精神"和近年系列"中央一号"文件精神，以保护长江上游生态屏障和可持续发展为前提，以提质增效、经济社会生态效益协调发展为目标，坚持"效益优先、绿色发展、因地制宜、市场主导"的原则。按照乡村振兴战略决策部署，在巩固和提升基本口粮生产能力基础之上，以推进农业供给侧结构性改革为主线，以农区农牧结合为重点，统筹适度规模经营与特色分散协调发展，加快转变为以质量效益为先的农业发展方式，实现资源高效、优质安全、环境友好的食物安全可持续发展战略。

（二）战略定位

高度认识西南地区食物安全的战略定位，不能就食物安全谈食物安全，也不能仅局限于本区域，必须纳入国家食物安全和国民社会经济发展的总体战略规划之中。第一，总体定位是生态屏障、适度发展。把肩负长江上游生态屏障的功能放在首要战略位置的基础之上，以适度发展的总体定位，确保本区域食物生产与消费总体上的供需平衡。第二，社会任务是"保边维稳、民族和谐"。优先照顾和保障少数民族对不同类型食物生产和消费的多样性需求，确保民族和谐，维持边疆稳定。第三，经济任务是提质增效、发展致富。通过供给侧改革和生产方式的转变，把生产优质、高效、绿色的食物产品放在十分重要的位置，确保本区域农民收益，加快致富步伐。第四，数量任务是总量自足、动态平衡。食物生产总量能满足区域消费需求，确保口粮的主体自足，不同类型和结构的产品之间存有差异，有进有出。第五，贸易任务是跨境合作、双向平衡。充分利用"一带一路"机遇和毗邻东南亚的区位优势，加大农业科技、产品、产业的跨境合作，实现我国，特别是西南地区与东盟在农业贸易上的双向平衡。

二、基本原则

（一）坚持经济社会效益与生态文明建设协调发展

西南地区是我国许多大江大河的发源地，是全国整体海拔最高的区域和最重要的生态屏障。该区域也是全国最大的石漠化地区，滇桂黔石漠化区域 32.1 万 km^2，占全国石漠化面积的 23.4% 和区域国土面积的 31%。显然，维持该区域良好生态环境对我国生态文明建设具有极其重要的战略意义。因此，面对资源约束趋紧、环境污染严重、生态系统退化的严峻形势，必须牢固树立"绿水青山就是金山银山"的生态文明理念，强化农业资源保护、环境治理和生态修复，把生态文明建设放在更加突出地位。另外，坚持经济效益、社会效益与生态效益的同步增长、协调统一，才能实现该地区农业的稳定和可持续发展，提高区域食物安全的保障能力。

（二）坚持结构调整与多元发展相结合

西南地区的农业结构调整要遵循市场决定商品、效益引导生产的商品生产规律，充分发挥其气候、生态和生物资源多样性的优势与特点，依照多产业、多类型、多品种、多模式的多元发展原则。坚持因地制宜与科学布局相结合，注重在坚持市场导向基础上的前瞻性规划，避免集中的大规模调整所导致的市场风险效益，尤其要避免因结构调整导致新的结构性产品过剩。

（三）坚持资源禀赋与特色发展相匹配

应凸显区域与资源特色，提高生产竞争力与经济效益。青藏高原要以优质畜牧产业为特色，云贵高原要以生态绿色产业为特色，川渝丘陵地区应以有利于深加工农产品为特色；着力提升农业产品的文化内涵，培育一批区域性特色品牌，实现产品增值、企业增益、农业增效、农民增收；同时该区域也是我国少数民族聚集地，是多民族文化最为丰富的地区，还应通过与民族文化相结合，发展具有典型民族特色的优势产业。

（四）坚持市场主导与政府引导相协同

深入推进农业供给侧结构性改革的核心是产品满足市场需求与提高经济效益，其关键是坚持市场导向。结合西南地区自身资源禀赋和生态生产条件，在确保主要口粮主体自足基础之上，积极顺应人民对生活水平及食物品质要求的持续提高，充分发挥市场在资源配置中的决定性作用，积极引导和鼓励各类社会资本，大力发展各类非主要粮食的其他食物产业，提高农民生产积极性和生产效益。同时，发展本区域食物产业，既要瞄准现实需要，也要着眼潜在需求，既要占领国内市场，又要开发国外市场。在产业布局上突出品质特色、功能特色、季节特色，满足市场需求的多样化、优质化、动态化要求，实现经济效益与社会效益协调增长。

三、发展目标

到 2025 年，西南地区食物安全可持续发展取得显著成效。区域食物供给总体供需平衡，其中口粮自给率稳定在 85%，绿色、优质畜禽产品自给有余、部分外调。绿色、优质、高效的生产方式取得稳步提升，化肥农药使用量实现负增长，食物质量安全得到有效保障。粮食生产能力从农业基础设施和科技支撑两个关键方面得到有效巩固与提升。农业环境突出问题治理取得稳定成效，畜禽养殖废弃物综合利用率达 80%。农业对外贸易在东盟周边国家达到双向基本平衡。

到 2035 年，西南地区食物安全可持续发展取得稳定成效。区域食物供给总体产需平衡，其中口粮自给率稳定在 85%，绿色、优质畜禽产品部分外调，其他优质、绿色食物来源多样性更加丰富。土地适度规模经营比例达到 70%。粮食生产能力从农业基础设施和科技支撑两个关键方面得到有效保障。向绿色、优质、高效的生产方式转变取得显著进展，绿色综合措施广泛应用于动植物病虫害防控和土壤地力培育等关键领域；农业环境突出问题治理取得稳定成效，畜禽养殖废弃物综合利用率达 85%。农业对外贸易竞争力得到进一步提升和巩固。

四、主要路径

（一）优化产业布局，改善食物供需平衡

西南地区生态复杂，气候类型、地形地貌多样，每个省（自治市、直辖区）内部包含了平坝、丘陵、山地等多种农业条件的生产类型，若仅用行政区域作为食物可持续发展的布局，难以科学、完全概括西南食物发展状况。为此，应因地制宜，根据主要食物产业类型，做好不同产业的区域布局（高世斌，2019）。

1. 粮油产业

在对资源承载能力、环境容量、生态类型和发展基础等因素的综合考虑之上，加强粮食生产条件建设，确保区域粮食生产能力绝对安全。参照《全国种植业结构调整规划（2016—2020 年）》并结合西南地区的实际情况，对粮油产业的布局总体上按照"稳粮扩经、增饲促牧，间套复种、增产增收"的总体要求，稳定水稻、小麦和藏区青稞生产，扩种马铃薯和杂粮杂豆，扩大优质油菜生产，适度调减云贵高原非优势区的籽粒玉米面积，改种为优质饲草，推广间作、套作生态型复合种植，提高土地产出率，促进增产增收。

在区域布局方面，要以各省（自治市、直辖区）的产粮大县等为重点，如成都平原的崇州、邛崃、金堂等，川中丘陵区的安岳、仁寿、荣县等，重庆的开县、大足、合川等，云南的昭通、大理、曲靖等，广西的桂平、博白、武鸣等，贵州的遵义、威宁等，按照"藏粮于地"和"藏粮于技"的原则，给予长期稳定的基础设施和产能建设支撑，持续提升粮食综合生产能力。针对不同的作物，制定相应的产业发展规划。

1）水稻。以四川和广西为主体，以稳定面积为基础，以加快品种、品质结构调整为重点，以提高单产为手段，提升生产全程机械化水平，优先发展国标二级以上优质稻，积极发展加工型专用稻米品种，扩大粳稻种植面积，探索稻田周年高效生产模式，大力发展稻田综合种养、粮经复合种植模式。到 2025 年，水稻面积长期稳定在 6000 千 hm^2 以上；其中，国标二级以上优质稻面积达到 2000 千 hm^2 以上，耕种收综合机械化水平达 80%。

2）玉米。坚持在市场导向的前提下，以云南和四川为发展主体，适度调减西南喀斯特山区粒用玉米种植面积。同时，在牛羊快速发展地区适度扩大青贮玉米，在丘陵坡地重点示范推广多年生、耐刈割的高产饲草玉米等新型饲用作物，促进草食畜牧业健康发展。在重庆、成都等大城市周围发展正季鲜食甜糯玉米，在云南、广西发展冬季鲜食甜糯玉米，同步扶持发展冷链物流及产品深加工企业，满足城市化发展和居民消费水平持续提高的需求，提高种植农民的收益。到 2025 年，玉米总面积稳定在 5500 千 hm² 左右，青贮饲用玉米面积占比上升到 15%。在春播和间套作生产模式的基础之上，积极推进夏播净作全程机械化的适度规模经营方式，同时并配套发展储运加工等基础条件。

3）小麦。以四川为主体，以稳定面积为基础，以提品质、攻单产，提高全程机械化水平为目标，持续降低生产成本、提升种植效益，稳定发展川西平原优质中筋麦区、盆地丘陵优质中筋麦区和攀西优质弱筋麦区。在品种上大力发展用于加工馒头、面条的中筋或中强筋小麦，在适宜优势区适当发展优质弱筋小麦，促进加工业的发展。到 2025 年，小麦面积保持在 1900 千 hm² 左右，综合机械化水平达到 80%。

4）油料。作物以油菜产业化发展为重点，因地制宜加强发展花生生产，提升区域食用油有效供给水平。大力发展冬油菜，推广双低油菜品种，提高油料种植机械化水平，改善油菜籽品质。深入推进以"油菜花节"为主题的农旅融合发展模式，推动一二三产互动，提升产业综合效益。

5）马铃薯。以四川和贵州为主体，适度增加面积，科学有序推进马铃薯春作、秋作、冬作及多种配套复合种植模式，加强良繁体系建设，大力推广脱毒种薯，加大马铃薯适宜品种和主食产品的开发和利用。

2. 畜禽产业

西南地区是我国传统的养殖优势区域，养殖业在农业总产中的比例高于全国平均水平。该区域的养殖业产业的发展战略需要综合考虑资源禀赋、饲料来源和市场需求等因素，总体要按照"稳生猪、促牛养、扩家禽、优水产"的发展思路，科学进行产业内部结构调整和区域布局规划。

1）生猪。四川和重庆是全国传统生猪重点发展区域，云南和贵州是今后西南区域生猪发展的重要增长区域。今后需要以"稳产能、调结构、转方式"为抓手，统筹"种养加"协调发展，推进标准化规模养殖，尤其是要建设现代生猪种业，促进养殖废弃物综合利用，建立健全猪肉产品质量安全可追溯体系，推动生猪全产业链一体化发展；预计到 2025 年，全区生猪出栏稳定在 1.7 亿头左右，其中生猪规模养殖比例提高到 60% 以上，年出栏 500 头以上的规模养殖比例达 40% 以上；种养结合、粪污处理与综合利用率达到 85% 以上。

2）牛羊。西南农区具有发展饲用作物的优异资源条件，以四川和云南为典型，是大力发展肉牛、肉羊的优势和潜力区域。按照"以养定种"的原则，在西南丘陵山区要进一步优化建立"粮经饲"三元种植结构，提升饲用作物种植比例，大力推进"种养结合"的循环农业。积极培育龙头企业、合作社、养殖大户、家庭农（牧）场等新型经营主体，着力提升畜牧业标准化、规模化、组织化和信息化水平。重点推广标准化养殖综合配套、优质饲草种植与加工、青贮饲料生产、废弃物综合处理与资源化利用等先进生产技术与模式，加大养殖设施设备改造提升，持续提升养殖效益。预计到 2025 年，肉牛和肉羊出栏量分别达到 1100 万头和 3600 万只，全区域肉牛和肉羊的规模化养殖比例将分别提高至 30%和 50%。

3）家禽。根据国家对养殖产业结构调整的规划，结合西南地区的自然资源、市场需求和现有基础，该区域的家禽产业还有较为广阔的发展空间。四川和广西家禽出栏量大，云南和重庆是家禽重要潜力发展区域。西南家禽产业的发展应充分利用本区域具有的山林、水面丰富的优势，结合拥有丰富的家禽地方品种或品系资源优势，大力发展适度规模的、半放养的多元生产模式，着力培育一批地理标志品牌，走生态养殖、提质增效的产业发展之路。

3. 水产养殖

西南地区水产品占全国比例尽管只有 10%，但近年来呈现快速增长趋势。广西和四川是水产养殖大省，云南和重庆的增速较快，具有较大的发展潜力。结合自然资源、市场需求和产业基础，该区域的水产养殖重点发展工厂化循环水养殖、池塘工程化循环水养殖、种养结合稻田养殖；同时，要充分发挥水产业与休闲观光渔业、垂钓、科普教育的发展及渔业资源养护等二三产业相互融合优势。在平原或城市郊区，重点发展专业池塘精养，尤其注重发展农业部主推品种及地方优势、特色品种和观赏鱼类。在丘陵区，要以多种模式稻田和山坪塘健康养殖及水库生态养殖为主，重点发展农业农村部主推品种。在山区，以发展山坪塘健康养殖和水库生态养殖为主，重点发展冷水性、亚冷水性鱼类和农业农村部主推品种。在广西，要按照"良种化、设施化、生态化"原则，重点发展热水性、海水养殖。到 2025 年，年均递增 5.6%，区域水产品总产量达到 700 万 t，质量抽检合格率稳定在 98%以上。

4. 特色产业

充分利用和挖掘西南地区特殊的气候资源、生物资源、少数民族文化资源及边疆贸易资源，布局和优化发展一批特色食物产业，不仅是对区域大宗优势农产品食物产业的重要补充，还能产生远高于一般农产品的经济效益，是提高农民收益的重要途径。参照国家《特色农产品区域布局规划（2013—2020 年）》，结合西南区域生态特征与生产条件，因地制宜布局和重点发展区域特色产业：一是特色粮油类，如青稞（西藏、四川）、荞麦（云南、四川）、薏仁（广西、贵州）等；二是特色蔬菜类，如魔芋（云南、贵州、四川和重庆）、大料（广西、云南）、木耳（云南、四川）、银耳（四川、贵州）、辣椒（贵州、四川、重庆、云南）等；三是水果类，如猕猴桃（四川、重庆、贵州）、热带水果（广西、云南）等；四是养殖，如牦牛（西藏、四川）、奶水牛（广西、云南）、香猪（黔东南、桂西北）等。

（二）突出区域发展特色，提升市场竞争力

根据生态特点和地理位置，西南地区食物安全可持续发展的主要区域大致可分为以下具有典型特征的五类，即四川盆地及西南丘陵多熟制农区、云贵高原山地区、西藏及川滇高寒农区、广西及滇川热带区域及边境区域。

1. 四川盆地及西南丘陵多熟制农区

四川盆地主要是指以成都平原为中心向四周扩散的区域，主要包括四川省中东部、重庆市大部和南部延伸到云南和贵州的紫色盆地，总面积 26 万多平方千米。西南丘陵山地多熟制农区主要是指长江上游沿线及武陵山、大巴山山脉一带的丘陵山区，包括四川、云南、贵州和重庆的 182 个县（市、区）。整个地区呈东高西低走势，东部以山地为主，西部以丘陵为主。该区域的生态特点是无霜期长、热量充沛、雨量充足、雨热同步、云雾多、日照少，能满足 2～3 熟粮食生产的需要。生产模式以间套耕作为主，少数有机械化应用条件的地方正向一年两熟的种植方式转变。区域内整体经济水平、农业生产条件相对较好，人口密度高、城乡居民食物消费水平较高。

根据上述特点，本区域的食物安全可持续发展，必须肩负起发展主要粮食作物的主体责任。该区的粮食生产，应坚持"藏粮于地"和"藏粮于技"的原则，始终把加强耕地保护和商品粮基地建设放在重要战略位置，持续提高区域粮食生产能力，保障区域基本口粮的供给能力。在此基础上，充分利用具有相对较发达城镇化水平和消费群体的基本条件，积极推行种养加一体化战略，优化粮-经-饲三元结构，大力发展养殖业特别是草食畜牧业，为保障本区域的食物安全发挥主力军作用。

此外，本区域由于具有成都、重庆等一批大中型城市群，经济基础条件好、消费能力强，针对这些城市及近郊的都市农业特点，重点发展一些优质、特色的水果和蔬菜基地及其深加工产业，并与休闲、体验等特色农业产业相结合，引领区域一二三产业的融合发展。

2. 云贵高原山地区

该区域大部分地区属亚热带湿润气候，无霜期长、热量丰富、雨量充沛，但时空分布不均，且石漠化严重、耕地资源少，因此云贵高原山地食物安全的可持续发展，必须坚持在生态保护中发展特色农业，实现生态效益和经济效益相统一。以优化农业产业结构为突破，坚持经济效益优先的原则，在稳定优质粮食生产的基础上，通过扩大生猪、牛羊、蔬菜、核桃、水果和食用菌等产业发展，促进生态畜牧业、绿色果蔬、特色食物、高原山地农业与休闲农业的持续发展，进一步提高畜牧业产值占农业总产值的比例、经济作物占种植业的比例、二三产业占农村经济的比例。在生态极为脆弱的石漠化区域，坚持优先进行生态重建与恢复，并把石漠化治理与扶贫攻坚有机紧密相结合，通过加强人工草场建设和自然草山草坡改良，发展建设以多年生植物和豆科、禾本科混播的人工草地为主的饲用作物，促进农牧结合，提高农民收益。

3. 西藏及川滇高寒农区

西藏及四川甘孜、阿坝和云南迪庆高原农区主要包括西藏自治区中部一江两河（雅鲁藏布江、年楚河和拉萨河）流域的拉萨市、山南地区、日喀则地区，以及四川甘孜、阿坝和云南迪庆三州的部分地区。该区的特点是：海拔高，气温低，无霜期短，热量不足，气候多变，光照充足，降水量少；大部分土地为河流阶地，平整、集中、灌溉条件较好；人均占有耕地面积多，但经济发展相对滞后，粮油作物平均单产水平低，"粮食安全"仍处于"脆弱性安全"阶段，以规模扩张的畜牧业发展方向处于瓶颈期，难以为继，同时存在生态的不断恶化态势。

根据区域特点和《西藏高原特色农产品基地发展规划（2015—2020年）》与《全国农业可持续发展规划（2015—2030年）》，该区域食物安全可持续发展的布局，必须严格坚持生态保护为前提，突出对三江源头自然保护区和三江并流区的生态保护，促进草原生态整体好转，构建稳固的国家生态安全屏障。因此，要保护基本口粮田，稳定青稞等高原特色粮油作物种植面积，确保区域口粮安全；适度发展马铃薯、油菜、设施蔬菜等产品生产，提高区域食物的自给比例；继续实施退牧还草工程和草原生态保护补助奖励机制，保护天然草场；以草定畜，实现草畜平衡，积极推行舍饲半舍饲养殖，有效治理鼠虫害、毒草，遏制草原退化趋势；适度发展牦牛、绒山羊、藏系绵羊为主的高原生态畜牧业，加强动物防疫体系建设，保护高原特有鱼类。

4. 广西及滇川热带区域

西南热带区域主要包括广西中南部和云南南部、川滇交界金沙江干热河谷地带、贵州南部低热河谷地带。该区域最大的气候特点是：光热资源条件好，年平均气温多在18℃以上，年积温可达5000～8000℃，年日照时数大致为1600h左右。该区域多数地方气候温暖、热量丰富，降水丰沛、干湿分明，日照适中、冬少夏多，农业生产条件相对较好，是西南地区热带作物最具发展潜力的区域。

根据该区域的生态特点，一方面要大力发展热带水果、畜禽、水产、桑蚕、秋冬菜等特色高效农业，加快转变农业发展方式，提高农业生产效益和竞争力；另一方面，要充分利用本区域临近东南亚的区位优势，大力强化农产品加工和贸易能力，在稳定发展农产品就地初加工能力的基础之上，大力发展当地及进口水产品、特色水果、甘蔗、蚕桑等特色原料的精深加工产业，扩大对东盟等国家农产品的出口能力。

5. 边境区域

由西藏、云南和广西构成的西南边境与印度、尼泊尔、不丹、缅甸、老挝和越南6国接壤，边境线长达9000km。云南是我国内地由陆路进入中南半岛、印度次大陆最近和最为方便的省份，广西是西南地区最便捷的出海大通道。从发展农业对外贸易的角度看，云南和广西具有区位、气候和自然的优势。其中云南的国境线长达4000多千米，云南的17个地、州、市（县）中有8个地、州和27个县属边境地区，与缅甸、越南、老挝三国接壤，对外开放的有24个边境口岸（国门），其中一类口岸17个，有13个少数民族与邻国语言相通，跨境而居。

根据西南边境的农业生产条件、自然资源、民族特色、贸易区位等特点，错位发展西南边境和临边区域的食物产业。一是要在保障本地少数民族消费需求的基础之上，发展与接壤国家具有产业互补特点的特色蔬菜、水果、水产和畜牧业；二是要与发展边境旅游和贸易产业紧密结合，充分利用地理和交通的优势，就地发展具有出口优势的产品；三是要大力培育一批具有农产品深加工能力的龙头企业，对本地和跨境交易的农产品进行就地加工，然后再通过边贸出口或供内地消费。

（三）转变发展方式，确保可持续发展

实现西南地区食物安全的可持续发展，必须转变过去主要依靠物质要素投入、资源消耗的粗放经营方式，转变为绿色发展、生态发展和可持续发展的方式，同时要发挥临边区位优势，注重国际资源和市场的利用，产业模式转变为一二三产的融合联动，持续提高食物产业的竞争力及发展效益。

1. 强力推进农区种养结合，实现农业绿色发展

（1）发展饲用作物，促进草食畜牧业的持续健康发展

21 世纪初，我国把推动种草养畜，发展节粮型畜牧业提高到发展农村经济、改善生态环境、保持社会稳定的重要战略地位。西南农区农业生产条件相对较好、人口稠密、市场消费群体大，是发展草食畜牧业的主体区域。然而，受高温高湿等特殊气候条件的影响，西南牧草生产长期供不应需，特别不利于发展以苜蓿为代表的优质牧草，草饲料周年供应不平衡和优质饲草料严重不足，是发展该区草食性畜牧业的瓶颈因素；仅四川省每年就需要外调 30 多万吨的优质干草，才能满足草食畜牧业的发展。但是，西南所特有的水热同步、光照不足等气候与生态特点，又特别有利于以收获营养体为主体的饲用作物的发展；在该地区发展草食性畜牧业有助于实现农业发展、农民增收与经济社会生态效益的同步协调发展。因此，探寻依托本地饲用玉米生产为基础，结合适度外调优质干草为补充，构建周年饲草供应链，对保障西南农区草食畜牧业持续发展具有重要意义。近年来，四川农业大学研发了多年生、可刈割多次、品质优良的新型系列饲草玉米，协同青贮玉米、优质苜蓿干草推广应用，构建了西南农区饲用作物生产复合模式，并在四川自贡、乐至等县得到验证应用，为解决西南草食畜牧业发展面临的饲草料供应不足问题，提供了新的途径（荣廷昭等，2015）。

（2）构建养殖废弃物循环利用模式，提高种养结合综合效益

随着畜牧业的发展，养殖业排放的大量废弃物没有得到有效利用，在浪费资源的同时，又给生态环境带来了污染；以养殖业粪便为主，加之其他的养殖废弃物，已成为我国农村小溪、小河的最大污染源，进而影响到区域的大江干流，是我国农村生态治理、优化环境的重点领域。因此，构建种养结合与养殖废弃物循环利用模式是保障西南农区食物安全可持续发展的重要战略举措；统筹种植业与养殖业的协调发展，以养定种，以种促养，同时充分利用种植业中的秸秆等废弃物，构建"种植—养畜—产肥—肥地"循环生态系统，既可以减少温室气体排放，改善空气质量，改良培肥土壤，减少化肥、农药施用量，降低环境污染，更可以提高农业总产值与效益。据课题组调研，以青贮玉米/肉牛、稻/渔共养、林果/鸡等为代表的种养结合模式，除了有效实现养殖废弃物循环利用外，还具有较好的经济效益，在西南地区具有较好的发展前景。

2. 充分利用国际资源与市场，扩大与东盟和"一带一路"沿线国家的农业贸易

西南地区与周边缅甸、老挝、越南等东南亚国家直接接壤；由于文化相近、习俗相通，我国与东南亚周边国家从政府到民间均建立了长期与友好贸易传统，农产品贸易在中国-东盟双边政治与经贸合作中有着重要地位。与此同时，"一带一路"国家倡议实施

及有关工程建设的推进,为我国农业走出去创造了新的机遇。

1)充分利用东盟和"一带一路"沿线国家农产品的生产优势,弥补西南及我国个别农产品的不足。自2002年签订《中国-东盟全面经济合作框架协议》早期计划,至2010年中国-东盟自由贸易区正式建成,中国与东盟的农业进出口额从2001年的27.6亿美元增加到2015年的305.6亿美元,年均增速18.7%。2015年,东盟已成为中国农产品第三大进口来源、第一大出口市场。中国进口最多的是作为工业原料的其他农产品及油料油脂,出口额最大、净出口最多的农产品是水产品及其制品、蔬菜水果及其制品等劳动密集型产品。尤其重要的是,东盟国家,特别是与我国毗邻的缅甸、泰国、老挝、越南等国家,土地资源丰富,农村劳动力价格低,气候条件适宜,稻米、牛羊肉等农产品质优价廉,进口他们的粮食和其他农产品,或利用他们优越的农业生产条件为我国生产粮食和其他农产品是确保我国,特别是西南地区食物安全的一个现实的战略选择;同时,随着近年"一带一路"倡议实施,为增加西南地区与东盟、中亚及欧洲的农产品贸易创造了更加有利的条件,这不仅可以提高双向农业产值效益,而且也将在一定程度上弥补西南及我国个别优质农产品量的不足。

2)充分利用我国农业技术优势,提高农业双向贸易的高质量发展。在"一带一路"倡议下,利用西南地区毗邻东南亚的优势,在继续扩大双边农产品贸易总量前提下,提高我国农产品出口,特别是农业科技的输出,确保我国与东盟农业跨境双向贸易的可持续发展具有重大战略意义。东盟国家具有热带气候和土地资源的优势,我国具有资金投入和设施化农产品生产优势,以云南和广西为重点区域,大力发展具有出口潜力的农产品,并提高产品质量安全,促进双边互补、合作共赢的双向贸易发展,为西南地区和国家食物安全可持续发展提供服务。为此,一是要加强农业科技合作,充分利用我国在农业科技研发上的比较优势,通过加大经费投入,持续保持在农业品种研发、集约化生产技术上的优势,推广并应用现代农业技术于东盟农产品的生产体系,然后与相应进口产品进行有机对接,确保双边的互利互惠,如把我国对东盟出口杂交水稻种子的优势与进口稻米的贸易紧密联系。二是要大力发展西南地区农产品深加工产业,利用我国在资本和技术投入上的优势,培育一批具有农产品精深加工能力的龙头企业,提高出口农产品的附加值,进一步增强我国对东盟出口加工农产品的能力。三是要充分利用双边资源禀赋和生产要素条件的差异,调整西南地区跨境农产品生产结构。

3. 深入推进一二三产融合,提高农业产业效益

相对而言,西南地区在大宗农产品生产上不具有规模效益,但在二三产业上具有一定的比较优势。因此,深入推进一二三产的深度融合发展,是提高西南丘陵山地农业效益和竞争力的重要举措。

(1)强化提高农产品加工能力,打通和完善产业链

西南地区在烤烟、白酒、泡菜、茶叶、中药材、糖料等产业方面具有区域比较优势,形成了系列产品和品牌,有效带动了当地种植户的增收和致富,并为地方经济的发展作出了显著的贡献。例如,四川泡菜产业2016年产值达到300亿元,享誉国内外的贵州"老干妈"系列辣椒调味品年产值近40亿元。然而,受技术研发、市场培育、产业链条利益联结机制等多方面因素的影响,我国农产品加工业发展一直比较滞后,与农业生

产规模不协调、不匹配，农产品加工业与农业总产值比为 2.2∶1，明显低于发达国家的 3～4∶1。技术装备水平不高，比发达国家落后 15～20 年。精深加工及综合利用不足，一般性、资源性的传统产品多，高技术、高附加值的产品少。据报道，我国每年农产品产后损失超过 3000 亿元。西南地区在该领域的表现尤为凸出，以养猪业为例，西南调出产品主要是活体，相反在鲜肉及深加工制品方面明显不足。总体而言，西南地区农产品加工专用品种选育和原料生产滞后，农产品产地普遍缺少储藏、保鲜等设施，产后损耗大、品质难保障。

继续发展并深度开发一些多样化食物的深加工产品，是西南农业提质增效的重要增长点。一是继续强化农产品就地初加工能力，支持新型农业经营主体开展粮食、果蔬、茶叶等主要及特色农产品的干燥、储藏保鲜等初加工建设；二是鼓励龙头企业和科研院所开展以西南特色生物资源农产品为对象的产品加工技术研发，扩大西南特色农产品的产值，延伸产业链条；三是重点支持对种养结合产业链条中的农副产品、畜禽产品深加工利用，促进西南农区种养结合、资源高效利用；四是充分利用现代互联网、大数据、云计算等高新技术手段，发展涉农电商、物流冷链配送等服务体系，促进农商直供、产地直销、食物短链、社区支农、会员配送等新型经营模式，挖掘传统农业产业中蕴藏的新产业和新业态。

（2）着力推进农旅结合，培育特色农业产业

随着经济发展和人民生活方式的改变，休闲农业和乡村旅游逐步成为我国农村产业发展的新业态。西南地区具有丰富多样的旅游、气候、生物和民族资源，具有发展农村休闲观光的资源优势。四川省是全国"农家乐"的发源地，为促进全国乡村休闲旅游提供了先期经验与发展模式。新形势下，进一步着力推进农旅结合，提升休闲农业和乡村旅游的转型升级，对促进农村一二三产融合发展具有重要意义。一是要依托农村绿水青山、田园风光、乡土文化等资源，大力发展生态休闲农业；二是要充分利用西南丰富的自然生态资源优势，利用"旅游＋""生态＋"等模式，推进农业与旅游、教育、文化、康养等产业深度融合，提高农业附加值；三是促进新型农业经营主体、加工流通企业与电商企业全面对接融合，推动线上线下互动发展，加快本地农产品流通、销售和增值的链条延伸；四是大力发展一些融合民族特色的农业产品，促进农旅结合和三产融合。

（四）强化和保护农村基础设施建设，提高生产效率

1. 完善山区农业终端基础设施建设

西南山区由于坡耕地、山地比例大，广大山区农田生产、交通和灌溉等基础设施建设仍然十分薄弱，特别是临近田间耕地使用的"最后一千米"等终端设施还十分欠缺，部分已有基础设施年久失修或遭到破坏，制约了农产品的机械化生产和农用运输，这已成为农业规模化发展与机械化生产的制约因素，根本上影响了农业的效益与农民的收益。为此，优化统筹农田水利、乡村公路、电力通信、农村物流、乡村旅游等基础设施建设规划与资金项目，夯实西南现代农业发展的终端基础设施，仍然是保障西南地区食物安全可持续发展的关键物质保障。一是改造完善水利工程，更新改造中小型灌区及配套节水工程、灌排泵站，完善小型农田水利设施，加强农村河塘清淤整治、山丘区"五小水利"、田间渠系

配套、雨水集蓄利用、牧区节水灌溉饲草料地建设,因地制宜发展低压管道输水、喷灌、滴灌、微灌等高效节水灌溉技术。二是加强农村山区交通基础设施建设,把通乡通村公路建设作为农村公路建设的重点,着力打通丘陵山区优势特色农产品机械化、农用车辆运输的"最后一千米"。三是以农业产业结构优化调整为导向,推进高标准农田建设和中低产田地改造。在加强耕地数量、质量、生态"三位一体"保护的基础上,大力实施土地整治,严格执行耕地占补平衡制度,允许通过土地整治增加的耕地作为占补平衡补充耕地的指标在省域内调剂,按规定或合同约定取得指标调剂收益。

2. 保护和改善农村乡土民俗文化的生产生活设施

西南地区地形多样、民族众多,广大乡村存留了丰富多样的农耕和乡土文化,如列入世界文化遗产的云南元阳哈尼梯田等享誉海内外。这种以自然村落为单元,以农业生产为载体,以文化传承为纽带的农村乡土民俗文化,不仅是山区农业生产的重要生产组织形式,更是中国传统文化的根基。然而,随着市场经济和城市化的发展,西南部分山区的农村生产能力和乡土民俗文化传承正在弱化。具体表现在:一是具有商业化开发价值的地方遭受过度集中盲目开发,同质化发展严重,破坏了部分传统民居古寨及其文化传承功能;二是忽略商业开发区周边的农村生产生活设施建设,导致农业生产能力整体下降;三是年轻劳动力外出务工,返乡创业积极性不高,导致家庭结构的变化,以地缘、血缘、乡土民俗精神为纽带的一些村落慢慢衰落,没人种地的问题十分突出。为此,在强化农业基础设施基础之上,需要重视对西南地区乡土民俗文化进行统筹规划和保护建设。一是要保护当地农业资源及特色产业,特别是一些农家动植物品种。例如,民族地区的彩色糯米、糯玉米、畜禽地方品种等传统品种,这些不仅是开展有关宗教、节日、庆典仪式的文化活动载体,也是现代种业动植物品种改良的优异基因资源库。二是在民居、乡村景观设计方面,要综合乡村的农田、水渠、建筑、美食、民俗风情因素,注重传统生活习性和地域风貌,并与发展农村休闲农业相结合,给予统筹规划和扶持。三是要改善偏远民族地区的生产、生活及文化交流设施,吸引和鼓励年轻人回乡创业,发展农业生产和传承民俗文化。

(五)完善政策与激励机制,保护经营者利益

1. 强化科技研发与应用

(1)完善现代农业科研资助体系,确保农业科研持续发展

在优化布局农业科技创新平台方面,要根据优势食物产业和区域布局需要,综合考虑长期缺少科技人才和国家级平台的实际情况,给予西南地区适度的补充和支持,特别是在建设重点实验室、国家工程中心、现代农业产业技术体系、农业科技创新联盟等方面,西南地区现有设置明显不足。在科技计划项目方面,在总体稳定基础之上,重点支持开展现代种业、农药、兽药、肥料、饲料、农机装备、农产品加工等领域的技术创新项目。在科研经费资助方面,在强化持续稳定支持的基础上,要向西部地区和地方科研院(所)、高校倾斜,特别是要加大对基层科研单位与人员的支持力度。

(2)强化现代农业产业研发体系,提高农业产业链的科技竞争力

在种植业方面,重点培育并推广优质、高效、抗逆、专用及适宜丘陵山区机械化和

轻简化作业的粮油和饲用作物新品种，并依据可持续高产高效耕作栽培理论，研发多熟制条件下的种植制度与结构优化模式，提升种植业的竞争力。在养殖业方面，着力研发畜禽水产营养调控、新型饲料和规模化健康养殖技术，进一步提高畜禽饲料转化率和降低疫病发生率。在农产品加工方面，要依托以物联网、信息化、无污染和低能耗为特征的绿色储运技术和集成应用保鲜、分离、提取方面的加工新技术，发展产地初加工、精深加工与综合利用关键技术与装备，提高西南地区特色优势农产品的竞争力和效益。

2. 大力培育各类新型经营主体

随着中央发布《关于引导农村土地经营权有序流转发展农业适度规模经营的意见》，土地流转将进一步加快。这为发展适度规模经营创造了条件，将有利于优化土地资源配置和提高劳动生产率，有利于保障粮食安全。构建以农户家庭经营为基础、合作与联合为纽带、社会化服务为支撑的立体式复合型现代农业经营体系，鼓励发展、大力扶持与城镇化进程和农村劳动力转移规模相适应、与农业科技进步和生产手段改进程度相适应以及与农业社会化服务水平提高相适应的家庭农场、专业大户、农民合作社、产业化龙头企业等新型规模化经营主体，有利于聚集农业生产、经营优质要素，吸引一批能通过学习并掌握现代科学技术的年轻人从事农业产业，壮大经营主体，不断提升经济效益，推动农业新型经营主体的健康发展。

3. 积极引导土地经营权流转

西南地区应结合自然经济条件、农村劳动力转移情况、农业机械化水平等因素确定土地适度规模经营的标准。课题组根据调研和资料，认为户均承包地面积 10～15 倍较为适宜经营，对土地经营规模 100 亩左右的应予以重点扶持，规模化种粮的地方土地规模经营标准可适当扩大至 1000 亩左右。同时，为防止土地过度集中、不顾经营能力和经济效益片面追求超大规模经营的倾向，应在适宜地方探索"统一经营和分散作业"的多种灵活经营模式，如在四川崇州发展的以"土地股份合作社"＋"职业经理人"为基础的共享多赢模式。此外，为防止土地流转过程中的土地不正当使用，各级政府需要加强对工商企业租赁农户承包地的监管和风险防范。

4. 完善新型社会化服务体系建设

目前西南农区现有社会化服务体系组织不够健全，运行机制不够完善，服务内容和服务能力均不能满足农业产业适度规模发展的需求。为此，一是要大力培育与发展主体多元、形式多样、竞争充分的专业化和社会化服务组织，重点扶持与培育农机作业、农田灌排、统防统治、烘干仓储等经营性服务组织，推行合作式、订单式、托管式等服务模式，同时利用合作经济组织与龙头企业自身优势，充分发挥其社会化服务职能；二是要制定相应的政策和法律法规，创造宽松的服务环境，提高社会化服务组织的积极性；三是要完善服务内容、拓展服务范围、提高服务能力，全方位提供土地承包、机械化配套应用、技术推广、产品加工、质量安全和经济信息、金融保险等服务；四是要加强对社会化服务组织的引导和监管，规范服务行为；五是要健全产品市场体系，形成信息反馈灵敏、流通成本低、运行效率高的农产品营销网络。

五、小结

本章按照"创新、协调、绿色、开放、共享"的发展理念，结合西南区域的资源禀赋、生态功能、区位优势、生产条件和消费需求及趋势，提出了西南区域食物安全的可持续发展的总体思路和发展原则；把区域食物安全与生态文明建设的协调发展确立为保障国家食物安全的总体定位，并服务于其他总体战略；依据食物供需平衡、结构优化、生产方式转变等主要指标体系提出了 2025 年与 2035 年的发展目标；提出了实现可持续发展的 5 个战略路径：优化产业布局、突出区域发展特色、转变发展方式、强化和保护农村基础设施建设、完善政策与激励机制。

第五章 重 大 工 程

一、建立西南农业基因资源研究与利用国家重点实验室或工程中心

拥有全国60%以上的动植物资源，且特有种极其丰富并独具特点，为西南地区食物多样化及大食物观布局提供了保障和基础。随着全球气候变化和人为活动加剧，各种生态环境条件发生剧烈退化或被严重破坏，使得这一地区物种生存空间骤然缩小，许多物种面临着严重威胁。因此，研究、保护与利用西南农业基因资源具有重要意义。建议国家从区域布局整体规划考虑，在西南地区建立"西南农业基因资源研究与利用国家重点实验室""西南特色食物研究与利用国家工程技术研究中心"等国家级科研平台。通过该科研平台的建立，以平台为载体，联合和整合西南地区相关科技工作者，致力于农业生物多样性保护、生物资源的可持续利用、特色生物资源食物化利用与发掘等重大科学问题的研究及技术的工程化研发，为确保西南地区食物安全可持续发展提供基础技术与资源。

二、建立中国-东南亚农业产业国际合作科技示范基地

东南亚国家人均耕地面积高于我国，且生物多样性高度富集、特有成分比例高，但科技水平相对落后，总体发展水平较低，具备巨大的农业开发潜力。因此，立足境外技术需求和广阔市场，结合我国建设"丝绸之路经济带"和"21世纪海上丝绸之路"（"一带一路"）的外交倡议，建立"中国-东南亚农业产业国际合作科技示范基地"，推动西南地区农业科技向东南亚转移，为确保我国西南地区食物安全可持续发展奠定良好的国际市场基础。"示范基地"将集科研、技术推广和人才培养三位于一体，通过联合国内和东南亚知名农业科研机构，重点聚焦作物和动物生产，在"示范基地"总体框架下分别在种植业和养殖业领域内开展科学研究、人才培养与技术推广；组织实施国内外重大科学研究计划和跨学科、跨地域、国际化的科学考察活动；建设多个境外技术工作站和科技示范园，开展农业技术指导、科技示范培训及适用技术职业教育。通过"示范基地"工程的长期实施，旨在把东南亚建成为我国西南地区乃至全国的粮仓。

三、建立西南地区特色农业产业研究中心

西南地区特色农业资源丰富，可形成独特的区域特色产业，对支撑区域大食物安全具有重要作用。虽然部分产业发展较早，成熟度已经较高，但是一些新兴的区域特色明显的产业规模还比较小、产业链不健全、技术支撑力度不够，经营水平不高。建议国家建立西南区域特色农业产业研究中心，如西南地区特色的"水果"、"茶饮"、"泡菜"、"花

卉"、"糖"、"辣椒"、"烟"及"酒"等产业研究中心。中心通过调研,在弄清该地区的主要特色产业及其在大食物安全中的地位的基础上,分别进行顶层设计、产业宏观发展布局;同时,组织高校、科研院所与企业联合,为特色农业产业的发展提供技术支撑,组织相关技术成果的孵化、转化;研究、促进、完善和提高特色农业产业相关的标准,研究、建立新的检测方法,提高与国际同行的对话能力;为特色农业产业培养高水平综合性人才;协助打通特色农产品流通渠道、树立特色农业品牌等。通过建立国家级特色农业产业研究中心,可进一步拓展确保西南地区食物安全的技术与产业保障,同时也为新型食物资源的研发提供技术保障。

四、实施西南丘陵山地农业基础设施建设工程

西南地区地质构造复杂,地貌类型多样,地势高差大,自然条件恶劣,需要进行以土地整治、微小水利管网建设和延伸至田间地头机耕道路建设(解决"最后一千米"问题)为主要内容的农业基础设施建设工程,以改善农业生产条件,提高耕地质量和生产效益。因此,建议国家专项设立"西南丘陵山地农业基础设施建设工程",该工程以改善西南丘陵山地农业基础设施和提高农用地利用及生产效率为主要方向,限制对生态环境脆弱地区的土地开发,将农田整理与陡坡退耕还林还草,以及荒漠化、石漠化治理等政策有效结合,修葺、新建和完善农业微小水利管网,如水沟水渠,改造田间道路以满足机耕要求,最终达到提高农业生产条件、耕地质量和生产效益的目的。其中,对于河谷平坝地区主要是进一步完善农田基础设施与配套建设(如机耕道路、水渠等),以满足机械化作业硬件需求;丘陵地区重点加强水土流失防治和微小水利管网建设,解决灌溉困难;山地地区重点保持水土,加大退耕还林力度,加强荒山荒坡造林绿化;喀斯特地区进一步加强坡改梯和水利工程建设。通过该基础建设工程的实施,不但能进一步提升有效农用地的使用效率和生产效益,而且将进一步减少因耕作不便出现的撂荒地,确保耕地面积和质量得以保障。

五、实施适应西南地区特点的农业设施化机械化建设工程

西南地区因其特殊的地理条件,种植业和养殖业的规模化和设施化、机械化水平及程度相对较低,严重影响生产效率和产品安全质量。因此,建议实施适应西南区域地理、气候等特点的农业设施化机械化建设工程。一是加大对规模种养企业(大户)设施设备的帮扶力度,提高设施设备的补助标准,对欠发达地区的规模化种养企业(大户)要重点帮扶;在农业机械购置补贴中增加对畜禽养殖饲料加工机械,饮水、供饲机械,消毒及粪污处理机械等的支持比例,扩大畜禽养殖补贴类别;畜禽类养殖机械购置补贴享受农业机械购置补贴同等待遇。二是加大对畜禽养殖污染治理的财政支持力度,养殖污染治理机械纳入农用机械补贴,并提高补贴比例,确保规模养殖场"三废"治理达标。三是强化发展设施农业的政策保障,加大对种养设施设备税费、信贷、保险等的政策支持。四是强化种养设施设备研究技术创新平台建设,设立种养设施设备研发专项,针对不同区域特色、不同种养模式、不同生产规模等,以节能型、生态型专项研究不同规模、类

型的标准化设施设备，提高设施设备的适应性和配套性，降低投入成本；研究制定相关设施设备在适用性、安全性和可靠性方面的评价标准和技术规范。五是加强农机管理人才、农机科技人才、农机技能人才三支队伍建设。

六、实施西南地区食物安全绿色化建设工程

因地形地貌、气候类型及耕作制度和养殖规模的特殊性，种植过程中的农药使用和养殖过程中的抗生素使用，成为西南地区食物质量安全的重要隐患。因此，建议实施西南地区食物安全绿色化建设工程，旨在综合作物和动物抗病品种、生物多样性、新型绿色农药和饲料添加等技术，分别构建以抗病品种为基础，以生态多样性调控为途径，以强化病虫害测报技术为手段，以实施绿色低毒高效新型药剂为保障的农产品生产综合防治体系，以及以增强疾病抵抗力为基础，以抗病营养和饲料为途径，以强化疫病生物和营养防控技术为手段，以实施无抗饲料和健康养殖为保障的畜禽水产品生产综合防治体系。在农作物产品生产上，积极推行科学合理用药，强调"有效成分、农药剂型、施药器械、施药技术、对靶作用"的协调使用；大力构建粮田生态系统，推行生态调控，逐步推广生物防治技术、理化诱控技术等绿色防控工程与技术建设；针对西南地区病虫草害种类及发生时期，根据地形地貌、气流特征、药剂特性及当地生产习惯，进行施药器械及配套技术的研究；积极推广低量喷雾等多种省药技术；加强新型绿色化学农药的研究与转化。在畜禽水产品生产上，积极推行适度规模畜禽标准化养殖和净水淡水养殖；利用生物技术改造非常规原料和改善饲料质量；从营养增强免疫和兽医生物防控途径增强畜禽抗病能力，降低药物使用；加强饲用抗生素替代技术研究与绿色安全饲料添加剂研发；积极推广畜禽水产品可追溯体系的应用和轻简化。

七、小结

为了实现项目提出的西南区域在保障国家食物安全任务中的战略目标，建议国家在西南地区建立"西南农业基因资源研究与利用国家重点实验室""西南特色食物研究与利用国家工程技术研究中心"等国家级科研平台，为确保西南地区食物安全可持续发展提供基础技术与资源；建立"中国-东南亚农业产业国际合作科技示范基地"，旨在把东南亚建成为我国西南地区乃至全国的粮仓；建立"西南地区特色农业产业研究中心"，进一步发展确保西南地区食物安全的技术与产业，同时也为新型食物资源的研发提供技术保障；实施"西南丘陵山地农业基础设施建设工程"，进一步提升有效农用地的使用效率和生产效益，确保耕地面积和质量；实施"适应西南地区特点的农业设施化机械化建设工程"，改善西南地区种植业和养殖业的生产效率；实施"西南地区食物安全绿色化建设工程"，建立保障畜禽水产品绿色安全生产的综合防治体系。

第六章　政　策　建　议

一、完善西南地区生态屏障保护与农业协调发展政策性补贴

西南地区是长江经济带的重要生态屏障，其生态系统变迁和经济可持续发展，不仅对西部大开发有重要战略意义，而且还可能影响华中和华东地区自然环境和社会经济的发展。西南地区生态环境十分脆弱，石漠化是西南地区最为严重的生态问题之一。因此建议，一是规划生态屏障保护区，明确限制和禁止开发区，并由中央财政建立西南地区生态屏障恢复与保障补偿专项基金，生态补偿内容纳入中央对地方的纵向财政转移支付制度，建立生态补偿专项财政转移支付制度，以加大对限制开发区、禁止开发区的财政转移支付力度。二是加强教育及人力资源开发，支持生态保护区内人口转移、创业、就业。三是建立健全区域性生态环境保护监管体系，对政府因确保生态环境保护与建设项目规划、科研、监测、监管等工作的实施而增加的财政支出给予补偿，将所需经费纳入中央财政专项转移支付的范围。四是积极推进流域生态服务补偿制度的建立，中央政府按照流域生态补偿的原则，加快水资源税费制度改革，在落实水量分配和水权制度的基础上，对用水地区和单位按用水量征收流域生态补偿基金。五是协调发展退耕还林与农业发展，严守耕地红线的同时进一步完善"退耕还林"和"退牧还草"补偿政策。六是合理界定生态公益林和公益性草地的范围，实施有针对性的补偿措施。七是探索西南区生态恢复与保障市场化模式，引导社会各方参与环境保护和生态建设。八是探索建立区域内污染物排放指标有偿分配机制，逐步推行政府管制下的排污权交易，运用市场机制降低治污成本，提高治污效率；引导鼓励生态环境保护者和受益者之间通过自愿协商实现合理的生态补偿。

二、完善农业产业结构调整政策性补贴

西南地区农业产业化程度低，但自然条件独特、农业资源禀赋优良、物产资源丰富多样，具有差异化发展生态特色农业的条件，但是需要国家从政策上给予补贴与支持。西南地区农业产业结构调整方向：稳粮扩经、增饲促牧，间套复种、增产增收。要实现产业结构的顺利、合理调整，一是建议完善农产品价格政策，统筹考虑水稻、小麦、玉米、大豆、油料、棉花等作物的比较效益，完善主要农产品价格形成机制，释放价格信号，引导农民按照市场需求调整优化种植结构。二是建立合理轮作补助政策，加大补助力度，支持各地因地制宜推行耕地轮作模式，同时在地下水漏斗区、重金属污染区和生态严重退化地区开展耕地休耕制度试点，合理确定补助标准。三是加强高标准农田建设资金投入；政府、企业和经营主体联合设立农业发展基金，拓宽融资渠道，分担主体风险。四是完善金融保险政策，加大金融保险对种植业结构调整的支持力度，发挥财政投入的杠杆作用，通过补贴、贴息等方式，撬动金融资本、社会资本进入，形成多方投入

的机制；加快建立农业信贷担保体系，解决新型经营主体融资难问题；扩大农业政策性保险覆盖面，稳步提高保障水平；探索开展农产品价格保险试点；应用"互联网+"金融方式，推进金融服务体系多样化。五是加大土地政策改革，解决农民抵押物难问题；制定差异化农业投资优惠政策，吸引社会工商资本的进入；建立健全农业信息平台，包括政策信息服务网络、市场信息库、电商销售平台、农产品信息可追溯平台等。

三、实施中国同"一带一路"沿线国家农业合作

"一带一路"沿线农业大国数量多，农业在国家经济体系中占据比例整体高于全球平均水平，农业用地面积占国土面积比例高，但农业生产效率低下、科技落后、投资匮乏。因此，国家应从政策上鼓励同"一带一路"沿线国家开展农业合作，建设我国的海外粮仓，同时将我国先进的农业技术和高端农产品推广到海外。一是鼓励企业海外土地租赁和联合开发，鼓励和协助中国企业并购海外农庄、农业企业、农产品贸易公司、农产品加工企业，扶持跨国农业开发合作项目，促进海外农业资源的联合开发投资。二是重点布局并立项支持海外高科技绿色农业园区或示范基地建设，依托园区和基地平台，开展农业研发合作、成果转化、技术推广和农业产业规模化经营等，发挥平台的科技引领和产业示范、辐射作用。三是布局建立农业自由贸易区，通过签署农牧业专项互惠协议等方式，降低农牧业产品交易成本，提高交易效率，推进农业、牧业产品贸易区域一体化进程。四是建立农业推广"一对一"项目，针对边境贸易量比较大的农产品，建立相应生产基地，政府签订农产品种植收购协议，保证农产品数量和质量。五是建设跨境农业合作项目综合服务体系，政府设立跨境农业合作综合服务中心，对跨境农业合作项目给予法律咨询、技能培训、保险担保、文化交流等综合服务。

四、完善农民返乡创业和传承区域特色文化鼓励政策

西南地区自然资源禀赋优良、民族众多、传统文化特色鲜明。然而，大量农民外出务工，不但造成耕地的撂荒，而且带来特色传统文化遗产的消失。因此，国家应从政策上鼓励并帮助农民返乡，一方面守住耕地面积的红线和改善耕地质量，另一方传承和发展多样性的传统文化。建议，一是充分开发乡村、乡土、乡韵的潜在价值，增强和完善对乡村旅游、养老等产业和农村三产融合发展的支持力度，为少数民族特色村镇建设和"一家一户"小型休闲庭院建设提供硬件支持和资金支持，如"最后一千米"的道路建设、电路建设、网络建设、水源建设等。二是支持产业升级形成特色品牌，把小门面、小作坊升级为特色店、品牌店，把特色农产品和传统农产品品牌化并升级为地理标志性产品，并鼓励借力"互联网+"信息技术。三是鼓励实施订单农牧业（农牧产品），实现产品需求方与生产方的无缝对接，解决产业发展的盲目性和需求的无目标性。四是加大财政支持力度，对返乡农民工等人员创办的新型农业经营主体，符合农业补贴政策支持条件的，可按规定同等享受相应的政策支持，对符合各项支农惠农资金、小微企业发展资金等其他扶持政策规定条件的，要及时纳入扶持范围，便捷申请程序，简化审批流程。五是加大农村教育和医疗基础条件的投入，鼓励教育资源和医疗资源向农村倾斜，缓解

资源分配不公的矛盾，鼓励大学生到农村从事基层教育和医疗服务，进一步提高农村义务教育的力度和医疗保险的力度。

五、完善西南地区涉农人力和人才资源开发与稳定政策

西南地区涉农人力和人才资源开发不足和流失严重是制约农业产业化升级的重要因素。因此，需要进一步完善涉农人力和人才资源的开发与稳定政策。一是重点发展西南地区"一流大学和一流学科"建设，从资金、项目和人才培养与引进上予以保障。二是从项目、待遇等方面支持和保障高端农业从业科研人员在西南地区稳定工作。三是采取综合举措激励农业科技人员的工作积极性，改革农业科研人员，特别是从事应用研究与推广的科研人员的考核方式与职称评聘办法。四是加强农业科技推广人才培养，结合基层农技推广体系改革与建设补助政策，提高农业技术推广人才业务和技术水平，保障农业科学技术在农业产业中的有效推广。五是加强农业农村一线实用科技人才和新型经营主体的技术培训，培养一大批新型高素质农民、农村实用人才和农业高技能人才。六是立足农业产业化，推动涉农职业教育大发展，把构建新型农村教育体系纳入农村改革体系，加大涉农职业教育比例，加大对优秀涉农职业高中生对口单招进入高等院校相关专业学习的力度，减免或补贴学生在职高阶段的学习费用。七是严格农民培训机构和培训教师准入制度，鼓励大农场主、成功的企业集团开办农业职业教育机构。八是逐渐建立高素质农民制度，城市居民需要考取资格证书才可以从事农业活动，对农业从业人员按照生产、加工、销售等多个环节进行细分。

六、小结

为了实现项目提出的西南区域在保障国家食物安全任务中的战略目标，建议国家实施和进一步完善如下五个方面的政策：一是完善西南地区生态屏障保护与农业协调发展政策性补贴，为西南地区生态屏障的保护提供政策和经费支持；二是完善农业产业结构调整政策性补贴，涵盖农产品价格、合理轮作补助、高标准农田建设资金投入、金融保险等；三是实施中国同"一带一路"沿线国家农业合作，扶持跨国农业开发合作项目，重点布局并立项支持海外高科技绿色农业园区或示范基地建设，建设跨境农业合作项目综合服务体系等；四是完善农民返乡创业和传承区域特色文化鼓励政策，增强和完善对乡村休闲旅游养老等产业和农村三产融合发展的支持力度，加大对返乡农民工等人员创办的新型农业经营主体的支持力度，加大农村教育和医疗基础条件的投入等；五是完善西南地区涉农人力和人才资源开发与稳定政策，重点支持西南地区"一流大学和一流学科"建设。

专题研究

供给侧改革视角下重庆食物安全的结构优化和路径选择

由于农产品供给侧结构改革滞后，中国农产品供给端的矛盾持续演化。从区域性市场看，重庆地区农产品供应的结构化矛盾也十分明显，有效需求得不到满足。高端大米一直依赖从外地调入，每年净调入粮食产品超过 300 万 t；此外，食用油对外依存度超过 75%，每年净调入大豆超过 50 万 t，随着人们生活水平的提高，植物油市场需求量将进一步攀升；从 2009 年起，重庆已经成为生猪净调入大市，而且直辖以来重庆畜牧业在农业增加值中的占比持续萎缩，与直辖以来全市经济社会持续发展背景下人们对动物蛋白摄入需求攀升呈反向关系；此外，全市水产品超过 50%需要从湖北、四川等地调入，全市水果价格偏高对全市 CPI 运行造成影响。

因此，深入开展农业供给侧结构性改革，直面农业经济领域产业发展现实，剖析其间存在的深层原因，探寻消弭这种矛盾的应对策略，对重庆农业供给侧结构优化，形成科学合理的产业结构，促进重庆农业持续发展和长远发展，具有重要意义。

一、重庆食物供给侧结构性矛盾的表现及原因

（一）重庆食物供给侧结构性矛盾的典型表现

直辖以来，重庆现代农业稳步发展，全市农业综合生产能力持续提高，粮食综合生产能力稳定在 1100 万 t 以上，生猪出栏量稳定在 2100 万头/a，蔬菜年产量稳定在 1600 万 t 左右，有效保障了全市农业供给安全。但是，影响重庆市农业供给的结构性矛盾依旧存在，主要表现在以下方面。

1. 农业宏观产业结构不合理

直辖以来，全市农业和农村经济稳步发展，随着二三产业成为全市经济高速增长的主要推动力，农业增加值占全市 GDP 的比例逐年下降。2017 年，全市农林牧渔业增加值达到 1300.3 亿元，占 GDP 比例 6.67%，占比较全国低 1.2 个百分点，比直辖之初下降近 15 个百分点。

与全国平均水平相比较，全市农业产业的宏观结构中种植业比例居于支配地位。2017 年，全市农林牧渔结构比为 67.2：4.8：20.5：5.7，种植业和畜牧业的占比达 87.7%，比全国高 10 个百分点以上，畜牧业占比缓慢持续下降，较直辖之初下降了近 5 个百分点，与全市直辖以来居民膳食结构变化呈反向关系；作为大山区和大农村所在区域的特殊直辖市，林业、农产品加工业、大宗农产品生产占主导地位的格局没有改变。

2. 工业化和城镇化对农业供给安全的挤兑效应日益显现

近年来，重庆市围绕着新型工业化和国家中心城市建设的大战略路径，工业化和城镇化快速发展。从三次产业结构性比例看，农业在 GDP 中的占比已经下降到 7% 以下，2017 年农业增加值 GDP 占比为 6.67%，比全国平均水平低 1.2 个百分点，工业和服务业的占比相应超过 90%，工业化和城镇化快速发展。直辖以来，重庆地区（包括三峡库区淹没耕地在内）城镇建设用地和工业用地增加，使全市耕地面积净减少 500 万亩以上，工业化和城镇化对农业生产的挤兑效应日益显现。如何在这种发展悖论中，寻求区域农业安全，成为当下重庆乃至当下中国构建农业供给大安全观的重大主题。

3. 农业生产体系不能满足农产品需求体系

随着城市化进程加快和人们消费水平的提高，消费者膳食结构随之改善，动物蛋白摄入量随之增加，但是全市畜牧业产值占比持续下降，水产品消费的对外依存度依旧高达 40% 以上。同时，全市各超市销售的优质大米基本来自市外。据测算，全市每年进口 100 万 t 左右的大米，基本是来自东北、东南亚等地区的优质大米；小麦品质较低，且产量持续下降，目前全市需要进口超过 100 万 t 的优质小麦，用于生产面包、蛋糕，优质口粮和功能性粮食缺口较大。全市 80% 以上的食用油均来自外地调入，全市只生产大概不超过 20 万 t 的油菜籽油以及少量的芝麻油，除了西阳、彭水和秀山等地产少量茶油外，基本不生产木本植物油。目前，全市每年进口超过 50 万 t 大豆，用于榨取食用油。

绿色农产品有效供给总量不足与结构性失衡状况明显，消费者在外购买即时农业消费品时难以得到绿色农产品供给。以全国来看，绿色农业生产总量近 1 亿 t，其生产面积约占全国主要农作物种植面积的 10%。反观重庆市，拥有的绿色农业品牌仅有 1069 个，绿色农业产业发达省份黑龙江超过 7300 个。这种状况一方面导致重庆农产品竞争力下降，另一方面使城乡消费者福利大为受损。同时，名牌农产品市场影响力有限，全市涉农产品驰名商标，消费者认同和忠诚度较低。此外，肉牛、土鸡、羊肉等供不应求，农业生产供应体系与消费者需求结构存在较大冲突。

4. 生产成本高企导致区域农产品竞争力下降

进入新时期以来，重庆乃至中国农业发展面临的形势极为严峻，在劳动力成本的急剧推动下，亩均农业生产成本急剧上升，引致农产品竞争力下降。农产品成本的急剧变化，实际上说明本土农业的产品数量不是多了，而是贵了，本土农产品销售难，农民收入下降，农业兼业化和副业化积重难返，使中国农业和重庆农业的整体产业群面临极大的风险，将本土农业发展推向了十字路口。当下，国外玉米到岸价大体不足 1600 元/t，而 2016 年国家收储价却为 1800 元/t；大米到岸价也比国家收储价低近 25%~30%，这对如何稳定口粮种植面积，确保口粮供求综合平衡带来了极大挑战。

5. 重庆市农业生产可持续发展能力建设滞后

一是农业基础设施薄弱。全市现有耕地 3677 万亩，坡度 15° 以下的耕地 1371 万亩，占比 1/3 强，15°~25° 的坡耕地高达 1043 万亩，中低产田面积占比高达 40% 以上。从人均看，全市旱涝保收的耕地仅为 0.18 亩，为全国平均水平的 40%，列西部倒数第二，农业生产能力弱，土地产出率低。同时，区域发展间也不平衡。

二是农业机械化滞后引致劳动效率低。根据《中国都市农业发展报告》排名，重庆劳动生产率在全国 35 个大中城市中排在第 29 位。劳动生产率低下，大大增加了农户经营成本，直接影响农民收入的增长：直辖初期，重庆农民家庭经营收入占农民人均纯收入比例与全国平均水平大体相当，但是 2014 年降低到 37%左右，比全国平均水平低接近 6 个百分点，下降尤为严重。其中，农机化滞后引致劳动生产率落后，机械替代劳动进程慢，劳动力价格急剧上涨，引致产业成本高企，造成农业兼业化、副业化趋势加强，对农业经营收入增加造成负面影响。

6. 供给调节机制缺位引致效率损失

当前，由于新型农业经营体系尚处于发展阶段，农户经营规模小，靠经验种植或者养殖，供给调节机制缺位。在这种传统种养模式下，农户往往以本年度生产价格指导下个周期的农产品生产，但是由于农业生产周期性和农产品市场本身特点，往往形成蛛网波动，甚至增产不增收。实际上，随着农产品市场深化的逐步加深，以及市场广度和深度的增加，这种建立在经验基础上的传统种养方式，已经不适应现代农业生产供给要求，极容易造成无效供给。为此，需要在稳步推进新型农业经营体系的基础上，建立涵盖农产品生产监测体系和市场监测体系，深入分析农产品分品种的上市周期、预上市量以及需求量，对农产品市场供给和需求进行比较分析，在此基础上建立较为科学的新型种养体系，防止谷贱伤农。从重庆市情况看，在市场深化背景下，虽然农民组织化程度和专业化协会有一定发展，但是总体看组织化程度低，社会化服务滞后，农户对公共部门的公开市场信息服务极为渴盼，同时消费者对质量安全产品表达出高度忠诚度。

（二）重庆食物供给侧结构失衡原因分析

重庆食物供给侧结构失衡的原因是多方面的，但农业成本、劳动生产力和土地产出率不具有相对竞争力，新型农业经营主体、品牌影响力和感召力及产品竞争力较低，加剧了农业供给侧结构失衡现象。

1. 比较成本因素

（1）粮食产业成本及其变化

1）粮食产业成本。粮食生产成本研究以水稻生产为例，根据《全国农产品成本收益资料汇编 2018》，整理得到重庆市与其他典型省份中籼稻种植成本情况（专题图 1-1、专题图 1-2）[①]。贵州省成本最高，每生产 50kg 中籼稻需投入 169 元，为全国平均水平的 143%；江苏省成本最低，每 50kg 投入成本 91 元，为全国平均水平的 77%。重庆市生产中籼稻总成本 125 元/50kg，高于全国平均水平，其中每 50kg 物质成本 38 元，人工成本 71 元，土地租金为 159 元/亩。除人工成本高于全国平均水平以外，其他两项成本皆低于全国平均水平。与其他 9 个粮食产区相比，重庆中籼稻种植人工成本排名第 5，

[①]本研究中有关农业成本数据均来自于国家发改委《全国农产品成本收益资料汇编》相关年份数据。

而物质投入和租金成本相对整体水平较低。从比较分析看，西南地区及陕西中籼稻成本总体较高，应该与该地区丘陵山地不适合推广机械化耕作技术有关。

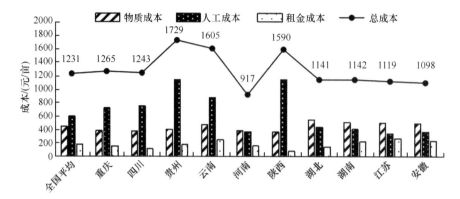

专题图 1-1　2017 年重庆及其他省份中籼稻生产成本比较（按亩比较）

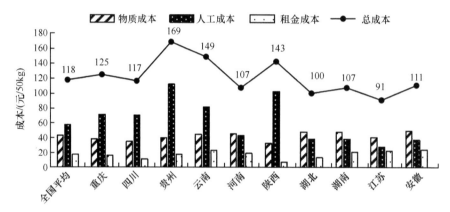

专题图 1-2　2017 年重庆及其他省份中籼稻生产成本比较（按生产 50 kg 比较）

整个西南地区的人工成本水平偏高，相较之下其他粮食产区则具有更低的人工成本。通过比较分析各省市中籼稻生产家庭用工天数与家庭用工折算价格情况（专题图 1-3），可

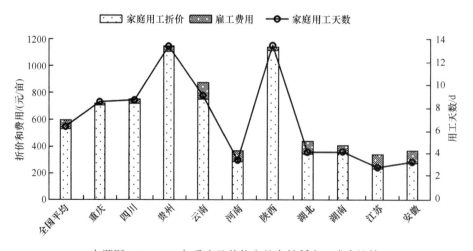

专题图 1-3　2017 年重庆及其他省份中籼稻人工成本比较

以看出，中籼稻种植以家庭劳动力为主，按 2017 年 83 元/d 的劳动日工价折算，西南地区以及地理位置接近的陕西省从事种植业的家庭费用要远高于其他地区，直接源于这些地区相对较长的家庭用工天数。受近年来西南地区交通条件改善，城乡之间要素流动加快，农民意识水平提高及种植比较效益逐年下降倒逼劳动力转移等多重因素影响，从事种植业的劳动力逐年减少，再加上较低的水稻机械化与规模化水平对人工的需求不减，西南 4 省（重庆、四川、贵州、云南）的每亩家庭用工时长超过了其他区域，导致人工成本整体水平居高不下。

重庆大山区地理地貌加剧了成本问题，地形复杂不仅限制了大型机械的使用范围，还加大了整地、插秧、除草等基础农活的难度。重庆市机械化水平较低，机播普及率仍然不高，仍处于依靠人工多于资本投入的阶段，且用工与农技结合不紧密，生产效率提升缓慢。同时，城镇化快速推进背景下，农村劳动力大量流入城镇和市外非农行业，劳动力价格水平顺势抬高，致使整地、播种、收割各环节用工成本大幅提升。

2）粮食成本变化。专题图 1-4 反映了重庆市 2010 年以来中籼稻种植成本的变化趋势。其中，变化幅度最大的是人工成本，从 2010 年的 433 元/亩逐年上升至 2014 年的 750 元/亩，大幅上涨了 73%，2015～2017 年略有波动，但仍高于全国平均水平。物质成本变化趋势与人工成本基本一致，变化幅度较小，7 年间变化了 44%，主要表现为种子、化肥、农药、农膜、租赁作业费及机械作业费的上涨。土地租金成本保持平稳，始终低于 160 元/亩，在全国范围内处于较低的水平。因此，重庆市中籼稻种植成本的增加主要源于近年来人工成本的猛涨，由 2010 年占总成本比例的 52% 到 2014 年峰值的 58%。侧面反映出重庆市水稻生产结构仍需从劳动力密集型向资本、设备和技术投入密集型优化，以降低人工成本，增加物质投入，提高生产效率。

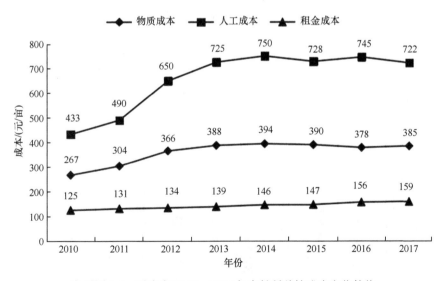

专题图 1-4　重庆市 2010～2017 年中籼稻种植成本变化趋势

（2）生猪养殖成本及其变化

1）生猪养殖成本。若以达到 500 头存栏养殖规模为生猪养殖的规模养殖标准，重庆市只有差不多 1/4 左右的生猪实现了规模养殖,超过 70% 左右的生猪都是零星散养。从散养生猪生产成本来看(专题图 1-5),重庆生猪散养不管是物质成本还是人工成本均高于全国平均水平,与其他生猪大省相比不具有成本优势。重庆市人工成本(864 元/头)高于其他省市,为全国平均水平的 174%,主要是较长的家庭用工天数与较高的人工雇佣价格所致。人工成本最低的江苏省,家庭用工天数仅为重庆家庭用工天数的 1/4,雇工工价只占重庆的 67%,差距十分明显。重庆的生猪散养物质投入主要受饲料加工价格影响,略高于全国平均投入。重庆 50 头以下的养殖户占了 98% 以上,散养是较为主流的养殖模式。因此,提高散养养殖户技术含量,减少雇工成本;提升养殖效率,减少用工天数;健全完善整个生猪产业链,发展成熟的饲料精深加工产业是降低物质成本与人工成本的关键。

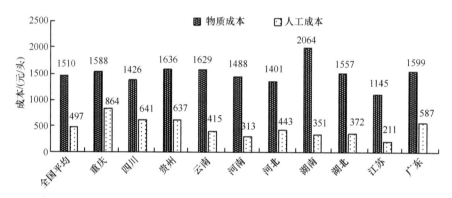

专题图 1-5　2017 年重庆及全国其他省份散养生猪成本对比

从重庆生猪规模养殖成本情况(专题图 1-6~专题图 1-8)看,在散养到小规模养殖的过渡阶段,因标准化养殖对仔畜品质、疫病防控与厂房设施等要求较高,养殖户在仔畜费、医疗防疫费、保险费和固定资产上投入有所增加,物质与服务费用略有上升。同时标准化养殖模式下劳动力成本迅速下降,以重庆、江苏为例,家庭用工天数分别从原先的 10.4 天下降至 1.24 天,2.54 天下降至 2 天。其中,重庆对养殖规模调整的反应最灵敏,人工费用从散养时期的 864 元/头下降至小规模养殖时期的 156 元/头,成为全国主要产区中生猪养殖人工成本最低的产区。

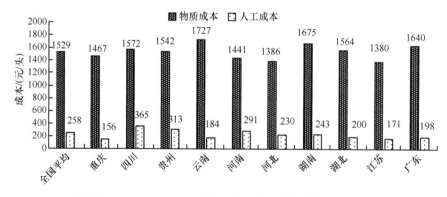

专题图 1-6　2017 年重庆及其他省份小规模养殖生猪成本对比

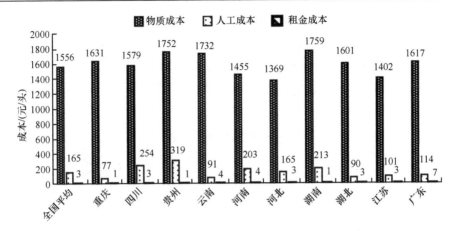

专题图 1-7　2017 年重庆及其他省份中规模养殖生猪成本对比

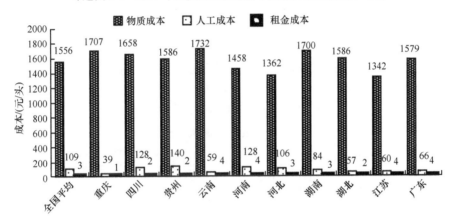

专题图 1-8　2017 年重庆及其他省份大规模养殖生猪成本对比

各产区规模效应出现速度不一。在规模化程度扩大过程中,部分地区物质成本呈现先升后降趋势,但各产区人工成本都在大幅下降。从中等规模养殖开始,重庆生猪养殖人工成本已经全面低于全国平均水平,体现出一定程度的成本优势,物质成本随着养殖规模增加,主要是仔畜费、饲料费增加和较高的保险费、管理费导致的。大规模养殖模式下,重庆人工成本进一步降低,下降幅度超过其他主要产区,说明与其他省市相比,重庆市生猪规模化养殖对人工的替代效益最明显,目前物质与服务投入费用还居于高位,在优化生猪养殖管理、降低死亡损失后存在下降空间。因此,重庆生猪产业的调结构应聚焦生产方式改革,由散养向标准化生产与适度规模养殖转变,提高生产效率与养殖比较效益,提高全市生猪产业在全国市场的竞争力。

当然,从充分考虑肉味地道口感的角度看,重庆生猪饲养也可以漠视成本变化的影响,适当走品牌化、精品化的土猪饲养路线。换言之,重庆生猪饲养路线,可以按照不同的需求目标,分别坚持规模化、商品化和品牌化、精品化两条产业技术路线。

2)生猪成本变化轨迹。从 2010~2017 年重庆生猪生产成本变化(专题图 1-9~专题图 1-12)可看出,无论散养还是规模养殖,其物质成本都呈现总体上升趋势。其中,散养总成本比 2010 年增加了 1090 元/头,人工成本增加占比 38%,主要源于近年劳动力费用持续攀升;物质成本增加值占 62%,主要是猪仔、饲料与饲料加工费增加。

随着规模化程度增加,猪均投入的物质成本与人工成本在逐渐减少。中规模与大规模养殖生猪的人工成本在 2013 年达到峰值后逐渐下降,2017 年中规模养殖人工成本 77 元/头,大规模养殖人工成本 39 元/头,均低于 2010 年的人工费用,表明 2010 年来,重庆生猪的适度规模养殖模式正在逐渐成熟,开始发挥机械与技术对高额人工的替代作用,成本优势逐步显现。

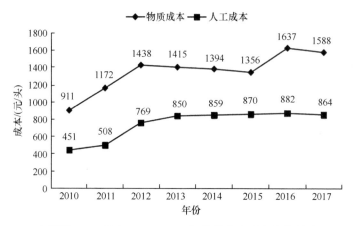

专题图 1-9 重庆 2010～2017 年散养生猪成本变化趋势

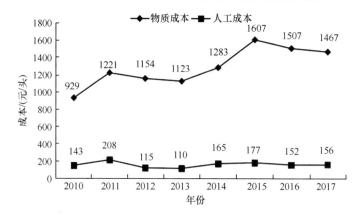

专题图 1-10 重庆 2010～2017 年小规模生猪成本变化趋势

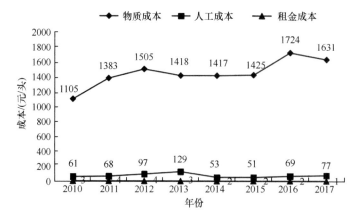

专题图 1-11 重庆 2010～2017 年中规模生猪成本变化趋势

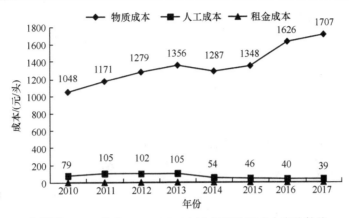

专题图 1-12 重庆 2010～2017 年大规模生猪成本变化趋势

（3）重庆柑橘产业成本及其变化

1）重庆柑橘产业成本。从重庆与几个柑橘主产区的生产成本（专题图 1-13～专题图 1-16）相互比较看，重庆柑、橘产业总成本相对较低，同等产量下，柑成本仅高于江西，橘成本仅高于湖南，均在全国平均成本之下。每 50kg 柑投入的物质成本与人工费用均低于全国一般水平，分别为全国平均值的 58% 与 81%，土地租金成本贴近全国平均值。从绝对成本看，橘的三个成本都在全国平均值以下，但同等产量下人工成本与全国平均水平相当，主产区中仅次于广东。

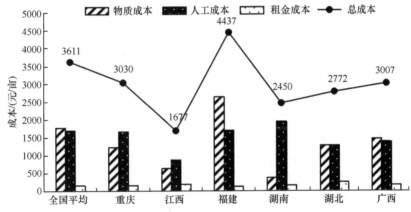

专题图 1-13 2017 年重庆及全国其他省份柑生产成本对比

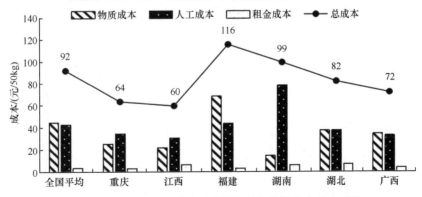

专题图 1-14 2017 年重庆及全国其他省份柑生产成本对比

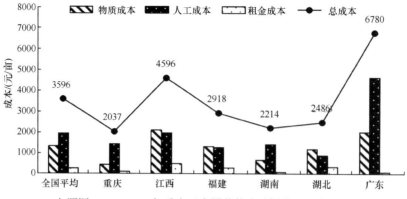

专题图 1-15　2017 年重庆及全国其他省份橘生产成本对比

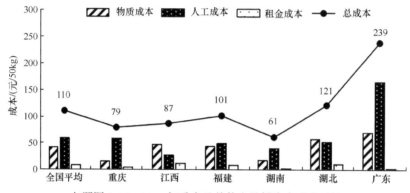

专题图 1-16　2017 年重庆及其他省份橘生产成本对比

　　重庆是全国柑橘的重要产区之一，长江中下游柑橘优势产业带的核心区域，还是全国唯一柑橘非疫区，柑橘产业已成为重庆的特色产业，是重庆市发展特色效益农业的有力支撑。三峡库区的柑橘产业依托先天条件起步较早，又结合了库区移民致富的理念，发展势头迅猛。现已建立了多个重要生产基地，培育了多种柑橘品牌，形成了较为完整的生产和技术服务体系。在设备、技术与管理方面，凭借滴灌系统等先进设备、技术站及生产合作社等组织，实行科学生产和合理管控，利用规模效益在其他主产区中优先取得了成本优势。柑橘产业是典型的劳动力密集型产业，重庆柑橘生产人工成本略高，也说明了生产成本还有优化空间（专题图 1-17）。

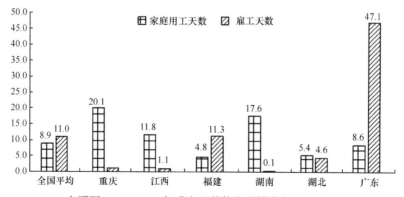

专题图 1-17　2017 年重庆及其他省份橘生产用工天数
据《全国农产品成本收益汇编 2018》整理得出

2）成本变化趋势。2010～2017年重庆市柑橘生产成本中的物质与服务费用呈现先增后减，再平缓增长的趋势（专题图1-18、专题图1-19），分别于2013年与2014年达到峰值。峰值前的整体上涨趋势主要是由于2013年前后柑橘产业规模的增加引起物质投入的增加。2014年、2015年后增长趋于平缓，可能的原因是产业规模扩大后实行了科学用肥与合理用药的管理方式，化肥、农药和燃料动力等费用涨幅逐渐稳定。人工费用的总体增加趋势大部分来自劳动力价格的逐年上涨，但同时每亩用工天数有所减少，说明随着产业发展和成熟，科学管理方式、先进的设备与技术提高了劳动力的劳动效率。

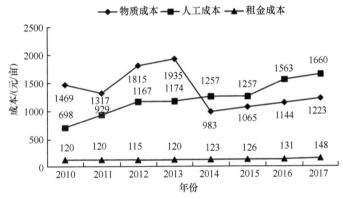

专题图1-18 重庆2010～2017年柑成本变化趋势

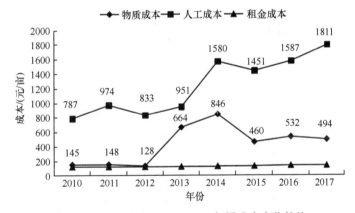

专题图1-19 重庆2010～2017年橘成本变化趋势

（4）蔬菜产业生产成本及其变化

1）蔬菜产业成本水平。重庆市蔬菜以露地生产为主，选取产量高于全国平均值的茄子、番茄和黄瓜成本情况与主要蔬菜产区进行对比（专题图1-20～专题图1-25）。可以看出，全国蔬菜主要生产区中，无论是绝对成本还是相对成本，海南的三种蔬菜生产总成本都是最高的，单项成本值也都位于较高水平。同产量下湖北的总成本最低，各项成本都接近或低于全国平均值。

根据各地区每50kg蔬菜投入的物质与服务费用细分情况（专题图1-26～专题图1-28），构成蔬菜生产物质成本的主要是农资费用（含种子、化肥、农家肥、农药与农膜费用），其中海南与云南的农资费用超出其他主产区，海南费用最高，为全国平均水平的0.97～1.85倍。

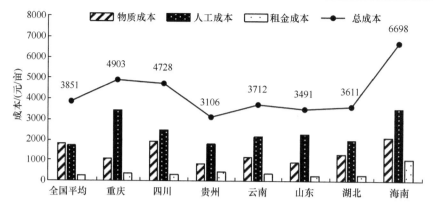

专题图 1-20 2017 年重庆及其他蔬菜主产区露地茄子生产成本对比

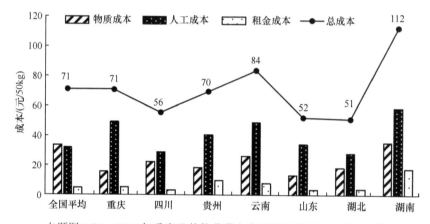

专题图 1-21 2017 年重庆及其他蔬菜主产区露地茄子生产成本对比

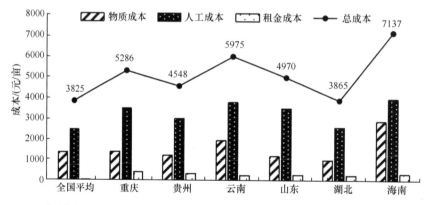

专题图 1-22 2017 年重庆及其他蔬菜主产区露地番茄生产成本对比

除此之外，海南蔬菜人工成本也超出了其他产区。这是因为海南省蔬菜规模化程度不高，主要以家庭生产为主，摘菜工作也以人工为主，由于技术与设施应用水平低，家庭用工时间较长产生了较高的人工费用。根据 2017 年海南农民工监测调查报告，2017年海南外出从业农民工增长 6.1%，主要集中在第三产业，比例为 76.4%，农村劳动力向非农领域转移也抬升了蔬菜人工成本。

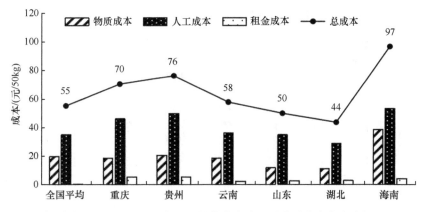

专题图 1-23 2017 年重庆及其他蔬菜主产区露地番茄生产成本对比

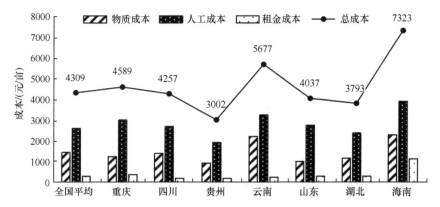

专题图 1-24 2017 年重庆及其他蔬菜主产区露地黄瓜生产成本对比

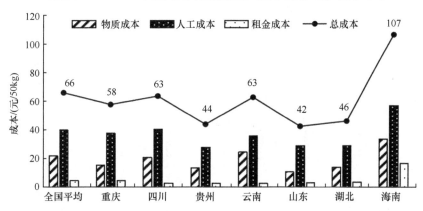

专题图 1-25 2017 年重庆及其他蔬菜主产区露地黄瓜生产成本对比

不难发现，重庆市蔬菜生产的相对成本在其他产区中处于中等偏低的水平，对比其他西南产区，重庆的相对总生产成本也较小，但差距并不明显。虽然重庆市蔬菜生产的物质成本明显低于其他西南省市和全国平均水平，但每 50kg 重庆市露地茄子、番茄与黄瓜的人工成本分别为 49 元、46 元与 38 元，是全国平均值的 153%、131% 与 95%，在西南地区仅次于四川或贵州，不具备明显的优势。主要原因是现阶段重庆露地蔬菜的生

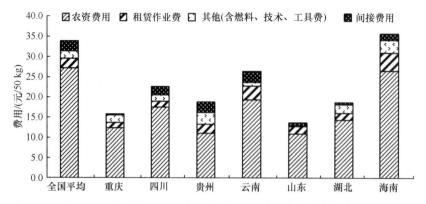

专题图 1-26　2017 年重庆及主要蔬菜主产区露地茄子物质与服务费用组成情况

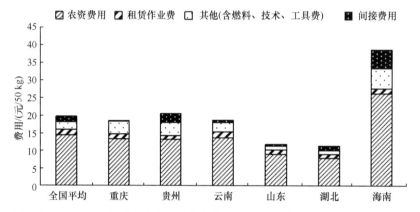

专题图 1-27　2017 年重庆及主要蔬菜主产区露地番茄物质与服务费用组成情况

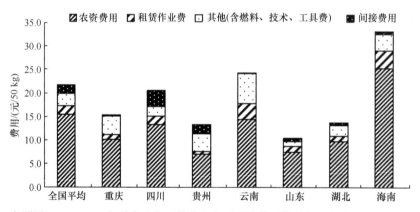

专题图 1-28　2017 年重庆及主要蔬菜主产区露地黄瓜物质与服务费用组成情况

产仍以家庭生产为主流，较低的租赁作业费也反映出高水平的机械化应用与规模化经营欠缺的事实，生产过程中家庭劳动力的负荷较重，生产效率不高，用工天数长，折算后得出的家庭人工费用较高。除此之外，重庆市作为直辖市，土地流转租金价格比较高，生产露地茄子、露地番茄与露地黄瓜所需的流转地租金分别为 88.73 元/亩、103.25 元/亩、83.26 元/亩，是全国平均流转地租金的 2.94 倍、3.62 倍和 2.7 倍，说明重庆在蔬菜主产区中租金成本方面也不具有明显优势。

　　2）蔬菜成本变化。如专题图 1-29～专题图 1-31 所示，重庆市 2010～2017 年三种蔬菜生产成本的总体变化趋势比较接近。物质与服务费用均呈现稳步上升的态势，偶有几年出现下跌，但跌幅都不大。露地茄子、露地番茄和露地黄瓜的物质成本分别上涨66%、86%与90%，受到的影响主要来自种子、农药、农家肥等农资价格的上涨和机械化水平上升引起的租赁作业费、机械作业费增加。同时，受到部分农资产品价格与用量调整的影响，2015年、2017年番茄、黄瓜物质成本略有下降，但2015年茄子的物质成本仍然上升了5%，原因是茄子的农资成本上涨幅度超过燃料动力、工具材料和修理维护等费用的下降幅度。三种蔬菜土地租金成本变化幅度较小，基本维持一个比较稳定的水平，对总成本上升的贡献不大。从三种成本的历年变化趋势可以看出，重庆市蔬菜生产成本上涨主要还是源于人工成本的上涨，虽然随着蔬菜产业技术成熟，生产效率提高，用工天数有所下降，但劳动日工价上涨的幅度超过了用工天数的下降幅度，7年间三种蔬菜人工费用分别上涨了134%、114%和99%，其中变化幅度最大的露地茄子，同时期物质成本与租金成本的变化仅为66%和38%。因此，蔬菜产业的成本控制重心仍在调整产业结构，即加强物质投入，推广机械化，适度规模经营，形成规模效益；并减少人工依赖程度，加快由高成本的劳动力密集型产业向资本、技术密集型产业转型的速度。

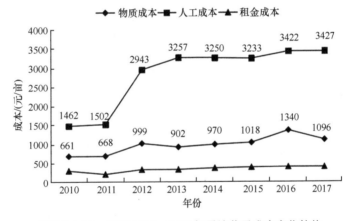

专题图 1-29 重庆 2010~2017 年露地茄子成本变化趋势

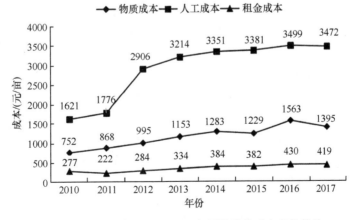

专题图 1-30 重庆 2010~2017 年露地番茄成本变化趋势

专题图 1-31　重庆 2010～2017 年露地黄瓜成本变化趋势

2. 规模经济因素

近年来，重庆的经济规模化稳步发展，农产品优势区域布局渐次形成。从全市看，区域内的产业资源丰富多样，但受到域内地理地貌因素限制，以及立体气候影响，全市农业产业分布过散，普遍规模偏小、档次偏低、特色不突出。全市如涪陵榨菜、库区柑橘和鲜食蔬菜产业带等实现区域布局的产业还太少，大多停留于零星种养阶段。以生猪为例，若以存栏规模为 500 头作为规模养殖标准，全市规模养殖率不足 30%，而广东温氏集团年出栏生猪则超过 1500 万头；其他种植业如水稻，全市超过 1000 亩的种粮大户凤毛麟角，规模化种植经营水平极低，难以发挥规模效益，进一步提升了农业经营成本。

3. 品牌价值因素

（1）"三品一标"农产品覆盖率不高

"三品一标"农产品是未来农产品消费的主要市场，契合当前健康、安全、优质的品牌农产品发展趋势。从横向来看，2014 年全国"三品一标"农产品产量覆盖率已达 40%以上，面积覆盖率达 45%以上；湖北省产量覆盖率达 33%，面积覆盖率达 38%。重庆市 2015 年"三品一标"农产品产量覆盖率只有 20.06%，面积覆盖率只有 21.29%，产值覆盖率只有 19.19%。

2016 年，重庆有效期内"三品一标"农产品认证数量为 2481 个，其中无公害农产品 1516 个、绿色食品 836 个、有机食品 83 个、地理标志农产品 46 个，除绿色食品外均低于全国平均水平（专题表 1-1）。

从纵向来看，2016 年重庆有效期内"三品一标"农产品总量较 2015 年减少 179 个，并且 2016 年重庆市新认证"三品一标"农产品 695 个，说明"三品一标"续展率不高。

（2）农产品区域公用品牌培养滞后

2015 年浙江大学中国农业品牌研究中心（CARD）对全国 27 个省份 378 个中国农产品区域公用品牌价值进行了有效评估，其中重庆有 15 个品牌得到有效估计和排名（专题表 1-2）。总体来看，重庆市农产品区域公用品牌发展存在明显不足，主要表现在以下方面。

知名品牌数量较少，排名分布极端。15 个有效估计的公用品牌中虽然有涪陵榨菜、荣昌猪、涪陵青菜头 3 个知名区域公用品牌（排名前 100），剩下 12 个品牌排名均在 200 名以后，呈现极端分化。

专题表 1-1　全国及部分省市"三品一标"农产品认证情况统计

农产品品牌	重庆								江西 2016年	四川 2016年	全国平均 2016年
	2015年				2016年				数量/个	数量/个	数量/个
	数量/个	产量/万t	规模/万hm²	产值/亿元	数量/个	产量/万t	规模/万hm²	产值/亿元			
无公害农产品	1675	154.09	20.4	82.1	1516	104.31	13.67	52.11	1969	3893	2294
绿色食品	858	232.18	4.08	89.27	836	238.07	3.37	81.68	590	1310	706
有机食品	83	2.73	0.78	3.02	83	2.84	0.83	4.28	1024	110	113
地理标志农产品	44	355.07	26.48	159.17	46	356.67	26.78	—	74	154	59
合计	2660	744.07	51.74	333.56	2481	701.89	44.65	—	3657	5467	3172

数据来源:"三产一标"官网报告、新闻等公开发布数据的整理;全国平均水平是按 34 个省级行政区为基数计算,结果为近似值。

公用品牌价值差异大、呈现两极分化。涪陵榨菜品牌价值高达 138.78 亿元(排名第一),荣昌猪 25.09 亿元,涪陵青菜头 20.74 亿元,剩下其他品牌价值均在 8 亿元以下(专题表 1-3)。品牌价值 10 亿元以下的占所有上榜品牌的 75%。

品牌分类高度集中,重点产业缺位。从果品、茶叶、蔬菜、中药材、畜禽蛋奶、水产、粮油及制品、其他品目的农产品品牌分类看,在 98 个茶叶类品牌中,重庆茶叶品牌榜上无名。柑橘类品牌发展不及江西、湖南、湖北、陕西、福建、四川等地。重庆开县春橙品牌价值 6.8 亿元、渝北梨橙 6.6 亿元,赣南脐橙 57.7 亿元,湖南永兴冰糖橙 11.4 亿元,四川邻水脐橙 8.8 亿元,品牌价值与其他柑橘产区区域公共品牌美誉度有较大差距。

专题表 1-2　2015 年中国 27 个省份农产品区域公用品牌价值排行榜

地区	省份	品牌总数	排名				品牌价值/亿元				
			前50	50~100	100~200	200以后	100以上	50~100	20~50	10~20	10以下
合计		378					2	12	58	96	210
西部地区	重庆	15	1	2	0	12	1	0	2	0	12
	四川	33	1	2	14	16	0	0	1	10	22
	贵州	9	0	1	3	5	0	0	1	2	6
	云南	4	1	0	2	1	0	1	0	2	1
	陕西	14	5	4	1	3	0	1	5	4	4
	广西	8	0	1	4	3	0	0	0	5	3
	甘肃	13	3	2	3	5	0	0	3	2	8
	内蒙古	6	0	1	2	3	0	0	1	1	4
	新疆	2	2	0	0	0	0	0	2	0	0
	青海	2	0	1	0	1	0	0	0	1	1
	宁夏	1	0	0	0	1	0	0	0	0	1
中部地区	河南	8	3	3	1	1	0	2	2	3	1
	山西	4	0	0	2	2	0	0	0	1	3
	湖北	16	0	3	5	8	0	0	1	6	9
	湖南	13	0	2	7	4	0	0	1	4	8
	江西	25	2	1	5	17	0	1	1	4	19
	安徽	12	0	4	3	5	0	0	3	3	6

续表

地区	省份	品牌总数	排名				品牌价值/亿元				
			前50	50~100	100~200	200以后	100以上	50~100	20~50	10~20	10以下
东部地区	山东	95	14	6	18	57	1	2	15	17	60
	浙江	44	6	7	14	17	0	2	7	16	19
	福建	24	5	5	7	7	0	1	7	8	8
	江苏	14	4	3	3	4	0	2	3	3	6
	广东	4	0	1	2	1	0	0	0	3	1
	河北	1	0	1	0	0	0	0	1	0	0
	北京	1	0	0	1	0	0	0	0	1	0
东北地区	吉林	1	1	0	0	0	0	0	1	0	0
	黑龙江	6	1	0	2	3	0	0	0	1	4
	辽宁	3	1	0	1	1	0	0	1	1	1

数据来源：对浙江大学 CARD 中国农业品牌研究中心报告的整理。

专题表 1-3 2015 年重庆农产品区域公用品牌价值排行榜

排名	品牌	品牌价值/亿元
1	涪陵榨菜	138.78
53	荣昌猪	25.09
68	涪陵青菜头	20.74
222	石柱黄连	7.45
235	开县春橙	6.77
240	渝北梨橙	6.62
244	秀山金银花	6.28
289	渝北歪嘴李	3.98
293	城口山地鸡	3.92
294	城口老腊肉	3.86
301	南川鸡	3.39
333	大足黑山羊	1.32
345	万州罗田大米	0.93
368	彭水苏麻	0.35
378	万县胭脂鱼	0.05

数据来源：浙江大学 CARD 中国农业品牌研究中心。

（3）区域品牌凝聚力弱，并与企业品牌双重缺失

区域品牌形象没有树立起来，区域内普遍存在多而散的小特品牌、小特产业，对区域内的产业资源整合力度不够。这些品牌、产业之间缺乏上下游协作，各自独立发展面对市场风险，甚至出现产业内部恶性竞争，在发展过程中势单力薄，很难实现生产组织方式改善和进行持续性的创新研发投入；品牌知名度不高、产品单一，出现生产与市场需求脱节的情况，企业发展艰难。例如，梁平区，该区现已发展有纸花、竹木、泥鳅、生态鱼、豆棒、柚子等产业，除了梁平柚知名度较高，其他产业都未实现品牌化发展，其中竹木产业历史和文化内涵深厚，但是作坊式的传统生产方式成本高，竹帘、木雕产

品市场需求力有限,面临非物质文化遗产保护和市场开拓的双重困境。而农民自主创业引进的纸花产业和水产产业,虽然实现了一定的规模和产值,但由于品牌建设能力缺失而导致市场价格竞争弱势。此外,重庆建设了全球规模最大的晚熟柑橘基地,但由于缺乏统一的柑橘品牌塑造,在市场的影响力还不高。

4. 综合效率因素

重庆农业供给侧失衡的深层原因,更与土地产出率、劳动生产率和科技贡献率为核心的效率痼疾息息相关,并进一步作用于重庆农产品核心竞争力的提升。

（1）土地生产率较低

土地生产率是反映土地生产能力的一项指标,通常用生产周期内(一年或多年)单位面积土地上的产品数量或产值(包括产值、净产值)指标来表示。

2015年,重庆市土地生产率4767.6元/亩,每亩土地生产率比全国平均水平低519.3元。专题表1-4是重庆与全国13个粮食主产区土地产出率和全国平均水平的比较。

专题表1-4　2015年我国主要粮食产区土地生产率情况统计表

省市	农业生产总值/亿元	耕地面积/万亩	土地生产率/（元/亩）	排名
江苏	7 030.8	6 862.4	10 245.5	1
湖南	5 630.7	6 225.3	9 044.9	2
山东	9 549.6	11 416.5	8 364.7	3
湖北	5 728.6	7 882.5	7 267.5	4
四川	6 377.8	10 097.1	6 316.5	5
河南	7 641.3	12 158.9	6 284.6	6
辽宁	4 686.7	7 496.1	6 252.2	7
江西	2 859.1	4 624.1	6 183.1	8
河北	5 978.9	9 788.3	6 108.2	9
全国	107 056.4	202 498.1	5 286.8	10
安徽	4 390.8	8 809.4	4 984.2	11
重庆	1 738.1	3 645.8	4 767.5	12
吉林	2 880.6	10 498.8	2 743.7	13
黑龙江	5 044.9	23 781.2	2 121.4	14
内蒙古	2 751.6	13 857.0	1 985.7	15

数据来源:《中国农村统计年鉴》。

由专题表1-4可知,重庆市土地产出率远低于排名第1的江苏,也低于全国5286.8元/亩的平均水平。不过,重庆市土地产出率水平比吉林、黑龙江和内蒙古高,可能与东北地区大农业耕作区较为单一的粮食产业结构、较低的复种指数有重大关系。重庆市较低的土地产出率水平,表明单位面积上的土地产出水平不如兄弟省份,更进一步会作用于单位产品的成本水平,对重庆市农产品总体竞争力形成重要负面影响。

（2）农业劳动生产率较低

2015年,重庆市农业劳动生产率为21 846.9元/人,比全国平均水平低6855元,是江苏省当年农业劳动生产率的46.1%,甚至远未达到湖北、浙江、新疆的劳动生产率水平,农业劳动生产率总体处于较低水平(专题表1-5)。

专题表 1-5　2015 年我国部分省市劳动生产率情况统计表

省市	农业增加值/亿元	第一产业就业人数/万人	农业劳动生产率/（元/人）
全国	62 911.8	21 919.0	28 701.9
江苏	3 986.1	841.9	47 348.7
辽宁	2 505.103	689.4	36 338.0
湖北	2 848.8	885.6	32 166.9
新疆	1 320.600	419.0	31 327.0
吉林	1 644.602	525.2	31 314.0
浙江	1 667.900	603.1	27 660.0
内蒙古	1 617.402	582.0	27 790.7
江西	1 773.0	786.0	22 557.0
重庆	1 150.2	526.5	21 846.9
湖南	3 331.6	1 618.7	20 581.9

数据来源：《中国统计年鉴 2015》，其中浙江、湖北、新疆的农业增加值和第一产业就业人数为 2012 年数据。

重庆市农业劳动生产率相对较低的重要原因，可能主要有如下几个。一是特殊的地理地貌客观原因。受制于重庆地区特殊的地理地貌特征，该区域丘陵众多、沟壑纵横，农机化推广较困难，农业生产的机械替代困难，造成农业生产效率低下。二是劳动力结构性矛盾的后天因素。重庆是传统的农业劳动力输出大市，全市目前依然有超过 800 万农村劳动力进入城市进行非农就业，其中超过 300 万农村劳动力到市外就业，农村青壮年劳动力持续外流，引致农业兼业化和副业化趋势加深，进一步形成劳动生产率低下状况。三是农村资源配置效率的经济因素。重庆市广大农村地区市场发育较晚，行业间和地区间的市场深化不足，引致农村资源要素配置不合理，如农村生产体系和农产品需求体系不匹配、林地资源闲置、林业经济发展不充分、新型服务业培育严重不足等，均制约农业劳动生产率的持续提升。

（3）农业科技进步贡献不足

由上面的测算过程可知，重庆农业科技进步贡献率在"十二五"期间仅为 32.58%，与目前公开的 57% 的农业科技进步贡献率数据相差较大。从全国来看，"十二五"以来，我国农业科技进步贡献率从 52% 提高到 56%，表明重庆市农业科技进步贡献率与全国水平存在较大差距。

农业科技进步贡献率偏低，引致的直接后果是农业产业领域创新不足，农业资源利用不充分，农产品竞争力弱，单位产品成本偏高，农业产业附加值低，整体竞争力不高。

5. 主体能力因素

（1）新主体带动能力不足

重庆市以家庭农场、专业大户、农民合作社、龙头企业为主的新型农业经营主体近年来稳步发展，但因其在规模、组织模式、管理水平等方面的差异性特征，在对"三农"的带动力上功能定位不同，也相应出现不同问题。

一是家庭农场和专业大户带动能力有限。家庭农场和专业大户是农村规模生产的主体，对新事物（新技术、新理念）最具有接受能力，最具有动力寻求生产组织变革。截至 2016 年年底，全市经工商登记的家庭农场 1.66 万家，种养大户超过 13 万户。《新型农业经营主体发展指数调查（二期）报告》调研数据表明，家庭农场平均带动农户仅为 7.48 户，比农业产业化龙头企业的农户带动规模少 64.47%，比农民专业合作社少 85.83%。

二是农民合作社发展质量有待提高。农民合作社是带动散户、组织大户、对接企业和联结市场的农民组织，其组织化程度直接决定了对农户带动作用的大小。截至 2016 年年底，全市农民合作社（含农业、供销、林业等系统）2.87 万家，农民参合率超过 50.2%，高于全国平均水平，入社农户收入比普通农户平均高出 10% 以上。但调查中发现，由于合作社的门槛低、监管弱，农户"被参与"、合作社"空壳化"的现象不少。同时，农民合作社特有的联结农户的组织优势未能充分发挥，能够为社员提供的服务项目少，农户虽然入社，但仍然实行传统的散户生产、经营、销售模式。

三是龙头企业实力不强。龙头企业可以从产前、产中、产后各个节点带动农户发展。截至 2016 年年底，全市市级以上龙头企业 862 家，其中国家级重点龙头企业 25 家、市级重点龙头企业 837 家，国家级龙头企业比 2014 年减少 7 家。

（2）农业综合服务性产业主体发展滞后

农业生产性服务业包含交通运输与仓储业、批发与零售业、邮政通讯业、金融服务业、租赁与商务服务业、计算机服务与软件业、研究与试验发展业、教育服务业 8 类。截至 2014 年年底，农业社会化服务组织（包括公益性及各类农机、农资、植保专业服务公司等经营性组织）2.4 万个，专业市场 892 个，农村经纪人 5.95 万人。重庆农业综合服务主体集中在产前和产中过程，在冷链、物流、销售、信息化、金融服务等方面发展不足，在教育培训、技术研发等方面供给内容和现实迫切需求不匹配，远不能满足现实需要。

（3）新型经营主体的带动维度单一

《新型农业经营主体发展指数调查（二期）报告》从农业、农民和农村 3 个视角 9 个维度解读了新型农业经营主体的带动能力，发现新型农业经营主体涉及的带动层面体现在农户带动、就业带动、涉农业务收入、标准化生产，而在金融支持、技术支持、信息支持、公共物品供给、标准化生产、三产融合等方面的带动效应还没有得到充分体现和重视。

6. 政策工具因素

直辖以来，全市围绕统筹城乡发展，形成了促进农业现代化发展和结构优化的一揽子政策体系。然而，农业社会化服务严重不足，农产品销售困难状况还时有发生，政府公共信息服务还不到位，农业保险层级还停留在低水平，保险产品不丰富，不能满足农业风险规避需求。农业生产周期长，农商关系不合理，农业效益低下，农业投入不可以资产化，导致农业贷款难、贷款贵，这些都对农业发展埋下了较大隐患，并成为推进农业供给侧结构性改革的重要障碍。

二、重庆典型食物产业的结构性矛盾

近年来，重庆农业产业发展形成了主导产业与特色产业互动发展的态势，特别是柑橘、生态渔业、草食牲畜、茶叶、榨菜、中药材、调味品"七大百亿级"特色产业的提出与发展，为重庆市农业产业结构转型升级指出了方向。"稳定基础、突出主导、保障供给、特色增效"将成为全市产业转型升级总基调。本次调研选取粮食、生猪、蔬菜、柑橘、茶、生态渔业等典型产业为例，对其间存在的结构性矛盾进行重点分析。

（一）粮食产业的结构性矛盾

1. 粮食产业结构现状

一是从结构比例来看，重庆粮食产业结构稳定。重庆粮食作物主要包括谷物、豆类和薯类三大类，其中谷物无论是播种面积还是产量，均稳居粮食产业之首。农业普查数据显示，2017 年重庆谷物播种面积 1735.2 万亩，产量 756.4 万 t，分别占全市粮食播种面积和总产量的 57% 和 70%，而且这一占比在近几年相对比较稳定。在谷物中，稻谷和玉米是主要的谷物类作物。普查数据显示，2017 年，重庆稻谷播种面积 988.4 万亩，占谷物类播种面积的 57%，占粮食播种面积的 32%，产量占谷物总产量的 64.3%；玉米播种面积 671 万亩，占谷物类播种面积的 38.7%，占粮食播种面积的 22%。两者合计占谷物类播种面积的 95.7%，占粮食总产量的 68.5%，是重庆粮食产业中最主要谷类作物。

豆类和薯类粮食作物发展相对缓慢。薯类作物是重庆排名第二的粮食作物，根据农业普查核定数据，2017 年其播种面积占全市粮食播种面积的 33.1%，产量约占粮食产量的 26.2%。在粮食结构比例中占比最小的是豆类作物，2017 年其播种面积约占粮食作物面积的 10%，产量约占全市粮食产量的 3.7%。与谷物相比，豆类和薯类粮食作物在全市粮食结构中占比相对偏小，但其符合重庆山地型粮食产业发展需求，且重庆的自然气候条件适宜豆类和薯类作物生长，两者具有良好的生产优势，但因市场开发不足、劳动力短缺和规模生产滞后等因素影响，重庆豆类和薯类粮食作物发展相对缓慢。

最近 5 年来，重庆谷物、薯类和豆类三大类主要粮食作物的种植面积结构比约为 6：3：1，产量结构比则从 2010 年的 20：7：1 降低到约 17：7：1，整体来看粮食内部结构基本保持稳定。

二是从品种结构看，重庆粮食作物良种逐渐提高。重庆谷物、薯类和豆类三大类主要粮食作物近年来良种种植比例逐渐提高。以谷物类最主要的稻谷为例，其良种率提高主要表现在两个方面：①审定品种种植比例提高，来自农业部门的统计数据显示，2015 年，重庆稻谷审定品种种植面积 1008 万亩，占全市稻谷种植面积的 97.5%；②在农业部门推荐品种种植比例上，2015 年重庆市农作物品种审定委员会推荐杂交水稻主导品种 16 个，当年全市种植审定水稻品种多达 287 个，但推荐的 16 个品种种植面积仍然达到 243 万亩，约占全市稻谷种植面积的 25%。

三是从供给结构看，重庆粮食供需缺口大。重庆粮食缺口主要表现在三个方面。其一，口粮缺口。重庆市人均耕地只有全国人均耕地的 2/3，随着城市化进程、退耕还林和结构调整深入，全市粮食种植面积逐年下降。2017 年，全市粮食种植面积 3046.1 万亩，播种面积缓慢下降。其中，比上年（2016 年）减少了 12 万亩，比 10 年前（2005 年）减少近 400 万亩，比直辖之初（1997 年）的粮食播种面积减少超过 1000 万亩。与粮食播种面积大幅下降相对的，是全市人口的增加。其中，重庆市常住人口从 2007 年出现拐点，常住人口数量停止下降，并在近年来稳步增加，2017 年全市常住人口达到 3075.16 万人，比上年增加 26.73 万人。可以预料，随着国家中心城市建设，重庆常住人口还将稳步增加。其二，饲料粮和加工粮缺口。重庆市以猪肉为主的肉类调出量大，养殖业对饲料粮的需求量较大。此外，加工用粮方面还需要调进，特别是小麦产量和品质较低，使面粉加工主要依靠外调。其三，高品质个性化粮食供给缺口。随着人们生活水平的提高，消费者对粮食需求表现出差异化分层态势，但总体上对粮食质量要求提高，对安全、健康粮食需求增大。重庆除常规粮食生产外，对功能型粮食生产开发不足，目前仅在豆类、薯类有一些研发和生产，但总体数量较少。

2. 粮食生产的主要问题

一是耕地总量及其结构问题。耕地问题仍然是影响重庆粮食产业结构转型升级的首要问题，主要包括了土地的细碎化问题、耕地面积问题、耕地质量问题。首先是土地的细碎化问题，这是国内农业生产面临的普遍问题，这一问题在重庆山地农业发展下更加突出。土地流转可在一定程度上解决土地细碎化问题，但重庆地理地貌在一定程度上制约了土地流转。并且调研表明，流转土地经营主要集中在经济效益比较高的蔬菜、林果等产业，粮食产业中仅稻谷规模经营比例有所提高，其他类粮食作物则仍然以土地的细碎化分散经营为主。其次是耕地面积问题，重庆人地矛盾在一定时期内仍然存在，在耕地面积逐渐下降的基础上，如何平衡产业间耕地资源配置，保障粮食播种面积基本稳定是当前必须要思考的关键问题。最后是耕地的质量问题，重庆耕地质量整体偏低，全市中低产田土地占耕地面积的 71%，近 25% 的坡耕地土层厚度不足 30cm，60% 以上的土壤缺乏有机质、速效钾等。此外，耕地污染和石漠化问题严重影响耕地质量，威胁粮食生产。

二是生产经营主体问题。随着农村"空心化"加剧，重庆粮食生产经营主体呈现两大特点：主体不足和主体老龄化，从而使粮食生产经营呈现两个变化趋势。一是逐渐培育形成新型农业经营主体带头的趋于规模化的生产经营；二是仍然分散于单一农户（主要是老龄农户）的生产经营，且相比过去，生产更加粗放。单一农户生产尽管低效，但解决了大量留守农村人口的粮食自给问题，而规模经营则是保障全市商品粮供给的关键，也是粮食产业转型升级的重点，为此，培育新型粮食生产经营主体，促进粮食生产重点区域规模经营，是粮食产业转型升级的关键问题。

三是粮食内部结构问题。尽管粮食种植面积呈现下降趋势，但最近 5 年，谷物、豆类和薯类三大粮食作物种植结构比仍然保持在约为 6∶3∶1 的稳定态势，但由于粮食产量逐渐减少，豆类和薯类产量增加，从而使产量结构出现变化，从 2010 年的约 20∶7∶1 调整为目前的 17∶7∶1。在确保重庆粮食总产稳定保持在 1100 万 t 的基础上，如何调整和优化三大粮食作物内部结构，结合良种、科技和基础设施的不断改善，提高粮食产业经济效益和竞争优势，是粮食产业转型升级的根本问题。

四是高品质粮食对外依存度高。根据重庆市商务委员会的流通数据监测结果，重庆市每年净调入 100 万 t 稻谷和 100 万 t 小麦。其中，调入的稻谷多为从东北地区、湖北和四川以及东南亚地区等地调入的优质稻谷，用于弥补本地优质稻谷供给不足。实际上，自从重庆不再被农业农村部纳入国家优势小麦产区后，重庆小麦产量即快速下降，目前自产小麦基本稳定在年产 20 万 t 左右，全市蛋糕和面包等的小麦原料基本由外地调入，对外依存度极高。

五是饲料粮、功能性粮食供给短缺。除了口粮外，重庆市每年还净调入 100 万 t 饲料粮满足畜牧业生产，调入 50 万 t 大豆满足全市食用油压榨需求。此外，酿酒高粱等功能性粮食供给严重不足。据行业部门内部估计，全市酿酒型高粱市场缺口超过 40 万 t。随着居民生活水平提高，城乡居民膳食结构改善，动物蛋白摄入量将稳步增加，因此饲料用粮缺口将不会因生猪出栏量变化出现快速下降；植物油品需求的大豆需求量也将继续增加，如何有效满足饲料粮、功能粮和大豆的有效需求，成为粮食供给侧结构优化的重要因素。

（二）生猪产业的结构性矛盾

1. 生猪产业结构现状

生猪产业是重庆市农村经济的三大优势产业之一，是畜牧业的支柱产业，是保障农业安全的基础产业，具有重要的战略意义。2015 年，全市生产和屠宰数量呈下降趋势，生猪出栏 2391.69 万头，同比减少 1.29%。存栏 1649.89 万头，同比减少 1.23%，人均出栏量远高于全国平均水平。能繁母猪存栏 152.3 万头，同比减少 3.12%。猪肉产量 179.1 万 t，同比减少 0.61%。据重庆华牧集团介绍，现在每天屠宰量 2800 头左右，去年同期屠宰量 3500 头左右，减少了 20%。全市猪肉产量 156.15 万 t，出口猪肉备案养殖场 16 个，出口猪肉备案加工企业 8 个。开展了能繁母猪、生猪中央政策性险种和生猪价格指数、仔猪保险等区县特色养殖业险种和数据监管。实现了对生猪进行从生产到销售的全程质量安全监管。2015 年重庆市生猪饲养规模情况如专题表 1-6 所示。

专题表 1-6　2015 年重庆市生猪饲养规模情况

指标名称	场（户）数/个	年出栏数/头
年出栏数 1~49 头	3 249 468	13 127 803
年出栏数 50~99 头	27 956	2 084 653
年出栏数 100~499 头	11 973	3 106 563
年出栏数 500~999 头	2 597	1 855 959
年出栏数 1 000~2 999 头	1 021	1 732 412
年出栏数 3 000~4 999 头	167	630 391
年出栏数 5 000~9 999 头	76	528 289
年出栏数 10 000~49 999 头	46	710 122
年出栏数 50 000 头以上	2	140 680

2. 生猪产业发展的主要问题

生猪产业发展的主要问题，除了上文论及的成本问题外，包括但不限于以下几个方面因素。

1）养殖积极性减退。2014 年国家取消了能繁母猪补贴，2015 年取消了生猪标准化规模项目补助，2016 年又减少了生猪调出大县补助。三项政策取消或减弱，致使全市每年生猪生产中央投入减少 2.8 亿元。近几年，市级农发资金没有在养殖业上安排资金，直接发放到区县的资金由于搞特色效益农业也没有用于支持生猪产业。没有政策支持和导向的生猪产业，生产主体的养殖积极性不高，后劲不强。随着城镇化率不断提高，大量农民流入城市，加之养猪业风险高，比较效益低，许多农户也不愿养猪。

2）抗风险能力弱。生猪业是高风险产业，面临自然、疫病、市场三重风险。疫病对生猪业生产威胁较大，近年来各类传染病对生猪生产造成的威胁和损失较大，如在种猪生产上，除猪瘟等烈性传染病外，蓝耳病、圆环病毒病、伪狂犬病等呈多发趋势，且混合性感染增加，导致母猪繁殖率下降，仔猪死亡率上升。同时，生猪价格受市场价格波动的影响较大。重庆市抵抗生猪自然、疫病风险的手段和方式主要是生产保险，抵抗市场风险的方式主要有财政贴息、饲养补贴、调节冻肉储备和生猪活体储备等。由于抗风险手段和方式较为单一，生猪产业存在巨大脆弱性，导致养殖户遇灾返贫或遭遇周期性巨大损失问题非常突出。

3）规模养殖存在的土地、资金和环保等问题日渐突出。最强耕地保护政策的实施，加之养殖用地并未归为农用地，很难选出合适的地点新建养猪场。许多区县农户新建或扩建养殖场、建设养殖小区用地审批手续复杂、审批困难，尤其是大型养殖场建设用地难以落实。有些地方对养殖用地收取土地使用费。发展规模化养殖需要资金量大，但资金信贷的门槛高，贷款担保手续烦琐，限制条件多，不易操作，制约了规模养殖的发展。近年来全市规模养殖发展较快，但是不少规模养殖场和养殖小区粪污处理设施不完善，既影响规模化养殖的健康发展，又影响农村环境卫生，并且环保要求达标排放增加了养殖投入，限制了养殖业发展。

4）生猪养殖由传统的散户养殖逐步向规模化养殖转变。全市生猪养殖方式由农户分散养殖加快向规模化、标准化方向转变，规模养殖年出栏总量增长较快，生猪养殖区域化、规模化、产业化程度得到较大提升。一是生猪养殖户持续减少。由于上一轮猪周期生猪价格持续低迷，持续周期长，造成生猪养殖长期处于亏损状态，生产主体的生猪养殖积极性严重受挫，大量散养农户和小型养殖场快速退出生猪养殖市场，200 头以下规模退出速度和退出量加快，散户退出比例在 50% 左右，规模养殖户快速发展。全市生猪养殖户（场）数量不断减少，2015 年全市生猪养殖户（场）329.3 万个，比 2010 年减少 61.8 万个，减少了 15.8 个百分点。其中年出栏 50 头以下养殖户从 2010 年的 381.9 万户减少到 2015 年 324.9 万户，减少 57 万户。二是规模化养殖水平进一步提高。2015 年全市发展年出栏 50 头以上生猪规模养殖户（场）43 838 个，规模养殖户累计出栏生猪 1078.9 万头，比 2010 年增加了 154.2 万头，规模化养殖比例达到 45%，规模养殖比例比 2010 年提高了 5.8 个百分点。

5）生猪养殖科技支撑能力弱。近年来，全市加快生猪产业科技创新，通过推广生猪良种、良法等配套体系建设，养殖设施持续改善，养殖方式明显转变，养殖机制不断创新，生猪综合生产能力得到有效提升，但是与全国相比仍有一定的差距。现阶段，全市生猪生产正在由小规模农户、分散饲养方式向规模化、标准化养殖方式转变，产业基础设施薄弱，技术服务体系和支持体系有待进一步提升，主要表现在以下方面：一是良种繁育体系配套不健全，结构层次不合理，种猪场基础设施薄弱，供种实力弱，同时荣昌猪等地方猪种资源开发利用不够，难以满足当前全市生猪产业发展的需要；二是社会化技术服务体系不健全，科研院所的生猪育种科研与种猪企业的种猪繁育存在脱节现象，同时，基层畜牧兽医队伍不稳定，科技人才不足，制约了新品种、新技术的推广应用，不能满足当前畜牧兽医服务需求。

（三）蔬菜产业的结构性矛盾

1. 蔬菜产业结构现状

近年来，全市蔬菜总产量稳步增加。2016 年重庆蔬菜总产量 1875 万 t，总播种面积超过 1100 hm^2，分别增长 5.3%、2.1%，蔬菜总产值在 460 亿元左右。蔬菜产业发展成效斐然，形成了显著的产业格局。

1）区域格局分工渐次形成。重庆地处中亚热带湿润季风气候区，境内河流密布，水资源相对丰富。冬暖夏热、雨量充沛、湿度较大的自然特性决定了重庆蔬菜以露地生产为主的生产方式。重庆市逐步形成了相对稳定的三大蔬菜优势产区。①以潼南、璧山和铜梁为重点区域的涪江流域沿线时令蔬菜生产带，蔬菜播种面积 160 万亩，蔬菜基地 49 万亩，其中设施蔬菜基地 10 万亩，主要生产萝卜、甘蓝、儿菜等冬春外向型蔬菜。②以涪陵、万州、石柱和綦江为中心的长江流域加工蔬菜生产带，重点发展青菜头、辣椒、魔芋等加工型蔬菜，年产量超过 440 万 t。③以武隆为重点的高山蔬菜生产带，重点生产错季蔬菜与速生叶菜，是实现均衡生产的重点产区，近几年蔬菜总产量与总播种面积增长较快，产区优势明显。各优势产区侧重发展不同类型、不同季节的蔬菜，打破了区域内蔬菜生产的季节性限制，形成区域间品种、季节的互补格局，丰富了蔬菜市场的品种供应，满足了全市冬春蔬菜与夏季叶菜需求，从而有助于实现全市蔬菜的均衡供应。

2）蔬菜品种高度集中。据农情统计，全市常年生产的蔬菜大类有 15 个，品种超过 80 个。蔬菜中心批发市场每日约有 40 个交易品种来自区域内，日销售鲜食蔬菜品种（不包括食用菌）在 60 个左右。2016 年产量超过 20 万 t 的蔬菜品种有 27 个，比 2015 年增加 4 个，总产量达 1617 万 t。蔬菜总产量排前 10 位的大宗品种分别是青菜头、萝卜、莲白、辣椒、大白菜、莴笋、南瓜、菜用洋芋、藤菜、番茄，约占全年生产总量的 58%，蔬菜生产向大宗品种集中。

3）自给能力稳步提升。得益于多样化的立体气候和区域间的互补性生产布局，全市蔬菜自给率、商品率相对较高。2016 年与 2007 年相比，在常住人口增加 8.2% 的情况下，人均蔬菜生产量增加了一倍，外地蔬菜调入量稳步下降、调出量增加，净调入量减少了一成以上。除去冬季调入较大的茄果类、豆类、瓜类喜温蔬菜，其余季节和品种均能依靠渝遂高速沿线鲜食蔬菜产业带和高山错季蔬菜产业带实现均衡供应，全市全年绝大部分时段能维持区域自给有余，鲜菜自给率稳步提升至 90% 以上，蔬菜自给水平居全国副省级以上城市前列。同时，随着速生叶菜基地的扩大，芽苗菜、食用菌等品种的工厂化生产能力建设，全市蔬菜应急保供能力得以显著提高，蔬菜的对外销售规模也逐年增长。重庆市鲜食蔬菜与加工蔬菜外销量都分别达到 100 多万吨，在全国占有重要地位。

2. 蔬菜产业结构性矛盾状况

1）地形复杂，单产水平低。重庆地形复杂，西北与中部多为丘陵、低山，东南部多为山脉，地势由南北向长江河谷逐级降低。域内多高山陡坡，立体性气候特征明显，自然环境复杂多变。与平原地区蔬菜生产条件相比，具有耕地分布零碎、坡耕地数量多、机械化程度低、农业经营主体规模较小等特点。受限于复杂的生态条件、耕作制度与低水平的机械化生产，重庆蔬菜的单产水平远低于全国一般水平，2015 年蔬菜的播面单产为 24 333kg/hm²，仅占全国平均水平的 68%，在全国排名倒数第 6。

2）"春淡""秋淡"季节性失衡现象明显。重庆蔬菜分月上市总量以 4 月、5 月最低，其次是 11 月，大约在 100 万 t，其余月份均为 100 万～170 万 t。从季节分布来看，2 月是全市冬季优势特色蔬菜品种上市高峰期，上市量最高，主要品种有萝卜、莲白、青菜头、儿菜、莴笋等，6 月、7 月是重庆夏季大宗蔬菜品种集中上市期，主要为茄果类、瓜类、豆类、叶类菜等，是我国蔬菜供应最充足的"两个旺季"，能够充分满足当地市场消费需求。由于 3 月、4 月正值冬菜扫尾，露地春菜移栽刚大量推进，是设施菜上市量不大的时节，同时 9 月、10 月正好是夏菜与秋冬菜换茬时期，这两个时间段的蔬菜供应受到较大影响，成为全市蔬菜消费缺口最集中的"两个淡季"，即出现"春淡"和"秋淡"现象。淡季时期蔬菜自给率较差，对外调蔬菜供应的依赖程度相对较大，易出现较高的应市价格，导致"买贵"现象发生。

3）调入价格高、调出价格低，价格倒挂。全市蔬菜全年绝大部分时间段都能实现均衡供应，基本形成以自主供应为主，季节性外调为辅的蔬菜供给格局。全市蔬菜外调时段集中于 3～4 月和 9～10 月，"两淡"时期地产菜供应易受到蔬菜季节换茬和不良气候的影响，外调入重庆的蔬菜量较大，主要调入品种包括土豆、大白菜、芹菜、大葱、大蒜、胡萝卜等。由于重庆是西南四省市中唯一不能露地生产冬春喜温茄果、瓜类蔬菜的地区，冬季茄果类、瓜类、豆类等需求量较大的蔬菜品种仍需从云南、海南和四川等冬季和春季蔬菜的优势产区调入。从分品种的外地批发价格看，瓜果类蔬菜批发价格明显偏高，导致重庆地区调入蔬菜价格偏高。

6 月、7 月全市夏季蔬菜集中上市，品种丰富，产量充足，在保障市内供给的基础上，萝卜、青菜头、辣椒、莲白等地方优势鲜菜与加工特色蔬菜集中外销至长江流域、东北地区和俄罗斯等地。显然，重庆地区外销量最大的蔬菜品种主要是萝卜、青菜头等，其价值量相对较小，价格较低。而且，按照交易习惯，重庆地区调出外地的蔬菜价格，一般即为产地价格，重庆地区产地价格本身较全国平均水平低 10%～15%，因而重庆外销蔬菜价格就显得更低。

因此，总体上看，在年际全国蔬菜贸易中，由于受气候和温光条件的资源禀赋限制，调入蔬菜品种和调出蔬菜品种本身的价值差异，形成调入和调出的价格倒挂，对重庆地区参与全国统一的蔬菜产业分工带来不利影响。

4）流通成本高。流通环节冗长繁杂，严重影响蔬菜产业的效益表现。蔬菜从田间到餐桌，按不同的流通渠道会经历不同的流通环节，因中转次数和蔬菜损耗量的变化造成成本差异。散户以零售为主，因量小，基本由自己直接运到当地镇街市场售卖，不经历中间环节，损耗小，流通成本较低，但运送次数频繁，蔬菜采摘频率、售价受市场的影响大；占企业、合作社流通渠道 20% 以上的直供直销模式，因基地直接与企业、超市、学校等对接，减少了中间多级批发转运的环节，可减少 50% 以上的流通成本支出，按需生产、供应，弊端较少；近年兴起的基地自采模式虽然基本可以将流通成本降为 0，但购买群体不固定,购买量偏小,致使该模式无法大规模采用;而占企业、专业合作社、种植大户、家庭农场销售渠道 60%~70% 的批发模式,一般要经过经纪人、一级批发商、二级批发商、农贸市场或超市等一系列环节,因运输成本、门面费、摊位费、工资、损耗等费用分摊,不断迭加入流通成本,导致最终市场售价是基地价格的几倍甚至几十倍。以调查中的黄瓜为例,当时每斤①黄瓜的基地收购价格是 0.6 元,在流通过程中,依次有经纪人加 0.2 元,一级批发商加 0.4 元,二级批发商加 0.6 元,农贸市场加 0.5 元,最后黄瓜的市场售价是 2.3 元,可见流通成本占到销售价格的 73%。因而,流通过程的冗长导致产、销两头利益都受到损伤,既压低生产者收入,又无法让市民得到实惠,更降低了生产主体的生产积极性。

5)零星菜地较多,质量安全监管难度大。全市蔬菜种植规模与产量逐年稳步增长,但由于地形地貌复杂,且以家庭种植和露地种植为主,全市蔬菜基地分布较为零散。其中,2/3 以上的基地分布在海拔 500m 以下的浅丘平坝区。500~800m 低山区基地面积有 37 万亩,约占总基地面积的 16.7%,800~1200m 中山区基地面积有 19 万亩,约占8.7%,1200m 以上高山区有基地 13 万亩,约占 5.8%。基地分散带来了交通不便、信息闭塞等问题,对蔬菜生产的安全监管造成了一系列负面影响。①蔬菜基地的分散化导致了监管盲区。受相对较低水平科学文化意识的限制,很多地区运用原始种菜技术进行生产,加上农村劳动力逐年减少,农民为确保产量滥用农药与肥料,蔬菜生产质量安全存在很大隐患,并且这些菜地由于分布零碎难以被统一监管。②菜地分散化不利于蔬菜生产标准化基地建设,蔬菜产业化水平和产品品质难以提高,直接影响当地特色农产品品牌建设。

(四)柑橘产业的结构性矛盾

1. 柑橘产业结构现状及问题

重庆市柑橘种植历史悠久,目前种植面积已超过 300 万亩,占水果总种植面积的 50%以上,90% 以上的柑橘种植面积主要集中于长江流域的 16 个区县,特别是重庆东北的忠县、开县、长寿、云阳、奉节、万州 6 个区县,其种植面积均在 20 万亩以上,产量都在 15 万 t 以上。当前,早中晚熟柑橘比调整为 20∶42∶38。根据农业普查核定数据,全市柑橘总产量达到 250 万 t,总产值接近 200 亿元。

2008 年以来,重庆市委市政府高效整合农业、移民、国土、农综、扶贫等部门的资金和力量,全力推进柑橘基地规模的快速扩展,尤其是晚熟柑橘,目前其种植面积已超过 100 万亩,产量达到 60 万 t,产量约占全国晚熟柑橘的 40%,价格优势明显,产业效益明显。

经过多年的渐进发展,柑橘产业区域渐趋合理,品种结构不断优化,柑橘果品在全国市场上的竞争力持续增强,柑橘产业发展成效明显。

1)柑橘产业带基本形成。以万州、开县、云阳、奉节等区县为主导形成了 80 万亩晚熟鲜销柑橘产业带,以环长寿湖为中心的 20 万亩晚熟柑橘生产景观产业带,以忠县为主,万州、开县、长寿为辅的 100 万亩加工柑橘产业带,"一江春水、两岸橘山"的

---

① 1 斤=500 g,下同。

生态景观成为三峡库区一道靓丽的风景。

2）品种结构逐步优化。通过推进高接换种，将不适宜的早中熟品种逐步向晚熟品种转换，早中晚熟结构渐趋合理，加工鲜销协调配套。

3）经营模式不断创新。结合重庆市柑橘果园特点，果业经营者探索创新了多种形式的产业化经营模式，"大基地小单元"果园经营模式调动了果农生产积极性。对现存果园进行分包、转包、托管和引入社会化管理服务等多种经营模式，最大程度地盘活了果园，恢复和提升了果园的生产能力，逐渐形成了主导品种规模化生产的布局模式。小规模化经营[家庭经营（小微企业）+休闲观光相结合]、"大果园+职业果农"、果业土地托管经营、柑橘股份合作经营、"公司+基地"、产加销一体化等柑橘产业化经营形态在重庆市柑橘产业发展中因地制宜地呈现，并表现出旺盛的生命力。

4）产业竞争力显著提升。重庆市是全国唯一无黄龙病危害的柑橘产区，溃疡病发病也较少，柑橘良繁体系在全国名列前茅，脱毒种苗全国畅销。晚熟柑橘正成为重庆市柑橘的核心产业，市场需求逐年增加，种植面积和产量逐年增长，正在由转口贸易向直接出口转变，为重庆市实施"柑橘走出去战略"作出积极贡献。

5）成为全国 NFC（非浓缩还原）概念产业中心。目前，以派生百、重庆锦程公司为代表的 NFC 鲜冷橙汁加工能力达 40 万 t，加工橙产品结构向浓缩橙汁产品转型升级，重庆逐渐成为全国 NFC 概念橙汁加工产业中心。在重庆带动下，包括农夫山泉、汇源等传统食品饮料企业，都纷纷跟进该概念产品的开拓。

2. 柑橘产业面临的问题

重庆市柑橘产业发展成效有目共睹。但是，在经济发展新常态下，柑橘产业正面临转方式、调结构的战略任务，柑橘产业正处于爬坡上坎的关键阶段，柑橘产业还面临着严峻挑战。果园病虫害危害程度重，农药化肥过量使用引起果品质量安全隐患，果品质量有待提高；果园生产条件和基础设施落后，标准化果园建设难度大，果园管护水平参差不齐；柑橘技术体系不完善，劳动力、资本、技术等要素缺乏；柑橘品种杂而散，农户兼业型多，规模小，难以进入大流通市场，商品化率低；柑橘机械化程度低，加工与种植分离，生产成本高。

（五）茶产业的结构性矛盾

1. 茶产业结构现状

根据《中国农村统计年鉴》数据，2017 年全市茶园总面积 59.9 万亩，仅为全国茶园总面积的 1.4%。与同期贵州省、云南省、四川省、湖北省和福建省的茶园总面积 684.3 万亩、655.8 万亩、534.5 万亩、424.5 万亩、310 万亩相距甚远，也与浙江的 297.8 万亩、安徽的 248.1 万亩相差很大。根据农业普查数据，在茶叶生产方面，从茶类结构看，2017 年全市茶叶总产量 3.9 万 t，其中仍以绿茶为主，绿茶为 3.4 万 t，红茶为 0.4 万 t，其他茶类 0.1 万 t，青茶、白茶、黄茶和黑茶产量为 0。在茶叶消费方面，重庆市仍以针形名优绿茶为主，红茶、乌龙茶、黑茶消费较少。全市出口以红碎茶为主，荣昌县红碎茶出口量占全国的 40%、重庆的 90% 以上，是全国最大的红碎茶生产、加工、出口县。全市 36 个产茶区县中，永川、南川、荣昌三个区县被列入农业部全国茶叶优势区域发展规划、农业部首批全国标准园创建示范基地。永川区、南川区先后被授予"西部茶城""中国名茶之乡"称号。初步建成了渝西特早名优茶，渝东南高山名优绿茶，三峡库区生态、有机茶三大茶叶优势产业带。重庆沱茶、南川红碎茶曾经享誉全国，先后荣获多个奖项。目前，重庆针形茶在全国独树一帜，其代表品类"永川秀芽"早在 1959 年开始研制，其加工工艺在 2004 年获国家发明专利，加工技术及机械装备已趋成熟，与扁形茶如"西湖龙井"、卷形茶如"洞庭碧螺春"形成了鲜明的差异化发展。

2. 茶叶发展过程的主要问题

虽然经过若干年的发展，取得了一定的成就，但与我国其他茶区相比，重庆茶产业仍然存在"三低三落后"的差距，主要表现在如下几个方面。一是茶树品种单一、茶园无性系良种率低。重庆茶园以川茶为主，兼有少数'福鼎大白''巴渝特早''名山白毫'等，品种单一。根据市农委行业数据，目前无性系茶园面积仅占全市茶园总面积的 50%左右。贵州、四川无性系茶园面积占比分别为 95.4%、69.5%。二是茶园标准化程度低。绿色无公害茶园面积、有机茶园面积分别为 18 万亩、1.2 万亩，在重庆茶园总面积占比为 27.7%、1.8%；茶园道路、修剪、耕作、水肥、病虫害防控等茶园管理设施薄弱。三是资源综合利用率低。由于夏秋茶原料粗老、苦涩味重，市场售价低，80%茶园夏秋茶未被利用；在茶园产出方面只利用了 30%的鲜叶，缺乏对茶梗、粗老叶及茶树其他部位的利用，造成茶资源大量浪费。重庆针形茗茶技术路线也对茶叶资源利用率造成影响，针形茗茶一般只取"一芽两叶"，大大降低了茶叶利用率，并造成成本上升。四是加工设施设备落后。据调查，我国茶叶加工装备水平低，使用年限超过 20 年的茶叶机械设备占 50%，重庆也不例外。重庆市茶叶加工厂房陈旧、设备落后，清洁化程度低，茶叶品质不稳定。五是茶企规模小、品牌建设落后。据统计重庆市已注册茶企业 228 家，但规模较小，年销售额在 1000 万元以上的 30 家，省级龙头企业 23 家，茶叶专业合作社 124 个。茶产业领域，目前无全国驰名商标，省级著名商标 20 多个，品牌影响力尚未真正形成。六是茶叶生产组织模式落后。长期以来，重庆市茶叶生产多以龙头企业＋茶叶种植基地的茶叶生产、加工、销售一体化单一组织模式为主，茶产业链没有形成科学分工。企业从茶园管理到营销全盘抓，经营粗放，缺乏明确的自身定位，导致茶企小而全、做不大。七是茶产品体系不丰富。全市茶叶成品高度集中于绿茶，根据农业普查数据，绿茶占比超过 87%，青茶、黄茶、白茶和黑茶基本没有产品。绿茶本身产品影响力和品牌美誉度没有建立起来，少量红茶也基本上寂寂无闻。在整个中国北纬 30°线的名茶产区中，除了上海市情特殊没有名茶外，浙江龙井、江苏碧螺春、安徽黄山毛峰和太平猴魁、江西庐山云雾和婺源绿茶等驰名中外，只有重庆市缺少名茶。近年来，在相同纬度区域内的贵州遵义，其遵义红快速崛起，两相对照更反映了重庆茶产业发展严重滞后。

（六）生态渔业的结构性矛盾

1. 生态渔业产业结构现状及问题

《重庆统计年鉴》数据显示，2017 年全市渔业总产值达 94.8 亿元，比 2010 年增加 67.6 亿元，增长了 2.5 倍。同时，全市渔业产值占农林牧渔业总产值的比例也在逐年提高，成为繁荣农业经济的重要支撑产业，2017 年全市渔业产值占农林牧渔总产值的 4.7%，比 2010 年增加 2.1 个百分点，这与城乡居民消费趋势演化形成相符合。

1）综合生产能力有所提升。近年来，通过推广新技术、扩大养殖规模、调优品种结构等多项措施，全市渔业综合生产能力稳步提升。一是水产养殖面积稳步增加。《中国农村统计年鉴》数据显示，全市 2017 年池塘、水库等各类水产养殖面积 123.3 万亩，较上年增加 3.15 万亩，同比增长 2.6%；二是水产品产量稳步提高，淡水产品供给能力进一步提升，2017 年全市水产品产量达到 51.5 万 t，较 2011 年增加 25.24 万 t，增长 96.1%，超过 95% 为养殖产量。根据重庆市水产专家估计，全市淡水产品自给率大致维持在 70% 左右。

2）渔业内部产业结构进一步优化。一是产业结构不断优化。重庆市农业农村委调研数据显示，2017 年全市渔业产业结构中三次产业的比为 68.8：6.1：25.1，与 2010 年三次产业结构相比，渔业第三产业占比明显增加，提高了 2.9 个百分点，表明重庆市渔业产业结构进一步优化。二是休闲渔业发展迅猛。全市休闲渔业产值超过 6 亿元，比 2010 年增长 1.7%，全市已建成休闲渔业基地超过 5 万亩，有效带动了重庆市休闲渔业的健康快速发展。三是特色水产品养殖快速发展。随着人们新、奇、特消费趋势的不断发展，全市特色水产养殖快速发展，成为渔业结构优化的重要驱动因素。

2. 渔业发展中的主要问题

渔业基础设施建设薄弱。当前重庆市渔业生产基础设施落后，大多池塘老化失修，淤积严重，设计不合理，配套不完善，抵御洪涝等自然灾害能力较弱，池塘标准化、设施化、现代化发展水平不高，严重影响重庆市渔业生产能力的提升。

1）产业结构不合理。一是渔业三次产业发展严重失衡，结构性矛盾突出。目前，渔业第二、第三产业的产值仅占渔业总产值的 33.2%，而渔业第一产业占比高达 66.8%，表明重庆市渔业第一产业仍然是重庆市渔业经济发展的主要动力，第二、第三产业发展滞后，亟待提升。特别是渔业第二产业发展严重滞后，占比仅有 6.1%，甚至比 2010 年下降了 7.7 个百分点。二是养殖品种结构不合理。当前重庆市渔业生产中传统养殖模式仍占主导地位，主要以常规鱼类养殖为主，经济效益不高，而名特优水产品发展规模小，比例低。

2）渔业产业化发展水平低。当前重庆市渔业生产仍然以传统分散经营为主，规模偏小且效益低。同时渔业养殖技术水平不高，部分地区养殖方式落后，水产良种引进推广相对滞后，水产养殖良种率偏低，种质混杂现象严重，严重影响水产品质量与生产效益。另外，重庆市渔业龙头企业发展规模小，数量偏少，产业链延伸不够，渔业组织化、集约化、产业化经营程度不高。

3）渔业科技发展滞后。当前渔业育种、养殖、病害防控、精深加工等技术发展滞后，严重制约重庆市生态渔业高产、高效、优质、健康发展。

三、重庆食物供给侧结构改革的总体思路

（一）重庆食物供给侧结构改革的总体任务

确保农业稳定供应，带动农民增收，同时在推进国家中心城市进程中保留青山绿水，

是重庆现代农业发展的使命，也是农业供给侧改革的重要目标。应着眼于建构农产品供需结构耦合的新型生产体系，降低农产品成本，增强农业竞争力，强化生态环境安全等。以供给侧改革为契机，优化全市农业生产结构，在有效供给基础上实现生产结构和需求结构相互适应，塑造重庆农产品核心竞争力，并建构新型农业宏观管理模式。

（二）重庆农业供给侧结构改革的主要方面

中央对农业供给侧改革提出了明确的要求，指出要按照"三降一补"的既定方针稳妥推进农业供给侧改革。重庆地区的农业供给侧改革应该根据市情、农情的实际要求，按照"调结构、降成本、补短板、提品质、促融合"的总体思路稳步推进，形成现代化的农业生产体系。

1. 调结构

结构调整是推进供给侧结构性改革的根本举措。要着眼于构建现代农业生产体系：把优势作物调强，把区域作物调优，把经济效益调高。

1）调整农业宏观结构。

一是积极提升林业增加值比例。全市 6000 万亩林地，林业增加值只占 3.4%，说明林地价值没有充分发挥出来。适当发展茶产业，丰富茶叶产品体系。要大幅度增加林业增加值比例，在大力发展林果产业基础上，适当扩大茶园面积，发展茶产业。目前，重庆市茶产品体系单一，应该在此基础上扩大高端红茶等的产量，不断丰富茶叶产品体系。积极发展楠竹产业。在渝东北和渝东南地区发展楠竹产业，积极发展楠竹综合加工业。楠竹繁育能力强，生态功能突出，据楠竹产业发达省份江西、浙江等地的经验来看，一根楠竹的综合加工产值在 200 元以上，渝东北和渝东南地区均适合楠竹生长，可以大力发展其产业。着力发展木本植物油产业。全市食用油对外依存度太高，草本植物油生产成本过高失去竞争力。但是，全市除了少数地区适合油茶种植外，大部分地区均适合核桃种植。渝东北和渝东南大力种植核桃，提炼核桃油，产生了较好的市场效益，具有十分诱人的产业前景。

二是大力发展农村新型服务业。农村新型服务业仅在农林牧渔服产业结构中占1.4%，发展严重滞后，十分不利于现代农业发展，不利于农地流转后农村富余人员的就业安置。以培育农业社会化服务体系为契机，积极培育市场化农业社会化服务组织不断成长。积极支持社会服务组织不断创新业务内容，支持农民合作社发展成为流通配送主体，实行农业投入品统一采购，创新农产品供给方式。积极培育代种代收等新型服务主体。创新农村金融环境，支持农民专业合作社发展信用合作。开展农村普惠金融试点，积极开展农村产品众筹、股权众筹和经营权众筹综合试点工作，积极支持新型服务业蓬勃发展。

三是积极支持草食畜牧业和生态渔业发展。重点支持山羊、水禽、肉兔等草食畜牧业蓬勃发展，稳定畜牧业占比结构。支持充分利用现有水域面积，积极发展生态渔业。大力发展青贮饲料产业，为草食畜牧业提供配套支持，为生产结构和城乡居民膳食结构相互配套奠定基础。

2）调整农业生产内部结构，形成和需求相适应的生产结构。

一是建立永久性的商品粮高端生产基地。要着眼于口粮综合供求平衡的总要求，适应城乡消费者需求结构演化趋势，在长寿、垫江、梁平和南川等适宜地区，选择 200 万亩左右高标准农田，建立永久商品性口粮生产基地，并实现全程机械化操作，降低生产成本。统一品牌标示，提升产品影响力，迅速占领市场。严格立法保护，严禁基地非粮化。

二是建立永久性的大宗农产品保供基地。严格界定政府和市场的关系，界定蔬菜保供品类目录，界定禽蛋和肉类保供数量，建立永久性的保供基地，并形成严格的立法保护，严禁基地非农化。

三是增加功能性、养生性产品稳定供应。契合城乡消费者功能性、养生性饮食需求，切实增加土鸡（蛋）、杂粮、杂豆等的生产供应，增加酿酒型高粱等加工型粮食的稳定供应。

2. 降成本

成本高企是影响重庆市农产品竞争力的重要制约。应采取综合配套措施，切实降低农产品劳动力成本、土地成本、流通成本和资金成本，增强农产品综合竞争力。

1）组建农机社会化服务组织，加快机械对劳动替代。受地理地貌限制，单个农户购买农机使用范围受限，农机使用率不高，农户购买意愿相对不强，是造成全市农机化率偏低的重要因素。为此，应该坚持农机社会化服务的发展路子，建议突破单纯的区域维度组建农机合作社的发展模式，依托产业维度发展农机社会化服务组织，并选择耕种收农机化率相对较高的水稻等产业予以重点扶持，切实加强机械对劳动的替代。

一是在水稻主产区组建标准化农机合作社。结合重庆市水稻产业优势区域布局，在水稻生产重点县组建农机合作社。具体做法是：引入建立规范治理结构的专业合作社，对其进行标准化的农机资产配备。一般而言，专业合作社要求水稻耕种面积在 5000 亩以上，然后配备不低于 500 万元的农机资产。农机合作社既可对合作社内部各成员的水稻开展作业服务，也可对邻近地区耕地开展作业服务。其中：60%农机资产由市农业主管部门、市财政协调资金予以统筹解决，40%由合作社理事会成员自筹解决。

二是建立农机合作社，实施国有农机资产管理。标准化农机合作社组建完成后，要求农机合作社对经由国有资金配备的资产进行单独管理，完善保修程序，同时要求正常折旧，一般按照十年时间进行折旧。

三是完善农机合作社分配机制。国有农机资产和合作社成员的土地、理事会成员自筹资金，一并形成标准化农机合作社入股股份，形成合作社资产。其中，国有农机资产的年终红利所得，平均分配给入社农户，让农户在分享自身股份红利的同时，还能分享国有资产收益，享受改革开放的成果。

四是鼓励金融机构开展农机租赁业务。考虑到农机资产对于农户还是较大的生产资料制备，因此应鼓励涉农金融机构对农机社会化服务组织开展直接租赁、售后回租等金融业务创新，加快农机化进程。对于涉农金融机构开展农机租赁业务的，要给予政府贴息或者免税等政策支持。

2）组建内生化农村产业组织，化解租金上涨压力。跨界资本建立的企业化经营主体是典型的外生性产业组织，要面对巨大的土地租金压力。为此，要对跨界资本进入农业实施农业产业化经营进行相对规范，跨界资本业务范围主要集中于良种创新、高标准设施农业、大规模养殖业和四荒资源开发等少数领域。因此，应该在坚持家庭经营的基础上，建立农民合作为基础的内生性性组织，包括农民专业合作社、农民股份合作社等，稳妥推进农业规模化经营。要在条件成熟的地区，积极开展确权不确地试点，积极开展土地平整和耕地整治，形成联系更为紧密的合作型产业组织，为农业机械化创造条件。要在合作社、股份合作社等内生型组织内部，建立规范的治理结构和分配机构，形成支持内生性合作组织可持续发展的治理包容、分配包容的治理规范，增强合作社吸引力。

3）创新农产品流通方式，降低农产品流通成本。鼓励农民合作社和股份合作社发展农产品自主流通业务，减少流通环节，降低流通损耗，降低流通成本。积极支持开展农产品流通方式创新，开展农超对接。支持建立"农业物联网+互联网"的农产品生产和流通业务，消除消费者对农产品品质的不信任感。鼓励开展农产品经营权众筹和产品众筹业务，积极开展农产品定制化生产，切实降低流通成本。

4）积极发展普惠金融，降低农业生产资金成本。积极发展股权众筹和经营权众筹等面向农村地区的普惠金融试点，解决农村贷款难、贷款贵的世界性难题。鼓励农民合作社开展信用合作。在三权抵押贷款基础上，积极试点土地信托业务试点，多渠道拓宽农村融资渠道。

3. 补短板

要客观评价重庆市农产品生产过程的资源约束和要素约束矛盾，强化服务供给，不断消除资源和要素约束的瓶颈，释放要素潜能。

1）强化农村公共品服务。农业生产条件弱，土地产出率低，是制约重庆农业综合产出水平的重要短板。当前要以加强高标准基本农田建设为契机，切实加强农田水利基本建设，提升农业综合生产能力和抗风险水平。拓展农产品公共服务范围，在建立低水平、广覆盖的农业保险基础上，切实开展农产品价格保险试点，提升农产品保险层级，稳定农业生产者预期。开展农产品公共信息服务，切实加强农产品产业预警、市场预警和灾害预警工作。

2）强化农业科技逆境创新。要根据区域农作特点和现代农业发展需求，集中资源力量，构建中国西南丘陵山地现代农业核心技术体系，用现代科技嫁接传统农业，谋求在一些重点领域取得优先突破。当前，要重点选育适宜山地农业特点的新品种，包括水稻、蔬菜、果树、生猪等，培育一批拥有自主知识产权的优良品种，切实解决农业生产效能不足的问题。针对当前农业劳动力价格偏高问题，积极攻克山地农业机械化的系列技术难题，尽快形成产业化应用。针对当前农产品流通浪费严重问题，深入开展农产品储运、冷链配送的系列瓶颈问题的科研攻关等。要适应农业科技创新的特点，对农业科研进行稳定支持，创新农业科研考核评价体系，鼓励农业科研人员把论文写在大地上。

建立科技创新对市场需求变化的灵敏反应机制。结合休闲旅游发展态势和个体消费多元化的趋势和特点，创造性地开发更加个性化、人性化、绿色化、高附加值农产品，进一步丰富多元化产品开发，通过小众化的市场需求拓展来实现农业效益的最大化，提升全市农业科技发展水平。

4. 提品质

要下大力气提高农产品品质，扩大农产品标准化生产覆盖范围，扩大优质高效作物种植面积，加快绿色有机农业生产，不断提升农产品品质。

1）扩大农产品标准化覆盖范围。要按照标准化生产的要求，制定优质农产品技术操作规程，逐步覆盖农产品标准化生产的品类和范围。结合城乡居民消费需求演化趋势，加快蔬菜、禽蛋、肉品、水果等有机绿色产品的生产，不断提升农产品品质。严格投入品使用及其监管，在有条件的地方，推行农业物联网和农业互联网的监管试点，消除消费者对农产品生产过程信息了解不对称的风险。

2）推行重庆产农产品品牌化营销。加大农产品品牌创建。继续实行对获得驰名商标、地理标识等农产品品牌的政府奖励制度。建立农产品展示展销平台，推行重庆造农产品整合营销试点。积极利用重庆三峡、大巴山、武陵山等在全国遐迩闻名的地域自然资源，糅合农产品自然和文化要素，强化重庆产农产品的整合营销步伐，逐步扩大农产品市场影响力和品牌知名度。

四、重庆典型食物产业供给侧结构改革取向

典型农业产业有其内在的结构特性，其市场结构和市场分层有显著差异。因此，典型产业的供给侧结构改革的方向，需要根据产业特性确定应对方案。

（一）粮食产业供给侧改革取向

1. 粮食产业结构改革的主要方向

粮食供给侧结构改革，需要立足粮食产品的特定商品属性，坚定奉行口粮的政府供给思路，饲料粮和工业用粮的市场化解决方案。立足重庆国家粮食产销自求平衡区定位，在确保重庆粮食安全的基础上，不断优化粮食内部结构，适当降低谷类种植面积，提高谷类单产，基本稳定谷类总产量；强化逆境创新，增加优质稻谷供应，增加有效供给数量；以国家发展薯类粮食作物为契机，发挥重庆市薯类生产优势，提高全市薯类种植面积和产量；不断加强粮食良种创新工程，不断优化粮食生产条件，加强全市商品粮基地保护和建设工作，推进粮食生产适度规模经营，推动全市粮食产业结构优化升级。

2. 粮食产业结构改革的重点内容

1）稳定粮食产量。一是加强商品粮基地建设，加强全市粮食主产区县商品粮基地建设。根据课题组调研，对于重庆市口粮安全最核心的影响因素还是商品粮原粮的掌控。因此，坚定奉行口粮政府责任，需要强化商品性口粮的基地化生产，着力建成200万亩左右的商品粮基地，形成全市长期稳定的商品粮基地，并以法律形式对其进行保护。二是大力建设高标准农田。在政策设计上，按照"建设一片、建成一片、见效一片"的总体思路，围绕产粮大县和重点产粮乡镇，优先、重点建设旱涝保收、高产稳产、设施完善、生态良好的水稻田，统一建设标准，确保全市口粮安全和农产品稳定供应。以土地平整、灌排渠系、田间道路、农田防护与生态环境保持、农田提水输配电、装备中型高性能农机具等为重点，提升综合生产能力和抗风险能力。积极实施工程机械、农业机械和绿肥生产、农业废弃物利用等工程或生物措施，对土地进行有机质培肥等方面的宜机化配套建设。三是积极探索口粮生产区耕地盈利模式。针对高标准农田建后"非农化、非粮化"现象，探索发

展"稻-油"模式、"稻-鱼"模式、"稻-鳅"立体循环农业和观光农业等多种模式；探索农业与教育、农业与旅游、农业与养生、农业与休闲融合发展模式，依托"互联网+"，创新营销模式，培育口粮生产新型盈利模式，提升高标准农田的产出效益。

2）优化粮食品种结构。一是优先发展优质水稻。以 33 个"贡米"之乡、1 个"富硒"粮食生产区、低海拔优质再生稻适宜区为中心，确保发展 500 万亩中高档优质水稻，稳定水稻种植面积。以效益为中心，市场为导向，调整产品结构，因地制宜发展糯稻、粳稻以及红米、紫米、黑米等特色水稻。以全市粮油绿色、高产、高效创建示范为引领，大力推广'渝香 203''宜香优 2115'等优质稻，大幅度提高稻米的优质化率，提升整体产业水平。二是适当增加薯类供应。重庆薯类生产在全国具有一定规模优势，薯类生产具有良好的基础，在技术方面，薯类中的马铃薯脱毒种薯繁供体系在国内处于领先水平，在品种上，重庆在口粮型、菜用型、加工型薯类方面均有品种资源。为此，重庆应抓住国家发展薯类粮食作物契机，发挥重庆市薯类生产优势，壮大薯类生产规模。三是着力增加功能性粮食供给。重庆地区边际土地较多，适合发展酿酒型高粱等功能性粮食。目前，酿酒型高粱市场缺口较大，耕作相对简单，可以充分利用边际土地着力发展，并与相关酒类企业进一步形成农工商综合体。四是精心培育康养型粮食品种。提高豆类作物种植面积和产量。豆类产业是重庆一个有明显区域特色的产业，竞争力较强，豆类植物品种资源丰富，蛋白含量高，特别是芸豆和红小豆，硒含量高，有防癌和抗衰老的特殊作用。为此，应发挥豆类资源优势，不断优化品种结构和区域布局，扩大生产规模，创立名优品牌，提升经济效益。

3）强化科技创新。一是提高谷类单产，特别是稻谷和玉米单产水平，适当降低种植面积，基本稳定谷类总产量。尽管近年来重庆稻谷和玉米单产水平有所提升，但与国家单产水平相比仍然具有一定差距。随着科技水平提升，重庆谷类单产水平具有较大提升空间。二是强化良种创新引领，引进和推广既适宜重庆当地自然气候条件，又适应市场需求变化的粮食新品种；加快谷类，特别是稻谷良种的更新换代，以 5 年为一周期，对全市种植品种进行评估，根据种植面积、品质和市场需求与价格，对品种进行淘汰更新。三是提升耕地质量，不断加强耕地质量建设，开展沃土工程、节水农业、测土配方施肥、有机质提升、耕地保护性耕作、基本农田治理等工作，加强中低产田土改造，建立健全耕地质量监测体系，及时掌握粮食生产基地耕地质量动态。

4）推行现代经营。一是加大新型粮食生产经营主体培育，推动粮食规模化经营，国家和地方的财政扶持项目多向粮食生产大户、合作社和家庭农场倾斜，对于新型粮食生产经营主体购买农机具、用水用电和基地建设等给予补贴和优惠。二是引导耕地流转，引导新型粮食生产经营主体加快耕地流转，促进粮食生产规模经营，提高粮食生产机械化率，提升粮食生产规模经济。三是加强应急调控。建立市、区（县）两级粮食应急体系，进一步完善粮食生产、消费、库存等环节的预测预警机制，优化应急加工网络，切实增强应急保障能力，防止价格大起大落。

（二）生猪产业供给侧改革取向

1. 生猪产业结构改革的主要方向

生猪产业的供给侧结构改革，要围绕着力解决数量、品质和环境三大问题，切实强化供给侧结构改革。为了解决生猪供应数量问题，应在全面规模化养殖取向上强化标准化养殖场建设；为了让消费者感受到"肉有肉味"和适应他们对特定肉味的偏爱，应适度发展土杂猪等小众化生猪养殖；为了防止生猪养殖环境负效应，推行生态化养殖的技术供应路线，实现其与蔬菜等产业等的协同发展，同时实现农业废弃物的自主循环，保障生态环境安全。加强生猪良种繁育体系、标准化养殖基地和质量监控体系建设，扶持龙头企业技术改造升级。

2. 生猪产业结构改革的重点内容

1）推进适度规模养殖，提高产业化水平。结合产业特点、基础条件、生产习惯等因素，科学设计适度规模经营标准。采取多种形式培育专业大户、家庭农场等适度规模经营主体，积极发挥龙头企业的带动作用，鼓励建立"龙头企业+养殖场+农户"模式，形成相对稳定的供给基地。大力发展规模化生猪养殖企业，进一步完善生猪屠宰、加工、分销产业链条，提高产业附加值。

2）推进标准化建设，加强质量监控。大力发展种养生态循环养殖，加大粪污治理力度，实现清洁生产和粪便排放减量化、资源化和无害化。加快质量标准的制定、修订和推广应用，完善种猪、饲料、兽药等投入品使用监控手段和产品质量追溯制度。巩固国家级生猪调出大县建设，着力打造国家级生猪电子交易市场。

3）优化区域布局，加强良繁体系建设。合理规划生猪养殖优势区县，重点抓好荣昌、合川、江津等26个生猪优势基地区县，加强'荣昌猪''合川黑猪''渠溪猪''罗盘山猪'等地方优良品种的资源保护、选育提升和开发利用，改善猪肉供给结构。

4）探索推广生猪价格指数保险，增强抗风险能力。完善统计监测预警体系。增大当前已有险种补贴资金与范围，引导、鼓励和支持保险公司大力开发畜牧业保险市场，建立适合不同区域、不同畜禽品种的政策性保险制度，发展多种形式、多种渠道的畜禽保险，增强畜牧业抵御市场风险、疫病风险和自然灾害的能力。

5）加强生猪及猪肉市场监测和预警体系建设，及时掌握能繁母猪存栏数量、能繁母猪年龄分布和生猪存栏数量、出栏数量、进出口量、批发与零售环节价格、养殖规模等生产供需动态信息，加强生产形势研判和价格动态监测分析，并通过多种信息渠道，及时将生猪生产和市场价格等预警信息及时反馈给生猪养殖户，引导养殖户充分了解生猪市场，科学调整生产结构，从而避免盲目补栏或出栏销售，有效规避市场风险，稳定市场预期。同时，要加强生猪疫病防控，以春防免疫为抓手，持续抓好重大疫病、常见病和多发病防控工作，确保不发生区域性重大疫情，加强病死猪无害化处理工作，坚决防止病死猪流入市场，促进生猪产业及市场平稳健康发展。

（三）柑橘产业供给侧改革取向

1. 柑橘产业结构改革的主要方向

从产业集群发展的角度来看，重庆市各区县要结合区域发展特点，因地制宜地对现有果园或者扩建、新建果园进行经营模式探索与创新，鼓励采用"大基地小单元、小产品大市场"的经营模式和理念，对现存果园采用分包、转包、托管、引入社会化管理服务等多种经营管理模式，逐步向实行果园基地集中，单一品种集中的大宗生产格局方式转变，不断提高柑橘产业的集中度。对于进入流通领域的柑橘基地和品种，要向单一品种经营模式发展，遴选优势品种，重点引导和扶持 1～2 个适合本地自然气候条件和市场需求特征的主导品种。鼓励新建和高接换种，大力发展晚熟柑橘，引导早熟、中熟、晚熟品种结构调优至 20：44：36，进一步调整和优化柑橘品种结构。

2. 柑橘产业结构转型的重点内容

1）做好柑橘产业发展规划，促进柑橘产业发展壮大。结合重庆市柑橘产业发展实际，借鉴产业集群理念发展柑橘产业，从区域柑橘产业发展整体来布局柑橘产业，做好产业发展规划。当前，重庆市拥有脐橙、锦橙、血橙、夏橙、杂柑五大类柑橘品种库，柑橘资源丰富、品种功能多元、熟期结构合理。重庆市柑橘产业主要集中在长江三峡柑橘产业带以及长江干支流河谷区域，柑橘品种杂乱、分散，以开州区为例，全区柑橘品种高达十几个，未能有效形成规模。与此相对应的是奉节县奉节脐橙品种单一，发展规模较大，品牌影响大。因此，要结合重庆市柑橘产业发展现状，针对柑橘果品鲜销、休闲观光、加工等不同的功能定位，做好柑橘产业发展规划和顶层设计，开展规模化、单一化品种的柑橘产业发展规划。同时，结合各区域柑橘产业发展实践、文化风俗及不同经营主体的特点，根据不同经营模式的适用条件和特点，因地制宜推广适合自身发展的产业化经营模式，做好幼龄果园抚育与管护工作。在品种集中、基地集中发展的基础上，从柑橘全产业链的角度集中布局，在招商引资上，要结合优势区域、规模基地布局柑橘产后储藏，如大型冷库、冷链物流建设、果汁加工、采后商品化清洗、打蜡、包装等相关产业集聚，形成规模、降低成本，打造品牌效应。

2）加快柑橘产品结构调整和布局，加大和优化政府财政投入与政策支持。制定相关优惠政策，集中力量整合各项资金，规划、引导和支持早熟、中熟柑橘向重点产区、优势品种的晚熟柑橘布局与调整。加强良种补贴、标准建园、果园改造等政策，鼓励建立持续稳定的财政投入增长机制，优先保证主产区晚熟柑橘品种结构调整的财政投入。结合实际制定出台推动土地规模化流转经营的政策措施，建立柑橘新型果业经营扶持基金，重点支持新型农业经营主体，如家庭农场、农民合作社等进行柑橘果园规模化经营、基础设施建设及配套设施建设，加大其对柑橘产业链的延伸，如柑橘商品化处理、冻库、冷链、果园机械化、病害防控的配套投入，给予农业企业、专业合作社、家庭农场适当补助或贷款贴息等扶持。探索果园抵押融资担保，扩大柑橘保险覆盖面。同时，各级政府财政扶持要有的放矢，在支持培育新型果业经营主体的基础上，重点支持柑橘果园基地建设和幼龄果园抚育管护这两个重点环节，促进果园基地面积稳步扩张和果园建设质量不断提高。尤其要重视和加大对新建果园抚育管理的财政支持力度，在其形成生产能力（投产）以后再交给农民或业主经营管理，促进柑橘果园实现有效管护转型，并密切跟踪和监测果园的后期管护转型效果，鼓励各地因地制宜选择合作社统管、委托代管、业主流转、股份合作、自主管理等适合当地实际的柑橘产业转型发展的管理经营模式，提高财政投入扶持的效率和效果，促进柑橘产业结构调整和转型升级。加强对柑橘主产区基地基层政府的工作考核力度，将柑橘产业发展纳入当地政府综合目标考核，为柑橘产业可持续发展提供强有力的组织保障。

3）创新体制机制，努力培育新型果业经营主体。基层政府部门要做好群众思想教育工作，加大政策宣传力度，树典型、讲实例、传经验、做示范，强化宣传实效，切实转变果农传统生产经营观念，竭力营造柑橘产业发展氛围。紧密跟踪柑橘产业发展现状，帮助果农解决好产业发展中遇到的新情况、新问题，促进柑橘产业转型升级。探索柑橘产业化发展模式，引导分散经营小果农或无心管、无人管、无力管的果农通过转包、入股等多种形式逐步向规模化、集约化经营的果园集中转变，竭力盘活现存果园，激发果园生产潜力。努力培育新型果业经营主体，提高果农生产积极性。重点引导和扶持具有年富力强、踏实肯干、土生土长、有柑橘生产经验或懂柑橘生产与管理技术特点的经营主体投身柑橘产业发展，支持他们以多种形式创办、领办、联办标准化果园建设，引导其根据各自所处的生态、地理环境、组织经营形式等特点进行适度规模化经营，对一般专业大户建议首次经营果园面积不超过 50 亩；具有一定经济实力的大户，最好先经营中小规模的柑橘果园，通过较小规模基地经营管理实践后，在经营水平、资金积累、技术配套和市场体系逐步奠定好基础时，待收益和盈利稳步增加以后再扩大经营规模，不要贪大求全、盲目经营。加大对柑橘种植大户、家庭农场、专业合作社及柑橘龙头企业的直接财政项目投入支持，鼓励和支持具有发展潜力的合作社以统管的形式促进单个农户加入合作社以提高生产组织化程度，支持合作社和龙头企业延伸柑橘产业链建设。大力支持各类柑橘生产经营主体之间建立紧密的利益联结机制，结合各地实际和现代农业发展的未来趋势，采取纵向一体、横向协作、协同发展、功能互补等方式以构建集约化、专业化、组织化、社会化相结合的新型农业经营体系。鼓励和支持工商资本下乡与熟知柑橘生产经营管理的经营主体联合经营柑橘产业，将工业化的管理方式与农业特定的人性化的管理方式相结合，将工业化的资本与农业化的人力资本有效结合，实现一二三产的融合发展，推动柑橘产业发展壮大。

4）强化柑橘产业科技体系建设。一是构建现代山区柑橘产业技术创新体系。围绕重庆市长江三峡柑橘产业带发展，构建由柑橘产业首席专家领衔、青年骨干专家支撑、基层技术推广人员辅助的柑橘产业技术创新服务团队，加强对柑橘疑难重大病虫害防控的研究与投入，加强柑橘新品种选育、幼树抚育管护技术创新、产后加工储藏保鲜等重大关键技术的研发投入力度，实现柑橘全产业链的技术研发集成，围绕柑橘产业链打造不同层次的技术创新与推广人才团队，促进柑橘产业健康持续发展。二是加强果业实用人才和职业果农培训。依托大型果园基地，发展果农田间学校，加强对周边农户柑橘种植实用技术培训与普及，着力培育大批具有生产、管理和服务技能的实用性人才及柑橘产业技术的"土专家"和产业带头人。创新培训机制，引导和鼓励专业大户、家庭农场负责人、农民合作社骨干人才等"土专家"充实师资队伍，采取现身说法、现场指导、现场示范等形式，增强果农培训实效。定期邀请科研院所、农技推广部门专家为果农的果品生产把脉、现场出主意，提高管护水平。加强对果农经营主体的电子商务培训，帮助果农学会利用现代信息技术进行产品宣传、提升品牌、拓展网上销售渠道，提高商品率。适时组织农业生产企业技术人员、果树种植大户到市内外学习考察，让他们开阔视野、更新观念，提升柑橘生产经营技能。三是强化果园科技信息服务。加强农业科技信息服务，强力推进柑橘产销信息收集与发布制度。以果业网、手机技术短信平台、柑橘大讲堂电视节目为载体，结合果树农时季节，适时为果农开展果树农事生产活动提供信息服务。开通专家热线电话，方便果农足不出户就能享受到专家的技术服务。加强各区县、生产基地、果业经营主体与科研院所进行技术合作，充分发挥科研院所、高校及科技特派员队伍在柑橘产业技术成果转化中的作用，加强柑橘技术推广与服务，培养柑橘科技应用大户。构建县、乡、村（专业合作社）三级技术服务体系，配齐配强柑橘基地乡镇专职技术人员，每个柑橘重点村至少配备 1 名技术员，村级技术人员工资性补助纳入当地财政预算。

5）鼓励和支持柑橘产业经营模式创新。重庆市柑橘经营发展模式历经个体农户小生产、公司化管理、合作社经营、家庭农场等一系列的发展阶段，对于某种经营模式是否适合当前产业发展趋势和需求，首先要深入柑橘生产一线调查研究，尊重基层的首创精神，不断提炼和总结适合山地果园转型发展与经营管护的新模式、新特点和新趋势。对适宜的柑橘产业化经营模式通过多种渠道、多种形式加强宣传和推广，鼓励各地定期或不定期开展多种形式的柑橘产业发展研讨会，通过邀请柑橘产业方面的技术专家、技术管理能手、市场销售人员及产业发展带头人、龙头企业创办人开展柑橘产业经营交流与学习，通过各个主体之间的不断交流与学习，实现信息共享、人员交流，加深对柑橘产业发展的认识与理解，促进柑橘产业不断发展壮大。

6）注重品牌培育和推广。加强柑橘产地品牌培育，引导地方合作社和农业企业等共同打造柑橘产地知名品牌，提升柑橘产品附加值。结合各地柑橘产地特色，注重提升柑橘产地品质，通过公开征集、专家评选、政府审批等环节，优选出代表本地柑橘特色的柑橘品牌，建立柑橘产地地理标识，统一柑橘包装。协助推进柑橘产地专业批发市场建设，大力培育柑橘流通中介组织和农民经纪人队伍；加强品牌宣传策划，创新营销手段，建立灵活多样的营销模式。在巩固节会促销、大户促销、情感促销等传统促销方式的基础上，走出去点对点开展区域性目标市场宣传推介活动。大力开展柑橘电子商务营销，利用果品网站、微博、微信等开展网络促销。构建"农超对接""基地直采"直销平台，减少流通环节，降低流通成本。通过果品行业协会、经销商、政府职能部门、同乡会和产地内外农产品流通企业等渠道，大力构建较发达的市场营销网络，积极开拓市场，实现柑橘产销综合信息服务全覆盖。

（四）茶产业供给侧改革取向

1. 茶产业结构改革的主要方向

茶叶供给侧结构改革的主要方向，要增加供给总量，提升市场影响力；强化产区资源禀赋理解，建构"小产区、高品质"的茶产区和产制的产品形象；丰富产品体系，改变绿茶独大的供给套路；优化技术路线，有效降低成本；全面推动茶产业转型升级，提升渝茶产业综合竞争力和可持续发展能力。

2. 茶产业结构性改革的重点内容

1）茶树良种繁育与标准生态茶园基地建设。按照茶树良种繁育技术和管理的发展方向和要求，结合重庆市生态资源优势，建立技术先进、功能配套、布局合理的茶树良繁基础，改扩建茶树种质资源圃、建立区域性示范园、建立现代化良繁基地；同时按照农业部茶叶标准园创建方案的要求，结合重庆市生态环境，集中连片、合理规划，提升低质低效茶园、新建标准化生态茶园，扩大茶叶总产量，以量的提升推动质的提升。

2）强化茶叶"产区"形象。中国北纬30°线是名茶著名产区,高峡、云雾等产区特质,成为影响茶叶品质的重要因素。陆羽《茶经》"巴川峡山出好茶",重庆地区自然造化为孕育优质好茶奠定了基础。"除却巫山不是云"的千古吟唱,使云雾成为这块土地最美丽的传说。实际上,这些经验总结和经典吟唱,更为今世的重庆茶产业形象发展明确了方向,"高峡平湖""巫山云雾""武陵山""大巴山"等,不是人工奇迹,就是自然造化,对茶品质有重要影响。因此,要强化这些重庆独特地域文化形象和自然特质,对于茶产区的重要叙事,达到重庆茶叶的美学叙事,提升产品影响力。

3）丰富产品体系。重庆茶叶绿茶独大,青茶、黄茶、黑茶、白茶还是空白,红茶也以低端红茶为主,这与消费者的茶叶偏好、饮茶时序需求和追求美好生活的趋势不相吻合。为此,要通过丰富茶叶产品体系,满足不同层级消费者的消费偏好,增强产品显示度。同时,契合当前康养保健消费趋势,精心培育功能性茶品发展,支持茶产品、茶保健品、茶药品等产品的技术研发,延伸茶产业链,提升茶行业综合效益。

4）推进茶品牌建设。按照政府为引导、企业为主体的策略,采取公共品牌结合企业品牌模式,打造渝茶品牌,提升品牌竞争力。倾力打造"三峡"渝茶公共品牌,继续推进"永川秀芽""金佛玉翠""南川大树茶""江津富硒茶"等区域、特色品牌建设。鼓励龙头企业通过兼并重组、市场融资、连锁加盟等方式组建大集团,做大做强品牌,培育国际驰名商标,加强保护地理标识,并围绕公共品牌、企业品牌,以多种形式进行大力推广,鼓励企业参与省级以上的茶叶评比活动、茶叶展销会及博览会。

5）建设现代茶流通体系。坚持立足本市,采取政府搭台、企业融合方式,加快茶叶现代流通体系建设,加大市场开拓力度,形成内销外贸多渠道的市场格局。在茶叶重点区县建立茶青、毛茶交易市场,促进茶农、茶企顺利对接。在茶叶综合示范区建立茶叶机、茶包装、茶产品综合交易市场,促进产品流通。在巩固市内茶叶专业批发市场的同时,重点扶持企业进入各大商超设立专柜,深化与国内外名企合作,在国内大型茶叶批发市场建立批发店,在国际上沿东南、西、北分别推进绿茶、红茶、沱茶市场营销。支持建立线上重庆茶馆,拉动渝茶线上销售。鼓励企业在淘宝、天猫、京东、一号店等建立营销站,创建适宜电商的茶产品及其包装,突出渝茶文化特色,建设质量追溯体系、强化电商质量监管,创新网络营销方式,活跃网络营销氛围。

6）推进茶衍生品开发。强化技术攻关,推进茶衍生品开发,延伸产业链条。以清洁化、连续化、标准化为发展方向,改造厂房设施设备、引进现代加工技术,建立全面的质量管理体系,推进茶叶现代加工进程;按照茶叶深加工与综合利用原则,启动推进茶叶深加工产品研发及产业化发展,延伸产业链,全面提升行业综合效益,支持农业、日化保健品、药品加工企业联合科研单位及高校,建立相应茶产品加工生产线,推进茶叶深加工产品市场化,提升茶叶效益。

7）实施茶旅融合。按照茶文化与旅游、美丽乡村建设相结合的原则,着力打造茶叶生产、加工与营销,茶文化推广与茶旅观光、休闲度假等于一体的茶文化创意产业,做到保护渝茶文化、挖掘渝茶文化、创建渝茶旅游、传承渝茶文化。打造集茶文化资料展示、实物展示、珍品虚拟展示、经典茶事再现展示、现代科技互动体验展示等功能的现代化茶博物馆,彰显渝茶文化特色;打造集产品展销、茶艺展示、品饮体验、养生体验等功能为一体的巴渝茶文化创意体验区,形成饮茶普及、茶文化推广、品牌体验、茶事活动及茶叶交易中心，深度挖掘茶文化内涵；支持打造以茶为主题的具高参与度和体验度的美丽乡村茶游线路，万州佛印山孙家茶乡游和凤凰茶乡游、酉阳宜居-木叶-桃茶源、秀山钟灵茶乡-边城等，全面展示茶绿色、科技、健康与文明。

（五）生态渔业供给侧改革取向

1. 生态渔业产业结构改革主要方向

以"健康养殖，提质增效，壮大产业"为发展方向，积极推进生态渔业产业结构调整与转型升级，确保生态渔业健康可持续发展，积极推进重庆市传统渔业向现代生态渔业发展。大力开展池塘标准化改造，扎实推进水产健康养殖；加快渔业科技创新，积极推广健康养殖技术和渔业名优品种，创新渔业养殖模式，切实保障水产品产量和质量；积极调整渔业产业结构与产业布局，完善养殖、捕捞、加工、冷链物流、休闲渔业等各环节，不断拓展渔业功能，延长产业链，提高水产品附加值，促进渔业一二三产融合；大力调优水产品养殖品种结构，积极开发、引进名特优品种，突出品牌特色，提升水产品经济效益和市场竞争力。

2. 生态渔业结构转型的重点内容

围绕重庆市百亿级生态渔业产业链发展目标，以市场需求为导向，以生态安全、质量效益为核心，加快生态渔业产业结构调整和转型升级，确保水产品实现有效供给和生态渔业可持续发展。当前，重庆市生态渔业产业结构转型升级内容主要包括以下几个方面。

1）加快池塘标准化改造。加大渔业投入力度，积极推进成片老旧专用池塘标准化改造以及山坪塘改造，不断提升池塘渔业基础设施水平，增强其渔业生产功能，提高池塘资源利用率，同时，积极利用低产地、荒地、半荒地和滩涂地等新建规模化水产养殖池塘，拓展池塘渔业发展空间，为实现高效、健康水产养殖提供基础保障。

2）努力调优水产养殖结构。充分发挥区位和资源优势，坚持以市场需求为导向，依靠科技创新，积极调整和优化水产品养殖品种结构，加快开发鲑鳟类、鲟鱼等高端冷水鱼以及大鲵、岩原鲤、中华鳖、胭脂鱼等本地特色渔资源，适度引进国内外名优鱼种，形成特色优势品种和规模优势，实现渔业专业化、规模化、集约化生产。同时积极推进大鲵、三文鱼等特色水产品深加工，延伸产业链条，切实提升特色水产品产业效益和附加值。

3）创新渔业经营机制。一是发展产业化经营，大力培育渔业龙头企业和渔业合作经济组织等新型经营主体，积极引导与养殖户建立有效的利益联结机制，走产业化发展之路，不断提高渔业标准化、规模化、设施化、产业化发展水平，不断增强渔业综合生产能力以及市场竞争力；二是积极转变发展方式，大力发展节水减排、集约高效、种养结合、立体生态等标准化健康生态养殖渔业，继续推广实施池塘环保健康养殖模式、鱼菜共生立体种养模式、三峡库湾水域牧场模式、稻鱼同田稳粮增收模式、特色土著鱼保种开发模式、名优冷水鱼流水养殖模式及观赏休闲渔产业化模式等生态渔业养殖模式，充分盘活池塘、水库、河沟、稻田四大养殖水域，为重庆市生态渔业健康发展提供技术支撑，不断推进生态渔产业链建设。

4）加快发展休闲渔业。一是不断丰富休闲渔业发展模式。结合渔业养殖基地和休闲农庄建设等，积极推进传统渔业生产与休闲娱乐、观赏旅游、教育科普和餐饮文化等多种服务业有机结合，不断丰富休闲渔业发展模式，切实提升发展水平和质量。二是大力推进休闲渔业示范基地建设。加大休闲渔业资源整合力度，不断扩大休闲渔业产业规模，大力推进国家级和（省）市级休闲渔业示范基地建设，加强休闲渔业品牌创建，不断健全休闲渔业技术服务体系，切实提升重庆市区域休闲渔业发展水平。

（六）蔬菜产业供给侧结构改革取向

1. 蔬菜产业供给侧结构改革的主要方向

蔬菜产业一头连着菜农、一头连着市民，既关乎农民增收，又关系市民福利，在人们日常生活和经济社会发展中具有重要作用。蔬菜产品供给的特点是，因为其不耐储存，因而并非越多越好，而需要实现均衡供给、安全生产、健康消费。为此，蔬菜产业供给侧结构改革需要强化均衡供给的政策目标。同时，科学界定政府和市场的关系，对于市民需求大的蔬菜品种，政府应该着力引导扩大种植，对于其他蔬菜品种则倡导通过市场化路线实现供给，努力增加产品丰富度。着力提升产品质量安全水平，增加绿色品种供给，提升市民福利水平。

2. 蔬菜产业供给侧结构改革的重要内容

1）实现季节均衡供给。按照"春菜抓早补缺口，夏菜控量调大宗，秋菜增量扩叶菜，冬菜稳量促外销"的思路推进季节种植结构调整。抓春菜要充分发挥沿江流域和低海拔地区大棚、温室等设施的作用，提早育苗并栽种，弥补早春菜缺口；抓夏菜要控制总量，逐步压缩莲白、大白菜、茄子等大宗蔬菜品种的种植规模，适度扩大一些小品种的生产；抓秋菜要积极应对高温伏旱天气，因势利导，重点发展高山蔬菜，利用海拔高层差异实现错季上市，特别是增加散叶类蔬菜种植，同时适当增加低海拔地区速生叶菜种植和茄果类、瓜类蔬菜秋延后栽培；抓冬菜要利用重庆冬季气候暖和、冬闲地较多的优势，稳定青菜头、儿菜、萝卜等露地优势蔬菜种植，进一步拓展外地市场。同时通过设施栽培、提早或延时栽培、工厂化调剂生产、储藏加工等技术措施实现"淡季不淡"和均衡供给。

此外，选择重点地区，如西双版纳、海南或攀枝花等地冬季蔬菜供应重点地区，一方面与相关蔬菜业主签署长期供应合同；另一方面对去三地开展蔬菜生产的本土企业主予以季节性专项扶持，确保蔬菜供应季节平衡。

2）丰富品种供应。根据市场需求，确定不同区域、不同种植带、不同季节的补控品种，避免集中上市的地产大宗品种与大量外来同类蔬菜品种叠加，特别要避免与我国北方产区大棚蔬菜和南方产区稻后蔬菜上市旺季的主要品种发生正向冲突，促进产出结构合理化。特别地，要优化全市区域间蔬菜品种的均衡布局，其中主城周边地区以叶菜生产为重点，增加主城区全年叶菜及早春菜供应的市场份额；渝西地区时鲜蔬菜重点区域的3个市级重点基地县要丰富早春菜品种，提早春季茄果类、瓜类、豆类等蔬菜供应；地处渝东南地区的武隆等区县要利用高山种植带增加番茄、黄瓜、胡萝卜、青花菜、香菜、豆类等精品菜生产，适当增加菜心、油麦菜、生菜、菠菜、芹菜、小白菜等散叶类菜,填补秋季供应缺口。冬季地产优势蔬菜要走高端、做品牌、拓外销,加快品种更新。引导部分基地或业主调整品种结构,由只种单一大宗品种,变为选择发展一些稀缺品种。

3)高山平坝错季供给。充分利用近年来全市高山错季生产优势,发挥其在消弭蔬菜"春淡"和"秋淡"中的重要作用。基本思路是:一是加大高山地区越冬菜的播种和种植。每年 11 月后,武隆仙女山等高山地区适当扩大越冬菜种植,越冬菜跨过春节前后正好上市,弥补重庆地区春季蔬菜供应不足的矛盾;二是充分利用高山地区夏季末期的气候特点,扩大蔬菜种苗工厂化育苗规模,待平坝地区夏季结束后,将高山地区培育的蔬菜种苗移植到平坝地区栽种,充分利用高山地区气候优势做好季节茬口的安排,消弭蔬菜供应"秋淡"供应,尽可能实现季节间的均衡供应,提升蔬菜产品价值。

4)强化常态化基地建设。建好高标准蔬菜基地,尤其是常态化基地,是稳定生产、保障供给的基础,应突出抓住几个重点:一是将新规划蔬菜基地主要布局于基本农田区域,并按照国家高标准农田的建设规范进行建设,把菜园纳入基本农田保护,不得乱占和侵占,使蔬菜基地成为永久菜园。二是围绕解决"春提早、夏防洪、秋抗旱、冬防冻"等现实问题,建好基地水利、电力、棚架等基础设施,提高综合生产及抗灾能力。三是完善道路、储藏、耕种等配套设施设备,解决产品、投入品、农机具运进运出等问题。四是整合农业、水利、国土、交通等部门的有关项目,切实加大基地建设投入,不断优化项目资金及建设质量管理,并积极引导社会资金投入。

5)加强基本品蔬菜供给。蔬菜产业宏观调控思路的创新,也需要合理界定政府和市场的关系。蔬菜是影响城乡居民菜篮子平稳供应的重要产品,其价格稳定和有效供应是政府履行社会经济职能、提高执政能力的重要内容;同时,蔬菜产品又是保证农民持续增收的重要依托。因此,蔬菜产业是典型的"保供给、促增收"的民生产业。为此,有必要在合理确立政府和市场关系的基础上,按照"保供给、促增收"的思路,强化底线思维,科学确立区域性蔬菜保供品种,形成区域性蔬菜品种目录布局,并按照需求特点拟定区域性蔬菜各品种播种面积,对纳入基本品目的蔬菜基地实施目标价格管理。其他没有纳入区域性基本目录的蔬菜品种,以及替代弹性高的蔬菜品种,则通过加强数据监测,提供公开透明的数据信息,按照市场化调控思路,引导蔬菜业主加强自主决策,真正形成政府的归政府、市场的归市场的新型产业调控思路。

6)推行四季菜园建设。从蔬菜产业运行特征来看,候鸟式的企业化蔬菜基地面积越大的区域,蔬菜市场的波动性就越强。由于企业化蔬菜基地的本质是逐利的,在频繁的蔬菜价格蛛网波动格局下,企业经营业主往往会在成本压力下,选择随机性的产业退出,并进而对下个周期的蔬菜市场运行造成波动性隐患。因此,建议农业主管部门秉持蔬菜产业内在规律,引导各地切实加强四季菜园建设,消除蔬菜产业大起大落的隐患,实现蔬菜均衡供给。其总体思路是:要合理运用大基地形成的范围经济效应,建设大区域的蔬菜基地,充分提高蔬菜产业的区域竞争力;与此同时,在大区域蔬菜基地内部,又引导建立蔬菜小业主实现适度规模经营,既实现蔬菜生产的集约化,又引导业主四季生产、持续经营,有效消除蔬菜产业的剧烈波动,促进蔬菜产业的可持续发展。

五、重庆食物供给侧结构改革的总体建议

（一）理念引领，发展特色优势产业要有耐心

重庆先后形成了涪陵榨菜、长寿沙田柚和忠县柑橘等区域特色产业，涪陵榨菜等品牌更获得世界性声誉。"有华人处，即有涪陵榨菜"，该产品闻名遐迩。这些产品声誉的形成，非一日之功，是在长期历史发展和积淀中形成的。在调研中，课题组了解到由于近年来赣南等地柑橘黄龙病暴发，引致鲜食柑橘价格攀升，重庆市一些果农为此纷纷转战鲜食柑橘市场。这种跟风可能给柑橘产业带来较大风险，不仅拉高了加工柑橘原料成本，而且跟风种植数年后的鲜食柑橘市场依然充满不确定性。当前的农业供给侧结构改革，推进农业特色优势产业发展，需要坚持理念先行，围绕生态文明的核心理念，不断丰富农产品生态产业链，形成"生态文明、绿色发展、多元融合和城乡共生"的发展格局。

（二）补短加长，持续优化农业产业内部系统

1. 坚持品种优化

围绕资源禀赋，以及当前农产品市场需求特点，加快符合消费者需求趋势的品种选育，实现农产品数量丰富后的品种优化。一是重新找回农产品原味。在大规模商品化生产过程中，品种选育只追求产量，忽视品质，一些农产品逐渐失去了原来的口感。要通过品种优化，将丢失的农产品原味重新寻找回来，让番茄重新有番茄的味道、让肉重新有肉的味道，使城乡居民茶饭飘香，提升他们的产品忠诚度。二是推进供给短板农产品品种研发。实施农产品调入替代战略，降低重要农产品对外依存度。加大优质粮油品种选育，加快木本植物油尤其是核桃品种选育，推进水产品品种选育，降低对外依存度。三是加快休闲产品研发，推进产业融合。围绕产业融合发展的理念，加快草莓、樱桃、葡萄、枇杷、李子等水果和名优花卉的品种优化，推进休闲采摘、体验观光等新型业态蓬勃发展，实现产业融合发展。

2. 坚持技术优化

良种、良法和良治相结合，是实现优质农产品大幅提升的重要条件。要强化农业技术对供给侧结构改革的引领作用，优化农业资源配置效率。一是推广立体耕作技术。强化稻田养鱼、稻田养蟹，着力提升农业资源配置效率，提高单位土地产出率。二是强化标准化种养技术推广。针对当前绿色农业产业发展滞后的现状，要在全市大力推广标准化种养技术，增加"三品一标"农产品供给数量，提升农产品品质。三是强化加工技术研发。全市青菜头每年总产量近 300 万 t，是全市第一大蔬菜产品，但从未有烂市现象发生，榨菜加工技术的发展功不可没。要积极加大加工技术的研发力度，引导副产物资源化利用，提升农产品加工效益。

3. 坚持规模优化

坚持规模发展，一是强化产业区域化布局。按照"资源禀赋、产业基础、集中连片"

的要求，切实推进优势区域布局，形成"一县一业一特"，产业规模发展，不断优化"371+X"产业体系的区域布局。二是强化和完善产业链对规模化的牵引作用。调研发现，农产品产业链越完整、加工业越发达的地区，产品烂市的潜在风险相对越小。建议在规模化扩大的基础上，以加强农业供给侧结构性改革为重点，强化农产品产业链建设，促进农产品生产、加工、运销、储藏等纵向产业链发展，加快农业本体产业和关联产业之间的横向产业链发展，实现农业一二三产融合化发展。三是推行大产区、小业主规模化运营格局。调研发现，农业经营真正赚钱的是那些持续经营的业主。建议在规模扩大的同时，积极探索"大产区、小业主"的基地运营格局，引导产业规模化且科学合理发展。与此同时，在大产区内部又引导小业主实现适度规模经营，促进规模化可持续发展。

（三）节本增效，着力增强农业竞争优势

1. 降低农产品生产成本

围绕当前农产品成本压力，降低农产品生产成本。一是降低劳动力成本。受地理地貌限制，重庆市单个农户购买农机使用范围受限，农机使用率不高，农户购买意愿不强，全市农机化率偏低。建议走农机社会化服务发展路子，组建标准化农机专业合作社，提升机械对劳动替代的能力。国有资本参股农机合作社，其中40%农机资产由市农业主管部门、市财政协调资金予以统筹解决，60%由合作社理事会成员自筹解决。国有农机资产参与合作社年终分红，红利平均分配入社农户，并且正常计提折旧。二是化解租金上涨压力。在坚持家庭经营基础上，大力推行专业合作、股份合作，化解租金上涨压力。在条件成熟地区，积极开展确权不确地的试点，积极开展土地平整和耕地整治，形成联系更紧密的合作型产业组织，为农业机械化创造条件。三是化解物质成本压力。鼓励合作社实施农业投入品联合采购，强化农业生产者在物资采购中的优势地位，切实降低农业物质成本带来的压力。

2. 降低农产品流通成本

支持开展农产品流通方式创新，开展农超对接。支持建立"农业物联网+互联网"的农产品生产流通业务，鼓励开展农产品经营权众筹和产品众筹业务，积极开展农产品定制化生产。加快冷链物流支持配送体系建设，降低农产品流通损耗，切实降低流通成本。

3. 降低农业生产资金成本

积极发展普惠金融试点，鼓励农民合作社开展信用合作；支持条件较好的地区开展股权众筹和经营权众筹，稳妥推进农业互联网金融试点，切实解决农村贷款难、贷款贵的难题。积极试点土地信托业务，多渠道拓宽农村融资渠道，有效降低资金成本。

4. 提升农业综合效率

1）降低农业生产风险损失。切实推进"双千一品"工程建设。建议加大统筹创新力度，按照"建设一片、建成一片、见效一片"的总体思路加大高标准农田建设，提升农业综合生产能力和抗风险能力。市政府出台高标准农田建设指导意见、市人大颁布高标准农田保护条例，相关职能部门支持高标准农田排灌自动化、作业机械化、土壤肥力提升、管理信息化等方面的科技创新与成果转化应用，稳步改进农业生产条件，提高土地产出率和劳动生产率，确保全市口粮安全和农产品稳定供应。

2）提升资源配置效率。围绕优化农业资源配置效率，切实提升土地资源配置效率。推行新型耕作方式，发展稻田、稻蟹养殖技术，提高单位土地产出效益。积极发展生态和经济兼用林，盘活全市 6000 万亩林地资源。例如，积极发展楠竹及其加工制品；充分利用边际林地资源，发展核桃木本植物油，切实提高林地资源配置效益。

3）提高农产品供给效率。开展品牌化商品粮基地建设。建议在长寿、垫江、梁平和南川等适宜地区，选择适宜面积土地建立永久性商品粮生产基地，统一品牌标识，提升产品影响力，迅速占领市场。推进优势大宗农产品保供基地建设。严格界定政府和市场的关系，实施底线思维，界定蔬菜保供品类目录和肉禽蛋保供数量，建立永久性的保供基地，并严禁基地非农化。契合城乡消费者功能性、养生性饮食需求，增加康养功能型产品稳定供应，切实增加土鸡（蛋）、杂粮、杂豆等的生产供应。

4）提高支农资金使用效率。积极探索财政支农资金的投入方式，切实提升财政支农资金使用效率。建议在存量支农资金使用总体保持不变的基础上，积极总结财政支农股权化改革试点经验，鼓励财政支农资金提升农业风险保障层级。

（四）建构产品多样价值，形成"小产区、高品质"特色效益

重庆立体气候明显，具有发展特色产业的得天独厚的条件，具备形成"小产区、高品质"特色效益产品的先天条件。因而，建议在特色效益产业发展上因势利导，利用农产品生产区域化特质，逐步形成"小产区"特色效益产业化基地。重庆特色效益产业的小产区属性，应该逐步开发其几个方面产品内涵的叙事。

1）建构产品立地价值。农产品是区域性的，是大自然的杰作，要不断建构重庆地区小产区产地的区域性论述。此前，重庆农产品缺少将大巴山、三峡、武陵山等叫响全国的区域内涵论述，应该以发展特色效益农业为切入点，不断将这些区域性概念导入重庆产品内涵论述中，逐步强化人们对这些特殊区域的产地价值的认同和推崇。目前，巫溪天麻、酉阳玄参、酉阳白术、城口蜂蜜等产品实际上获得了专家层面的认同，特别是川玄参、川白术的区域标准更是援引酉阳玄参和白术制定的，但是直辖以来产地价值挖掘非常不够。

2）建构产品产制价值。近年来，派森百橙汁在全国消费者面前，不断强化"鲜果加工""不含任何添加剂""全程冷链配送"等产制过程的内涵论述，获得了极佳的消费者认同，以及品牌美誉度。但是，反观其他重庆产农产品，缺乏这种产制价值的论述，因而难以捕获消费者心理。在发展特色效益产业过程中，应该借鉴派森百橙汁产制价值的内涵论述，不断强化其他特色效益产业在生产、环境、加工过程中的内涵论述，形成独具一格的产品识别度。

3）建构产品历史文化价值。任何市场竞争，最后都复归历史和文化价值，农产品也不例外。涪陵榨菜之所以强盛不衰，"凡有华人处则有涪陵榨菜"，这不仅是人们与生俱来的口感使然，更是代表了人们内心深处深藏的乡土情怀。因此，要不断深度发掘蕴藏于重庆农产品的历史文化内涵。当前，重庆榨菜在建构文化和历史叙述方面做得比

较好，但是其他产业，如重庆茶、调味品产业等缺乏必要的文化内涵论述。实际上，三峡地区是中原文化和巴文化交汇的重要孔道，存在丰厚的文化底蕴，有必要在这方面强化巴文化、峡江文化和民俗文化的产品内涵论述，形成产品的历史文化价值，逐步建构"小产区、高品质"的产品内涵，满足人们日益增长的美好生活追求。

（五）强化保障，不断完善有关配套政策

1. 发展重点产业链农业保险

围绕全市重点产业和区县优势特色产业发展，在农业保险上延伸触角、锁定重点。大力推广涪陵青菜头种植收益保险试点经验，引导保险机构为重点产业设立病虫害、自然灾害、农产品价格等方面的保险品种。

2. 开展新型主体融资担保服务

引导金融机构将新型农业经营主体的厂房、设备、生产设施、农田基础设施等作为资产抵押担保，着力解决涉农企业贷款难题。

3. 强化农民增收组织服务保障

进一步发挥政府职能部门对"三农"工作的服务保障作用，抓好公益性基础设施建设，提高金融配套服务水平，加强防灾减灾方面的宣传教育和预警预判，积极推进财政资金农民持股股权化改革，让农民分享更多的产业链收益、资产红利，有更多的获得感。

西南地区渔业可持续发展战略研究

一、资源状况和养殖面积

（一）海洋和淡水资源

我国拥有丰富的海洋和淡水资源，为渔业发展提供了条件。我国海岸线长达 18 000 多千米，管辖海域约 300 万 km²，具有丰富的渔业资源，广阔的海域面积是我国发展远洋渔业的条件。滩涂和浅海是我国发展水产养殖业的重要基地。西南地区仅广西壮族自治区有海域——北部湾。北部湾是中国广东雷州半岛、海南岛和广西壮族自治区及越南之间的海域。据不完全统计，全国大小河流总长达 43 万 km，长度在 1000km 以上的河流有 20 多条。流域面积在 100km² 以上的河流有 50 000 多条，流域面积在 1000km² 以上的河流约 1580 条，超过 1 万 km² 的大江大河有 79 条。湖泊分布广、类型多样，其中淡水湖面积约占全国湖泊总面积的 45%。我国是世界上内陆水域面积最广的国家之一，包括湖泊、地塘、水库和江河等的内陆各类水域面积总计约 1747 万 hm²。另外，还有可以进行养鱼的水稻田 276 多万公顷。这些为丰富多样的淡水鱼类提供了良好的生存条件。

西南地区是我国重要的水资源富集区，其河网密集，有长江、黄河、独龙江、怒江、澜沧江、元江和珠江七大水系，区内水资源总量 12 735.2 亿 m³，占全国水资源总量的 45%。四川省境内有 1400 多条河流，平均年流经量约 3000 亿 m³；有西昌邛海、泸沽湖和雷波县马湖等 1000 余个湖泊，总面积约为 1500km²。重庆市境内长江干流自西向东贯穿全境，长达 708.8km；境内还有入境河流 36 条，多年平均入境水量 4005 亿 m³；出境河流主要是长江，出境水量 4440 亿 m³。云南省境内有大小河流 600 余条，有滇池和洱海等 30 个高原湖泊，总面积 1066km²，净储水量为 300 亿 m³。贵州省河流分属长江流域的牛栏江、横江水系、赤水河水系、乌江水系、沅江水系、珠江流域的南盘江水系、北盘江水系、红水河水系和柳江水系，长度在 10km 以上的河流有 984 条。广西壮族自治区河流主要有属于西江水系的红水河、柳江、黔江、右江、郁江、浔江和桂江，属于桂南沿海诸河水系的南流江、钦江、防城河、茅岭江、大凤江、北仑河、九州江等，以及属于长江流域洞庭湖水系的湘江、资江等。西藏自治区是我国河流、湖泊分布最多的省（市、自治区）之一，流域面积大于 10 000 km² 的河流有 20 余条，大于 2000 km² 的河流在 100 条以上，境内湖泊总面积达 24 183km²，约为我国湖泊总面积的 30%（王笛等，2012）。

（二）种质资源

目前鱼类共有约 2.2 万种，其中海洋鱼类约有 1.2 万种，淡水鱼类约有 1 万种。我国的海洋鱼类总数有 3187 种，包括软骨鱼 200 多种，硬骨鱼 2700 余种。根据《中国淡水鱼类检索》记载，我国淡水鱼类共计 1010 种，隶属于 19 目 52 科 268 属。根据鱼类生存环境和物种的差异，可将我国海洋鱼类所在区分为四大鱼区：渤海鱼区、黄海鱼区、东海鱼区和南海鱼区；淡水鱼类划分为六大鱼区：东北鱼区、华东鱼区、华中鱼区、华南鱼区、宁蒙鱼区和华西鱼区。从地理位置上来看，西南地区兼具有南海鱼区（广西）、华南鱼区、华中鱼区、华西鱼区的特点。

1. 四川鱼类资源

四川生物资源丰富，是天然种质基因库。已知鱼类有 241 种和亚种，隶属于 9 目 20 科 107 属，加上近几年发表的新种，共约 250 种。据初步统计，分布于四川地区的长江上游珍稀及特有种约 100 种，占 40%，有 40 多种为四川的特有鱼类，约占 18%，土著鱼类有 90 多种，约占 40%。国家级重点保护鱼类有 3 种：白鲟、达氏鲟和胭脂鱼；省级重点保护鱼类有宽体沙鳅、双斑副沙鳅、短体副鳅、大渡白甲鱼和窑滩间吸鳅等。许多特有鱼类具有重要的科学价值和经济意义，是重要的渔业种质资源，主要包括达氏鲟、虎嘉鱼、小眼薄鳅、四川鲴、黑尾近红鲌、齐口裂腹鱼、重口裂腹鱼和四川裂腹鱼等（丁瑞华，1993）。

2. 重庆鱼类资源

重庆水生野生动物有 200 余种，其中长江有鱼类 150 余种，约占长江上游鱼类总数的 80%，有国家Ⅰ级重点保护野生动物中华鲟、长江鲟和白鲟等，国家Ⅱ级重点保护野生动植物胭脂鱼和大鲵等。长江上游特有鱼类有南方大口鲇、齐口裂腹鱼、中华倒刺鲃和长薄鳅等。保护和合理利用这些野生动植物资源，对于维护生态平衡、保护生物多样性、履行国际公约具有重要意义（孙炜琳和刘佩，2014）。

3. 云南鱼类资源

云南鱼类资源丰富，居全国各省区首位。据中国科学院昆明动物所统计，截至 2007 年有效记录的淡水鱼类共有 11 目 40 科 189 属 559 种及亚种。珍稀濒危种类 85 种，其中被列为国家Ⅰ级重点保护野生动物的有中华鲟和达氏鲟；列为国家Ⅱ级重点保护野生动物的有胭脂鱼、大头鲤、滇池金线鲃和大理裂腹鱼；列为云南省Ⅱ级重点保护野生动物的有 18 种；列入《中国濒危动物红皮书•鱼类》的有 43 种。在中国仅见于云南的有：双孔鱼科、粒鲇科、刀鲇科、南鲈科 4 个科，异鲴属和袋唇鱼属等 45 个属，大头鲤、短须裂腹鱼和中国结鱼等 290 种（田树魁和石永伦，2013）。

4. 贵州鱼类资源

贵州地处云贵高原，已记录的鱼类有 226 种（亚种），隶属 6 目 20 科 103 属。其中珍稀濒危鱼类有 9 种，包括胭脂鱼、长薄鳅、似鳡、叶结鱼、华缨鱼、岩原鲤、乌原鲤、长臀鮠和中臀拟鲿。贵州省特有鱼类有：贞丰高原鳅、贵州拟鲿、多鳞四须鲃、宽头四须鲃和多斑金线鲃等 18 种（姚俊杰等，2009）。

5. 广西鱼类资源

广西野生鱼类资源丰富。据《广西淡水鱼类志》记载，广西壮族自治区淡水鱼类有

200 种，分别隶属于 14 目 33 科 116 属。列为国家Ⅰ级重点保护野生动物的有中华鲟和中华白海豚等 4 种，列为国家Ⅱ级重点保护野生动物的有花鳗鲡等 31 种。此外，广西本土特有或具有重要保护价值的水生野生动物还有桂花鲮和龙州鲤等几十种（郑葆珊，1981）。广西的海水渔业资源也十分丰富，主要分布在南海渔区的北部湾，其是我国著名的大渔场之一，包含 500 多种鱼类、200 多种虾类、近 50 种头足类和 20 多种蟹类等（普胤杰，2015）。

6. 西藏鱼类资源

西藏地区已知鱼类 58 种和 13 个亚种，分隶于 3 目 5 科和 4 亚科 2 属，约占我国整个青藏高原鱼类 92 种和 20 亚种的 63%以上。西藏地区鱼类区系基本由三大类群组成：鲤形目鲤科裂腹鱼亚科、鳅科条鳅亚科和鲇形目鮡科，其中裂腹鱼亚科有 26 种和 13 亚种，占西藏鱼类总数的 54.9%。这三大类群合计占整个西藏鱼类的 93%以上，其他类群只有 7 个种，所占比例较少，仅为 6.6%。其中，鲑形目种群所占比例最小，仅亚东鲑为国家Ⅱ级重点保护野生动物（张春光和贺大为，1997）。

（三）养殖面积

截至 2019 年年末，全国水产养殖面积 7108.5 千 hm²，同比下降 1.13%。其中，海水养殖面积 1992.2 千 hm²，同比下降 2.5%；淡水养殖面积 5116.3 千 hm²，同比下降 0.6%（王莎，2017；农业农村部渔业渔政管理局，2021）。2019 年西南地区水产养殖总面积为 617.577 千 hm²，海水养殖面积为 49.8 千 hm²，淡水养殖面积为 567.8 千 hm²，其中池塘养殖面积为 253.9 千 hm²。除广西壮族自治区有海水养殖外，西南地区其余各省市区只有淡水养殖。广西壮族自治区海水养殖面积为 49.8 千 hm²，淡水养殖面积为 133.4 千 hm²，其中池塘养殖面积为 60.7 千 hm²，分别比 2018 年增长 1.98 千 hm²、2.09 千 hm²、1.49 千 hm²；四川省淡水养殖面积为 193.1 千 hm²，其中池塘养殖面积为 99.98 千 hm²，分别比 2018 年增长 3.01 千 hm² 和 1.63 千 hm²；重庆市淡水养殖面积为 82.82 千 hm²，其中池塘养殖面积为 53.09 千 hm²，分别比 2018 年增长–0.21 千 hm²、0.05 千 hm²；云南省淡水养殖面积为 93.94 千 hm²，其中池塘养殖面积为 25.4 千 hm²，分别比 2018 年增长–0.49 千 hm²、0.05 千 hm²；贵州省淡水养殖面积为 61.5 千 hm²，其中池塘养殖面积为 11.747 千 hm²，分别比 2018 年增长 13.87 千 hm²、2.34 千 hm²；西藏自治区淡水养殖面积为 0.003 千 hm²，其中池塘养殖面积为 0.003 千 hm²，分别比 2018 年增长–0.001 千 hm²、–0.001 千 hm²。

我国水产养殖面积总体呈下降趋势，而淡水养殖呈现上升趋势，其中池塘养殖面积增加，而湖泊、水库和河沟，尤其是河沟养殖面积和湖泊养殖面积大幅下降。近几年，高新养殖模式的推广使除池塘养殖、网箱养殖外的其他养殖面积大幅增加。西南地区养殖面积总体呈现上升趋势。

二、水产品生产现状

我国水产品生产总体趋势向好，总产量、养殖产量和人均占有量同比增高，捕捞量基本稳定；各地区以土著或特色鱼类为养殖对象，根据地域特点采用合适的养殖模式，养殖效益可观，水产品生产迈上新台阶。

（一）总产量

西南地区水产品以淡水产品为主，兼具部分海水产品。2019 年西南地区水产品产量为 642.06 万 t，占全国水产品总产量的 9.91%。其中，海水水产品产量为 199.49 万 t，占全国海水水产品总量的 6.08%，占西南地区水产品产量的 31.07%；淡水水产品产量为 442.57 万 t，占全国淡水水产品总量的 13.48%，占西南地区水产品产量的 68.93%（农业部渔业渔政管理局，2016，2017）。

在西南地区，四川、重庆、云南、贵州和西藏只有淡水水产品，而广西兼有淡水和海水水产品。2019 年，四川省水产品产量为 157.69 万 t，占西南地区水产品产量的 24.56%，占西南地区淡水水产品产量的 35.63%。重庆市水产品产量为 54.17 万 t，占西南地区水产品产量的 8.44%，占西南地区淡水水产品产量的 12.24%。云南省水产品产量为 63.65 万 t，占西南地区水产品产量的 9.91%，占西南地区淡水水产品产量的 14.38%。贵州省水产品产量为 24.36 万 t，占西南地区水产品产量的 3.79%，占西南地区淡水水产品产量的 5.50%。广西水产品产量为 342.15 万 t，占西南地区水产品产量的 53.29%，其中海水水产品产量为 199.49 万 t，占广西水产品产量的 58.31%；淡水产品产量为 142.65 万 t，占西南地区淡水水产品产量的 32.23%。西藏水产品总量为 0.04 万 t。综上所述，西南地区各省区市水产品产量排行由高到低依次为：广西、四川、云南、重庆和贵州、西藏。淡水产品产量排行由高到低依次为：四川、广西、云南、重庆和贵州、西藏（专题表 2-1）（农业部渔业渔政管理局，2016，2017）。

专题表 2-1　2019 年全国和西南地区水产品产量表　　　（单位：万 t）

地区	总产量	海水产量	淡水产量
全国	6480.36	3282.50	3197.87
西南地区	642.06	199.49	442.57
四川	157.69	0	153.80
重庆	54.17	0	54.17
云南	63.65	0	63.65
贵州	24.36	0	24.36
广西	342.15	199.49	142.65
西藏	0.04	0	0.04

（二）养殖产量

2019 年，西南地区海水水产品养殖产量低于淡水水产品养殖产量。2019 年西南地区水产品养殖产量为 566.3 万 t，占全国水产品养殖产量的 11.15%，同比增长 6.40%。其中，海水水产品养殖产量为 142.6 万 t，占全国海水水产品养殖产量的 6.90%，占西南地区水产品养殖产量的 25.18%；淡水水产品养殖产量为 423.7 万 t，占全国淡水水产品养殖产量的 14.06%，占西南地区水产品养殖产量的 74.82%（专题表 2-2）（农业部渔业渔政管理局，2016，2017）。

2019 年，四川淡水水产品养殖产量为 153.8 万 t，占西南地区水产品养殖产量的 27.2%，占西南地区淡水养殖产量的 36.3%。重庆市淡水水产品养殖产量为 52.4 万 t，占西南地区水产品养殖产量的 9.26%，占西南地区淡水养殖产量的 12.4%。云南淡水水产品养殖产量为 60.6 万 t，占西南地区水产品养殖产量的 10.7%，占西南地区淡水养殖产量的 14.3%。贵州省养殖水产品养殖产量为 23.3 万 t，占西南地区水产品养殖产量的 4.1%，占西南地区淡水养殖产量的 5.5%。广西水产品养殖产量为 276.2 万 t，占西南地区水产品养殖产量的 48.8%，其中，海水水产品养殖产量为 142.6 万 t，占广西水产品养殖产量的 51.6%；淡水水产品养殖产量为 133.6 万 t，占西南地区水产品养殖产量的 23.6%，占西南地区淡水养殖产量的 31.5%。西藏淡水水产品养殖量为 0.01 万 t。综上所述，西南地区淡水养殖产量排名由高到低分别为：四川、广西、云南、重庆、贵州和西藏（专题表 2-2）（农业部渔业渔政管理局，2016，2017）。

专题表 2-2　2019 年西南地区海水、淡水水产品养殖产量　　　（单位：万 t）

地区	总产量	海水产量	淡水产量
全国	5079.1	2065.3	3013.7
西南地区	566.3	142.6	423.7
四川	153.8	0	153.8
重庆	52.4	0	52.4
云南	60.6	0	60.6
贵州	23.3	0	23.3
广西	276.2	142.6	133.6
西藏	0.01	0	0.01

（三）捕捞量

西南地区水产品捕捞分为海洋捕捞、远洋捕捞和淡水捕捞。2019 年西南地区水产品总捕捞量为 75.77 万 t，占全国水产品捕捞量的 5.41%。其中，海洋捕捞量为 56.08 万 t，占全国海洋捕捞量的 5.51%，占西南地区水产品捕捞量的 72.69%；远洋捕捞量为 1.81 万 t，占全国远洋捕捞量的 0.83%，占西南地区水产品捕捞量的 2.39%；淡水捕捞量为 18.88 万 t，占全国淡水捕捞量的 10.25%，占西南地区水产品捕捞量的 24.92%。西南地区水产品捕捞以海洋捕捞为主，淡水次之，远洋最少（专题表 2-3）（农业部渔业渔政管理局，2016，2017）。

在西南地区，仅广西有海洋捕捞和远洋捕捞，其他地区仅有淡水捕捞。2019 年，四川淡水捕捞量为 3.89 万 t，占西南地区捕捞量的 5.13%，占西南地区淡水捕捞量 20.60%。重庆淡水捕捞量为 1.76 万 t，占西南地区捕捞量的 2.32%，占西南地区淡水捕捞量的 9.32%。云南淡水捕捞量为 3.04 万 t，占西南地区捕捞量的 4.01%，占西南地区淡水捕捞量的 16.10%。贵州淡水捕捞量为 1.06 万 t，占西南地区捕捞量的 1.40%，占西南地区淡水捕捞量的 5.61%。广西捕捞量为 66.00 万 t，占西南地区捕捞量的 87.11%，其中，海洋捕捞量为 55.08 万 t，占西南地区捕捞量的 72.69%；远洋捕捞量为 1.81 万 t，占西南地区捕捞量的 2.39%；淡水捕捞量为 9.11 万 t，占西南地区捕捞量的 12.02%。西藏淡水捕捞量为 0.03 万 t，占西南地区捕捞量的 0.04%，占西南地区淡水捕捞量的 0.16%（专题表 2-3）（农业部渔业渔政管理局，2016，2017）。

专题表 2-3　2019 年西南地区水产品捕捞量　　　　　　（单位：万 t）

地区	总捕捞量	海洋捕捞量	远洋捕捞量	淡水捕捞量
全国	1401.29	1000.15	217.02	184.12
西南地区	75.77	55.08	1.81	18.88
四川	3.89	0	0	3.89
重庆	1.76	0	0	1.76
云南	3.04	0	0	3.04
贵州	1.06	0	0	1.06
广西	66.00	55.08	1.81	9.11
西藏	0.03	0	0	0.03

（四）养殖亩产

2019 年，我国西南地区海水和淡水水产养殖亩产量都高于全国平均水平；四川、广西和西藏淡水水产养殖亩产量高于西南地区平均水平，其他地区均低于西南地区平均水平。2019 年我国海水水产养殖亩产量为 10.367t/hm^2，西南地区仅广西有海水养殖，广西海水养殖亩产量为 28.621t/hm^2。我国淡水水产养殖亩产量为 5.890t/hm^2，西南地区淡水水产养殖亩产量为 7.502t/hm^2。其中，四川淡水水产养殖亩产量为 7.965t/hm^2，高于全国平均水平 2.075t/hm^2，高于西南地区 0.463t/hm^2；重庆淡水水产养殖亩产量为 6.329t/hm^2，高于全国平均水平 0.439t/hm^2，低于西南地区 1.173t/hm^2；云南淡水水产养殖亩产量为 6.452t/hm^2，高于全国平均水平 0.562t/hm^2，低于西南地区 1.05t/hm^2；贵州淡水水产养殖亩产量为 3.787t/hm^2，低于全国平均水平 2.103t/hm^2，低于西南地区 3.715t/hm^2；广西淡水水产养殖亩产量为 10.013t/hm^2，高于全国平均水平 4.123t/hm^2，高于西南地区 2.511t/hm^2；西藏淡水水产养殖亩产量为 32.000t/hm^2，高于全国平均水平 26.11t/hm^2，高于西南地区 24.498t/hm^2。综上所述，我国西南地区海水和淡水水产养殖亩产量如专题表 2-4 所示（农业部渔业渔政管理局，2016，2017）。

专题表 2-4　西南地区海淡水水产品亩产量　　　　　　（单位：t/hm^2）

地区	海水亩产量	淡水亩产量
全国	10.367	5.890
西南地区	28.621（广西）	7.502
四川	0	7.965
重庆	0	6.329
云南	0	6.452
贵州	0	3.787
广西	28.621	10.013
西藏	0	32.000

（五）养殖种类

西南地区在养殖大宗鱼类（如青鱼、草鱼、鲢、鳙、鲤、鲫和团头鲂）的基础上，结合各地区独特的环境条件，以土著和名优鱼类为特色，开创各地区的渔业前景。四川省主要以冷水鱼和亚冷水鱼为特色养殖种类，包括齐口裂腹鱼（雅鱼）、重口裂腹鱼、三文鳟、金鳟、彩虹鳟、山女鳟、北极红点鲑、溪红点鲑、红点鲑、亚东鲑、细甲鱼、虹鳟、杂交鲟、小体鲟、匙吻鲟、俄罗斯鲟、大鳞鲑、银鲑、西伯利亚鲟和史氏鲟等。重庆市以名优品种为特色养殖品种，包括中华倒刺鲃、岩原鲤、胭脂鱼、长吻鮠、黄颡鱼、泥鳅、大口鲶、大鲵、棘胸蛙、中华鳖、奥尼罗非鱼、斑点叉尾鮰、厚颌鲂、美国青蛙、白甲、华鲮和翘嘴红鲌等（王笛等，2012；熊太云，2016）。贵州省以冷水鱼为特色，包括大鲵、虹鳟、金鳟和鲟鱼（崔巍，2012）。云南省以土著鱼类为特色，包括丝尾鳠、滇池高背鲫、大头鲤、滇池金线鲃、鱇𩾃白鱼和云南裂腹鱼（张建斌和王志飞，2014）。广西壮族自治区以名优品种为特色，包括罗非鱼、金钱龟、广西拟水龟、黄缘盒龟、缅甸陆龟、鳄龟和山瑞鳖、黄沙鳖、珍珠鳖（普胤杰，2015）。

（六）养殖模式

我国水产养殖模式分为海水和淡水两种。海水养殖模式有池塘、网箱、筏式、吊笼、底播和工厂化养殖。淡水养殖模式有池塘、湖泊和水库等水域粗养，围栏、网箱和工厂化等高密度精养（孙炜琳和刘佩，2014）；桑基鱼塘和休闲渔业等。西南地区水产养殖模式有休闲渔业、稻田养殖、池塘养殖、水库养殖、网箱养殖和工厂化养殖等，其中休闲渔业和稻田养鱼是新兴水产养殖模式，在西南各地区大力推广，而网箱养殖因污染水质逐渐被废止。

四川水产养殖模式包括稻田养殖、池塘养殖、水库养殖和网箱养殖等。稻田养殖有崇州市桤泉镇的稻田养鱼（陈浩等，2015）。池塘养殖有永兴镇的活水池塘养鱼、巴中市通江县的低碳高效流水养殖以及四川润兆渔业有限公司的木鱼流水养殖基地、天全流水养殖基地和新兴流水养殖基地。水库养殖有资阳市安岳县的河堰养鱼。网箱养殖有四川润兆渔业有限公司的白龙湖网箱养殖基地和文县网箱养殖基地。

重庆水产养殖模式有休闲渔业、稻田养殖、池塘养殖和水库养殖。休闲渔业有巴南区的观赏休闲渔业。稻田养殖有云阳县的稻田养鱼。池塘养殖有永川区的环境友好型池塘养殖、丰都县名优冷水鱼流水养殖、木渡河的虾蟹混养和巴南区的鱼菜共生。水库养殖有三峡库湾的水域牧场和涪陵区的大水面增殖放流。

贵州有稻田养殖、池塘养殖、水库养殖和工厂化养殖等。稻田养殖有贵州遵义凤冈和贵州黔南州惠水县等，池塘养殖有纳雍县的生态养殖、毕节金沙的生态环保养殖等，水库养殖有巫溪中良水库养殖等，工厂化养殖有开阳县的循环生态工厂化养殖等。

云南省有稻田养殖、池塘养殖和工厂化养殖。稻田养殖有红河县稻鱼共作示范基地和芒市的"万元田"等，池塘养殖有红河县的鸭鱼塘和元江县的鱼菜共生等，工厂化养殖有新平县的罗非鱼工厂化养殖等。

广西有稻田养殖、池塘养殖、工厂化养殖和网箱养殖。稻田养殖有梧州市龙圩区的稻田养螺和河池市南丹县的稻田养鱼等，池塘养殖有玉林市的生态式圈养等，工厂化养殖有东兴市鸿生实业有限公司的工厂化养殖和钦州市家雷水产养殖有限公司的工厂化水产养殖等，网箱养殖有百色市乐业县的水库网箱养殖和梧州市大规格加州鲈网箱驯养等。

三、水产品贸易现状

（一）水产品进出口现状

我国是全球最大的水产养殖国和出口国，水产品出口是农产品出口的重要组成部分和促进渔民增收的重要途径（李晨和迟萍，2017）。此外，由于外包其他国家水产品的加工及非本国水产品消费的日益增长，我国也成了全球水产品主要的进口国之一。

据《中国渔业统计年鉴2020》数据，2019年四川、重庆、云南、贵州和广西水产品进出口总量分别为 12 721t、14 904t、7628t、108t 和 79 341t，进出口总额为 13 128.68 万美元、4278.79 万美元、4779.72 万美元、78.84 万美元、和 29 414.57 万美元。具体来说，四川、重庆、云南、贵州和广西水产品出口量分别为 2079t、1t、1735t、6t 和 41 857t，出口额分别为 5166.18 万美元、1.93 万美元、1330.78 万美元、1.24 万美元和 19 196.02 万美元；四川、重庆、云南、贵州和广西水产品进口量分别为 10 642t、14 904t、5893t、102t 和 37 484t，水产品进口额分别为 7962.49 万美元、4276.86 万美元、3448.94 万美元、77.60 万美元和 10 218.55 万美元。西藏水产品无相关记录。总的来说，2019年广西水产品进出口总额、出口总额和进口总额均位列西南地区第一，与其他省市差距大，但差距呈减小趋势；重庆出口总额较低，水产品主要依赖进口。广西以罗非鱼出口为主，出现了小幅度增加的情况（专题表2-5）。

专题表 2-5 2019 年西南地区各省区市水产品进出口量（t）/额（万美元）

省份	进出口总量	出口量	进口量	进出口总额	出口额	进口额
四川	12 721	2 079	10 642	13 128.68	5 166.18	7 962.49
重庆	14 904	1	14 904	4 278.79	1.93	4 276.86
云南	7 628	1 735	5 893	4 779.72	1 330.78	3 448.94
贵州	108	6	102	78.84	1.24	77.60
广西	79 341	41 857	37 484	29 414.57	19 196.02	10 218.55

注：未见西藏相关数据。

（二）水产品调入调出现状

2018年四川水产品总量不足，逾70%靠省外调入（郭思亚等，2018），每年需从湖北购进以大宗水产品为主的水产品五六十万吨，这种水产品大规模调入的情况可能受四川省"控制网箱养鱼、禁止施肥养鱼"政策的影响。此外，四川省还存在四大家鱼供给过剩的问题。据《重庆统计年鉴2019》及何忠谊等（2019）对重庆市大宗淡水鱼产销形势的分析，发现重庆水产品市场消费近70万t，自产50余万t，外地调入18万~20万吨，外地调入的白鲢、鳙（花鲢）每年超过10万t。

四、水产品消费现状

（一）居民消费习惯

据《中国住户调查年鉴》统计，2020年我国居民消费肉类包括猪肉、禽肉、牛肉、羊肉和其他肉类，以猪肉为主，占比高达60%，其次是禽肉，占比达29%，牛肉、羊肉和其他肉类均不足10%。熊靓（2016）对我国居民食物消费特征及影响因素进行了调研，发现城镇居民和农村居民存在明显差异。城镇居民消费量的聚类分析结果显示，直辖市（包括重庆）和沿海较富裕省份单独成为一类，西藏单独成为一类，但大多数内陆省份及中等发达地区并不能区分开；以农村居民消费量为指标的聚类分析结果则把各区域较清晰地划分开来，重庆、四川、广西、贵州和云南属于第一类，主要特点是以大米为主食，蔬菜和猪肉消费量最高；西藏属于第五类，有典型的少数民族特色，牛羊肉的消费量最高。

赵明军等（2019）报道2017年全国水产品生产总量为6445.33万t，消费总量7450.81万t，进口1090.46万t水产品（含鱼粉）补充缺口。在结构方面，我国是食用水产品净出口国和非食用水产品净进口国。按2017年水产品进出口量（统计当量）计算，我国食用水产品进出口顺差为285.1万t，非食用水产品进出口为逆差715.2万t。虽然我国为水产品产量第一大国，但总体上仍属于水产品净进口国。除了出口433.94万t，其余全部被加工成饲料或其他工业加工制品。实际食用与非食用比低于1∶1，生产总量很大而实际食用量偏低，造成水产品资源浪费。这些数据暗示水产品食用程度和有效利用率偏低，消费结构不尽合理。此外，产品结构失衡，低端无效供给多，中高端有效供给少，消费潜力难以释放。

（二）水产品消费情况

据2020年联合国粮食及农业组织（Food and Agriculture Organization of the United Nations，FAO）统计数据，全球直接用于人类消费的水产品显著增长，1961～2017年全球食用鱼类消费总量平均增长率为3.1%，高于人口增长率（1.6%）。2017年全球食用鱼消费总量为1.53亿t，中国的占比从1961年的10%增长至2017年的36%。目前，中国的水产品消费市场可分为4部分：城乡居民食用消费部分、加工工业原料消费部分、出口贸易部分和其他消费部分，其中，最重要的消费需求是城乡居民食用消费。2016年我国居民主要食物消费量为人均361.4kg，其中水产品为11.4kg，所占比例为3%。此外，农村和城镇居民水产品人均消费量存在较大差异（赵明军等，2019）。农村居民的水产品年人均消费量为15kg，显著低于城镇居民的人均消费量，仅占城镇居民的50.7%。从水产品消费价格来看，2016年四川省居民消费水产品价格上涨2.8%，城市水产品消费价格上涨2.4%，农村水产品消费价格上涨3.7%。根据重庆市统计局2016年的数据，从水产品的消费量来看，重庆水产品市场消费70多万吨。从水产品的消费品种结构来看，由传统相对单一的淡水鱼向海水鱼、虾和蟹等多品种消费结构转变。

（三）水产品加工消费量

据2020年FAO统计数据显示，2018年鲜活或冷藏的鱼品占人类直接消费鱼类的

44%，冷冻制备和保藏鱼品以及加工处理鱼品分别占 35%、11%、10%。我国水产品加工比例仅占总产量的 30%左右，其中淡水水产品加工比例不足 5%。我国水产加工品以海产品为主，海水加工产品增长迅速。据《中国渔业统计年鉴 2020》数据，全国用于加工的水产品量总计 21 714 136t，用于加工的海水和淡水产品量分别为 17 760 892t 和 3 953 244t。在西南地区，除广西以外，其余省市用于加工的水产品量均十分少。广西水产品加工量为 741 751t，海水产品加工量为 617 734t。然而，云南、四川、重庆和贵州只有淡水加工品，加工量分别为 31 395t、4688t、543t 和 1802t。总的来说，全球水产品消费以加工品为主，而我国水产加工品占比小并且以海水加工品为主。此外，西南地区除广西以外其余省市水产品加工水平落后，有待进一步提升。

五、水产品存在的问题

（一）水产品生产问题

目前，水产品生产存在的问题主要包括自然条件、品种、设施设备、养殖方式更新速度、科技研发和推广能力以及生产水平和经济效益方面，这些问题制约着水产行业的发展。

1. 渔业水域面积减少、环境恶化

渔业水域是养殖的重要基础条件之一，然而我国西南地区的渔业水域逐渐减少，养殖水环境恶化。

目前，我国资源环境约束趋紧，西南部分地区渔业水域减少以及污染严重，以云南为例，由于受到经济发展和水利工程建设等因素的影响，很多小流域出现断流现象，湖泊面积不断萎缩，淡水养殖面积日渐萎缩；同时，很多河流和湖泊遭受污染，养殖水域富营养化的问题严重。稻田养鱼、池塘养鱼存在布局不合理、生境修复和资源养护工程化水平低等问题，养殖环境日益恶化，养殖粗放，严重制约了淡水渔业健康发展（高波等，2020）。

2. 水资源开发利用率低

水资源是进行渔业生产的重要基础条件之一。开发和利用水资源是促进渔业增产的重要途径之一，然而我国西南地区水资源开发利用率低。2019 年，我国海水水产养殖面积 199.2177 万 km^2，与 2018 年相比减少了 2.49%；内陆淡水水产养殖面积 511.6320 万 km^2，相较于 2018 年减少了 0.59%（农业农村部渔业渔政管理局，2021）。黔东南州地区农业用水量占总用水量的 70%，大大超过全国平均水平（63%）；黔东南州水资源时空分布不均匀，山洪灾害发生频率较高，大部分水量以洪水形式流失，枯水期水量严重不足，多数水量利用起来难度很大（张豫媛，2019）。四川省水产养殖面积 19.01 万 hm^2，稻田养殖面积 31.22 万 hm^2，但水产养殖分散粗放，发展质量不高，发展不充分不平衡（雍亚东和王朝霞，2020）。2018 年，砚山县渔业经济总产值在农牧渔业总产值中的比例仅为 4.35%。从养殖水域上看，砚山县水库养殖面积最大，但产量低，总产量的增加还是依靠传统的池坝塘、湖泊养殖产量的增加来实现，这就表明砚山县水资源综合利用率不高（杨福周，2020）。

3. 渔业资源衰退

渔业资源是指天然水域中具有开发利用价值的鱼、甲壳类、贝、藻和海兽类等经济动植物的总体，是渔业生产的自然源泉和基础，又称水产资源。涉渔工程、工业污染、生活排污、拦河筑坝、港口航道整治和过度捕捞等，导致水生生物栖息地水体减少，水环境恶化，鱼类产卵场、索饵场和越冬场逐渐丧失，渔获物低龄化、小型化和低值化加剧，导致渔业资源逐渐衰退（孙子淇和王传会，2019）。近年来，西藏雅鲁藏布江等重点水域受到外来物种入侵、过度捕捞、水电工程建设等人类活动影响，渔业资源出现衰退趋势（户国等，2019）。

4. 良种和名特优品种缺乏

西南地区渔业资源丰富，但良种选育工作进展缓慢，导致养殖生产良种化滞后，尤其是大宗淡水鱼良种和名特优品种。

重庆市万州区渔业生产历史悠久，近 20 年来取得了较快发展，渔业产量从 1997 年的 8000 多吨提高到 2018 年的 23 000 多吨。由于只注重发展速度，养殖种类基本是池塘高密度养殖的大众品种，水产品品质较差，缺乏价值较高的有机水产品（袁锡立，2020）。从水产品苗种繁育单位数上看，重庆市有 15 个国家级和市级水产原良种场，以及其他各类水产品苗种繁育生产单位共计 60 多个，其共同特点是规模小、特色不足、设施落后，导致苗种生产单位数量多但是产能不足、竞争力不足的局面（吴晓清等，2017）。造成这一问题的原因有如下几个。第一，繁育条件恶化，如养殖设施老化、养殖用水污染和亲鱼种质不良。第二，资金不足。广西每年投入的财政资金约 100 万元，繁育场大多依靠自筹资金开展繁育生产，养殖业者负担沉重。第三，专业技术人员少。从事大宗淡水鱼类繁育工作的从业人员中，具有中级以上职称的专业技术人员仅占 5.5%，包括初级职称人员在内，专业人员也仅占 16.5%，比例不足 1/6（吕业坚等，2013）。第四，良种选育周期长、风险大，如鲢、鳙等一般 3～4 年性成熟，选育 6 代要 20 年左右，西南地区大宗鱼类良种体系建设滞后。以广西为例，广西的国家级原良种场仅 2 个，水产苗种（良种）场 826 家，生产能力约占全国总量（24 728.32 亿尾）的 2.0%，这个比例远远低于广东（32.0%）、福建（52.2%）和山东（13.9%）等省份（李坚明，2016）。

西南地区名特优品种稀少。经过多年的土著鱼类培育和外地鱼类引入，西南地区仅开发出很少的名特优品种，如鳜鱼、达氏鲟、铜鱼、大鳍鳠、沙鳅和鲈鲤。开发名特优品种难度大，主要体现在：发现有经济潜力的渔业资源困难；驯化野生物种困难；遗传育种水平和技术不够高；形成新品种后推广难度大；市场价格不稳定。

5. 渔业设施设备落后

目前，西南地区渔业设施设备问题主要体现在渔业设施薄弱且老化。渔业设施是指具有一定功能的渔业建筑，如鱼塘和渔港。渔业设施是进行渔业生产的重要建筑，与渔业安全和渔业生产效率等相关。然而我国渔业基础设施薄弱，渔港旧、差、少（鲁泉等，2018）。西南地区的渔业基础设施薄弱老化，急需改造。重庆除永川区、开州区、合川区和大足区外的大多数区县在渔业基础设施上投入较少（吴晓清等，2017）。云南基础设施薄弱，抵御自然风险能力较差，老化养殖池塘面积达 24 768hm^2，占全省池塘面积的 75%（孙海清，2014）。贵州名优鱼类苗种繁育设施建设薄弱（于海波等，2016）。部分渔港建设标准与国家要求相距较大，仅有 2 个渔港能避 12 级强台风，传统锚地避风、安全、管理条件差，亟须改善（广西壮族自治区，2017）。此外，广西有 75% 以上的池塘严重老化，水产现代设施养殖产量仅占水产养殖总产量的 48.9%，这个比例与广东、山东、江苏、辽宁等省相差甚远（李坚明，2016）。广西全区小功率渔船和底拖网作业渔船数量多，木质渔船占 94.9%，船长 12m 以下的占 66.4%，船龄 10 年以上的占 82.3%，大多船只不具备深远海作业能力，集中于近岸海域作业（广西壮族自治区，2017）。

6. 养殖方式更新慢

养殖方式更新慢是制约水产品生产效率的关键因素之一。我国养殖方式更新慢，主要体现在高污染的养殖方式废止力度不足和生态养殖方式普及程度低。而新兴养殖方式普及程度低与新兴养殖技术密切相关。

（1）生态养殖方式普及程度低

生态水产养殖方式多种多样，如稻鱼养殖、鱼菜共生。大部分生态养殖方式可推广空间很大。例如，2018 年全国稻鱼养殖共计 202.8262 万 hm²，2019 年全国稻鱼养殖共计 231.7488 万 hm²，仅增长了 14.26%。西南地区仅少数地方采用了生态养殖方式，以生态养殖模式中分布范围最广的稻鱼养殖为例：稻鱼养殖虽在西南地区除西藏外的各省市区均有，但是分布面积很小。四川仅约占全国稻鱼养殖的 13.5%（31.2765 万 hm²）、重庆仅约占 1.5%（3.5801 万 hm²）、贵州仅约占 7.7%（17.9312 万 hm²）、云南仅约占 4.2%（9.7379 万 hm²）、广西仅约占 2%（4.7064 万 hm²），普及程度低（农业农村部渔业渔政管理局，2021）。生态养殖方式普及程度低的主要原因有：①更新养殖方式所需成本高；②冒然更新风险大；③生态养殖方式推广力度不足。

（2）生态养殖技术有待提高（以稻鱼养殖为例）

我国稻鱼养殖技术有待提高，主要表现在晒田与养鱼的矛盾、追肥与养鱼的矛盾、病虫害防治与养鱼的矛盾（王延晖和常东洲，2020）。西南地区部分省市区的稻鱼养殖技术问题严重，主要体现在基础设施建造、养殖管理和病害防治上。四川成都基础设施建设不规范，如渔沟、鱼函深度不规范，渔沟、鱼函面积与稻谷种植面积之间的平衡不规范和农业机械下田作业的缓坡区建设不规范；捕鱼困难，即一方面因田埂泥土塌陷和环沟底部不平而无法撒网捕捞，另一方面人工抄网捕捞会导致鱼因应激而存活率降低（魏文燕等，2017）。云南稻鱼养殖基础设施建设不规范，如渔沟、鱼函深度不规范，渔沟、鱼函面积与稻谷种植面积之间的平衡不规范（朱明和汪水林，2020）。贵州省锦屏县基础设施建设不规范，如田埂加高、加固不规范，渔沟、鱼函深度不规范和渔沟、鱼函面积与稻谷种植面积之间的平衡不规范（龙金梅，2017）。广西柳州市三江侗族自治县种苗病害防治技术落后，鱼苗患病救治不及时，导致鱼苗出现大面积的患病、感染，降低了鱼苗的存活率（莫洁琳，2017）。

7. 水产品加工技术薄弱

水产品加工是水产品生产的末端环节，直接决定水产品需求市场消费形态，影响产业链的衔接和运转。我国大宗水产品加工较薄弱，仅有少部分优质高档水产品被加工。四川省仅拥有 12 个水产加工企业（占全国的 0.13%），其中规模以上的加工企业有 8 个（占全国的 0.31%），加工能力为 31 490t/a（占全国的 0.11%），水产加工品的种类只有淡水加工产品（4688t，占全国的 0.12%），主要是水产冷冻品（3515t）、鱼糜制品（482t）及干腌制品（651t）（农业农村部渔业渔政管理局，2021）。广西壮族自治区拥有一大批水产品加工企业，淡水加工品加工量为 741 751t（占全国的 3.42%），包括罐制品 668t、干腌制品 19 131t、鱼糜制品 18 204t（农业农村部渔业渔政管理局，2021）。重庆、云南、贵州和西藏的淡水加工品加工量分别为 543t、31 395t、1802t 和 0（农业农村部渔业渔政管理局，2021）。水产加工品的市场消费量和水产品加工科技研发是造成水产品加工薄弱的重要因素。

8. 科技研发和推广能力有待提高

（1）科技研发能力有待提高

科技是第一生产力，提高渔业劳动者的素质可促进渔业生产工具和渔业生产工艺的进步，可扩大水产养殖对象的来源和种类，从而推动社会渔业生产力的进步。目前我国渔业科技研发能力较弱，2019 年的专利发明仅 315 件，出版科技著作仅 62 种，发表科技论文仅 2752 篇（《中国渔业统计年鉴 2020》）。西南地区渔业科技研发能力急需提高。西南地区仅四川水产技术推广机构较多，为 1044 个，占全国的 8.92%。

（2）科技推广能力有待提高

提升渔业科技推广能力，提高渔业科研成果转化效率，是目前渔业发展的重要任务之一。2019 年全国仅有建成的水产技术推广机构 11 705 个，高级水产养殖技术不能及时地在全国进行推广。我国渔业科技推广能力低的主要原因有：①水产高级技术人员少，如 2019 年全国水产高级技术推广人员总数（3683 人）仅占全国水产技术人员总数（29 852 人）的 12.3%；②技术推广人员人均经费少，尤其是西南部分地区，如 2019 年四川、贵州和广西分别占全国总量的 4.51%、4.02% 和 6.28%（农业农村部渔业渔政管理局，2021）。

（二）水产品消费问题

1. 消费比例小

水产品消费比例是指国民水产品消费量占国民总消费量的比例，直接与水产产业终端相关，制约水产行业发展。然而我国水产品消费比例较小，2015 年 18～64 岁成年居民水产品类食物消费量为 28.6g/d，水产品类食物人群消费率为 43.1%（苏畅等，2019），主要原因：国民水产品消费意识不够高、大多数水产品形态与需求市场消费形态有差异且优质水产品价格高昂。

2. 市场消费形态单一

水产品市场消费形态直接影响着水产行业供给侧和需求侧之间的平衡和水产行业终端。目前我国水产品市场消费形态有鲜活水产品、冷冻水产品和加工水产品（李坚遥，2019）。目前我国水产品市场消费形态以鲜活水产品为主，而鲜活水产品的运输和储存成本高，尤其是远距离运输成本较高。提倡和食用冷冻水产品和加工水产品，减少水产品生产成本，提高水产行业经济效益势在必行。

3. 消费能力与产能不适应

水产品消费能力与产能在地区上不匹配。以重庆为例：重庆城镇居民人均消费能力较强，对水产品的消费需求相对旺盛，呈现消费大于生产，而农村居民消费能力弱，呈现生产大于消费（吴晓清等，2017）。造成此现象的主要原因有：一方面，城镇居民对高品质的追求意愿更强烈，而水产品的营养价值正符合他们的需求，此外城镇居民收入高，对水产品性价比承受能力更强；另一方面，农村居民更习惯于消费大宗肉类，如猪肉和禽肉。水产品消费能力和产业结构不适应。2017 年我国水产品总产量为 6445.3 万 t，同比增长 1.03%，连续 27 年居世界第一。2017 年我国水产品市场成交额为 3661.3 亿元，同比增长 13.2%，水产品市场交易是农产品市场交易的重要组成部分。但目前我国水产品市场存在着诸如不同地区水产品供给与需求不对称、市场信息不流畅、经营管理不善、批发市场交易规模与城市人口容量不匹配等问题，导致地区水产品结构性过剩，地区市场之间恶性竞争，造成资源的极度浪费（李坚遥，2019）。

4. 食品安全隐患

随着生活水平日益提高，人们对水产品质量安全越来越重视，要求也越来越高。然而我国水产品质量安全风险日益增多，主要体现在违规用药依然存在，水环境污染、水产品质量安全检测技术落后和检测体系不完善（李奥璞等，2020）。根据公开资料，地方食药监局时有在超市和餐饮店抽检测出禁用药物呋喃唑酮或呋喃西林代谢物的报道。

六、水产品供求趋势分析

（一）水产品供给变化趋势

1. 供给总量增加增速放缓

我国是世界水产品第一生产大国，产量一直居世界首位。在养殖水域面积刚性减少的情况下，随着国家对水产业的扶持、科技进步对水产业的贡献增加以及贸易国际化，未来我国水产品供给总量仍会增加，尤其是淡水养殖产量也会增加。但随着我国渔业资源的不断束紧、养殖发展空间的缩小和生产成本的不断升高，生产者将会改变依靠规模扩张、资源消耗和片面追求产量的粗放型发展方式，逐步转向依靠科技创新、关注资源环境和追求品牌与品质的绿色发展方式，水产品产量增速将逐步放缓。

2. 供给种类多样化

以"四大家鱼"为主的大宗淡水鱼养殖解决了国内市场对水产品大众化的需求问题。近年来，随着人民生活水平的提高，常规鱼类的养殖出现了结构性供给过剩现象。为满足群众多样化的需求，水产养殖业加快调整养殖品种结构，常规鱼类的养殖量下降，而名特优水产品，如罗非鱼、罗氏沼虾、南美白对虾、鳗鲡、鲟鱼、海参和鲍鱼等的养殖产量不断上升（谢静华和高健，2006）。未来，随着新品种的培育和土著水生生物驯化养殖，水产养殖种类或品种将会更多。西南地区物种资源丰富，待开发的水生动物资源较多，主要利用杂交育种的方式选育优良品种，通过养殖驯化一些原著优质物种，通过优化营养供给饲养具有特别风味的水产品，从横向改变未来西南地区水产品品种的供给。

3. 水产加工品供给量增加

近几年，我国水产食品深度加工已开始起步，但发展仍然缓慢，市场中水产加工品占有量仍小，出口水产加工品主要是速冻品、鱼类罐头、干品和鲜活品等。未来，随着新加工技术的推广和普及，不同层次的水产加工品供给量不断增加。采用高新技术对水产品进行深度开发，生产新型的深加工水产品，如即食食品、方便食品和保健食品等产品具有市场潜力（陈浩等，2015）。目前，西南地区大宗水产品加工较为薄弱，仅有少部分优质高档水产品的加工，未来随着西南地区水产品产量的增加，水产加工品的量也会相应增加。

4. 淡水养殖占比增加

西南地区淡水产品产量的增长有较大空间。首先，目前淡水养殖主要以在中小型天然水域中投放苗种、依靠天然饵料的粗养和池塘的简单精养为主，网箱和工厂化等集约养殖方式所占比例较低，未来通过扩大集约化高密度精养面积可以保证淡水产品产量的稳定增加。其次，随着渔业科技的发展，通过品种改良、对中低产池塘进行标准化改造和水环境处理能力的提高，水产品的单产和养殖水体总量也将提高，也为总产的增加提供了可能（孙炜琳和刘佩，2014）。

5. "一带一路"的影响

"一带一路"是"丝绸之路经济带"和"21世纪海上丝绸之路"的简称。"一带一路"沿线国家与地区自身的水产品生产与贸易目前发展不均衡；我国对"一带一路"沿线国家与地区的水产品进出口水平呈现"东西两端热，中间冷"的局面；"一带一路"倡议，推动交流合作，将有利于沿线水产品生产与贸易；"一带一路"倡议发展，将改善水产品可获得性，促进"一带一路"沿线的水产品消费。"一带一路"的布局给我国渔业带来了走出国门面向世界的机遇。西南地区地处我国领土的西南边陲，其中无论是陆路还是海陆，都是我国重要的对外发展门户。为满足"一带一路"沿线国家与地区对水产品需求的多样性，西南地区水产品供给涉及大宗鱼类和名特优品种等多个品种。

（二）水产品需求变化趋势

1. 水产品总体消费需求增加

在膳食结构转型升级的拉动下，水产品作为优质蛋白质来源，未来我国对它的需求总量还将持续增加。当前我国农村居民水产类消费水平非常低，随着农村人口城镇化的加快以及农村收入和消费水平的提高，水产品需求还将迎来极大的增长，总体需求还将持续快速上涨。西南地区水产品生产总量不足，人均占有量低于全国人均水平（463.45kg），其中只有广西壮族自治区的人均占有量高于全国平均水平。而四川省、重庆市、云南省和贵州省都低于全国平均水平，西藏自治区未见统计数据。整个西南地区（除广西壮族自治区）水产品需求量较大，绝大多数的水产品都是由其他省市调入，市场空缺很大。

2. 消费结构发生变化

21世纪以来，随着国民经济的快速发展和人民生活水平的进一步提高，我国居民食物消费结构进一步升级优化，食物消费呈现迅速增长的态势，包括水产品增长了73.4%（王东杰，2012）。水产品消费在结构上也有很大改善，虾类、海水鱼和淡水鱼的消费量随着收入的增加而不断上升。另外，在淡水鱼消费中，对那些高品质水产品的需求还在上升。从消费水产品加工层次来看，市场消费形态以鲜活水产品为主，以冷冻水产品为其次，以加工水产品（冷冻品除外）居第三位（陈洁和张静宜，2013）。鲜活水产品中，高级鱼的消费主体为饭店、宾馆等的餐饮业，中低级鱼的消费主体为普通居民，冷冻水产品（主要是海水鱼）的消费主体为城市居民，加工水产品中精深加工品的消费主体为游客，干制品（主要是海水鱼）的消费主体为农村居民。另外，随着城市居民生活节奏的加快，水产品即食（方便）食品也开始受到城市居民的青睐。水产加工产品的国内需求市场不断得到拓展，水产加工产品以其"营养、健康、方便、文化"的特点，正在改变着以"大饱口福"为乐事，以"风味、鲜活、特产、习俗"为特点的传统吃鱼习惯和方式。

综上所述，未来随着生活水平的提高，人们对水产品的需求不论是从品种种类上还是不同层次加工上都有了较高的需求。

3. 水产品安全性要求提升

根据联合国粮食及农业组织的研究，渔业和水产养殖产业对粮食安全的贡献主要体现在几个方面。一是作为粮食安全考虑的指标之一，水产品产量的增加能进一步保障国家粮食安全；二是渔民通过出售水产品获取收入，进而增加其对食物的购买能力（刘长民，2014）。因此，保障水产品产量是维持粮食安全的基本要求。

环境污染加重、渔药残留、微生物（致病菌）污染、生物毒素的污染和加工、流通过程不按规定使用食品添加剂等可能导致水产品安全隐患。未来随着国家和民众对水产品安全性要求的提高、市场准入机制的健全以及相关法律法规的健全，将从生产、加工和流通各个环节对水产品安全监管控制，提高水产品的安全性（江希流等，2004）。

4. 水产品消费需求地域限制降低

在过去，由于文化、资源及经济发展水平不同，我国居民对水产品的消费具有很明显的地域性。东部沿海地区水产品丰富，居民对水产品的消费更多；而内陆不靠海，且水资源较为缺乏，对水产品的消费相对较少。并且由于水产品消费以生鲜产品消费为主，所以产地居民水产品消费更便利、价格更便宜，再加之长期形成的消费习惯，因而无论是城镇还是农村地区，中西部地区水产品消费水平仍远远低于东部地区。现在，受到便捷的物流影响，越来越多的水产品突破产地产销的现状。高新养殖技术的革新，如海洋生物淡化和温度驯化等，也降低了养殖地域的局限性。

5. 水产品消费需求城乡差异减小

近年来由于惠农政策的实施,新农村的建设使得农民收入增长较快。农村水产品的需求量逐渐增加,说明我国农村水产品市场潜力巨大,有很大的发展空间。西南地区农村人口比例较大,随着乡村振兴战略的实施,农村人均收入逐年上涨,消费需求随之上涨,水产品需求量也将逐年增加。

6. 二三产业水产品需求量增加

随着经济社会的发展和居民生活水平的提高,城市居民渴望回归自然、亲近自然的消费需求日益迫切,休闲渔业应运而生(侯庆福等,2008)。休闲渔业主要包括 4 种形态,即生产经营型、饮食服务型、游览观光型和科普教育型。我国沿海地区休闲渔业较为发达,内陆地区相对滞后,随着休闲渔业带来的社会效益、经济效益和生态效益的逐渐增大,休闲渔业在西南地区渔业中的地位和作用日益凸显。休闲渔业有助于改变农村风貌,美化农村环境,推动西南地区新农村建设。西南地区具有较大的休闲渔业发展潜力,包括渔业资源丰富,可开发程度高和旅游资源丰富,具有强大的休闲渔业发展依托。由此,未来随着休闲渔业的发展,水产品,尤其是鲜活优质水产品的需求量将大幅上涨。

7. 国际贸易对水产品的需求增加

自中国加入世界贸易组织(World Trade Organization,WTO)后,关税降低和市场的进一步放开使中国渔业国际化程度显著提高,水产品进出口贸易快速增长,国际贸易逐步形成了以国产水产品出口为主力军、进料加工相结合的格局。中国仍将作为最大水产品出口国而在世界水产品贸易中占据重要地位,水产品出口贸易也依然是农产品出口的龙头和推动渔民增收与就业的重要支撑,但预计未来几年中国水产品出口还将继续面临国际市场进口需求明显下降的状况。

七、水产养殖战略构想与对策建议

(一)水产养殖业发展战略构想

1. 基本原则

以全国渔业发展"十三五"规划为基础,根据西南地区各省区市水产养殖业发展的现状,提出以下基本原则。第一,坚持因地制宜。各省区市渔业资源、自然条件和发展现状等存在差异,需要综合考虑各省区市自身的特点发展渔业。第二,坚持生态优先,实现可持续发展。第三,科技创新与地方优势渔业相结合。第四,坚持"走出去"战略。加强渔业国际合作,提升我国水产养殖业的国际竞争力。第五,坚持提质增效,促进发展方式转变。注重水产品质量安全和品质,使水产业由产量为主向质量和效益并重方向转变,促进渔业第二产业和第三产业的发展。第六,坚持帮助农民增收,推进渔业优化升级。

2. 战略目标

西南地区渔业现代化水平将迈上新台阶,特别是通过长江大保护的持续推动,渔业生态环境明显改善，渔业捕捞强度得到有效控制，水产品质量安全水平稳步提升，渔业信息化和组织化程度明显提高，渔业发展质量效益和竞争力显著增强，渔民生活达到全面小康水平。主要目标如下所述。第一，产业发展目标。各省区市结构性过剩品种有效调减，产品结构基本满足消费升级需求，产业结构更加适应转型升级需要，区域优势品种适度发展。第二，绿色发展目标。一方面，实现生态养殖。渔业资源总量管理制度全面实施，近海捕捞强度逐步压减；渔业资源衰退趋势得到初步遏制；养殖废水逐步实现达标排放。另一方面，提高水产品质量。逐步建立水产品质量安全追溯体系，提升水产品质量安全水平。第三，科技创新目标。实现水产养殖发展方式、养殖技术、基础设施、质量评估体系和监管制度等多方面创新。

（二）促进水产养殖业发展的对策建议

1. 对策举措

（1）优化养殖品种结构，减少产能过剩

为了减少渔业产能过剩，可以从以下五个方面着手：优化养殖品种结构、调整养殖模式、调整养殖面积、促进水产品出口或外销、提高加工水平。

优化水产养殖品种结构是关键。第一，根据国内水产品调入调出情况进行适当调整，适当推广养殖地方特色优势品种。以四川为例，由于受"控制网箱养鱼、禁止施肥养鱼"等政策影响，出现了需从湖北调入大量大宗水产品的情况，所以应适当鼓励养殖大宗水产品，此外，为了改善四川四大家鱼供给过剩的情况，可以推广养殖具有本省特色的名特优品种。以云南为例，引进和推广罗非鱼、鲟鱼、鳟鱼、大宗淡水鱼类等良种，开发利用丝尾鳠、滇池高背鲫、大头鲤、滇池金线鲃、白鱼、云南裂腹鱼"六大名鱼"为主的土著鱼类。以贵州为例，重点发展名特优水产品养殖，充分利用地下水资源发展冷水鱼、温泉渔业休闲及热带鱼养殖（杜强等，2016）。第二，根据西南地区各省区市水产品进出口情况调整，以消费市场为导向，适当推广养殖高端出口品种。广西作为西南地区最主要的水产品出口省份，既要综合考虑国际和国内市场对水产品的需求，又要充分利用"一带一路"倡议，以东盟国家为重点，加强面向东盟渔业的开放合作。

要大力发展西南地区水产品加工龙头企业，促进水产品加工业发展和优化升级，提高企业水产品加工水平，提升"通威鱼""巴食巴适风味鱼""汉王山大鲵""润兆鱼籽酱"等水产品加工品的品牌地位，着力打造西南地区特色水产品品牌。例如，广西的"全州禾花鲤"，四川的"黑龙潭鱼头"、"球溪河鲶鱼"和"新津黄颡鱼"等地理标志水产品，贵州的大鲵特种养殖和虹鳟、金鳟、鲟鱼和裂腹鱼等冷水鱼。

（2）因地制宜施行生态养殖，科学规划养殖区域

为了实现生态养殖，需要因地制宜、科学规划养殖区域，大力推进综合养殖。例如，在四川，平原地区应以池塘为基础，以名优品种为重点，打造水产产业的优势和集中发展区；丘陵地区要以池塘及大水面为基础，以地方特色品种为重点，打造特色水产养殖基地；攀西地区要发挥光热资源优势，打造特色苗种繁育基地；盆周山区要发挥冷水资源丰富的优势，打造特色冷水鱼产业基地。稻田资源丰富的地区，要以稳粮增收为重点，大力发展稻渔综合种养业。在云南，充分利用大型电站库区，发展标准化网箱养殖，稳

步提升池塘精养水平，以"增殖放流"和稻田养鱼为重点，推广稻鱼共生、鱼菜共生等综合养殖技术新模式，推进生态渔业建设并促进稳粮增效。在重庆，可以推进水域牧场的建设。水域牧场是指通过科学投放养殖品种，施行"零投喂"的放牧式粗放养殖的水库、湖泊或设置了围栏的库湾、湖汊等大型养殖水域。重庆三峡库区作为我国重要的淡水资源战略储备基地，水环境安全直接关系整个长江流域的生态安全，以及沿边城市的发展。当前，水域牧场建设已初现成效，如放养滤食性鲢、鳙的水域牧场能通过改善水体氮磷循环而有效抑制水体富营养化（何文平等，2015；薛洋，2015）。在广西，建设浅海滩涂生态养护带、连片池塘生态养殖区、江河水库生态养殖区和稻田生态种养区，积极发展离岸抗风浪网箱养殖、贝类吊养或底播养殖、设施化池塘养殖、大水面生态网箱（围网、拦网）养殖和稻田综合种养等生态养殖模式。

在整个西南地区，建设稻渔综合种养示范基地是关键。以稻田资源丰富地区为重点，建设一批规模大、起点高、效益好的示范基地，推进稻鱼、稻虾、稻蟹、稻鳖、稻蛙、鱼菜共生及养殖品种轮作等综合种养模式的示范推广。在水稻优势产区、现代特色农业（核心）示范区建设稻田综合种养示范基地，对传统稻田综合种养进行提升改造，提高建设标准和增加放养密度。

（3）完善质量监管体系，保障水产品质量安全

在确保水产品有效供给的基础上，提高水产品质量。为了保障水产品安全，需要从以下五个方面着手。第一，从源头治理，全程管控。强化水产品产地安全管理，提升养殖环境监测能力，严格把控投入品监管，依法使用抗生素等化学药品，开展投入品使用专项整治，大力推进农产品标准化、绿色化、规模化、品牌化生产，建立"从产地到餐桌"的全程质量管控体系。第二，加强风险防范。开展水产品质量安全风险监测、风险评估和风险预警，努力消除隐患和防患于未然。第三，责任制。加强部门协调配合，全面落实生产经营者主体责任，提升生产经营主体责任意识。通过健全省、州（市）、县、乡四级农产品质量安全检测检验体系和监管体系，完善质量安全可追溯制度。第四，创新驱动。推进水产品质量安全科技和体制创新，充分运用现代信息技术，积极探索有效监管模式，积极参与质量安全工作。第五，水产品检疫。优化对外交流合作布局，落实双边水产品卫生与检疫合作协定，加强动物检验检疫对外合作交流，建立和完善边境动物疫病防控预警体系。第六，加强建设水产健康养殖示范场和无公害水产品基地。

（4）加大科技投入，发展智慧渔业

加大扶持院校和科研机构在水产养殖基础研究和技术研究等方面的创新，鼓励企业与科研机构交流合作，共同参与科研项目，解决制约渔业发展的关键问题。提高从业人员的科技素质及能力，加大水产养殖业科技创新成果的推广力度，建设完善科技推广服务体系。改进渔业基础设施，加强渔业信息化建设，加快"互联网+"水产及智慧渔业建设，建立省、市、县三级水产品质量安全追溯体系和管理平台，建设水质在线监控、养殖环境监测及智能投喂系统等智能渔业，鼓励建设渔业电商平台，建立渔业信息服务示范平台，实施渔业物联网试验示范，开发和提升渔业统计和渔情信息采集系统、水产养殖智慧服务示范平台。

（5）养护水生生物资源，保护物种多样性

为了保护西南地区鱼类资源多样性，建立珍稀特有鱼类自然保护区，建立水产原种、

良种种场，完善保护区基础设施建设，提升保护区信息化管理能力，加大增殖放流力度，加强地方渔政执法能力，严格执行禁渔和休渔。例如，在四川建立的脚木足河川陕哲罗鲑珍稀特有鱼类自然保护区，在西藏建立的巴松错特有鱼类国家级水产种质资源保护区。开展长江上游特有经济鱼类育种攻关，解决种质退化问题。培养育种创新能力强、技术先进、营销能力强、产业链完整的现代水产种业企业，支持种业企业做好四川省优势特色品种的保种选育工作。

2. 建议

（1）落实惠渔政策，加大资金扶持力度

根据现代水产业发展的要求，进一步落实惠渔政策。支持渔民水产专业合作社、家庭渔场作为申报实施主体参与水产项目建设，加大公共财政投入和基础设施投资。通过财政贴息，鼓励金融机构提高对基地建设的授信额度，对养殖户给予相应的信用贷款支持。鼓励保险机构针对水产养殖业创新保险产品，增强渔业风险保障能力。完善渔业油价补贴政策，将渔业纳入农业用水、用电和用地等优惠政策范围。规范和降低超市及集贸市场收费，全面落实鲜活农产品运输"绿色通道"政策，降低水产品物流成本。将符合条件的渔民纳入低保范围，将渔业纳入现代农业生产发展资金支持范围，将渔政执法、禁渔经费和水产品防疫等经费列入财政预算，对通过无公害水产品认证的单位补助检测费。

（2）完善法律法规体系，加大普法宣传力度

完善《中华人民共和国长江保护法》、《中华人民共和国渔业法》、《中华人民共和国农产品质量安全法》、《中华人民共和国野生动物保护法》、《中华人民共和国动物防疫法》和《中华人民共和国农业技术推广法》等渔业法规，并深入贯彻落实。健全渔业行政执法体系，加大禁渔、养殖证制度、水产苗种管理、水生动物检疫、渔业安全生产、水域生态保护等方面的保障，提高对违法行为的处罚力度，抓好渔业安全生产。积极参与国际渔业条约的制定和修订，健全适应国际发展的渔业管理制度。深入开展渔业法律法规宣传教育，增强渔业生产者、经营者和执法者的法律意识，营造知法、懂法、守法的良好风气。

（3）加强人才队伍建设

加强渔业管理、科技、生产和经营等各方面骨干人才的培养和队伍建设。加强科技和管理人才培养，加强高校学科建设，鼓励高校、企业、管理部门和培训机构之间的合作，逐渐形成全面、规范的人才培养体系。提升水产技术推广人才素质，加大对执业渔医、乡村兽医、职业渔民和渔政执法人员等专业技能人才的培养力度，加强对渔业实用人才的培养。对于地方急需的渔业科研人员，可适度进行补贴。

（4）推进一二三产业综合发展

为了促进西南地区水产养殖业发展，需要全面推进一二三产业融合发展，可以从以下四个方面着手。第一，推进水产品加工业升级。积极发展水产品精深加工，加强水产品现代冷链物流体系平台建设，提高水产品从池塘到餐桌的全冷链物流体系利用效率。第二，加强建设水产品品牌，加大品牌保护，提升品牌竞争力。建立和完善水产品品牌评价认定、品牌促进、品牌保护和品牌推广体系，制定科学合理的评价标准和认定办法。开展水产品国际认证，培育一批国际竞争力强的自主品牌，提升水产品外贸企业形象和

竞争力，扩大出口市场份额。第三，结合电商销售，发展水产品新型营销模式，推动优质水产品进超市和学校等区域。第四，推进休闲渔业发展，建设美丽渔村。加强建设休闲渔业行业标准，深入开展休闲渔业品牌创建活动。积极培育垂钓、水族观赏、渔事体验、科普教育等多种休闲业态，全面推进休闲渔业基地发展，促进休闲渔业产业与其他产业融合发展。

（5）推进科技创新

推进渔业科技创新能力建设，加快建设重点学科实验室、渔业科学实验站、综合性科学试验基地、专业性科学试验基地，不断改善渔业科研基础条件。综合利用高等院校、科研院所和企业的条件，建立研发平台和技术创新联盟。加大渔业科技创新人才培养力度，加强创新团队建设。加强品种培育、健康养殖和精深加工等关键领域的攻关，提升水产生物育种自主创新能力，研发高产、抗病、抗逆、优质和高饲料转化率的突破性新品种，升级健康养殖技术，加强水产品加工技术研发，利用互联网销售模式促进水产品销售等方面的创新。

云南高原特色肉牛产业现状及趋势研究

一、特色肉牛产业发展优势

（一）区位优势明显

云南是中国通往东南亚、南亚的窗口和门户，地处中国与东南亚、南亚的结合部，拥有国家一类口岸 16 个、二类口岸 7 个，与缅甸、越南、老挝三国接壤；与泰国和柬埔寨通过澜沧江（出中国国境后称湄公河）相连，并与马来西亚、新加坡、印度、孟加拉国等国邻近，是我国毗邻周边国家最多的省份之一。近年来，在建设中国-东盟自由贸易区和加快建设面向西南开放重要"桥头堡"的新形势下，云南公路、铁路、航空和水运网络日趋完善，初步形成通往东南亚、南亚国家的三条便捷的国际大通道，为活牛和牛肉及其制品的运输提供快捷、便利的通道。

（二）优越的自然条件和草地资源

云南许多地区气候温和、雨量充沛、光热充足，植被覆盖率高且恢复能力强，饲草资源丰富，独特的气候及丰富的饲草资源优势，造就全省 129 个县市区有近 110 个县成为发展牛、羊等草食畜的适宜区。全省天然草地面积 1530.8 万 hm^2（2.29 亿亩），占全省土地面积的 40.1%，是全省耕地面积的 3.5 倍，可利用的草场面积 1192.6 万 hm^2（1.79 亿亩），居全国第 8 位、南方第 2 位，是全国 8 个主要草原牧区省份之一。如按保守的草场载畜量（50 亩/头）估测，仅天然草场就可饲养肉牛 3.58 万头。可见，云南具有发展肉牛产业得天独厚的自然条件和草地资源优势。此外，通过合理利用草山、草坡和草场进行放牧加补饲形式下的母牛和架子牛生产，是南方肉牛生产的优势，可大幅度降低母牛养殖成本，是奠定肉牛产业基础（母牛养殖）的有效途径之一。近年随着"南方现代草地畜牧业推进行动"项目的展开，草地土地的流转和建设加快，草山、草地的利用效率也得以提高。

（三）独特丰富的种质资源

云南省多样性的地理、生态和气候条件，众多的民族及其不同的生活习惯和生产活动需要，形成了各具种质特色的地方牛品种。仅从气候和环境条件看，云南省的许多地区既适应热带的肉牛品种也适应温带的肉牛品种，既有黄牛，也有存栏数不少的水牛和牦牛，甚至还有重要的牛品种'大额牛'。'邓川牛'、'迪庆牛'、'滇中牛'、'文山牛'、'德宏高峰牛'、'临沧高峰牛'、'昭通牛'、'槟榔江水牛'、'德宏水牛'、'滇东南水牛'、'峨山水牛'、'盐津水牛'、'中甸牦牛'、'大额牛'和新培育的'云岭牛'等品种，已被列入《云南省省级畜禽遗传资源保护名录》或《国家级畜禽遗传资源保护名录》并被写入《中国畜禽遗传资源·牛志》。

长期以来，云南本地黄牛作为农区的主要生产工具，人们只注重它的役用价值，不注重其个体选育，甚至使其长期处于低营养水平的状态，这是造成云南本地黄牛"体型小、生长速度慢、产肉量少"的主要原因。国家肉牛牦牛产业技术体系云南团队通过对'红河小黄牛'和'德宏黄牛'的育肥发现，本地黄牛表现出很好的育肥性能，出栏时的个体重量也能达600~700kg，而且具备很强的脂肪沉积能力。在谷多保种场，'文山高峰牛'经过不断的选育，公牛的成年体重也能达800kg。国家肉牛牦牛产业技术体系相关专家推测，除了环境、遗传导致云南本地黄牛体型小和生长慢之外，出生后长期的营养缺乏还阻碍了个体骨骼和肌肉系统的发育，限制了骨架的形成，从而影响了载肉量和生长速度。同时进行的一些生产性研究初步证明，南方黄牛由于体成熟和性成熟早，不但能缩短育肥时间，还能产出高品质的大理石纹肉和雪花牛肉，并且这两种高档肉的产出率高且单位高档肉的饲料成本要低于纯种和牛。

（四）丰富的农作物秸秆资源

根据《中国统计年鉴2010》的数据，全省水稻种植面积139.8千hm^2，按谷草比1∶1估算，年产干稻草636.2万t，利用率不到30%；玉米种植面积1354.2千hm^2，按谷草比1∶2，收集系数0.9估算，年产玉米秸秆976.8万t，利用率不到52%；小麦种植432.4千hm^2，按谷草比1∶1估算，年产小麦秸秆92.3万t，利用率仅为62%；油菜种植253.6千hm^2，按谷草比1∶2估算，年产油菜秸秆82.8万t，利用率仅为25%；甘蔗种植296.18千hm^2，按甘蔗梢叶鲜重为总重的30%，加工每吨甘蔗约有300kg甘蔗渣计算，年产甘蔗梢叶754.85万t，利用率为15%，甘蔗渣528.39万t；年产香蕉115.6万t，如按香蕉产量47.5t/hm^2，2600株/hm^2，每株茎叶鲜重35kg计算，年产香蕉茎叶221.5万t，香蕉茎叶通常全部作为废弃物随意堆放在田间，或被焚烧，既污染环境，又会堵塞河道；麻类种植4.26千hm^2，按一年收3次，累计亩产300kg计算，年产麻叶15.4万t，麻类的利用率仅为3%。牛为草食反刍动物，具有独特的消化系统，以上多数农作物秸秆有的可以直接饲喂肉牛，少数只需稍进行加工，就能被牛利用，转换成牛肉产品。

二、肉牛产业发展现状与趋势

（一）肉牛存栏下滑、生产能力逐年提高，各地区养殖、生产不均衡

1980年，云南全省牛存栏570.40万头，出栏13.90万头，到1990年全省牛存栏达767.50万头，出栏27.90万头，年均增加19.7万头，到2000年全省牛存栏突破850万头大关，达历史最高存栏量，1990~2000年年均增加9.04万头。2000年以前是云南肉牛数量的快速增产期。在当时，黄牛只是作为当地居民的生产工具，因独特地理条件和发展农业需要，黄牛数量急剧增加。从严格意义上来讲，当时的黄牛只能算作是生产工具，其役用价值远超过肉用价值，出栏的多为老、弱、病、残牛，而不能算作肉牛。随着经济发展和农业机械逐渐代替部分黄牛的役用性能，云南黄牛的肉用性能力突显，从2005年前后，云南才开始进入肉牛产业时期。

2010 年，全省牛存栏数达 746.65 万头，占全国肉牛存栏数的 11.08%，出栏肉牛 268.47 万头，占全国的 5.7%，产肉量 29.87 万 t，占全国的 4.57%（专题表 3-1）。2014 年，全省牛存栏数达 750.83 万头，占全国肉牛存栏数的 10.66%，出栏肉牛 287.30 万头，占全国的 5.83%，牛肉产量 33.58 万 t，占全国的 4.87%。2010～2014 年，全省肉牛存栏数基本保持在 730 万～750 万头，出栏数保持在 270 万头左右，产肉量维持在 32 万 t 左右。此阶段属于云南肉牛产业稳定发展期。

专题表 3-1　云南省历年肉牛生产情况

年份	存栏量/万头	占全国比例/%	出栏量/万头	占全国比例/%	出栏率/%	占全国比例/%	产肉量/万 t	占全国比例/%
1995	786.10	7.92	64.89	2.89	8.25	36.52	6.30	1.52
2000	854.82	8.85	124.15	3.26	14.52	36.83	12.77	2.49
2005	802.10	8.00	207.14	5.00	25.82	62.29	21.73	3.83
2010	746.65	11.08	268.47	5.70	35.96	51.37	29.87	4.57
2011	745.67	11.22	273.33	5.85	36.66	52.17	30.67	4.74
2012	747.16	11.24	279.07	5.86	37.35	52.17	31.86	4.81
2013	730.38	10.68	275.70	6.49	37.74	53.46	31.80	4.72
2014	750.83	10.66	287.30	5.83	38.26	54.66	33.58	4.87

数据来源：国家统计局。

1995 年，云南牛存栏量、出栏量和产肉量，分别占全国的 7.92%、2.89% 和 1.52%，到 2005 年，3 项指标分别占全国的 8%、5% 和 3.83%，2014 年占全国的 10.66%、5.83% 和 4.87%，存栏量位于全国第 3，出栏量位于全国第 7。用出栏量和产肉量这 2 项指标占全国的比例比较，产肉量的百分比小于出栏量的百分比，说明云南肉牛的整体发展水平要低于全国的平均水平。这与云南黄牛个体小、生成速度慢、出栏周期长有关。一方面说明，云南省肉牛饲养的管理水平要低于全国平均水平，另一方面也说明，云南黄牛还有很大的提升空间。

运用国家肉牛牦牛产业技术体系采用的衡量肉牛产区生产牛肉能力的指标——肉牛生产力来计算（存栏数/牛肉产量，表示：生产每万吨肉需要多少头存栏牛，数值越小，说明该肉牛产区的生产牛肉能力越强）。2004 年，云南省平均肉牛生产力为 39.8（专题表 3-2），按生产牛肉能力由强到弱排名，云南省 16 个州、市的排名是，玉溪市、昆明市、大理州、昆明市、丽江市（只有这 5 个地区高于全省平均水平）、曲靖市、昭通市、保山市、文山州、西双版纳州、德宏州、红河州、临沧市、怒江州、迪庆州和普洱市。到 2008 年，全省的肉牛生产力提升为 27.05，各州、市均有不同程度提高，以曲靖市提高最为突出，从 2004 年在全省排名第 6，跃居全省第 1，共有 6 个地州高于全省平均水平。从地理和经济环境看，交通和经济较发达地区，肉牛生产力提升要快于其他地区，主要得益于肉牛养殖技术和肉牛杂交改良技术的推广和普及。

专题表 3-2　不同时期各地区牛肉产量变化情况

地区	2004 年				2008 年				2014 年	
	存栏/万头	所占比例/%	产量/万 t	所占比例/%	存栏/万头	所占比例/%	产量/万 t	所占比例/%	产量/万 t	所占比例/%
昆明	48.68	6.17	1.65	8.33	56.22	7.96	2.60	9.95	3.72	6.23

续表

地区	2004 年				2008 年				2014 年	
	存栏/万头	所占比例/%	产量/万 t	所占比例/%	存栏/万头	所占比例/%	产量/万 t	所占比例/%	产量/万 t	所占比例/%
曲靖	75.55	9.58	1.88	9.49	95.09	13.46	6.05	23.16	14.41	24.15
玉溪	25.30	3.20	1.17	5.91	28.43	4.03	1.65	6.32	2.41	4.04
保山	49.65	6.30	1.13	5.7	58.55	8.29	1.88	7.20	3.45	5.78
昭通	44.48	5.64	1.10	5.55	50.98	7.22	1.71	6.55	2.78	4.66
丽江	29.76	3.77	0.75	3.79	34.9	4.94	1.01	3.87	1.41	2.36
普洱	73.39	9.31	0.66	3.33	76.88	10.88	1.11	4.25	1.55	2.60
临沧	57.70	7.32	0.85	4.29	67.25	9.52	1.30	4.98	2.83	4.74
楚雄	66.37	8.42	3.07	15.49	73.97	10.47	4.06	15.54	5.03	8.43
红河	74.00	9.38	1.15	5.81	88.68	12.55	2.23	8.54	5.55	9.30
文山	100.08	12.69	1.95	9.84	122.67	17.36	3.37	12.90	6.65	11.14
西双版纳	16.68	2.12	0.31	1.56	12.44	1.76	0.50	1.91	0.37	0.62
大理	75.11	9.52	3.46	17.47	95.50	13.52	5.05	19.33	7.45	12.64
德宏	15.57	1.97	0.26	1.31	18.65	2.64	0.57	2.18	1.14	1.91
怒江	14.01	1.78	0.19	0.96	16.03	2.27	0.40	1.00	0.43	0.72
迪庆	22.27	2.82	0.23	1.16	24.3	3.44	0.43	1.65	0.49	0.82
合计	788.62	—	19.81	—	706.43	—	26.12	—	59.67	—

数据来源:《云南统计年鉴 2005》、《云南统计年鉴 2009》和《云南统计年鉴 2015》。

(二)肉牛产业存在的主要问题

从 2016 年 7~8 月对部分肉牛生产优势县和边境地区的实地调研情况,结合近年来国家肉牛牦牛产业技术体系对云南肉牛产业的调研情况看,云南肉牛产业存在以下主要问题。

1. 丰富的种质资源,没有得到较好保护利用

云南地形地貌复杂,民族众多,气候类型多样,交通和交流不便,很多地方形成与外界的自然封闭隔离,另外,由于有着 4000 多千米的国境线,周边国家所特有的一些畜禽品种也会通过民间交流的形式进入境内,因此也就形成了生物物种的多样性和对当地致病生物具有独特抵抗力的物种。云南绝大多数民族都有养牛的传统,养牛历史悠久,不同地区都有独特的地方品种。例如,分布于滇东南到滇西南一带的、对蜱传播疾病具有自然免疫力的、同时具有较好生产性能的,以'文山黄牛'为代表的高峰牛;分布在滇东北到滇西北的、以'昭通黄牛'为代表的高原黄牛;分布在丽江和香格里拉的'中甸牦牛',肉质特别优秀的、云南所特有的'大额牛';以及全国有名的'德宏水牛''槟榔江水牛'等。共有 15 个牛品种已被列入《云南省省级畜禽遗传资源保护名录》或《国家级畜禽遗传资源保护名录》并被写入《中国畜禽遗传资源·牛志》。

长期以来,云南本地黄牛作为农区的主要生产工具,人们只注重它的役用价值,不注重个体选育,甚至使其长期处于低营养水平状态,使它的优良性状得不到充分发挥,长此以往,形成了"体型小、生长速度慢、产肉量少"的特点。另外,对优良种质资源

缺乏合理开发利用和保护，无目的的杂交和近交现象突出，造成本地良种退化和数量减少，很难在某一地区的某一地方找到一群体型和外貌特征比较一致的地方牛种。根据调研，云南珍稀大额牛目前存栏不足 3000 头，已处于濒临灭绝边缘。

2. 肉牛良种覆盖率低，冻精改良站点技术人员老龄化严重

云南肉牛产业起步晚，从 20 世纪 90 年代中后期以来，云南各级政府部门才开始加大了对牛杂交改良的重视和支持力度，每年投资建设数十个牛冻精改良站点，到 2003 年年底，全省已建成牛冻精改良站点 1006 个，基本覆盖全省主要的养牛区域。每年的牛冻精改良配种数从 1995 年的不到 5 万头增加到 2004 年的 36 万多头。目前，全省已有冻精改良站点 1500 多个，从事冻精改良的技术人员约 4000 人。

尽管云南有着较大的牛群基础，但 95% 以上的牛只分散在千家万户，规模化饲养的比例很低，严重制约了冻精改良技术的推广。受技术人员的技术水平、母牛的饲养管理水平、养殖户对母牛发情的观察鉴定水平等原因的综合影响，各个冻精改良站点的人工授精的受胎率差异变化大，有的地方可达到 80% 以上，有的地方只有 50% 左右。与其他行业相比，冻精改良工作属于较脏、较累、收入微薄的技术活，许多年轻人不愿从事此项工作，导致改良站点技术人员老龄化严重。在许多改良站点，从事冻精改良的人员多数为即将退休的老技术员，冻精改良技术正面临后继无人的尴尬局面。

根据 2015 年年末云南省的统计，全省牛只存栏数已达到 1100 多万头（包括水牛、奶牛、牦牛和大额牛），如按 40% 这个全国平均数来计，全省的能繁母牛数在 440 万头左右。全省有 3 个种牛（含 4 个肉牛品种）繁育场，每年能向社会提供种公牛数量不足 150 头（近 1/3 被省外购买）。据此推测，在省内使用的优良种公牛，最多也只有 10 000 头左右。全省有 2 个专门负责生产制作冻精的冻精站。从 2 个冻精站分发到全省的冻精数量结合每年能繁母牛存栏情况看，近年来全省改良牛的数量不到 200 万头，良种改良面小、覆盖率很低，优质改良牛比例小等问题很突出，与发达国家改良牛比例占 90% 以上的差距还很大。

另外，各地州乃至全省的良种繁育体系不健全。连最基本、最起码的肉牛改良计划也没有，即使有也得不到很好地、有序地执行。今年看到这个品种好、体型大，就推广这个品种的冻精，明年又觉得那个品种的市场好，又开始使用那个品种的冻精。在很多地方，在一头杂交牛身上可以找到 2～3 个肉牛品种的特征。以致到最后，就连各级部门都不清楚，当地的肉牛要朝哪个方向发展了。

3. 饲养管理粗放，肉牛养殖效益低，科技含量急需提高

虽然云南气候条件相对较好，但对牛的饲养管理水平仍然非常低。山区（包括藏族聚居区）的养殖户以传统原生态的放牧方式为主。通常是一家或几家的并在一起，组成一群，各家用不同颜色的绳子系在牛角或脖子做好标记，在领头牛身上系个铃铛（便于在山中找到牛群），长年放牧于草山上，任其自由活动，不管死活，只是每隔一段时间，对牛群补饲食盐。到要用到它的时候，才把牛找回来，用它来进行生产活动，也只是在这个阶段，才对它进行适当的补饲。即便是在农区的养殖户，大多数还采用这种管理方式，稍有不同的是，每天早上把牛放出去，晚上赶回来，关在简陋的牛棚里，只补饲一

些质量、营养差的农作物秸秆，像玉米秸秆或稻草等，基本的驱虫保健工作也很少进行。显然，这样的管理方式，毫无科技含量而言。大部分养牛户的牛群还未走出"夏起秋肥、冬瘦春乏"这个恶性循环的怪圈，加上不能适时出栏，既降低了牛只每年的净生长量，又降低了养牛的生态效益和经济效益。

绝大多数规模肉牛养殖户，在饲养管理上，至少还未完全做到精细化，养殖效益低。突出表现在以下几个方面。一是牛群的饲养环境没控制好，多数牛群仍然生存在潮湿（主要由牛舍设计不合理，没有必要的排水、采光系统和饮水设施引起）、空气污浊（主要由为节省建设成本，造成饲养密度大和通风不良引起）的环境中。二是没有按品种、年龄、性别、体型大小差异进行分群、分栏饲养。更是没有按牛只不同生长阶段的需要来给牛只提供营养，使牛只的生产性能得不到充分发挥，间接地影响了肉牛养殖的经济效益。多数牛场对全场所有牛只有一个饲草料配方，凭经验和判断来投喂饲草料，大牛多投喂，小牛少投喂。三是全年饲草料供应不均衡和草料的储备不科学的问题普遍存在。多数肉牛养殖场对全年的饲草料储备（准备）没有统一的安排，基本都是今天有什么就给牛喂什么，饲草料的供给随季节的变化而变化。有的养殖场甚至出现全年都在收购饲草料的情况，牛群饿一顿饱一顿。经常随意变化饲料，容易引起牛群对饲草料的利用率或转化率降低。另外，饲草料储存不科学，经常发生饲料腐烂、霉变的情况，容易引起牛只发生中毒和消化系统疾病。

4. 全省重大疫病没得到有效控制，严重制约或影响肉牛业健康发展

随着交通运输业的发达、兴起，活畜交易和流通频繁，加速了传染性疾病的扩散，就连在全国流行了多年的口蹄疫（FMD）也没有得到有效控制，在全国不同地方时有发生，许多地方性疾病开始向全国蔓延。例如，A 型和亚 1 型口蹄疫病毒也开始在云南省出现，衣原体肺炎、运输应激综合征等疾病也随省外活牛进到了全省各地，使一些从外省购买活牛饲养的养殖户遭受了巨大经济损失。全省疫情监测、疫病风险和疫情预测工作滞后，对生产没有实质性帮助，使得重大疫情得不到有效预防，更谈不上有效控制。

因肉牛养殖场在环境卫生、饲养管理上的问题，像犊牛腹泻、繁殖障碍性疾病、中毒性疾病、消化系统疾病、皮肤病等常见病在场内多发、高发。多数肉牛养殖场，特别是家庭式养殖场，防疫技术主要来于地方畜牧兽医部门，缺少专业的技术人员。在牛只发病时，多数情况是在地方技术人员的指导下，由养殖场场主自行购药、自行医治，所以误诊、滥用药物现象突出。由于补贴制度不健全，在牛只医治无效，甚至死亡时，场主会将病牛、死牛直接销售给当地牛贩子和屠宰户，直接威胁到消费者的安全。另外，多数寄生虫特别是体内寄生虫，对牛只危害具有很强的隐蔽性，多数肉牛养殖场对寄生虫的危害没有引起足够重视，从而影响到牛只健康，甚至影响到人类公共卫生。

5. 龙头企业带动能力不强，加工滞后，产品附加值未能得到有效开发利用

在肉牛行业流行着这样一句话："养牛的不如贩卖牛的，贩卖牛的不如宰牛卖的，宰牛卖的不如开牛菜馆的"。这句话体现出，在肉牛全产业链中的利益分配是不均衡的，越是处在产业链前端，利益分配就越少，反之利益分配就越多。

全省从事肉牛产业的龙头企业数量少，更缺乏打造从牧场到餐桌全产业链模式的企业，也就无法实现肉牛养殖的经济利益最大化。多数龙头企业处在肉牛产业链的上端，以肉牛养殖为主，且饲养肉牛的品种较杂，所以生产的产品规格难统一，很难打造和创出属于自己的品牌产品，市场竞争力弱，产品更体现不出优质优价，使肉牛养殖效益大打折扣。经济效益差，就很难起到示范带动作用。屠宰、加工企业也是如此，受原材料无法统一的影响，产品很难实现标准统一，产品市场竞争力也不强，多数以原料肉、初级加工产品的形式输出，只有极少部分以深加工产品的形式销售，产品附加值未能得到有效开发利用。

6. 各级地方政府、行政部门的执行和监督力度有待加强

云南省政府成立了防治重大动物疫病指挥部，16 个州市、129 个县（市区）相继成立了动物防疫监督机构，全省共建设完成 1191 个畜牧兽医站，负责、落实各地州的疫病防控和疫情检测等工作。但受人力和财力的限制，执行和监管力度不够。

在重大疫病防治上，地方部门的执行力度不够。主要表现在地方部门对重大疫病没引起足够的认识和重视，有的地方出现畜牧兽医部门领取了疫苗后，把用剩的疫苗在路上丢弃或烧毁的情况，甚至出现虚报、瞒报疫情的现象。在对待活畜流通、病畜、死畜处理问题上，执法、监督形同虚设。受人力和财力缺乏的影响，对活畜的交易和流通，检疫只流于形式，只管按头数开票收钱后放行，连最基本的消毒措施都不采取。对于病畜、死畜的处理，监管力度不够，使病畜、死畜随意在市场上流通。在屠宰和牛肉销售环节也是如此。在县级以上区域，基本都有定点屠宰场，但对待宰牛只作一般的临床观察来代替检疫。对于在摊位出售的由个体屠宰的牛肉，也只做一般的普通检查，收取相关费用后就可按检疫合格的产品销售。对于活牛、牛肉走私，地方政府部门也是睁一只眼、闭一只眼，仅一个口岸，每年就有 200 万头活牛入境，使活牛、牛肉走私活动猖獗。

（三）肉牛产业发展趋势预测

1. 存栏量与养殖模式

近年云南省肉牛存栏量逐年以小幅增长，但各地州间肉牛存栏量的涨幅存在明显差异，总体呈现的趋势是：通常在经济较好的地区，肉牛存栏量的增加幅度小，经济和文化比较落后地区的肉牛存栏量的增加幅度要大。随着经济发展，肉牛养殖的人力（劳动）成本和其他成本大幅上涨，肉牛养殖空间和养殖效益也随之缩小，这是导致经济较好地区肉牛存栏量增幅小于经济比较落后地区的主要原因。因此，随着全省经济发展和城镇化进程的加快，全省肉牛存栏量增加幅度在未来几年内将逐年放缓。稳定存栏量，提高牛肉质量是未来云南肉牛业主要工作目标。

受云南地理环境和经济发展的影响，在经济欠发达的山区和半山区，肉牛养殖以农户分散的母牛带犊养殖模式为主，主要以出售犊牛为主要目的，饲养管理粗放，主要以放牧为主。在经济相对发达的坝区以肉牛集中短期育肥为主，多数为舍饲，少数为放牧加舍饲的养殖模式。在中央财政和地方政策的带动下，全省的规模化肉牛养殖企业和肉牛养殖小区数量较往年有明显提高，个体散养户数量逐年下降，规模养殖户数量逐年增加，传统肉牛养殖业开始向现代肉牛业转型，逐步呈现现代肉牛业的特点。

2. 新的合作组织和运营管理模式开始出现

随着龙头企业的兴起，为解决自身牛源不足、保证产品质量、提高市场竞争力等，一些新的合作组织和管理运营模式开始出现，使行业间的合作和联系更为密切。在肉牛养殖小区，通常以合作社为中心，采用合作社+养殖户经营模式，按合作社要求统一对肉牛进行育肥和销售。一些龙头企业也纷纷尝试公司+基地、公司+基地+农户（养殖户）、公司+基地+农户（养殖户）+专业合作组织+市场等新型合作经营模式，由企业统一制订标准和实施办法，提供相应的技术保障，按合同进行利益分配，常采用连锁店面+品牌+标准的营销模式。通过股份制、合作社等形式，建立起"风险共担，利益均沾"的机制，增强了龙头企业的辐射力和带动力，提高了企业产品的市场竞争力，使广大养殖户不仅能在生产领域获得较高收入，而且在加工和流通领域也能得到适当收益，提高共同抗风险能力。在未来肉牛产业发展中，以个体散养户自主经营的现象将逐渐减少，企业和行业间联系将更密切。这也是企业提高效益和产品质量安全发展的必然趋势。

三、对策建议

（一）加强肉牛良种繁育体系建设，支持地方种牛繁殖基地建设

云南地方黄牛品种，由于有较强的耐粗饲能力、抗寄生虫能力和肉质好的特点，非常适应山区的养殖环境。有关专家通过分析指出，若不及早采取各种措施加以保护，可能会使群体灭绝。因此应根据品种资源特点，加强种源基地建设，统一制定保种规划和杂交改良技术方案，严禁无序杂交改良。

牛作为单胎动物，其繁殖周期长，加上云南独特的地理环境，要想在短期内实现存栏量大幅增加是困难的。能繁母牛数量不足，已成为制约肉牛产业发展的瓶颈。因此，建议以现有的已形成一定饲养规模的肉牛企业（育肥和加工企业除外）和有条件进行规模化饲养的农户为基础，建立专门的地方黄牛品种繁殖基地。需要政府有关部门从政策、资金方面给予鼓励和扶持，包括对企业、科研机构和推广部门的支持，使之形成企业、政府、科研和推广部门共同关注的发展格局。只有通过建立良种牛、母牛繁殖基地，保证全省的繁殖母牛数量逐年增加，为育肥及牛肉加工企业提供牛源，从根本上解决"牛荒"问题。

（二）加强肉牛养殖业资金支持和牛源基地建设，落实母牛补贴政策

制定扶持政策，简化肉牛养殖的贷款审批手续，对肉牛养殖场（户）的贷款给予贴息；鼓励发展贷款担保公司等中小型融资公司，不断创新融资主体，为肉牛养殖业发展提供灵活、便捷的贷款融资服务，建立一个公正透明、高效便民、农民满意、保障有力的农村公共服务供给体系。

母牛是肉牛产业的基础，要进一步落实和实施母牛补贴政策。对养殖户培育的优良后备母牛和外购优质母牛，政府职能部门配套专项资金给予补贴，积极帮助养殖户把母牛保留下来，不断优化牛群结构。对具有一定规模的母牛养殖场（户）养殖户给予一定额度的补贴，建议根据养殖场每年的产犊数、优质犊牛数、犊牛成活率等指标综合考虑

来进行补贴，促使母牛养殖户养好母牛，培育好犊牛。进一步鼓励广大牧区和边远山区发展母牛养殖，利用其传统生活习俗和养殖成本低的突出优势，为广大农区和经济发达地区提供架子牛资源。

（三）加强科研及科技推广队伍建设，提高肉牛养殖的科技含量

按产业链关键点启动一批重大专项，给予长期、稳定的科研经费支持，解决制约性关键技术难题，稳定基层技术推广队伍。提高基层技术人员待遇，培养后备人才，加大技术培训的投入和力度，促进技术成果的转化与推广。

设立专项资金，重点扶持科研院所对涉牛技术的研究，重点研究农（包括经济作物）副产物饲喂技术、肉牛饲养管理技术、母牛高效繁殖技术、养殖场粪尿利用及疾病控制技术、肉牛屠宰加工企业加工与质量控制技术。加强先进、适用肉牛生产技术的研发，推广精简化配套实用技术，提高肉牛养殖技术水平。通过示范推广，促进肉牛养殖企业积极由传统的数量增长发展模式向数量和单产提升并重的模式转变，向提高肉牛的个体生产能力转变，提高肉牛养殖效益。

（四）制定和出台系列政策和法规，促进肉牛业健康发展

制定犊牛价格补贴保障政策，建立补贴机制，稳定母牛存栏量。出台针对农户、小区、合作组织、企业长短期结合的大宗和小额贷款并济的融资、利息、保险政策，健全信贷机制。根据养殖规模和标准化程度，在政策和资金上给予养殖用地支持，解决用地难问题。制定屠宰条例，提高技术、安保门槛，明确退出、准入机制，确保牛肉产品质量安全。加大资金投入，完善和强化基础设施和人才队伍建设。认真落实《中华人民共和国动物防疫法》，建立严格的检验检疫管理制度。强化各级部门的监管、执法力度，加强对肉牛生产、流通、销售各环节的监管和执法，加大对活牛、牛肉走私的查处力度，切实保障肉牛产业健康发展。

（五）加大对龙头企业的扶持和培育

针对肉牛产业生产方式落后，标准化、规模化养殖水平和农民组织化程度低的问题，遵守"扶优、扶强、扶大"的原则，重点对肉牛产业化发展中起关键作用的龙头企业，在基地建设、原料采购、设备引进、生产、加工、流通等环节在信贷和税收方面给予政策优惠。引导具有实力的肉牛产业龙头企业整合资源、资金、技术、人才等要素，逐步形成生产、加工、流通一体化的产业集团和不同层次的龙头企业群体，提高龙头企业的辐射力、带动力和抗风险能力。

云南高原蔬菜产业现状与发展思考

一、蔬菜产业现状

蔬菜产业是云南高原特色农业发展的重要内容产业，也是云南农业具有广阔发展潜力的朝阳产业，更是农民增收、就业的重要产业。云南蔬菜产业始于20世纪80年代，依托得天独厚的气候资源优势，经过30多年的发展，云南已经成为全国重要的"南菜北运"基地、"西菜东调"基地，以及全国重要的冬春蔬菜、夏秋补淡和外销出口蔬菜基地，成为享誉全国乃至世界的菜园子。

目前云南蔬菜已经形成丰富多彩、四季飘香、欣欣向荣的一个产业。2015年，云南省全年蔬菜种植面积达1533.45万亩，产量1873.9万t，蔬菜产值462亿元，播种面积居全国第11位、产量居全国第14位，人均蔬菜占有量达396kg。播种面积占全国的4.7%，产量占全国的2.4%。出口蔬菜72.99万t，出口创汇8.16亿美元，仅次于山东、湖北，位居全国第三位。

（一）品种丰富，品牌效应初步显现

云南传统的蔬菜种类以白菜、萝卜、番茄、茄子、辣椒、瓜果、豆类为主，但随着市场需求的变化，经过多年的努力，目前全省规模种植的蔬菜种类多达80余种，品种数以千计。已形成大宗菜、精细菜、特色菜、野生菜共同发展局面，花色品种丰富并基本实现周年均衡供应。经过"中国绿色食品发展中心"认证的无公害蔬菜、绿色蔬菜品种有100多个。与此同时，蔬菜品牌优势日益凸显，全省共有28种蔬菜评为云南名牌农产品，晨农、桃源2个商标被评选为中国驰名商标，12个蔬菜产区被评为全国"一村一品"示范村镇。同时还涌现出"丘北辣椒""罗平黄姜""建水草芽""元谋番茄""建水洋葱""洱源大蒜"等深受消费者喜爱的蔬菜区域品牌。蔬菜产业的发展，有力推动了云南高原特色农业的发展。

（二）销售广泛，外销出口形成规模

2016年，云南蔬菜产量达到1968.6万t，数量是当地需求量的2倍，云南蔬菜生产已经从满足省内需求为主，转变为以大量外销和出口为主，产品远销全国20多个省市区的37个大中城市和40多个国家及地区。2011~2013年，商务部、财政部连续三年将云南列为国家"南菜北运"试点省份，为云南蔬菜产业带来了难得的机遇。

近年来，云南农产品出口逐渐成为出口创汇的主力，蔬菜出口种类、数量稳步增长，呈现强劲增长势头。在云南农产品出口的主要品种中，蔬菜占的农产品出口比例近30%，对云南农产品出口的稳定增长形成较大支撑，对农业增产、农民增收和社会稳定发挥着

重要作用。根据海关统计，2010年起，云南蔬菜出口超过烟草，成为第一大出口农产品，至2014年，连续5年居全省出口创汇农产品首位。出口的传统优势市场是亚洲和欧洲，也出口到北美洲、南美洲和大洋洲，主要是中国香港、泰国、日本、越南、马来西亚、意大利、德国等国家和地区（专题图4-1），其中，中国香港是云南省蔬菜出口的最重要市场，云南蔬菜在香港市场占到40%的份额，出口品种超过60个，主要有西蓝花、卷心菜、马铃薯、松茸、番茄、菜花和豌豆等。出口香港蔬菜产值4.2亿美元，占云南省出口蔬菜总额的1/2。

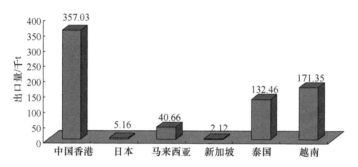

专题图4-1　2015年云南省蔬菜主要出口地及出口量
数据来源：根据国研网国际贸易研究及决策支持系统数据整理

（三）周年上市，均衡供应

云南立体型气候显著，为蔬菜周年生产、均衡上市提供了有利条件。冬季可利用南部热区和干热河谷区域生产其他地区夏天才能生产的番茄、辣椒、黄瓜、茄子、菜豆等蔬菜作物；夏季则利用滇中以北的高海拔冷凉山区生产其他地区冬季才能生产的白菜、花菜、萝卜等品种，实现一年四季均有时令果蔬。云南地处云贵高原，地形地貌错综复杂，气候冷热变化突出，寒、温、热三带俱全，根据自然条件，结合蔬菜自然分布特点、栽培历史、栽培制度和经济条件，云南蔬菜生产可分为三层六区（专题表4-1）。

专题表4-1　云南蔬菜生产分区

蔬菜分区（三层六区）		海拔/m	≥10℃积温/℃	平均温度/℃	最冷月均温/℃	代表地区	蔬菜特点
低热层	河谷热区（冬早菜区）	<800	>8000	>22	>15	元江、元谋、河口、景洪、勐腊、孟定	夏长无冬，喜温蔬菜冬春季上市
	南部温热区（春早菜区）	800~1400	>6000	19~22	>12	开远、建水、石屏、蒙自、巧家、思茅、芒市、盘溪、东川	喜温蔬菜可春秋两作，但以3~4月上市为主
中暖层	中部温暖区（果菜中熟区）	1200~1600	5000~6000	16~18	8~10	宾川、永仁、弥渡、玉溪、宜良	蔬菜一年多作，喜温果菜中早熟，果菜、叶菜生长均好
	中部温凉区（果菜晚熟区）	1600~2000	4200~5000	14~16	6~9	昆明、个旧、曲靖、楚雄、大理、保山、通海、腾冲	蔬菜品类繁多，喜冷凉蔬菜几乎四季栽培
高寒层	寒温区	2000~2700	1600~4200	7~13	3~6	昭通、丽江、宣威、会泽、迪庆、怒江	喜温菜难生长，喜冷凉菜易抽薹，主栽洋芋、青菜、萝卜、甘蓝
	寒冷区	>2700	<1600	6	-3.7~-2.9	中甸、德钦、昭通大山包、东川落雪	只有少量耐寒的叶菜、根菜

（四）解决就业，带动产业

全省蔬菜生产加工企业达 400 余家，其中省级以上龙头企业 128 家。全省从事蔬菜种植的农民达 360 多万人，40 多万人从事蔬菜加工，蔬菜流通环节就业 10 余万人，带动交通运输、冷链、包装等多个产业发展。蔬菜产业对促进地方经济发展、解决剩余劳动力就业问题发挥了重要作用。

二、蔬菜产业发展变化情况

（一）生产规模稳步增长

云南蔬菜种植规模一直保持增长态势，增长速度快于全国（专题表 4-2）。2000 年播种面积 353.3 万亩，2017 年增长到 1084.8 万亩，累计增加 731.5 万亩，面积增加 207%，产量由 2000 年的 584.8 万 t 增长到 2016 年的 1968.6 万 t，累计增长达到 237%，年均增长率 14.7%。2017 年云南省全年蔬菜产值近 500 亿元。

专题表 4-2　2000 年以来云南地区蔬菜生产水平变化

年份	种植面积/万亩	单位面积产量/（kg/亩）	总产量/万 t
2000	353.3	1103.5	584.8
2001	390.5	1115.1	653.2
2002	402.7	1322.0	798.6
2003	437.7	1278.0	839.1
2004	459.9	1283.1	885.1
2005	492.0	1315.6	970.9
2006	523.0	1317.7	1033.8
2007	562.0	1320.8	1113.3
2008	583.4	1333.0	1166.6
2009	622.9	1325.3	1238.2
2010	671.3	1246.7	1255.0
2011	735.1	1215.2	1340.0
2012	803.8	1221.5	1472.7
2013	900.8	1202.9	1625.5
2014	947.5	1221.2	1735.5
2015	1004.0	1244.2	1873.9
2016	1040.1	1261.8	1968.6

数据来源：国家统计局。

国家发展改革委发布的《全国蔬菜产业发展规划（2011—2020 年）》，首次公布全国 580 个蔬菜产业重点县名单，云南 24 个县（市）区被纳入全国蔬菜产业重点区域；为确保蔬菜产业安全，将从产量结构、产品质量等多方面进行调整，在全国按照不同地域优势分为六大蔬菜产区，其中云南省占据华南与西南热区冬春蔬菜优势区域和云贵高原夏秋蔬菜优势区域两大部分。根据播种面积在 10 万亩以上、外销量大于 10 万 t 和人均占有量 350kg 的筛选条件，嵩明、宜良、晋宁、通海、师宗、宣威等云南 21 个县（市）区列入规划范围。

（二）供应状况明显改善

20 世纪 80 年代，云南一方面利用元谋、元江等低热河谷"天然温室"区种植冬春早菜，另一方面引进适应性强的蔬菜新品种，如春甘蓝'京丰 1 号'等，在一定程度上解决了蔬菜周年供应问题，但"春淡"和"秋淡"问题仍然明显。90 年代，大量新品种的引进和应用以及高山蔬菜、设施蔬菜的开发，破解了冬春和夏秋两个淡季的供需矛盾，确保市场有十余类数十余个品种的蔬菜供应。总体上，蔬菜供应状况得到明显改善。不过与全国水平相比，云南人均蔬菜占有量仍然较少，差距十分明显。

（三）产品质量显著提高

云南蔬菜质量安全水平不断提高，昆明蔬菜农药残留抽检合格率从 2003 年的 69.2% 上升到了 2006 年的 94.6%，抽检合格率在全国 37 个重点城市中由第 32 位上升到第 15 位；其他 15 个州（市）蔬菜产品质量安全水平也逐步提升，蔬菜农药残留抽检合格率由 2004 年的 84.1% 上升到 2007 年的 90.5%，最近几年来蔬菜农残检测合格率一直位居全国前列，保持在 95% 以上。

在蔬菜质量安全水平提高的同时，商品质量也明显提高，净菜整理、分级包装和预冷等商品化处理数量逐年增加，采后商品化处理率由 20 世纪 80 年代的不足 10%，提高到近期的 40%，提高了 30 个百分点。

（四）蔬菜外销量逐年增加

云南地处低纬高原，具有独特的地理气候优势，有适合发展冬春早菜和夏秋反季节蔬菜的各种生态环境，从 20 世纪 70 年代中期开始利用元谋、元江等低热河谷地区试种成功冬春早菜，80 年代开始发展"南菜北运"基地，90 年代后，随着交通运输状况的改善和全国鲜活农产品"绿色通道"的开通，云贵高原夏秋蔬菜基地稳步发展，云南蔬菜的外销量（含销往省外和出口境外）逐年增加。

云南蔬菜外销量已占生产量的 53.8%，成为我国重要的冬春和夏秋两个反季节外销蔬菜生产基地，每年向北方供应 400 多万吨蔬菜，以冬春反季蔬菜为主，主要菜种包括：番茄、辣椒、洋葱、菜豆、豇豆、黄瓜、茄子、蒜薹、鲜食玉米、西葫芦、菜豌豆等种类，占云南外销蔬菜总量的 50% 以上，蔬菜产品主要销往北京、山东、河北、山西、天津、辽宁、内蒙古、青海、上海、江苏等地。目前，云南省供港澳蔬菜数量和基地备案面积均居全国第一位，供港澳蔬菜数量占港澳市场总量的 1/3，成为中国重要的蔬菜出口基地。

进入 21 世纪以来，云南蔬菜出口量和出口额均呈现稳定增长态势，2002 年出口量 7.24 万 t，到 2015 年达到 72.99 万 t，增长 10 倍。出口额由 2002 年的 6500 万美元，增长到 2015 年的 8.16 亿美元，增长了 11.6 倍。2010 年云南省蔬菜出口额首次超过烟草，至 2014 年连续 5 年居出口创汇农产品首位。2015 年水果、蔬菜出口额均超过烟草，位居农产品出口前两位。

除出口量、出口额稳步增长外，云南省蔬菜出口量和出口额在全国蔬菜出口中的占比也稳步上升。2002 年出口量仅占全国出口总量的 1.8%，至 2015 年，占比已接近 10%。出口额占比由 2002 年的 3.45%，提升到 2015 年的 9.04%（专题表 4-3）。

专题表 4-3　2002～2015 年云南省蔬菜出口量和出口额

年份	出口量/万 t			出口额/亿美元		
	全国	云南	占比/%	全国	云南	占比/%
2002	402.89	7.24	1.80	18.83	0.65	3.45
2003	484.79	10.4	2.14	21.81	0.92	4.2
2004	495.50	11.0	2.22	25.36	1.27	4.99
2005	547.47	16.24	2.97	30.53	1.48	4.84
2006	578.15	19.45	3.36	37.15	1.52	4.08
2007	631.78	21.41	3.39	40.45	1.73	4.28
2008	653.77	26.77	4.09	42.21	2.4	5.68
2009	658.48	29.62	4.50	48.53	2.82	5.81
2010	658.46	29.97	4.55	74.77	4.39	5.87
2011	752.63	39.07	5.19	86.84	5.90	6.79
2012	716.53	58.65	8.18	69.06	5.03	7.28
2013	738.96	65.39	8.85	78.71	5.75	7.31
2014	744.68	65.37	8.78	82.29	7.00	8.51
2015	753.71	72.99	9.68	90.27	8.16	9.04

数据来源：根据国研网国际贸易研究及决策支持系统数据整理。

云南出口蔬菜的目的地主要有法国、英国、美国、加拿大、俄罗斯、日本、韩国、泰国、新加坡、马来西亚等多个国家和地区。2014 年排在前五位（出口量和出口额）的是中国香港和日本、泰国、越南、意大利。2016 年，云南省蔬菜出口仍保持了良好势头，前 7 个月出口量 39.81 万 t，比 2015 年同期（33.02 万 t）增长 17.05%，出口额 4.84 亿美元，比 2015 年同期（3.77 亿美元）增长 22.1%。外销蔬菜已成为云南蔬菜产业发展的重要方向。

三、发展蔬菜产业的优势与潜力

（一）气候优势

云南地处低纬高原，全省气候类型丰富多样，有北热带、南亚热带、中亚热带、北亚热带、南温带、中温带和高原气候区共 7 个气候类型。自然气候类型多样，农业生态类型丰富，为云南蔬菜生产提供了得天独厚的自然气候条件。

1）蔬菜生产可以做到四季常青。几乎所有蔬菜作物一年四季都有其适宜的生产区域，可最大限度地实现适地种植，常年均衡生产供给，保障产品足量、优质、价廉，满足国内外市场对各种产品的常年需求。

2）冬春季可利用"天然温室"生产喜温菜。滇南、滇西南低海拔干热河谷地区，冬季温暖，适宜种植番茄、黄瓜、辣椒、茄子、菜豆、洋葱等喜温蔬菜，在冬春季节销往北方城市和出口日本、韩国、俄罗斯等国。全省已有 80 多个县（市、区）进行冬春早菜商品化种植，年播种面积超过 500 万亩，种植品种 30 多个，产品以其"一早二好"的优势远销全国 140 多个大中城市，年调出省外 400 多万吨，成为我国"南菜北运"的重要基地之一。

3）夏秋季可利用"天然凉棚"生产喜凉菜。云贵高原夏秋菜已成为我国"西菜东运"的重要生产基地，目前已形成了以滇中、滇东北及滇西北为主的夏秋蔬菜优势产区，主要产品为甘蓝、萝卜、大白菜、芹菜、胡萝卜、花椰菜、青花菜、生菜、大葱等喜凉蔬菜，对保障全国珠三角、长三角等地区大中城市 7～9 月夏秋淡季蔬菜供应、促进当地农业结构调整和农民增收发挥了重要的作用。此外，产品外销日本、韩国等 30 多个国家和地区。

（二）区位优势

云南地处中国的西南边陲，与东南亚的缅甸、老挝和越南接壤，并与泰国邻近，有怒江、红河、澜沧江等跨国河流，国境线总长 4060km，拥有 24 个对外口岸。随着"一带一路"建设的深入推进，昆曼大通道全线贯通，为云南与周边国家贸易往来奠定了良好基础。中国–东盟农产品零关税的逐步实施，不仅给我国带来了东盟巨大的市场和出口平台，进一步扩大了我国农产品出口的规模，促进了我国农贸市场的多元化和农业现代化建设，而且对我国调整农业产业结构和地区结构产生了重要影响。

云南蔬菜产品已具有较大国际市场竞争优势。在东盟经济圈中，云南具有国内其他省区无可比拟的独特地缘优势。东盟国家全面扩大开放、加强经贸往来，为云南蔬菜出口提供了良好机遇，同时，也极大地推动了云南蔬菜产业的发展。以新加坡、日本、泰国为主的出口市场和以周边国家为主的边贸市场，都看好云南优质蔬菜生产的气候和区位优势。云南是中国与东南亚、南亚各国合作的前沿，同时也是经济建设的前沿。

云南发展高原特色农业具有得天独厚的优势。云南位于低纬度高原，光热充足、雨热同期、春早冬晚，非常适合农作物的生长，物种优势明显，有良好的农业基础。另外，云南位于我国西南边陲，与缅甸、越南、老挝这些国家接壤，有利于与这些国家加强合作，利于发展外向型的农业。云南的高原特色农业有其独特性，具有很好的发展潜力。这样的特色农业可以充分利用独特的条件和优势，打造出生态环保、丰富多样、四季飘香、安全优质的农业产品。

（三）资源优势

云南多样的生态条件，孕育了丰富的物种资源。无论是栽培的蔬菜品种还是野生蔬菜资源，云南均十分丰富。据不完全统计，云南蔬菜品种资源共有 31 科、71 属、150 多个种或变种、1800 多个品种，居全国第三位，并拥有一批特有的地方优良品种资源，如'建水草芽''丘北辣椒''罗平黄姜''昆明三月萝卜''开远薤头'等。

野生蔬菜资源亦十分丰富，常见野菜有 200 多种，经常食用的野菜也有 100 多种，有不少是云南的特有种。例如，竹叶菜、楤木、臭菜、弯根、水芹菜、斑鸠菜、长蕊甜菜、竹笋等，都是天然绿色食品。

云南有食用菌种类 882 种，世界四大名菌"松茸、牛肝菌、块菌、鸡油菌"在云南均有分布，且资源量较大。全省野生食用菌自然产量 50 万 t，其中已大量开发利用的有 20 多种，年产量约 8 万 t，全国市场商品野生食用菌约 70%为云南所产。良好的资源禀赋使云南野生菌的种类、产量、质量均在全国独领风骚，并享有较高的国际声誉。

（四）成本优势

蔬菜生产既是资源性产业，也是劳动密集型产业，自然资源和劳动力资源的共同性支撑，构成了我国蔬菜出口的成本优势。我国耕地和劳动力价格较低，劳动力价格是发达国家的 1/10～1/5，蔬菜的生产成本一般为发达国家的 1/12～1/5。以欧美国家传统主要消费产品芦笋、洋葱和青花菜为例，我国芦笋建园和投产 4 年每公顷需投入 40 184 元（人民币，下同），产业利润大致为 49 816 元，美国则需投入 65 505 元，产业利润 20 936 元，投资亏损；我国洋葱每公顷生产成本 37 300 元，美国为 42 300 元，日本高达 173 000 元，我国青花菜每公顷生产成本 26 400 元，美国高达 60 700 元，生产成本优势最终体现在利润和价格上，成为国际竞争的利润和价格优势。

（五）生态优势

云南气候多样、雨量充沛、空气清新、山清水秀、环境优良，拥有良好的生态环境和自然禀赋，是西南生态安全屏障和生物多样性宝库，蔬菜产品具有较高的质量安全水平。2014 年，全省蔬菜"三品一标"累计认证产品 442 个，面积 392 万亩，建成蔬菜标准园 111 个，多年来蔬菜农残检测合格率均保持全国前列，连续 35 年未发生质量安全事件，"云菜"已经成为"健康、绿色、生态"的代名词。

四、蔬菜产业存在的问题

（一）单产仍然较低

我国蔬菜经过 30 年的发展，种植规模、产量都极大增加，单产也保持增加趋势，但增加不明显。从全国情况来看，有如下几个特点。第一，中国蔬菜种植面积与年产量几乎同比增长，增长幅度均较大。统计资料显示，2002 年的蔬菜种植面积与蔬菜总产量分别是 1978 年的 521 倍和 642 倍。第二，20 世纪 90 年代以后，蔬菜单产水平几乎没有变化，即使与 1978 年相比，2002 年单产水平也变化不大。第三，蔬菜年产量与蔬菜种植面积存在着高度的相关性，两者的相关系数高达 0.978，其显著性检验值小于 0.0001。

可见，中国蔬菜总产量的增长主要得益于蔬菜种植面积的扩张，这表明中国蔬菜生产还处在面积扩张、土地密集的阶段。单产水平的稳定表明，中国蔬菜产量（重量）依赖科技水平的程度不高。蔬菜产业属于劳动密集型产业，几千年来中国就形成了一套精耕细作的种植技术。科学技术的进步无法在较大空间上提升这种技术。科学技术的进步在蔬菜产业上主要体现在品种的更新、设施蔬菜的研究与推广以及营养外观（包括色香味）等方面，科学技术的进步催生了许多蔬菜新品种的诞生，推广了蔬菜种植的地域和种植的季节，提高了蔬菜的经济效益。但是蔬菜种植规模越大，蔬菜平均单产水平越面临着减产的风险，这也从另一个角度上说明了中国蔬菜种植规模的扩张远远快于科学技术进步的速度，科学技术的进步并未得到全方位的推广。

云南蔬菜单产一直低于全国平均水平，而且差距十分明显。2000 年，全国平均单产 1855kg/亩，云南平均单产 1103kg/亩；2016 年全国蔬菜平均单产 2299kg/亩，云南平均单产则为 1261kg/亩，仅比贵州（1192kg/亩）稍高。与发达国家相比，差距更大，如荷兰蔬菜平均单产 4.0t/亩，西班牙 2.6t/亩，韩国 2.4t/亩。

（二）产品质量有待提高

虽然近几年我国蔬菜整体质量水平在不断提升，但由于蔬菜生产以分散农户为主，且品种多、种植和栽培方式多变，局部地区部分品种蔬菜质量安全问题还是时有发生。如何保障蔬菜质量安全，是事关蔬菜产业健康发展的"生命线"。除此之外，蔬菜标准体系缺失、监管手段偏弱、监测与追溯体系不健全等也影响我国蔬菜产品的整体质量水平的提升，而这对我国蔬菜产业国际市场竞争力的提升显然是不利的。

云南省蔬菜质量与全国情况一样，其生产以家庭承包经营为主的小生产格局，其经营规模小、生产分散、自律性差。国家农产品质量安全职能部门难以实施有效监管，质量安全事故时有发生。另据有关方面监测，镉（Cd）、砷（As）等有害元素在我国一些常年种植的菜田土壤中含量已经逼近甚至超过无公害蔬菜产地环境标准临界点。规模饲养场的畜禽粪便已成为菜田有害元素的重要污染源。在昆明附近蔬菜地，土壤重金属 Pb、Cd、Cu、Zn 均存在一定程度的污染，Cu 和 Cd 平均含量超过了土壤环境质量标准，属于中污染。个别地块 Pb、Zn 超标，为轻污染。土壤中 Cu 可能来源于工业废物的排放，Cd、Zn、Cr 元素的积累主要来源于过量肥料的施用。化学肥料的过度使用，在生产上也是普遍存在的问题。

（三）种子大多需要进口

我国是蔬菜种子自产自销最大的国家，但是许多优良品种还是需要进口。每年要进口超过 8000t 的海外蔬菜种子，进口种子的销售额占据了我国蔬菜种子年销售额的 25% 以上。由于优良种子的缺失，我国蔬菜产品的品质很难得到有效的提升，这也严重地制约了我国蔬菜产业国际竞争力的提升。

云南是我国重要的商品蔬菜主产区，也是全国"南菜北运"的基地之一，蔬菜产业已成为农业和农村经济发展的重要支柱产业，是农民增收的重要来源。然而，蔬菜新品种研发与良种繁育远远落后于蔬菜生产。云南的蔬菜种子自给率一直都低，低于 20%，而且多是一些用种量大和产量低的豆类、叶用芥菜、萝卜及无性繁殖的薯芋类及部分水生蔬菜。而制种或繁种基地除少量是自繁外，大部分也是托付国外及省外的种子公司及繁种单位代繁。全省每年购买种子超过 1000t，花费 5 亿元以上。

云南省自然条件优越，蔬菜品种资源丰富，但长期以来，蔬菜种业没有得到足够的重视，主要还是云南省蔬菜品种研发的技术薄弱，最近几年虽然也育成了一些品种，但在生产上没有形成规模化推广，要改变这种状况还有漫长的路要走。

云南省的蔬菜良种繁育体系还没有得到健全和完善。一是投入不足，基础设施薄弱，特别是缺少专业化、规模化蔬菜繁种基地和蔬菜种子配套加工、精选包装服务体系，造成了全省蔬菜品种乱引、乱调，品种布局多、乱、杂的不利局面。二是没有很好的地方品种繁育基地，优良地方品种种性退化严重，很多科研单位及种子部门都没有自己的优良杂交种（自繁品种），都是靠从省外、国外进口供应，并且种子来源渠道比较混乱，种子质量难以保障。

（四）整体研发水平落后

与省外发达地区相比，云南省蔬菜科技研发水平、科技队伍建设明显滞后，蔬菜的基础研究和应用基础研究薄弱，技术储备少，科技支撑产业的力度不足。在新品种研发、种苗繁育、新技术应用等方面均较为落后。生产技术参差不齐，新老菜区差别较大，这在设施蔬菜生产中表现更为明显，总体上云南蔬菜单位面积产量和产值都较全国平均水平低，同时省内不同地区、不同生产者之间存在较大差距。另外，产品合格率与全国平均合格率相比还有一定差距。对标准化栽培、新技术、新材料的推广应用需进一步加大力度。

近年来，云南省科研院所相继培育出了若干番茄、辣椒、白菜、茄子等蔬菜新品种，但存在育种目标与生产需求对接不够紧密，在感官品质、复合抗病虫、抗逆境等方面的育种水平与国内外先进水平还有较大差距，难以适应蔬菜设施栽培、加工出口、长途运输等快速发展的需要。

五、对发展蔬菜产业的几点建议

（一）适度扩大种植规模

改革开放以来，我国蔬菜产业总体保持平稳较快发展，由供不应求到供求总量基本平衡，品种日益丰富，质量不断提高，市场体系逐步完善，总体上呈现良好的发展局面。常年生产的蔬菜达14大类150多个品种，逐步满足了人们多样化的消费需求。中国已经成为世界上最大的蔬菜生产国和消费国，2014年人均蔬菜占有量已达到486kg，远远高于世界平均水平，美国的人均蔬菜消耗多年来基本保持在120kg左右。目前我国蔬菜的生产总量基本满足需求，而且有季节性过剩。根据《全国蔬菜产业发展规划（2011—2020年）》，未来几年，中国蔬菜播种面积将小幅增长，年均增幅约为0.5%；蔬菜产量年均增幅为0.8%。

未来云南蔬菜生产增加部分主要用于出口外销。近年来云南省外销蔬菜发展势头良好，随着"一带一路"建设和"面向南亚东南亚辐射中心"战略实施，云南外销蔬菜还有进一步扩大的潜力和空间。到2025年，蔬菜播种面积达到2000万亩。此后，面积基本保持这个水平，而以提高单产、改善品质为产业发展主要目标。

（二）研究和推广设施蔬菜

设施蔬菜是实现传统种植模式向现代生产方式转变，建设新型现代农业的重要内容，同时是提高土地利用率，建设资源节约型、环境友好型农业的重要途径，对解决周年均衡上市、调节市场供应发挥巨大的作用。设施蔬菜的种植效益也远比露地蔬菜高，前者平均是后者的3倍以上。20世纪90年代中期以来，设施蔬菜进入快速发展期（专题图4-2）。2013年全国设施蔬菜播种面积7525万亩，占蔬菜播种面积的22.6%，产值约为蔬菜总产值的65%。设施蔬菜面积占整个设施园艺面积的94.4%。

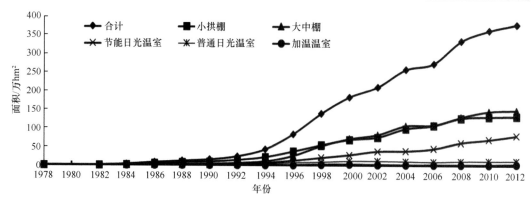

专题图4-2 全国不同类型设施园艺面积变化
资料来源：李天来院士讲座

云南设施蔬菜栽培起步较早，20世纪80年代在昆明、曲靖等地推广竹木结构的小拱棚、大中棚栽培，此类棚成本低，但抗风雪能力差，遇到极端天气易造成设施和作物的损失，发展一直缓慢，进入90年代后，以钢架为主的大棚栽培发展迅速，近年来一直保持较快的增长速度，至2015年云南设施蔬菜面积达到150万亩。不过，这个规模在全国来讲，还有很大的扩展空间。云南蔬菜播种面积约占全国蔬菜播种面积的5%，而设施蔬菜面积只占全国设施蔬菜面积的2%。

1）滇东北、滇西北寒冷地区，引进新型日光温室，要充分利用云南冬春季雨水少、光照充足的有利条件，生产设施蔬菜，解决当地冬春季蔬菜供应困难问题。

2）在滇南、滇西南一些炎热地区，夏秋季温度高、湿度大，要研究并推广避雨栽培技术，减少病虫害发生、提高产品质量。

3）针对设施栽培土壤连作障碍、病虫害及生理障碍严重等关键技术问题，从品种选用、光能利用、病虫害绿色防控等方面，研究适合云南气候、土壤特点的栽培技术体系，促进云南设施蔬菜健康持续发展。

（三）加强种质资源的保护和利用

云南地形地貌复杂，生态类型多样，是中国乃至世界物种多样性最丰富的地区。无论是栽培蔬菜、野生蔬菜还是野生食用菌，种质资源都极其丰富。栽培蔬菜中有些品种栽培范围小而少，有逐渐绝迹的危险，需要进行保护。建水草芽，丘北辣椒，罗平黄姜，昆明三月萝卜，开远藠头、涮涮辣等特色品种，则应进行品种提纯复壮、产品精深加工，打造地方名特品牌。

野生蔬菜营养丰富、风味独特，许多种类极具开发利用潜力。例如，竹叶菜、榉木、臭菜、弯根、水芹菜、斑鸠菜、长蕊甜菜、竹笋等，都是天然绿色食品，可以直接利用，宜发展规模化种植，扩大市场供应。有些资源具有很好的抗病虫性能，如在云南广泛分布的野生茄属种质、黑籽南瓜等，适应性、抗病性都极强，是茄子和瓜类的良好嫁接砧木，同时也可用于栽培蔬菜新品种改良。

云南的松茸、牛肝菌、羊肚菌、鸡枞、干巴菌、红菇、块菌、金耳等，不仅产量居全国之首，质量也很优异，构成云南高原特色食用菌群体。2014年云南野生食用菌产量达8万t，实现产值67.8亿元，产品远销欧洲、美洲、日本、泰国、新加坡等40多个国家和地区，创汇排名仅次于烟草、咖啡和蔬菜。野生菌将成为继云烟、云花、云药、云茶之后的又一云南特色绿色产品。

（四）提高生产的组织化、信息化水平

尽管经过多年的发展，云南已建立起了较为完善的蔬菜市场体系，基本实现周年均衡供应，然而"小生产"与"大市场"失衡仍然存在。近年来，蔬菜价格普遍存在不正常波动的现象，对居民生活和社会安定产生一定的影响，蔬菜种植者因为信息不对称而盲目跟风种植，使得蔬菜价格大涨或大跌的现象时有发生。

提高生产组织化程度，大力发展新型蔬菜生产主体势在必行。今后，政府需要扶持一批农民专业合作社和规模化生产主体，重点建设集约化育苗、统防统治、商品化处理等设施，开展统一种苗供应、统一病虫害防控、统一加工、统一销售等方面的服务，逐步解决一家一户生产管理、技术推广、产品销售、质量监管难的问题，提高蔬菜生产的组织化程度和产业化水平。

要建立蔬菜生产信息监测发布体系，引导农民合理安排生产，增强政府调控的主动性和前瞻性以及生产主体的应对能力。对全国大宗蔬菜的播种面积、产量、上市期和产地价格信息进行采集、分析、预测和发布，提供及时、准确、全面的生产和预警信息，合理错开播种期和收获期，防止盲目生产，避免蔬菜集中大量上市或脱销断档，促进生产稳定发展和市场平稳运行。

贵州茶产业持续健康发展战略研究

一、研究背景

（一）调整农业产业结构，寻找贵州地方生态产业和富民产业的路径

受自然资源禀赋不足、土地资源承载力弱、气候灾害频繁等因素影响，贵州农业单产较全国水平低，农业产业发展受极大限制。例如，据统计，江苏水稻平均亩产640kg，四川水稻平均亩产520kg，而贵州水稻平均亩产425kg。同时，贵州还是全球喀斯特最为集中的区域，喀斯特地区分布广泛，生态环境复杂，人地矛盾尖锐，是典型的生态脆弱区。目前，贵州省石漠化面积占全省土地总面积的28.4%，贵州发展相对落后地区人均耕地面积不足3亩，且95%的耕地是生产力水平较低的坡耕地，农田保灌面积不足耕地面积的30%，土地与水资源等重要农业资源稀缺，致使贵州农业综合生产力水平低下，这给农业生产带来了极大的挑战。如何根据贵州山地现有基础情况，选择正确产业，成了党中央、国务院、贵州省委省政府和全省人民关注的问题。因此，选择和发展生态产业和富民产业成了贵州省实现后发赶超、与全国人民共同致富的重要路径。

贵州在云贵高原，地处东经103°36′～109°35′、北纬24°37′～29°13′，平均海拔1100m左右，全年日照约1300h，是"低纬度、高海拔、多云雾、寡日照"的原生态茶区。全省属亚热带湿润季风气候区，年平均气温15℃左右，年降雨量1000～1100mm，茶园土壤以酸性或弱酸性的黄壤为主，富含锌、硒等微量元素，其特定的地理及生态环境，极适宜茶树生长，是世界茶树的原产地和发源地之一（胡继承和杨力，2016）。茶（*Camellia sinensis*）属山茶科、山茶属灌木或小乔木。茶树树龄长，属多年生植物，广泛分布于热带、亚热带、温带地区。茶是一种经济价值较高的作物，它对于我国农民致富、增加出口创汇以及在改善地区生态环境和治理水土流失等方面具有重要的作用。贵州作为世界茶树的原产地和发源地之一，至今在普安、兴义、贵安新区、花溪久安、晴隆、印江、石阡等地都留有一定规模的古茶树（专题图5-1）。因此，基于对作物种植、产量品质、市场前景、国家战略规划，贵州省委省政府认为茶是经济附加值高的作物，发展茶产业是有效保护生态环境的好举措。因此，近十年来，贵州不遗余力地大力推进茶产业的健康发展。

（二）发展茶产业在贵州具有区域优势和政策优势

如何定位与发展茶产业，贵州省农业委员会组织贵州大学等单位对贵州茶产业的区域优势和政策优势开展了系统和科学地论证。①品质资源优势。贵州大学茶学院对贵州省野生茶树种质资源进行收集、整理，获得32个分布地、73份种质资源，对部分野生

| 普安四球古茶树 | 兴义七舍古茶树 | 毕节纳雍古茶树 |
| 沿河古茶树 | 普定古茶树 | 花溪久安古茶树 |

专题图 5-1　贵州古茶树资源丰富

茶树的生化组分、芽叶性状进行分析和评价，并进行抗旱等方面的优质株系筛选，为进一步开发利用茶树资源提供了参考（杨凤等，2018；牛素贞等，2017）。②生态优势。贵州大学宋宝安院士团队对贵州茶园生态系统构成、变迁规律进行大量研究，对贵州茶园病虫草害的发生、发展、成灾机制进行分析，认为贵州茶园生物多样性丰富，茶园益虫资源多样，茶园自然控害能力强。因此，团队针对贵州茶园特点，总结形成"生态为根、农艺为本、化学和生物农药防控为辅助"的防控策略；并组织团队开展了茶园天敌控制的产业体系建设和应用技术研究（汪勇等，2016；首成英等，2017；赵晓珍等，2018；文小东等，2018；韦唯等，2018）。贵州省茶叶科学研究所制定和修订贵州绿茶等多项地方标准和贵州加工技术规程，选育'黔湄 601''黔湄 809''黔茶 1号''黔茶 8 号'地方茶树新品种，为贵州省茶产业快速发展提供了技术保障和支撑。因地理和气候等资源禀赋和产业政策支持和持续培育，贵州省茶产业发展势头良好（胡继承和杨力，2016）。

截至 2017 年年底，全省投产茶园面积稳定在 35 万 hm^2 以上，茶叶年总产量 31.8 万 t，总产值达 342 亿元。全省种茶规模在 2 万 hm^2 以上的县有 5 个；种茶规模 1.33 万～2 万 hm^2 的县有 5 个；0.67 万～1.33 万 hm^2 的县有 22 个；667hm^2 以上的乡（镇）有 237 个，村有 78 个；333～667hm^2 的乡（镇）有 177 个，村有 292 个。茶产业成为贵州省 43 个茶叶主产县的主导产业。茶叶主产县主要集中在遵义、铜仁、黔南州、毕节和黔东南州。此外，贵阳市、黔西南州、安顺市和六盘水市也有一定规模的茶树种植（胡继承和杨力，2016）。

经过近 10 年的产业发展，截至 2016 年，贵州省茶产业在品牌、规模、产业、产品、标准方面均得到持续和显著的提升。到 2015 年年底，全省注册茶叶企业（含合作社）3040 家，固定资产 165 亿元，其中国家级、省级龙头企业 136 家；推动组建黔茶联盟等 8 家企业集团（联盟），联结上游企业 179 家，覆盖茶园 4.87 万 hm^2。2015 年，全省绿茶产量 19.2 万 t，红茶产量 1.9 万 t，白茶产量 0.1 万 t，乌龙茶产量 0.14 万 t，黑茶产量

1万t。夏秋茶下树率提高，夏秋茶产量13.4万t，占全年总产量的60.3%，春茶、夏秋茶产值比为6：4。绿茶产量排名全国第二位（胡继承和杨力，2016）。其典型的"翡翠绿、嫩栗香、浓爽味"得到业界的广泛赞誉。"贵州绿茶"被农业部授予贵州茶产业省级农产品地理标志。

2016年，贵州茶企业达4000家，产量28.4万t，产值299.8亿元，综合产值502亿元。茶产业促进农民增收、加快农民致富，同时，利于生态保护、推动绿色发展，实现自然资源增值，是贵州守住发展和生态两条底线的战略选择。

二、茶园病虫草害是影响茶叶质量安全的重要因素，并影响茶产业的健康发展

（一）区域化和规模化发展茶产业，带来了茶园病虫草害的积累

茶树病虫草害种类多且复杂。其中，世界范围内已有记载的害虫（害螨）达1034种，我国和印度已有记载的害虫（害螨）超过800种，已有记载的茶树病害种类超过100种（陈宗懋和杨亚军，2011）。经统计分析，从为害种群分析，种类最多的为鳞翅目害虫，如茶毛虫、茶蓑蛾、茶尺蠖、茶长卷叶蛾、茶毒蛾、茶刺蛾等；其次为同翅目、鞘翅目害虫（陈宗懋和杨亚军，2011）。从危害茶树部位分析，危害最多的是芽叶，其次为茎部，顺次为根部、花和果等（陈宗懋和杨亚军，2011）。对茶叶品质和产量构成危害的害虫主要有茶小绿叶蝉、茶黑刺粉虱、茶蓟马、茶蚜、蜡蝉等吸汁性害虫，茶尺蠖、茶毒蛾、茶刺蛾、茶卷叶蛾、茶夜蛾、茶细蛾、茶象甲、茶叶甲等食叶性害虫；以及害螨、地下害虫、钻蛀性害虫等。其中，茶小绿叶蝉、茶黑刺粉虱和茶蓟马等繁殖快，世代重叠特点突出，防控难度大。食叶性害虫对茶叶产量也构成一定的影响。因地域不同，我国茶树发生病害种类也有所不同。目前，对我国茶树影响面积较大的病害主要有茶炭疽病、茶云纹叶枯病、茶饼病、茶圆赤星病、茶褐色叶斑病和茶白星病等，上述病害的发生与地域、海拔和天气相关（陈宗懋和杨亚军，2011）。其中，茶圆赤星病、茶褐色叶斑病和茶白星病多发于高海拔、冷凉地区及多雨或阴雨季节（陈宗懋和杨亚军，2011）。茶园杂草种群因茶区生态地理位置、土壤类型等因素而不同，茶园杂草多属禾本科杂草。茶园生态系统复杂稳定，茶园杂草是茶园生态系统的重要组成部分。国内茶区分布广泛，种植环境复杂多样，茶园杂草种类多、草相复杂且稳定性强，可影响茶树生长，使茶树表现出生长矮化、叶片黄化、落叶、茶棚发育滞缓等现象（Southwell and Lowe，1999；Peiris and Nissanka，2016），从而改变茶园生态结构。此外，杂草还可能携带病虫害或成为许多茶树病虫害的过渡寄主，间接影响茶树的生长发育（Sen et al.，2016）。近年来，随着农事劳动力成本的增加，茶园的农事措施也在发生变化。除草剂的过量使用导致茶叶品质降低、品系流失；茶园杂草抗性增加、草相趋于复杂，茶园生态系统遭到破坏，而除草剂对人和环境生态的影响也愈发严重。数据调查表明，国内茶园杂草物种丰富，杂草组成差异较大。据不完全调查统计，国内茶园常见杂草共202种，分属49科163属（专题图5-2）（谢冬祥等，1994；贝文勇等，2010；张觉晚，2011；周子燕等，2012）。

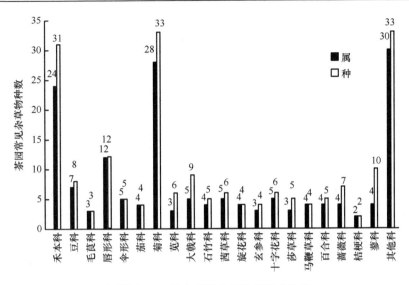

专题图 5-2 国内茶园常见杂草组成分析

（二）化学农药对茶叶品质构成潜在风险，茶园病虫草害防控从传统化学防治进行转型

长期以来，采用药剂防治茶树病虫害是茶树植保工作中的一项重要措施，它在茶园病虫草害控制中具有经济、简便和有效的特点。它对于保障茶叶的产量和质量具有重要的意义。然而，近年来，由于农药的施用不当所引起的农药残留超标、为害人体健康、破坏茶园生态环境等问题非常突出。同时，这些问题还进一步影响了茶产业的健康发展。近几年来，随着茶树种植面积不断加大，茶叶产量也在不断增加，我国成为欧盟等国家最重要的茶叶进口国。欧盟不断提高茶叶农药残留标准，他们关于茶叶贸易的限制提高了我国茶树病虫草害的防治措施要求。通过系统分析我国茶园用药情况，发现存在如下问题。①农药品种偏重于化学农药，生物农药品种较少。目前我国登记的杀虫剂品种仍然以有机磷类、菊酯类、烟碱类等品种居多。例如，在茶树中登记的有机磷类品种有敌敌畏、敌百虫、杀螟硫磷、辛硫磷、马拉硫磷；菊酯类品种主要有联苯菊酯、高效氯氟氰菊酯、氯菊酯和甲氰菊酯；烟碱类品种主要有吡虫啉、噻虫嗪、啶虫脒和烯啶虫胺等。目前，生物农药在茶树上登记的品种较少，主要有苦参碱、印棟素、藜芦碱、蛇床子素、苦皮藤素、茶尺蠖核型多角体病毒、茶毛虫核型多角体病毒、苏云金杆菌和球孢白僵菌等。目前共有 40 个杀虫剂品种在茶树上登记，并准许使用；其中化学农药品种共 29 个，占登记杀虫剂农药品种的 72.5%；生物农药品种共 9 个，占登记杀虫剂品种的 22.5%；其他农药品种有 2 个。杀菌剂共有 5 个品种在茶树上登记，其中化学农药共 4 个，占 80.0%，生物农药品种 1 个，占 20.0%（专题表 5-1）。②水溶性农药偏多，脂溶性农药偏少。农药在水中的溶解度直接影响到茶汤中农药的浸出率，进而关系到人的身体健康。我国茶树种植中的农药以水溶性农药品种较多。例如，吡虫啉、噻虫嗪、啶虫脒、异丙威、甲萘威、克百威、氧乐果、乐果、啶虫脒、甲维盐、敌百虫等药剂的水溶性均较好；脂溶性农药品种较少，如茚虫威、虫螨腈、吡蚜酮、氯氟氰菊酯和高效氯氟氰菊酯等农药。③农药剂型老化。目前登记在茶树上的剂型主要集中在可湿性粉剂、乳油等传统剂型上，这些剂型占整个登记农药剂型品种的94.4%。可湿性粉剂和乳油等剂型虽然具有容易加工、生产装置简单等优点，但也存在施药量大、有效利用率低和浪费等缺点；此外，乳油还具有易燃、易中毒和污染环境等缺点。而微乳剂、悬浮剂、水分散粒、可溶粉剂、可乳化粒剂、水乳剂、微囊悬浮剂和热雾剂等安全性较高、药效稳定、用药量较少、储存稳定性较好和生产成本较低的剂型品种登记较少。④茶树病害的登记药剂种类偏少。对于茶饼病，目前登记的药剂品种仅为多抗霉素，而且登记厂家相对较少；对于茶炭疽病，目前登记的药剂品种有苯醚甲环唑、吡唑醚菌酯、代森锌、白菌清等。而对于茶白星病、茶云纹叶枯病、茶煤病等病害，目前未有药剂品种在茶树上登记。目前，茶树病害防治中应用广泛的甲基硫菌灵等药剂均未登记。从登记药剂品种上分析，目前登记在茶树防治病害的农药品种均为传统品种，而一些高效、低毒、低残留、环境友好和极具市场前景的杀菌剂品种均未在茶树上登记，如氟环唑、己唑醇等。

专题表 5-1　登记在茶树上的农药品种

农药类型	化学农药	生物农药	其他农药
杀虫剂	敌敌畏、敌百虫、杀螟硫磷、辛硫磷、马拉硫磷、联苯菊酯、高效氯氟氰菊酯、氯氰菊酯、甲氰菊酯、溴氰菊酯、高效氯氟氰菊酯、氯菊酯、乐果、吡虫啉、噻虫嗪、啶虫脒、烯啶虫胺、噻嗪酮、吡蚜酮、虫螨腈、茚虫威、丁醚脲、除虫脲、甲维盐、杀螟丹、仲丁威、喹螨醚	苦参碱、印楝素、藜芦碱、蛇床子素、苦皮藤素、茶尺蠖核型多角体病毒、茶毛虫核型多角体病毒、苏云金杆菌、球孢白僵菌	矿物油、石硫合剂
杀菌剂	苯醚甲环唑、吡唑醚菌酯、代森锌、白菌清	多抗霉素	
除草剂	草甘膦、草甘膦胺盐、草甘膦异丙胺盐、百草枯		
生长调节剂	复硝酚钾、复硝酚钠、芸苔素内酯		

三、构建或重塑茶园生态系统，通过生物链实施生态调控，确保茶叶产量和品质

（一）应用基础研究和应用研究助力贵州茶产业质量提升

茶园病虫草害的防治技术是一套综合防控技术，它包括药剂防治、理化诱控、生物防控和农艺管控等技术措施。针对不同地域、不同时期、不同茶树品种，所选用的技术有所不同，这与种植管理人员素质、茶叶经济产出、当地植保技术推广熟化程度等相关。目前，我国大部分茶区的茶树病虫草害防治技术仍然以药剂防治为主。茶园生态调控技术通过维持茶园生态平衡，将茶树病虫草害发生控制在经济阈值允许水平之下，该技术具有环境友好等优点，可保障茶叶品质安全、茶产业可持续。

自2011年以来，贵州大学、贵州省农业委员会、贵州省农业科学院、中国农业科学院茶叶研究所、南京农业大学、广西田园生化股份有限公司、贵州省茶叶产区和主要稻区市县植保植检站等单位在国家重点研发计划项目、贵州省科技重大专项、贵州省科技成果转化引导基金计划等一批应用基础研究和应用研究项目的资助下，针对贵州茶园病虫草害开展生态调控的研究和示范推广。宋宝安院士提出了"生态

为根、农艺为本、生物农药与化学农药为辅助应急"的防控策略,建立了构建茶园生态系统的方法和路径,研究分析了贵州主要茶树病害的发生、流行和成灾机制,集成和创新了绿色防控和生态调控的措施,探索和建立了贵州茶园生态调控工程,研究集成了茶树主要病虫害的防控技术,提出了茶树主要病虫害综合防控技术规程,实现了化学农药减量控害,并在如下几个方面取得重要突破。①在湄潭、凤冈、石阡、德江、都匀、毕节、安顺等地建立了茶园病害观察试验站,进行病害系统持续观察。②持续开展了茶树病害的发生、流行、成灾规律研究,初步明确了茶饼病、茶炭疽病、茶轮斑病、茶云纹叶枯病、茶白星病、茶褐色叶斑病等病害发生、流行和成灾规律。③对全省茶轮斑病、茶炭疽病、茶云纹叶枯病、茶根部病害,以及由新病原所引起的叶斑病、腐烂病等病害的病原菌进行分离、纯化、形态学和分子生物学鉴定、致病性分析。④建立了离体和活体的药物筛选模型等分析方法。⑤针对茶炭疽病、茶饼病、茶轮斑病、茶白星病、茶褐色叶斑病、茶小绿叶蝉、茶蓟马、茶黑刺粉虱等重要病虫害,开展绿色新农药和环保制剂的创制和应用。项目组先后开发了氨基寡糖素、甲磺酰菌唑、二氯噁唑灵等绿色新农药和申嗪霉素、多抗霉素、中生菌素、放线菌酮、乙基多杀菌素、茚虫威、虫螨腈等超低容量液剂、热雾剂、无人机飞防助剂等"高工效"新剂型。⑥采用室内及田间药效测定方法,综合评价了高效、低毒和环境友好的绿色杀菌剂品种和生物农药品种的生物活性,进行了制剂配方筛选及农药利用率、生物活性评价。⑦研究集成了抗病品种、水肥调控、农艺管控,以及冬季茶园管理的措施。⑧初步形成以诱导作物健康为主体的区域化、全程化、安全化、轻简化的病虫害综合治理措施。⑨在湄潭、凤冈、石阡、德江、都匀、贵定等全省茶叶主产区建立试验和示范基地,进行新技术试验、示范、培训,对贵州茶树病害的控制起到了一定的推动作用。⑩探索了新型经营服务组织和统防统治在茶树病虫害绿色防控中的融合发展。虽然上述工作取得了不错的成绩,但部分工作还有待进一步深入和加强。

此外,贵州大学与中国工程院、贵州省农业委员会等单位联合举办大量绿色防控研讨会、培训会、观摩会等;与贵州省农业委员会共同编制并发布了贵州省茶树安全用药和绿色防控的规范和文件,通过田间培训、室内培训、新闻培训、新媒体培训等形式进行防控技术培训,编制了茶树病虫害简易识别手册、防控挂图、防控明白卡、防控技术培训光盘,通过黔茶咨询平台编写茶树病虫害识别与防控技术的资料数十条,通过项目实施,形成了一批绿色防控产品,建立起了一支能胜任茶园病虫害防控的植保专业技术研究和推广队伍,推动了贵州茶树绿色防控的水平。

(二)行业部门精心指导、有效管理和优质服务加速贵州茶产业健康发展

贵州省农业委员会等从全产业链出发,在基地建设、基地提升、品牌创建、市场拓展、加工升级、质量保障、科技创新、金融服务、文化宣传等方面给予指导、管理和服务。特别是在制定实施贵州茶园规范用药文件、制定实施贵州茶园绿色防控文件等工作方面,走在全国前列。其有效经验得到全国行业内的高度认可,并在其他省市推广应用。

四、提升茶叶质量安全的对策与路径分析

（一）茶园病虫草害生态调控的对策与措施

1. 进行不同区域茶园生态系统的调查

按照贵州省茶树种植区划，选择典型茶树种植区域，系统研究茶园植物资源以及鸟类、昆虫、微生物的组成、数量、动态及相互间的规律（专题图5-3）。例如，不同树龄茶园的杂草群落的组成和数量；茶园杂草种类与茶园害虫间的关系；茶园绿肥种类与茶园害虫、茶园天敌间的关系；茶园绿肥与杂草间的关系（汪勇等，2016）。

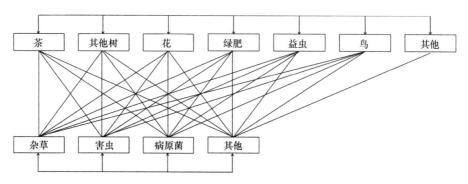

专题图5-3　茶园生态系统中各种要素间的互作关系（汪勇等，2016）

2. 筛选和评价具有推拉（push-pull）活性的植物资源

搜集各种茶园主要害虫，建立室内饲养茶园害虫的方法，并进行规模饲养；建立或优化具有趋避或引诱活性的害虫生物活性评价模型。采集茶园病害样品，进行鉴定及建立室内抑菌活性筛选模型（赵晓珍等，2018；文小东等，2018；韦唯等，2018）。搜集、整理和评价对各种茶园害虫具有生物活性或潜在活性，包括趋避、毒杀、拒食、引诱等活性的植物资源。对上述害虫的若虫、成虫、雌/雄虫分别进行生物活性研究；对病原菌进行抑菌活性评价。对筛选出的具有生物活性的植物资源的化学组分进行鉴定，并研究其挥发性、稳定性等理化性质，同时，研究上述植物产生这些活性物质的生物学特性，如活性物质产生的时间、产生的量、持久度等（汪勇等，2016）。

3. 合理利用推拉（push-pull）原理开展茶园生态调控

研究和调查诱虫植物或趋避植物的常见病虫害种类，研究其与茶树套种后在水/养分摄取、光照等方面是否存在竞争、协同和抑制等影响。研究茶园中种植的具有趋避活性的植物对茶园益虫是否存在趋避作用，以及茶园周边种植的具有引诱活性的植物对茶园益虫的引诱作用。充分、合理利用上述植物资源种类，研究不同类型茶树种植区茶园与上述植物资源共同种植的种植模式，其中包括植物资源的种植位置（周边布局型或嵌套型）、种植数量、种植品种在不同地域的搭配等。通过不同地域、茶区和时间来评价植物间作和套作的生态调控效果。充分发掘和利用具有推（push）或拉（pull）活性的植物资源的化学组分，制备成害虫趋避剂或引诱剂，并结合物理诱控的方式，如诱芯+

黏虫板等，进行茶园病虫草害的生态防控（汪勇等，2016）。

（二）茶树病害的可持续控制对策与措施

1. 加大茶树病害的人才培养力度和学科、团队和平台建设力度

以贵州大学植物保护学科入选教育部"双一流"建设学科为契机，充分整合和利用"国家创新人才推进计划——重点领域创新团队"、"国家创新人才推进计划——创新人才培养示范基地"、"农药学国家级重点学科"、"211 工程重点建设学科"、"植物保护一级学科博士点"、"植物保护一级学科博士后流动站"、"生物学一级学科博士后流动站"和"科技部国家国际科技合作基地"等校内人才、学科、平台的资源，进一步深化在茶树病害流行、发生、致病机制和可持续控制方面的研究（陈松等，2018）。

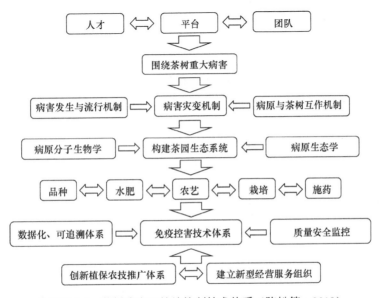

专题图 5-4 茶树病害可持续控制技术体系（陈松等，2018）

2. 加大茶树病害的种类调查和普查力度

在贵州省茶产业发展联席会议办公室指导下，由贵州大学、贵州省植保植检站、贵州省农科院等单位牵头建立茶树病害调查和普查小组，编写茶树病害诊断与识别图谱，采用田间调查与室内形态和分子生物学确认相结合的方法，开展基于大区域、跨年度、多品种的调查和普查，明确病害种类、发生时间、发生程度及与品种的关联度（陈松等，2018）。

3. 开展茶树病害与茶树寄主互作机制的研究

茶树病害与茶树寄主互作机制的研究可提供抗病基因的遗传资源、选育优良抗病品种、发现新颖抗病靶标、创制新型农药、指导田间病害防控等。下一步将重点针对贵州省常发、重发的茶树病害，采用分子生物学、基因组学与蛋白质组学、生物信息学等方法，明确病原菌致病分子机制，茶树寄主对病原菌的防御响应机制，筛选候选抗病基因，评价重要抗病靶标，为基于靶标的药物设计提供新思路（陈松等，2018）。

4. 研究茶树病害的发生、流行和成灾机制

针对贵州省常发、重发的茶树病害，从病原菌生物学和病害生态学出发，采用微观生物学和宏观生态学的系统方法，研究病害发生、流行和成灾与气温、湿度、光照、品种间的关系，初步明确茶树病害的发生始期、发生趋势、防控干预后的效果等（Li *et al.*，2018；陈松等，2018）。

5. 研究、集成和推广茶树病害可持续控制技术

建立以茶树健康为核心、全程控病减灾的防控技术体系。在有代表性和前期基础的重要产茶区域建立病害监测预警站点，加强新仪器、新技术、新方法在病害监测预警中的应用；研究和筛选一批水溶性肥料产品，评价水溶性肥料品种及其用量与茶树树势、茶叶产量、茶叶品质间的关系。研究水肥一体化施肥、滴灌施肥、基施沟施、液体喷施、颗粒撒施等施肥措施及其对茶树树势的效果。建立基于离体和活体的生物活性测试模型，选择高效、安全、环境友好的绿色农药、生态农药和生物农药，从菌丝生长、孢子萌发等角度研究和评价其抑制活性。选择代表性茶树品种，研制利于药剂沉积、展着、吸收、传导的环境友好的新剂型，系统评价药剂在各种茶树叶片上的界面行为，获得优化的剂型配方，为新农药在茶树上登记提供参考资料。研究药剂组分的理化性质与喷雾器具、空气传输及病害在茶树冠层中的分布间的关系，便于选择高效、省药、减少环境漂移的施药器械。研究、评价和总结超低容量喷雾器具、无人机等新型施药器具的应用效果和技术措施。建立病害控制的综合防控技术试验和示范区，开展田间单项和综合防控技术的研究和技术集成，进行茶树病害的培训、示范和推广（陈松等，2018）。

（三）贵州茶树病虫害防治药剂研制和辅助应用的对策与措施

1. 加大生物农药的研发和推广力度

生物农药包括植物源农药、微生物农药、细菌制剂和昆虫天敌，具有低毒、低残留、对人畜和环境生物友好等优点。生物农药目前在茶树上登记的品种和企业相对较少，包括苦参碱、印楝素、蛇床子素等。目前，研究发现鱼藤酮、大黄素、除虫菊素、乙基多杀菌素等药剂对茶树害虫也具有较好的防治效果。中嗪霉素、宁南霉素、放线菌酮、中生菌素等对多种茶树病害具有较好的防治效果（Zhao *et al.*，2018）。因此，应进一步加大对植物源农药、微生物农药的研制力度。此外，由于生物农药的成本相对于化学农药较高，建议国家在生物农药的研制、产业化、茶农采购方面给予政策和经费支持；植保人员应加强生物农药防治技术的完善和普及推广，引导茶农正确认识和对待生物农药。针对寄生蝇、瓢虫、草蛉、蜘蛛、螳螂、扑食螨、苏云金杆菌、球孢白僵菌、韦伯虫唑菌、核型多角体病毒等茶树病虫害天敌资源，开展天敌的扩繁、登记，研究"以虫治虫""以菌治虫""以螨治螨"等田间防治技术，进行大面积示范推广，这对于构建茶园和谐生态环境、减少茶树病虫害为害、减少化学农药使用等方面，均具有重要的作用（郭勤等，2014）。

2. 加大脂溶性农药的研发力度

农药的溶解度是影响茶叶安全的一项非常重要的因素，目前应根据茶树病虫害发生种类,筛选和研制一批脂溶性农药品种,逐渐淘汰水溶性农药品种。同时,从农药剂型等方面开展研究,尽可能降低脂溶性农药的研发成本和使用成本。

3. 筛选"高效、低毒、环境友好"的绿色农药新品种

针对乙基多杀菌素、氰氟虫腙、甲氧虫酰肼、唑虫酰胺等药剂,进行新剂型的研制及茶树害虫的生物活性评价,可为今后我国茶树病虫害的防治提供药剂储备。

4. 选择合理药剂

建立选择合理药剂的方案和措施。首先,全面禁止高毒农药、违禁农药和未在茶树上登记的农药品种在茶树上使用。其次,根据茶园定位来选择药剂品种。例如,针对普通茶园或无公害茶园,可选择农药检定所登记在茶树上的品种,在药剂使用上,主要考虑药剂的使用剂量和安全间隔期;针对生产出口茶的茶园,则根据出口方(欧盟、美国和日本等地区和国家)对农药残留检测的要求选择相应的品种,并注意施药间隔期。研究发现,茚虫威和虫螨腈等品种具有高效、低毒、低残留、脂溶性等优点,值得大面积推广。此外,还需注意的是:2013 年欧盟颁布的农药残留标准将所需检测的农药品种增加至 458 项,并将植物源农药、微生物源农药列为需要检测的农药品种。例如,规定了印楝素、鱼藤酮、除虫菊素、阿维菌素等药剂的农药最大残留限量标准。因此,即便是生物农药,在生产出口茶的茶园中,也应考虑安全间隔期等问题;针对有机茶园,应选择植物源农药品种、微生物制剂和昆虫天敌进行防治,杜绝化学农药在茶园中使用(郭勤等,2014)。

5. 掌握适宜的防治期

掌握适宜的防治期,既能有效防治茶树病虫害,减少病虫害对茶树的为害,还能减少施药次数和施药量,起到事半功倍的效果。对于生物农药防治茶树病虫害方面,有更多的细节需要注意。例如,白僵菌可用于防治茶小卷叶蛾、茶毛虫、小绿叶蝉,但应将防治期控制在害虫的 1~2 龄期;茶毛虫、茶黑毒蛾的适宜防治期是 1~3 龄期的幼虫;茶尺蠖适宜在 1~2 龄期进行防治;核型多角体病毒主要用于防治鳞翅目的幼虫(郭勤等,2014)。

6. 健全和规范茶树农药施用方法和防治体系

第一,普及茶树病虫害绿色防控安全用药知识。通过政府、植保部门、高校和研究所等部门的协作,对基层植保农技人员、茶管员、茶农、茶企等的人员进行茶树安全用药知识宣传、培训。第二,建立通畅的茶树绿色农药和生物农药市场流通体系和监管体系。通过政府主导,农药管理部门监管,让茶树专用药的生产企业进入茶叶种植的县市区,让基层顺利便捷地购买到茶树专用药;同时,建立茶叶专用药经营许可制度和农药专营制度、茶树专用药备案制度及农药使用的可追溯体制等。第三,建立健全执法体系。由地方政府出台相关政策和法规,在地方政府的主导下,通过农业执法、工商、公安、供销等部门的联合执法,严格管控农药的经营和销售,杜绝高毒农药、违禁农药在茶园施用(郭勤等,2014)。

贵州喀斯特石漠化与食物安全研究

一、研究背景

碳酸盐岩石是可溶性岩类，在一定的地质、气候和水文等条件下，通过地表水和地下水溶蚀、侵蚀，产生了一系列特殊的地表形态和地下形态（如各种通道和洞穴），地表水与地下水在水平与垂直循环中互相贯通，共同活动。喀斯特原是南斯拉夫西北部碳酸盐岩高原的地名，19世纪末，南斯拉夫学者斯维奇在该地区研究了这种奇特地貌，并将这类地貌称为喀斯特（Karst）。尔后，喀斯特一词便成了国际通用的专业术语，在我国也称岩溶。

中国的喀斯特按可溶岩的地层计算，分布面积达 344 万 km^2，其中碳酸盐岩出露面积达 90.7 万 km^2，全国大部分省（自治区、直辖市）都有分布，但以贵州为中心的包括桂、滇、川、渝、鄂、湘等在内的南方片区最为集中，面积达 55 万 km^2，是世界上三个喀斯特区中出露面积最大、发育最强烈、景观类型最多、生态环境最复杂、人地矛盾最尖锐的地区。

长期以来，我国西南喀斯特山区的自然环境与人类社会经济活动之间处于严重不协调状态。一方面，喀斯特地区作为一个相对独特的地域单元，与我国其他湿润的非喀斯特地区相比，具有地表崎岖破碎、山多坡陡、平川地少、生态环境稳定性差、敏感性强、抗承灾能力弱、易遭破坏而难于恢复的特征。另一方面，环境容量小，土地生产力低，缺乏大平原支撑，人口多、增长快，人均耕地少，人口密度不仅远高于全国平均水平，更大大超过了合理人口容量。由于人口严重超载，导致毁林毁草、陡坡垦殖的现象长期难以解决，生态环境恶化日趋严重，在西南地区形成了一种土地退化的极端现象——喀斯特石质荒漠化（简称石漠化）。

贵州境内地势西高东低，自中部向北、东、南三面倾斜，平均海拔1100m左右。贵州高原山地居多，素有"八山一水一分田"之说。全省地貌可概括分为高原山地、丘陵和盆地三种基本类型，其中92.5%的面积为山地和丘陵。贵州喀斯特地貌发育非常典型，处于世界喀斯特最复杂、类型最齐全、分布面积最大的东亚岩溶区域中心。喀斯特出露面积10.9万 km^2，占全省国土总面积的61.9%，全省88个县（市、区），95%以上有分布。其中，有78个县（市、区）分布面积达到国土总面积的30%以上。

二、喀斯特石漠化现状

（一）南方石漠化概况

截至2016年年底，全国岩溶地区石漠化土地总面积为1007万 hm^2，占岩溶面积的

22.3%，占区域国土面积的 9.4%，涉及湖北、湖南、广东、广西、重庆、四川、贵州和云南 8 个省 457 个县*（专题图 6-1 和专题图 6-2）。

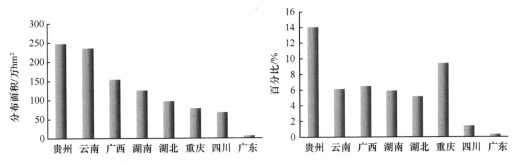

专题图 6-1 石漠化土地在各省的分布面积 　　专题图 6-2 石漠化土地占各省国土面积的百分比

从以上各省石漠化土地分布状况看，贵州省面积最大，为 247.01 万 hm²，占全国石漠化土地总面积的 24.5%；其次是云南，为 235.2 万 hm²，占全国石漠化土地总面积的 23.4%，两省合计接近 50%，最少的是广东，仅有 5.9 万 hm²，占全国石漠化土地总面积的 0.6%。从专题图 6-2 还可以看出，石漠化土地分布面积与占区域国土面积的比例并不一致，除贵州省石漠化土地分布面积最大、占比最高，达到 14.03% 外，占比排第二位的是重庆，达到 9.4%，而分布面积却只有 77.3 万 hm²，排第 6 位；其余省份除四川、广东分布面积较少外，石漠化土地面积占区域国土面积比例为 5.2%～6.5%。其中，西南 5 省石漠化分布总面积 779.8 万 hm²，占全国石漠化土地总面积的 77.4%。

从主要分布流域看，我国石漠化土地主要分布在长江流域和珠江流域，面积分别为 599.3 万 hm² 和 343.8 万 hm²，占全国石漠化土地总面积的 93%，红河流域、怒江流域和澜沧江流域有少量分布（专题图 6-3）。从石漠化程度看，全国石漠化土地以轻度、中度和重度为主，达到 990.1 万 hm²，占全国石漠化土地总面积的 98%，其中，中度石漠化面积最大，为 432.6 万 hm²，占全国石漠化土地总面积的 43%（专题图 6-4）。

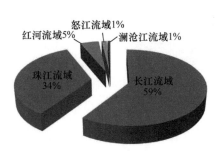

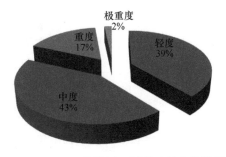

专题图 6-3 石漠化土地在各流域的分布情况 　　专题图 6-4 不同程度石漠化土地占比情况

因修约，图中比例加和不为 100%，余同

（二）贵州石漠化现状

截至 2016 年年底，贵州全省石漠化土地总面积 247.01 万 hm²，占全省国土总面积的 14.03%。受到碳酸岩分布面积和地形地貌的影响，石漠化土地在全省 9 个市、州面

---

*为了叙述简便，本部分以下内容中"省"代表"省（自治区、直辖市）"，"县"代表"县（市、区）"。

积分布极不均匀，各市、州之间有显著差异（专题图6-5）。其中，毕节市石漠化土地分布面积最大，占全省石漠化土地总面积的20.1%，其次是黔南州，占全省的16.7%，两者合计超过全省石漠化土地的1/3，黔东南州石漠化面积最小，仅占全省的4.4%。从石漠化土地占区域国土面积的比例来看，安顺市最高，达到26.4%，其次是六盘水市，达到23.5%，超过15%国土面积的还有贵阳市、毕节市、黔南州和黔西南州（专题图6-6）。

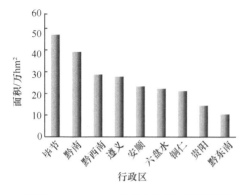 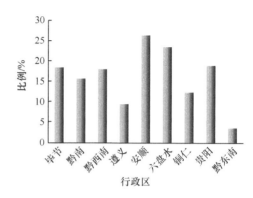

专题图6-5　2016年贵州各市州石漠化面积　　专题图6-6　2016年贵州各市州石漠化土地面积占国土总面积比例

从贵州两大流域分布状况看，长江流域石漠化面积145.41万hm²，占全省石漠化面积的58.87%；珠江流域石漠化面积101.6万hm²，占41.13%。监测数据表明，珠江流域石漠化发生率为28.51%，高出长江流域（18.93%）9.58个百分点。全省石漠化发生率最高的为南盘江流域，达到33%，属珠江流域。贵州省石漠化土地以轻度和中度为主，面积达到218.83万hm²，占全省石漠化土地总面积的89%，中度石漠化土地面积最大，已经超过了石漠化土地总面积的1/2，重度和极重度石漠化面积分别为25.64万hm²和2.54万hm²，主要分布在安顺市、黔西南州和毕节市（专题图6-7）。

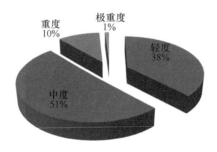

专题图6-7　2016年贵州省不同程度石漠化土地面积占比

监测结果显示，贵州省石漠化扩展趋势整体得到有效遏制，石漠化土地面积持续减少，石漠化危害不断减轻。2016年年底，全省石漠化土地面积247.01万hm²，比2011年减少55.37万hm²。与2011年相比，全省轻度石漠化土地面积减少13.07万hm²，中度石漠化土地面积减少28.01万hm²，重度石漠化土地面积减少11.86万hm²，极重度石漠化土地面积减少2.43万hm²。

贵州省石漠化土地出现净减少，生态环境向良性方向发展，是多方面综合治理的结果。从贡献率看，植被恢复是石漠化状况好转的主要原因，贡献率达到67.75%，劳动力转移、生态移民、农村产业及能源结构调整占 19.52%，农业技术措施的贡献率为 1.59%；其他因素的贡献率为 11.14%。

三、喀斯特石漠化对食物安全的影响

（一）引起土地严重退化，生产力急剧下降，可利用土地资源减少

碳酸盐岩以强烈的化学溶蚀为主，物质随水流失，极少残留，成土极为缓慢，土壤稀少，土层浅薄，分布零星，土层平均厚度不足 10cm，据研究，在 100m² 面积内，土壤总量不足 10m³，实际状况为缺水、少土、养分不足，生产力低下。地表植被的丧失，较大强度的降雨直接冲刷表土，导致土壤基岩裸露，土地生产力基本丧失。

（二）导致生态环境恶化和自然灾害频发

由于碳酸盐岩易溶蚀形成大量的裂隙和地下管道，整个岩层像一个筛子，充满孔隙，在有大量植被覆盖的情况下，枯枝落叶和泥土填充在孔隙中，成为良好的吸水和保水层，形成了水分的动态平衡。地表植被破坏，填充孔隙的土壤和有机质大量流失，基岩裸露，岩层丧失了吸水和保水能力，涵养水源功能锐减，大气降水直接从地表渗漏到地下，或汇集形成地表径流，水旱灾害频繁发生。在充足降雨的条件下，土壤水分最多能维持 5～8 天，形成了暴雨时洪水泛滥成灾，天晴时干旱又迅速露头的恶性循环现象。按照当地群众的说法，叫作"地表水贵如油，地下水滚滚流"。土壤和水分的缺失，导致植物生长极其艰难，植被的恢复难度极大，制约和影响了生态屏障功能的发挥。

贵州雨量集中，降雨强度大，加之人为对生态环境的严重破坏，多种自然灾害频繁发生并不断加剧。据统计，贵州喀斯特高原上共有 13 种自然灾害，其中旱灾面积最广，危害也最严重，洪涝灾害次之，再次为冰雹、低温、病虫害、滑坡、泥石流等。对 1950～2003 年的各种灾害的受灾、成灾面积统计分析发现，在受灾总面积中，旱灾、水灾、风雹灾、低温冷冻害、病虫害和其他灾害分别占 39%、23%、15%、7%、14%和 2%。由此可见，水旱灾害特别是旱灾是影响贵州农业生产的最大因素。就干旱而言，对中华人民共和国成立前约 200 年的资料进行统计发现，平均有"三年一小旱，五年一中旱，十年一大旱"的基本规律。中华人民共和国成立初期至 20 世纪 60 年代平均三五年出现一次大中旱年份，70 年代 10 年内有 6 年为大中旱年份，八九十年代 11 年内有 8 年为大中旱年份，由此可见灾害出现的概率在喀斯特高原上已大大提高。干旱在一年中的持续时间，一般为 30 天左右，大旱年达 60 天以上，最长可达 80～90 天。2001～2014 年，全省每年都遭受大范围的自然灾害，平均每年受灾人数超过 2245 万人。

自然灾害对贵州农业生产造成了巨大损失。1950～2003 年，受灾害影响，全省累计受灾面积达 5596.9 万 hm²，成灾面积 3502.8 万 hm²，粮食作物产量损失累计达 3205 万 t，直接经济损失 768.4 亿元，其中，1950～1990 年因灾造成的粮食损失平均每年为 54 万 t，占全省年平均粮食总产量的 10%～15%，直接经济损失年平均 3.2 亿元。2005～2010 年，6 年中有 4 年农作物的受灾面积都是在百万公顷以上，2008 年甚至超过 200 万 hm²，每年的绝收面积也是随着农作物受灾面积的增加而增加。尤为明显的是 2008 年和 2010 年，2008 年受特大雪凝天气的影响，直接经济损失 487.22 亿元，2010 年受到旱灾的影响，

直接经济损失 179.77 亿元。2017 年上半年，农作物受灾面积 14.29 万 hm²，其中成灾 7.53 万 hm²、绝收 2.16 万 hm²，农业损失 13.68 亿元。

（三）严重制约地方经济的发展和致富

喀斯特地区环境条件恶劣，耕地面积少，单位面积产量低，人口多，范围广，发展受限，这不仅直接影响喀斯特区范围内人民群众生产生活水平的提高，同时还影响全省经济的发展和致富奔小康的步伐。贵州省的 GDP 占全国比例一直较低（专题表 6-1）。虽然贵州省近年来经济发展增速较快，2015 年 GDP 突破万亿元大关，继 2010 年后，连续 7 年 GDP 增速居全国前三位。但由于条件差、底子薄，与全国平均水平还有很大差异，更不用说跟东部发达地区的差距了，经济仍然十分贫困。

专题表 6-1　贵州省历年 GDP 与全国 GDP 对比

年份	贵州省 GDP				全国 GDP	
	总量/亿元	占全国总量/%	人均/元	占全国人均/%	总量/亿元	人均/元
1990	260.14	1.39	796.14	48.43	18 667.82	1 644
1995	636.21	1.05	1 813.56	35.94	60 793.73	5 046
2000	1 029.92	1.04	2 742.27	34.90	99 214.55	7 858
2005	2 005.42	1.08	5 376.46	37.90	184 937.37	14 185
2010	4 602.16	1.16	13 228.40	44.47	397 983.15	29 748
2015	10 502.16	1.54	29 755.38	59.52	682 635.10	49 992
2017	13 540.83	1.64	37 956.00	63.79	827 122.00	59 502

石漠化与贫困互为因果。1990 年以前，国家以农民人均年纯收入 200 元为贫困线，贵州有 31 个县列入贫困县，贫困人口 614 万人；1991 年以后，贵州有 46 个贫困县（贫困人口 971 万人）被列入 300 元的贫困线；1994 年初，国家以 400 元为标准划定贫困县，贵州贫困县增加到 48 个，全部分布在喀斯特区，占全国 592 个贫困县的 8.1%，共有贫困人口 882 万人。至 1999 年，48 个贫困县人均地方财政收入 83.25 元，占贵州省平均水平的 41.21%，比全省平均水平低 118.75 元，仅相当于全国平均水平的 18.71%，净差值为 361.75 元；人均地方财政支出 205.17 元，相当于全省平均水平的 44.31%，净差值为 257.83 元，仅占全国平均水平的 28.46%，净差值达 515.83 元。

四、石漠化综合治理的措施

石漠化的形成，是喀斯特脆弱生态系统受到人类社会的强烈干扰而导致的环境恶化、土地退化过程，是人为干扰与脆弱环境共同作用的结果，具有明显的自然和社会属性。石漠化防治的本质就是维护生态平衡与地方经济发展之间的协调和均衡，这就使得石漠化的防治既要恢复和重建生态系统，又要解决当地人民生存和发展的问题，而成为一个自然系统与社会经济系统的综合体，必须采取多部门、多学科、多措施综合治理。

近年来，贵州在石漠化综合治理工程的实施中，从当地石漠化成因和实际情况出发，科学配置农、林、水等各种治理措施，通过项目整合，综合治理，调整产业结构，积极发展地方经济，带动农民增收致富，成功探索出了生态农业、生态修复与林业产业、草地建设与生态畜牧业、坡耕地与水土保持建设、水资源开发与节水农业和生态旅游等多种石漠化综合治理模式。

（一）多途径开发利用水资源

贵州降水丰沛，多年平均降雨量 1000～1200mm，降雨量主要集中在 5～10 月，占全年总降雨量的 80% 以上，其中 6～8 月三个月的降雨量占全年总降雨量的一半以上，与植物生长和热量分配同期。但因土层浅薄、不连续，蓄水能力弱，导致干旱缺水，加之长期的农业生产习惯，水分消耗大，水分利用效率低，喀斯特区人民生产生活用水缺乏，因此，如何将丰富的降水合理开发利用，是石漠化综合治理的关键问题之一，主要途径有如下几个。①拦挡储存、开发利用坡面水。在坡面集水区，通过"沟道拦水→引水渠→蓄水池"的途径，将地表径流引入蓄水池，解决生产用水和生态用水。②引泉入池，开发利用表层喀斯特裂隙水和层间水（泉）资源，即泉水→引水管（渠）→水池（水窖）→净化消毒→管网输出→人畜饮用生活用水或部分生产用水。③直接收集雨水资源，即屋面收集雨水→软管导入→水窖储存→净化消毒→管道输出，解决牲畜部分饮水和生活用水。④蓄水池水管联网，实现水资源的合理调配及水池的有效利用。蓄水池主要以收集坡面水和季节性裂隙水为主，水源不稳定，枯季或干旱期蓄水率低，将这些水池与具稳定水资源（泉水）的水池相连，以达到水资源的合理调配和各类水池的有效利用。据 2010 年统计，贵州共建有"三小"水源工程设施 91.9 万件，其中小山塘 1.9 万座，小水池、小水窖近 90 万口，正常蓄水容积达到 2.17 亿 m^3。在干旱 120 天的情况下，可解决 270 万人饮水水源问题和 11.7 万 hm^2 山区耕地的生产用水问题，是全省石漠化治理中解决水源的有效手段和重要组成部分。

（二）多手段促进植被恢复和生态重建

在国家政策支持下，2010～2014 年，累计投入资金 188.63 亿元，其中，中央投入 127.39 亿元（2011～2014 年）。通过大力实施封山育林工程、退耕还林工程、天然林保护工程、长江珠江防护林工程、人工造林等，有效提高林草覆盖度，促进植被恢复和生态重建。2006～2017 年，贵州森林面积增加了 271.2 万 hm^2，2017 年森林覆盖率已经达到 55.3%，森林植被恢复成效显著（专题表 6-2）。

专题表 6-2　贵州省林业生态建设资金投入情况　（单位：亿元）

年份	总投入	生态建设与保护	林业支撑与保障	林业产业	其他
2010	33.28	—	—	—	—
2011	38.15（29.89）	33.28	1.03	0.49	3.41
2012	38.00（31.50）	33.71	0.94	0.08	2.77
2013	39.00（32.40）	34.60	1.34	0.09	3.2
2014	40.20（33.60）	35.23	1.19	1.20	2.58

注：表中数据引自贵州省林业厅 2011～2014 年林业统计年报分析。括号中数据为国家投入资金。

（三）多模式提高土地收益

1）推广山地保土、培肥技术，提高土地生产力。喀斯特区土壤少，水土流失较严重，土壤保水保肥力差，土地生产力低，采取金银花等生物护埂、秸秆还田、夏季种植绿肥等坡耕地保水保肥技术，提高土地生产力。

2）以沼气为纽带，结合能源改造，推广生态农业及庭园经济技术。充分利用房前屋后、村旁寨旁等土层较深厚肥沃、生态环境较好的地段，小规模种植经济植物和饲养家畜、家禽，形成"果-猪-沼""菜-猪-沼""林-果-菜-禽"等生态农业及庭园经济模式，形成立体小循环经济。

3）采取工程节水（蓄水池、地膜覆盖、滴灌）、化学节水（保水剂）、农艺节水（低耗水品种）等综合节水技术，推广高效生态循环农业和节水农业，实现水资源利用效率在目前技术条件下的最大化，保障生产的稳定性和生态恢复。

（四）多产业推进脱贫攻坚

充分利用贵州海拔高差、独特而复杂多样的气候环境和生态优势，大力发展特色优质经济植物产业，生产绿色、有机农产品和高端精品，提高土地经济产出，以产业推动地方经济发展，增加农民收入，实现脱贫致富。

1. 茶叶

贵州有着独特的气候资源和丰富的茶树资源，有 720 种茶树和 100 万 hm^2 宜茶土地。在贵州发现了世界上唯一的、距今 200 万～500 万年的晴隆古茶籽化石，说明贵州是当之无愧的茶叶原生地和优生区。高海拔、低纬度、寡日照、多云雾、无污染的环境条件，最适宜于茶叶生长和生产优质茶叶。近年来，贵州茶叶产量稳步提升，从 2011 年的 7.1 万 t 增加到 2017 年的 32.72 万 t，短短 6 年间产量增加了 3.6 倍。截至 2017 年年底，贵州茶园面积 47.8 万 hm^2，约占全国茶园总面积的 17%，连续 5 年排名全国第一；当年茶叶产值 361.9 亿元，综合产值 567.8 亿元，茶产量、销量均实现 20% 以上的增长，出口已突破 7100 万美元，茶叶已经成为贵州农业农村经济的支柱产业和特色优势产业发展中的一张亮丽名片。预计"十三五"期末，全省茶叶年产量突破 40 万 t，茶产业综合产值超过 1000 亿元。

2. 中药材

贵州独特的地理条件和湿润温暖的气候，非常适宜草药生长与中药材种植，素有"天然药物宝库"之称，这也使贵州成为我国四大中药材产地之一。2017 年贵州中药材人工种植及野生保护抚育总面积达到 38.6 万 hm^2，总产量达 115.38 万 t，总产值为 104.40 亿元。种植面积超过 0.67 万 hm^2 的品种有刺梨、薏苡、金（山）银花、杜仲、花椒等 13 个品种；产量超过万吨的有姜（生姜、干姜）、薏苡、万寿菊、刺梨、南板蓝根等 21 个品种；产值超过亿元的有太子参、天麻、白芨、铁皮石斛等 22 个品种。2017 年，全省中药材种子种苗基地面积达到 1.27 万 hm^2，实现销售收入 7.83 亿元。截至 2017 年，全省共有 47 个中药材品种被列为地理标志产品。全省有何首乌、太子参、头花蓼、淫羊藿和金钗石斛 5 个品种通过国家中药材种植基地（GAP）认证。全省全行业实现工业总产值 381.58 亿元。全省纳入统计的药品批发和零售连锁企业实现主营业务收入 358.33 亿元，其中，销售总额超过 1 亿元的企业 70 家，超过 10 亿元的企业 8 家。仅以太子参为例。

全省 22 个中药材产业化扶贫项目中，太子参是发展最大的一个。贵州太子参种植从 1993 年开始，施秉县从外省引进太子参种植，逐渐扩大，2013 年达到 12 万亩，主要集中在施秉、黄平两个县，是全国太子参三大主要产地（贵州、福建和安徽）之一。

3. 辣椒

辣椒产业是贵州产业化水平相对较高的特色优势产业之一。贵州辣椒种植面积、加工规模与效益、市场集散规模均居中国第一位。贵州辣椒常年种植面积 33.3 万 hm^2 左右，产值 150 亿元左右。贵州辣椒种植面积、产量和产值分别占全国的 24.6%、17.4% 和 20.8%，由于品质优异，产品具有很强的不可替代性，仍处于供不应求的状态。贵州辣椒加工企业近 200 家，产值约 100 亿元，主要加工产品有油辣椒、泡椒、豆瓣酱、剁椒、辣椒酱、糊辣椒、干辣椒七大系列共 50 余个品种。以油辣椒制品为代表的加工业已具有一定规模，在国内处于领先水平，其中"老干妈"成为全国辣椒制品加工行业的龙头企业，以其辣椒制品为蓝本制定了国家标准。贵州油辣椒加工产品国内市场占有率达到 70%，"老干妈""苗姑娘""乡下妹"等已成为了著名的国际品牌。贵州已形成以遵义虾子辣椒批发市场为中心，重要产地乡镇集市为纽带的干（鲜）辣椒市场网络体系，遵义虾子辣椒专业市场已经成为全国最大的辣椒专业市场。

4. 蓝莓

蓝莓是世界公认的健康水果，其产业在世界范围内发展迅速。目前，全世界已经培育出 200 余个人工栽培蓝莓品种，能适应多样的生态环境。贵州气候环境复杂多样，以山地为主，生态环境一流，土壤以酸性山地黄壤为主，发展蓝莓具有独特的优势。贵州蓝莓种植始于 2000 年麻江县宣威镇，至今已有 17 个年头。截至目前，蓝莓产业已覆盖贵州 9 个地州 76 个县，总面积达 1.33 万 hm^2，从业企业超过 80 家，投产面积近 0.4 万 hm^2，年产量已超过 3 万 t，产值 15 亿元，带动农民增收 5 亿元，还带动了观光旅游、运输、冷藏、包装、农资、农具、营销等相关行业发展，蓝莓产业链总产值达 20 亿元以上。土地资源（荒山）通过种植蓝莓进行流转整合，土地资源得到充分利用，农户每年有土地租金收入。蓝莓种植需要大量的劳力开展修剪、松土锄草、施肥、采摘等抚育管理，可有效解决未能外出务工老百姓的就业问题。据不完全统计，2016 年，蓝莓产业在全省带动了 2 万贫困人口脱贫，解决近 5 万人就业问题。同时，蓝莓产业园区的建设结合"美丽乡村"建设，原本是边、穷、困的山村，现如今也是路、水、电全通，相应的配套设施齐全，以"农家乐"休闲和体验为主要形式的乡村旅游得到快速发展。

5. 烤烟

贵州烟草种植历史悠久。据史料记载，早在明朝天启二年（1622 年），烟草就由屯边云贵的军队从桂、粤、闽、吴、楚等地带入贵州种植，至今已有 400 多年的历史。1949～1990 年，贵州省常年种植面积仅 1.33 万～2.0 万 hm^2，年总产量 1 万～2 万 t。2011～2016 年，种植面积迅速增长，2013 年种植面积达到 25.49 万 hm^2，产量 41.79 万 t。即使在国家政策控制下，2017 年种植面积仍有 14.34 万 hm^2，产量 24.48 万 t。贵州 88 个县中有 59 个种植烟叶。

6. 核桃

贵州是我国核桃的主产区之一，全省 2016 年核桃种植面积达到 70.4 万 hm²，产量达到 7.48 万 t，是 2011 年产量的 4.3 倍。除低热河谷地区外，全省 9 个地州均有种植，覆盖全省 82 个县中的 2013 个乡镇，11 568 个村，近 250 万农户，以毕节地区面积最大，产量最高。2011 年 7 月，贵州发布《贵州省核桃产业化扶贫建设规划 2011—2015 年》提出，到 2018 年全省核桃种植总面积达到 1500 万亩。预计到"十三五"期末，年产核桃 19 万 t，产值 57 亿元，为种植农户户均增加收入 2280 元。贵州核桃产业发展起步最早的赫章县，与扶贫开发、生态建设、农业结构调整、经济转型升级结合起来，着力推进核桃产业发展。全县累计种植核桃 11.07 万 hm²，挂果核桃 2 万 hm²，坚果产量 3.75 万 t，年产值近 15 亿元，年收入万元以上的核桃种植户达 5860 余户，每年为全县农民人均创收 2000 元以上。预计到 2020 年，挂果核桃 5.3 万 hm² 以上，坚果产量 8 万 t，年产值达 32 亿元，农民人均增收 5000 元以上，核桃产业将成为当地农民增收的主导产业。

7. 油茶

油茶是世界四大木本油料植物之一，为我国原产乡土树种，是我国重要的木本食用油料树种，已有 2000 多年栽培历史。茶油具有极高的营养价值和经济效益，不饱和脂肪酸含量高达 90%，可媲美橄榄油。油茶在山地种植，不与粮争地，大力发展油茶，不仅可以提高我国食用植物油生产能力、保障粮油安全，也是促进农民增收的一条重要途径。贵州是我国南方重点油茶产区之一，黔东南州、铜仁市、黔西南州的部分县有悠久的油茶经营历史和良好的生产基础。贵州现有油茶资源超过 16.7 万 hm²，年产茶籽 3.8 万多吨，仅黔东南州，油茶种植面积已达 5.7 万 hm²，茶籽产量 1.7 万 t，茶油产量 3477t，年产值 2.9 亿元，其中天柱县油茶面积超过 2 万 hm²，是全省油茶种植面积最大的县。通过大力推广油茶新品种和经营新技术，亩均产油可提高到 50kg 以上，按照目前市场最低价格 100 元/kg 粗加工茶油计算，单位产值可达 75 000 元/ hm² 以上，还不包括茶油副产品和精深加工产品的价值。油茶的稳产收获期可达 80 年以上，在油茶适生区大力发展油茶产业，可以持续稳定地增加农民收入，促进山区农民发展致富。油茶已经成为贵州林业建设的一大特色资源。

8. 生态旅游

得益于地理位置优势、独特的地形地貌和优越的生态环境，贵州旅游资源极其丰富多样。2017 年，贵州有国家旅游局认定的 5A 级旅游景区 6 个，4A 级旅游景区 90 个，4A 级以下的景点多如牛毛。2016 年对全省旅游资源以行政村为单位进行了地毯式普查，结果新发现 51 630 个旅游资源，其中，具有 4A 级以上潜力的就达 233 个。贵州 2015 年乡村旅游接待人数 1.593 亿人次，占全省旅游接待人数的 42.4%，旅游收入达 705.9 亿元，占全省旅游总收入的 20.1%。2017 年，贵州乡村旅游接待游客 3.10 亿人次，占全省接待游客的 41.62%，实现总收入 1500 亿元，占全省旅游收入的 24.25%，2 年时间，乡村旅游的人数和收入均翻了一番。可见，以体验乡村民俗文化、农家生活、生态田园和康体休闲为主题的乡村旅游已成为贵州旅游普遍的热点和重要旅游方式。

9. 精品水果

贵州海拔变化大，形成山地立体气候和多种区域小气候资源，适宜多种水果生长。近年来，贵州省委省政府相继出台政策大力支持发展精品果业，水果产业发展迅速。2017年果园面积已经达到 40.6 万 hm^2，产量 283.53 万 t，面积和产量分别是 2011 年的 2.4 倍和 2.2 倍。贵州水果虽然在产量上没有优势，但种类多、品质好，符合现代健康生活需求。从种植的水果种类看，全省种植有蓝莓、柑橘、火龙果、猕猴桃、桃、李、梨、枇杷、樱桃、葡萄、苹果、百香果、荔枝、龙眼、菠萝、石榴等二十余种，还不包括相当数量的地方特有品种，其中特色精品水果发展较快，如蓝莓、猕猴桃、火龙果等，增长速度达 70%～80%。对于贵州山区而言，种植果树经济效益十分显著。据统计，种植优质水果纯收入可达 7.5 万元/hm^2，精品果园收入已经超过 15 万元/hm^2，如罗甸火龙果、荔波蜜柚、麻江蓝莓等果园产值都可达到 22.5 万～45.0 万元/hm^2，水城和开阳猕猴桃、贵阳乌当区樱桃、清镇葡萄等果园产值都可达到 30.0 万～60.0 万元/hm^2。另外，精品果园基本上都以绿色和有机为基础，有着良好的生态环境和美丽的自然风光，多采取"果–草–畜（禽）"等多种经营的生态循环模式，结合新农村建设，基础设施完善，已经成为完美的生态旅游资源，每年可吸引数万到 10 余万人采果观光旅游，每户年旅游纯收入可达 5 万～10 万元，有效提高了水果产业的附加值，为山区人民增收致富提供了又一条新途径。

10. 草地生态畜牧业

贵州气候条件非常适宜畜禽生长繁殖，山地生态畜牧业发展潜力巨大。国发〔2012〕2 号文件提出，贵州要"把石漠化治理与解决好农民长远生计结合起来，多种途径促进农民增收致福"。时任贵州省委书记栗战书指出，要解决好贵州"三农"问题，"希望在山，关键在水，后劲在畜，出路在工"。近年来，贵州省通过发展生态畜牧业，在实现生态治理和农民增收方面，进行了卓有成效的探索，并积累了丰富的经验。2014 年，贵州省委省政府针对贵州山地农业特点出台了《关于加快推进山地生态畜牧业发展的意见》，突出了贵州山地生态畜牧业特色。贵州草地资源和地方畜种遗传资源丰富，全省约有草地总面积 428.7 万 hm^2；据 2006 年第二次全国畜禽遗传资源普查，贵州共有畜禽品种 55 个，其中，已认定的地方畜禽品种 28 个，新发现的畜禽品种 12 个，培育品种 4 个，引进品种 11 个。2017 年，全省牛存栏数为 492.35 万头、羊存栏数为 383.47 万只，牛出栏 150.99 万头、羊出栏 286.05 万只；肉类总产量 207.57 万 t，其中：牛肉 19.06 万 t、羊肉 4.81 万 t、禽肉 14.84 万 t，贵州畜牧业总产值 885.8 亿元，占农业总产值比例 26.0%。至 2016 年 6 月，全省已建成省级以上畜禽养殖标准化示范场 269 个，认证无公害畜禽产品 251 个，认定无公害畜禽产品产地 960 个，认证畜禽地理标志产品 7 个。畜牧业已经成为贵州农业农村经济的重要支柱产业。

五、石漠化防治面临的问题

从最新监测结果看，贵州土地石漠化的扩展趋势虽然得到了遏制，但石漠化防治形势依然十分严峻。①现有存量较大。按照现在年均净减少 5 万 hm^2 左右的速度，尚需 50

年左右才能完成治理任务。②生态系统仍很脆弱。贵州山高坡陡，喀斯特地貌极为发育，生态脆弱性和敏感性极高，已经恢复的林草植被生态稳定性差，稍有人为干扰和自然灾害就可能造成逆转。③人为干扰依然严重。石漠化的人多、地少的社会因素尚未得到根本改变，陡坡耕种、过度放牧、薪柴樵采等现象仍然存在，生态资源遭受破坏的隐患极大。④生态需求与经济发展之间的矛盾。石漠化治理是以恢复植被、改善生态为最终目标的环境工程，与当地群众传统的靠山吃山的生产生活方式相矛盾，石漠化山区群众的大部分生活物资仍然需要直接从自然环境中获取，这是石漠化治理的难点和关键点。⑤各级政府和部门之间的矛盾。发展改革委、农林水、国土等众多部门都设立了与石漠化治理相关的项目，同一区域（小流域）内不同项目的植树造林、坡改梯、修路和小型水利等措施时有重叠，存在同一个工程向不同部门交差的现象，资金利用率不高。现有各个区的石漠化小流域治理规划在治理措施上无实质性区别，危害、治理措施和效益等主要部分如出一辙。部分规划制定时实地调研不够，图上作业、克隆痕迹明显。主要原因是规划制定单位承接任务太多，有些单位制定了十几个，甚至几十个县的规划方案，导致方案重复性高。

六、石漠化防治对策及建议

（一）对策

1）切实加强组织领导和生态环境意识宣传。建立健全石漠化防治目标责任制，层层落实目标任务，严格考核奖惩。强化部门协调配合，形成山、水、林、田、路综合治理的格局。加强普法教育和宣传，加大对破坏生态行为的执法力度，增强广大群众的生态意识，将治理和保护上升到社会层面。

2）大力实施城镇化带动战略，转移人口压力。认真贯彻落实"两加一推"主基调，实施城镇化带动战略，提升高效生态农业产业，加快农村产业结构调整和生活方式的转变。生存环境极为恶劣的局部区域采取生态移民进行人口转移，减少土地压力，促进岩溶地区的生态恢复。

3）坚持生物措施和工程措施多措并举，使生态建设和产业建设协调发展。大力调整坡耕地种植结构，加大茶叶、核桃等经济植物的种植比例，增加植被覆盖，减少陡坡传统农作物种植，加强水利、水保、土地整治和基本农田建设，通过工程措施，防止水土流失。

4）总结推广成功治理模式。及时总结石漠化治理的成功经验和失败教训，按照分类指导、分区施策的原则，紧密结合各地自然资源和社会经济条件，大力推广运用成功的治理模式，加大科技支撑力度，提高工程建设的科技含量和建设成效。

（二）建议

1. 加大对贵州石漠化治理专项资金的投入力度

建议加大对贵州石漠化治理专项资金的投入。鼓励社会各界参与石漠化防治。制定金融和税收优惠政策，以政府投资为引导，鼓励和支持社会资金参与石漠化治理。从生态大流域的角度引入和完善生态补偿制度，坚持"谁治理、谁受益，谁受益、谁补偿"，保障企业、个人在治理和产业发展中的合法权益，加快改善石漠化地区的生态环境。

2. 提高治理工程投资标准

当前，对于石漠化综合治理工程，国家制定的投资标准为治理岩溶面积 20 万元/km^2（折合成治理石漠化面积投资标准为 50 万元/km^2），但按照实际物价水平，投资标准和五大措施并不相匹配，无法按照实际需要综合配置各项措施，从而往往采取大规模封山育林来满足石漠化治理面积要求。这虽然可以完成治理任务，达到治理目标，但并不能按照当地石漠化成因及地方经济发展要求，完全实现五大措施的合理配置及农村经济结构的改变。因此，建议提高工程治理投资标准，确保工程建设达到预期目标。

3. 治理思路需要从"以治为主"转变为"防治并重"

综合分析贵州生态建设的历程和成果，林业投入的显著增加、林业重点工程的有效实施是主导因子，农业综合生产力的稳定提高、农民收入的逐年提高是支撑因子，城镇化的持续推进、农民工外出打工及农村人口减少对生态环境压力明显减轻是重要原因。因此，下一步在充分考虑治理石漠化的同时，应考虑如何巩固工程建设成果，将潜在石漠化土地也纳入建设内容进行安排。

广西糖料蔗产业可持续发展研究

一、研究背景

（一）糖料蔗生产的区域特征和自然条件

广西地处我国的西南部，总面积 23.76 万 km²，2013 年年底总人口 5282 万，其中农业人口 4248 万，占总人口的 80.4%。广西地处亚热带湿润季风气候区域，地貌复杂多变，年日照为 1600~1800h，平均气温 17.1~23.5℃，大部分地区无霜期在 300 天以上，年降雨量为 1035~2897mm，热量丰富、雨水充沛，得天独厚的自然资源条件为蔗糖业发展提供了有利的条件，糖料蔗种植面积、产量、产糖量均占全国 60% 以上，产业规模 1992 年以来连续多年全国第一。

1. 地形地貌

广西地貌复杂多变，西临云贵高原，南临北部湾，四周高山环抱，号称"八山一水一分田"，坡地山地多、平地少，发展甘蔗种植不受创汇农业的影响，与粮食生产的矛盾也不大。丘陵约占广西土地总面积的 28.9%，是仅次于中低山以外的主要山地资源类型，主要分布于中低山地边缘及主干河流两侧，以桂南、桂中一带较为集中。这类土地与中低山地相比，有坡度缓（坡度 5°~25°）、土层厚、谷地宽、光照条件好、人类活动频繁等特点，是糖料蔗的主要种植区。

2. 气候情况

广西地处低纬度地区，南濒热带海洋，北为南岭山地，西延云贵高原，境内河流纵横，地理环境比较复杂。在太阳辐射、大气环流和下垫面综合作用下，有以下特点。①气候类型多样，夏长冬短。从气候区划而论，广西北半部属中亚热带气候，南半部属南亚热带气候；从地形状况看，桂北、桂西具有山地气候的一般特征，立体气候较为明显，小气候生态环境多样化；而桂南又具有温暖湿润的海洋气候特色。广西冬短夏长，年均温为 16~23℃，以均温来衡量，北部夏季长达 4~5 个月，冬季仅 2 个月左右；南部 5~10 月均为夏季，冬季不到 2 个月，沿海地区几乎没有冬季，适合糖料蔗种植。②雨、热资源丰富，且两热同季。广西年降雨量为 1000~2800mm，以防城港市东兴区最多，达 2822.7mm，降雨量最少的是田阳县，为 1100mm 左右。太阳年总辐射量达 90~100kcal/cm²，日均温≥10℃ 积温为 5000~8300℃，持续日数为 240~358 天，降雨量和热量资源分布大体上由北向南增多。4~9 月降雨量占年降雨量的 75%，雨季恰好与热季重叠。雨热同季，较有利于农业生产。③气候多变，灾害性天气出现频繁。广西常因季风进退失常造成降雨和气温变率大，旱、涝灾害和"两寒"（倒春寒和寒露风）及台风、冰雹等灾害性天气出现频率大。桂西地区多春旱，出现频率达 60%～90%，桂东地区多秋旱，出现频率为 50%～70%；雨季大、暴雨过于集中，年年发生洪涝灾害，尤其以桂南沿海和融江流域出现频率大。而春、秋雨季内受北方较强冷空气南下的影响，几乎每年春季出现倒春寒和秋季出现寒露风天气，危害农业生产。每年 4～7 月，出现大风天气，且影响范围和程度均较大。此外，桂西地区年年降雹，不利于冬季农作物和果木生产。

3. 土壤情况

广西糖料蔗种植 80%集中在桂中旱片、左江旱片、桂西北旱片等干旱贫瘠坡地，地块分散，水利、道路等基础设施条件差，糖料蔗生产基本上"靠天吃饭"，广西有灌溉条件的蔗地不到 15%，灌溉方式以渠道灌溉和管灌为主。而坡度＜15°的蔗地占总蔗区面积仅约为 55%，是世界上主要产糖国种植条件最差的蔗糖产区。

据广西测土配方施肥有关调查数据显示，广西土壤质地主要以砂壤（47%）和壤土（39%）为主，黏土（14%）较少，蔗区成土母质以第四纪红土和石灰岩居多，土壤以微酸和酸性为主。

根据自治区土肥站调查显示，蔗区土壤有机质呈中、低水平；全氮呈中、高水平；土壤有效磷含量处于中、高级别；速效钾中等水平居多。

根据调查数据，蔗区地每亩化肥用量有波动，但总体变化不大，无明显增减，一般使用氮肥、磷肥、钾肥和复合肥等居多，其中氮肥使用比例较高；每亩肥料费用总体呈上涨态势，种蔗农资成本在逐年增加（专题图 7-1）。

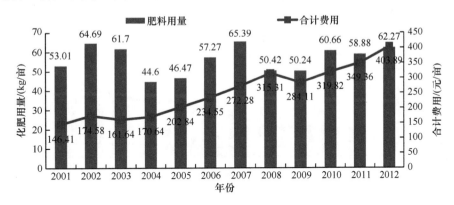

专题图 7-1　2001~2012 年蔗区化肥用量及费用情况

数据来源：广西区价格成本调查监审分局

4. 病虫鼠害发生状况

甘蔗主要病虫鼠害有 208 种，其中，害虫 53 种，病害 38 种，杂草 104 种，鼠类 13 种，主要发生的有：甘蔗螟虫、棉蚜、蓟马、蔗龟、蝼蛄、蛴螬、金针虫、天牛、白蚁、蝗虫、黑穗病、凤梨病、梢腐病等。其中又以甘蔗螟虫发生范围最广、危害最大，造成损失最重，成为糖料蔗第一大害虫，单蛀茎的蔗螟就有 8 种，其中以二点螟、大螟分布广，属广西性蔗区害虫，黄螟、条螟则在桂中以南发生较多，每年 4～6 月为发生盛期，苗期危害严重，造成缺苗断垄，严重时毁田，造成直接产量上的损失，经测定，二点螟在甘蔗苗期枯心率达到 5%～20% 时，每亩可减产 175～530kg；枯心率达 25%～35% 时，每亩可减产 664～902.5kg。同时，螟害也使含糖量下降 0.2%～0.4%，造成糖分的损失。受气候、种植制度等多种因素影响，甘蔗螟虫发生呈逐年加重态势（专题表 7-1），2012 年广西甘蔗螟虫发生面积约 1143.27 万亩次，是 2000 年的 3.5 倍，越来越严重的甘蔗螟虫危害对糖料蔗产量和产值都构成了重大的威胁，每年因螟虫危害平均造成糖料蔗亩产减产 10%～20%，严重时甚至超过 30%，因影响甘蔗质量造成的产值损失为 3%～5%，经防治情况下，每年仍造成广西蔗糖经济损失上亿元（专题图 7-2 和专题图 7-3）。

专题表 7-1　2000～2012 年广西甘蔗螟虫发生情况变化

年份	发生面积/万亩次	防治面积/万亩次	挽回损失/万 t	实际损失/万 t
2000	330.80	272.17	25.71	6.07
2001	383.66	326.89	47.71	9.21
2002	452.87	402.10	65.07	10.22
2003	469.35	390.80	49.53	9.07
2004	447.01	402.87	46.74	8.25
2005	485.30	437.00	61.83	8.14
2006	586.02	526.64	49.46	8.24
2007	718.32	663.63	83.61	11.16
2008	694.00	630.04	82.55	12.17
2009	723.75	667.97	96.60	22.67
2010	729.17	675.65	95.79	14.85
2011	843.56	853.25	113.75	18.35
2012	1143.27	1165.89	218.51	37.81

数据来源：《广西植保》统计。

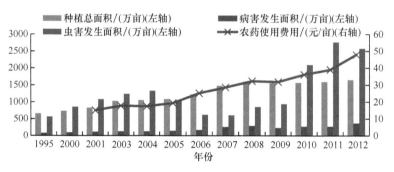

专题图 7-2　1995~2012 年广西甘蔗病虫害发生情况

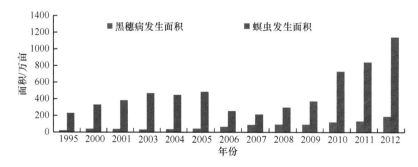

专题图 7-3　1995~2012 年广西甘蔗螟虫及黑穗病发生情况

（二）国际化背景下糖料蔗产业可持续发展的重要意义

糖是一个不可或缺的重要资源，随着人类社会不断发展，在医药、食品、化工、营养和其他催化剂方面的用量日益加大、用途日益拓宽，在世界范围内对糖资源的需求也将不断增加。20 世纪 80 年代，广西糖业的崛起改变了世界糖业发展格局，使广西成为仅次于巴西圣保罗州的世界第二大产蔗和产糖区，使中国成为仅次于巴西、印度的第三大产糖国。目前，全世界产糖国家中排名前 10 的是巴西、印度、中国、泰国、美国、俄罗斯、墨西哥、巴基斯坦、澳大利亚、危地马拉，这些国家产糖量约占世界总产量的 70%，其中中国占 6.4%（专题图 7-4）。2011 年和 2012 年榨季，广西食糖产量占全国产量的 61%，占全球产量的 3.9%，仅广西的产糖量就超过世界第 5 强美国总产量的 90%，比世界第 6 强俄罗斯的总产量还高出 25%，在世界糖业中占据举足轻重的地位。

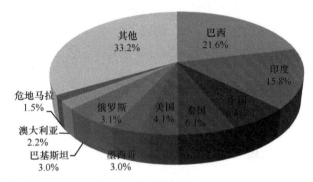

专题图 7-4　2011/2012 年榨季排名前 10 的国家食糖产量占比
数据来源：广西糖业年报

1988 年，国务院把广西作为全国重点糖业生产基地进行开发建设，广西糖料蔗生产快速发展，自 1992 年开始，种植面积、产蔗量和产糖量连续 23 年居全国第一。广西蔗糖业的崛起被誉为"业界最伟大的事件"之一，扭转了中国糖业长期不振的状况，在 20 世纪 90 年代初实现了食糖基本自给，并难能可贵地开启了中国食糖出口创汇参与国际市场竞争的新局面，其中 1992 年中国出口食糖 185 万 t，创汇 6.7 亿美元。广西蔗糖业科技进步总体处于全国领先水平，在全国各省份中属单位面积产糖量最高、吨糖耗蔗量最低、制糖效益最好；糖料蔗单产不仅超过国内甚至还超过了世界平均水平；种植面积和产糖量自 2007 年开始连续 7 年均超过全国蔗糖的 60%，食糖销量占全国跨省贸易量的 80% 以上，当之无愧地成为我国最大的糖料蔗种植基地和食糖产销中心（专题图 7-5）。

糖料蔗是广西最大宗的经济作物，是优势特色农业产业中规模最大的一个。2011 年，广西糖料蔗种植面积达 1598 万亩，占主要农作物种植总面积的 15%，仅次于稻谷；总产量占主要经济作物总产量的 60% 以上。在自治区党委政府《关于打造农业千百亿元产业推进农业产业化的意见》提出的着力做强的 3 个千亿元产业中，糖料蔗产业排在第 1，其余 2 个分别为畜禽和速丰林。糖料蔗还是广西经济发展，尤其是县域经济发展的重要支柱产业。广西 109 个县（市、区）中有 95 个种植糖料蔗，有 50 多个县（市、区）财政收入主要来源于糖业，主产县涉蔗涉糖税收占到财政收入的 30%～70%。糖料蔗更是确保广西农民，尤其是欠发达地区农民稳定增收的重要基础。2012～2013 年榨季，农民种蔗收入超过 300 亿元。

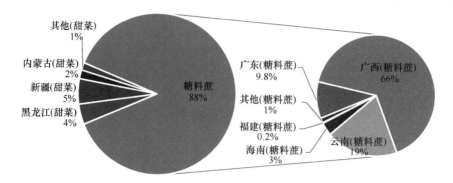

专题图 7-5　2012 年全国糖料作物种植面积占比

数据来源：中国糖业协会、广西糖业协会，全国糖料面积含糖料蔗、甜菜

2020 年和 2021 年榨季，全区糖料蔗种植面积 1115 万亩，开榨糖厂 79 家，糖料蔗入榨量 4921 万 t，比上榨季增加 342 万 t，增长 7.47%；产糖量 628.79 万 t，比上榨季增加 28.79 万 t，增幅 4.8%；应付农民蔗款 253.72 亿元。

二、糖料蔗产业生产结构与现状分析

（一）种植业生产结构分析

1. 糖料蔗等农作物生产结构

广西主要农作物种植面积中，粮食作物的稻谷面积最大，其次为糖料蔗、蔬菜、水果。稻谷面积占比从 1985 年的 54.77% 下降到 2011 年的 29.13%，下降了 25.64%，而糖料蔗则从 4.51% 上升到 14.94%，上升了 10.43%，蔬菜、水果也分别上升了 12.30% 和 12.16%。从走势上看，稻谷种植面积经历了 1985～2006 年的快速下滑，然后趋于平稳的过程，2007 年以来均保持在 30% 左右。糖料蔗、蔬菜、水果也经历了快速增长到保持稳定的过程，2007 年以来三种作物基本保持在 13%～15%（专题图 7-6）。

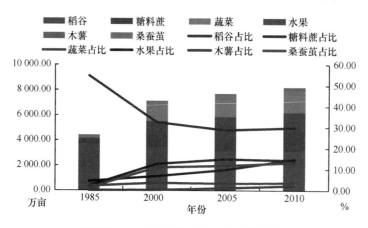

专题图 7-6　广西主要农作物种植结构图

2. 主产蔗区农作物生产结构

广西糖料蔗生产主要集中在桂西南、桂中、桂西北一带，崇左、来宾、南宁、柳州、

百色、河池 6 市面积和产量均占广西面积和产量的 85% 以上。第一大产糖市崇左市的农业产业结构最为单一，甘蔗种植在农业生产中所占的比例最大，2011 年高达 56.2%，居各种作物之首。广西主产蔗区农作物生产结构主要以甘蔗、稻谷、玉米、蔬菜为主。其中，崇左市的甘蔗生产比例高达 56.2%。

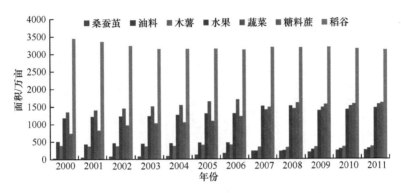

专题图 7-7　2000~2011 年广西主要农作物种植面积变化图

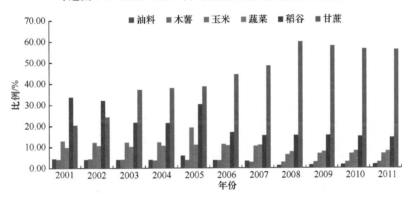

专题图 7-8　2001~2011 年广西崇左市农作物种植面积占比变化图

（二）糖料蔗产业现状分析

1. 糖料蔗种植

2000 年来，广西糖料蔗种植呈增长态势，期间略有波动。种植面积从 1995 年的 661 万亩增长到 2012 年的 1651 万亩，增长了 149.8%，达历史最高面积纪录（专题图 7-9）。

2. 糖料蔗产量

糖料蔗总产从 1995 年的 2461 万 t 增长到 2012 年的 7478 万 t，增长 203.9%；榨季产糖量从 1995 年的 233 万 t 增长到 2012 年的 791 万 t，增长 239.5%（专题图 7-10）。

3. 糖料蔗生产区域

广西 14 个地市中除桂林、梧州、贺州极少种植糖料蔗外，其他各地市均有一定的种植面积（专题图 7-11），但主要集中在崇左、来宾、南宁、柳州、百色、河池 6 个地市，种植面积和产蔗量约占广西种植面积和产蔗量的 83%，年产蔗量 200 万 t 以上的 10 个县（区）占广西总产量的 50% 以上，其中兴宾、扶绥、江州 3 个县（区）约占广西总产量的 25%；崇左、来宾共约占广西总产量的 50%。

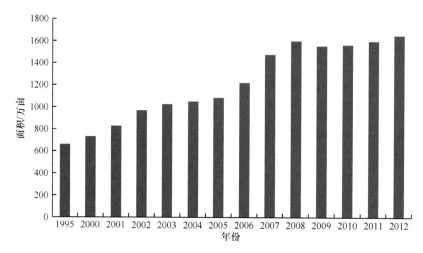

专题图 7-9　1995~2012 广西糖料蔗种植面积图

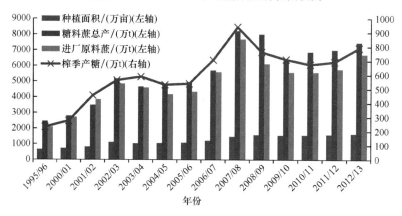

专题图 7-10　广西历年糖料蔗生产情况
横坐标中的年份数字表示跨年度榨季，如 1995/96 表示 1995 年与 1996 年榨季

　　崇左市是"中国糖都"，种植面积、总产和产糖量在全国及广西均排第一。2011
年甘蔗（含果蔗）种植面积 413 万亩，占广西种植面积的 25.2%，总产量 2245 万 t，占
广西总产量的 30.9%，产糖量 213 万 t，占广西产糖量的 30.7%。其次为来宾市，2011
年种植面积、总产和产糖量分别为 255 万亩、1058 万 t、102 万 t，分别占广西的 15.8%、
14.6%、14.7%。紧接着是南宁、柳州、百色、河池。

　　单产最高的是玉林市，2011 年平均单产为 6.27t/亩，其次为崇左市，为 5.43t/亩，
北海市为 4.82t/亩，防城港市为 4.72t/亩，贵港市为 4.44t/亩，南宁为 4.37t/亩，单产最低
的为百色市，为 3.13t/亩。平均蔗糖含量最高的是崇左市，为 14.14%，其次为防城港市，
为 14.15%，北海市为 14.12%，来宾市为 13.96%，最低的为河池市，为 11.72%。

　　制糖上，基本形成以股份制企业集团为龙头的资本多元化、企业集团化发展格局，打
造起种植、加工、销售等配套较为完整的产业链体系，构建了与蔗农紧密连接、利益共享、
风险共担的产业化经营机制。广西 31 个糖业集团拥有 104 家糖厂，总日榨蔗能力 67 万 t，
平均单厂日榨蔗能力 6400t，为全国平均数的 2 倍，初步建成糖业循环经济示范省区。

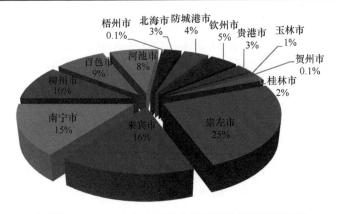

专题图 7-11 2012 年广西各市糖料蔗种植面积占比图

4. 糖料蔗规模经营现状

受土地资源及传统农业生产经营方式的限制，蔗区生产还是以家庭分散经营为主，2012 年广西人均种植面积仅 1.9 亩，户均仅 9.2 亩，远低于世界食糖主要出口国，巴西、泰国、澳大利亚户均经营规模分别为 600 亩、375 亩和 1200 亩。从广西来看，人均种蔗量逐年递增，从 2002 年的 0.94 亩/人提高到 2012 年的 1.91 亩/人。

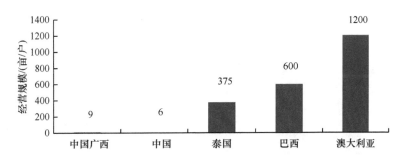

专题图 7-12 蔗区户均经营规模情况

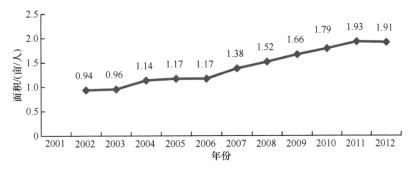

专题图 7-13 广西人均种植面积

5. 种植品种情况

甘蔗良种育种时间长，育成一个品种需 8～10 年，品种更新换代慢。20 世纪七八十年代，'台糖 134' 是广西当家品种，1978 年占比达 79.6%，1982 年达 82.60%。80 年代广西育成了 '桂糖 11 号' 优良品种，以其优良的性状迅速取代 '台糖 134'，成为广西当家品种，1988 年种植占比达 41.45%，1992 年达 51.06%。至 2000 年，广西主栽品种以新台糖系列品种为主，种植占比达 54.28%，2005 年占 91.57%，2008 年占 89.05%。其中种植面积较大的有'新台糖 16 号''新台糖 22 号''台优'等系列品种，2000～2004 年以'新台糖 16 号'为当家品种，最高占比达 49%，2005 年占 35.83%。2005 年以后至今，以'新台糖 22 号'为当家品种，是目前广西种植面积最大的品种，'新台糖 22 号'种植占比从 2000 年的 1.71%，到 2007 年达到历史最高（70%），2012 年为 69.49%（专题图 7-14～专题图 7-16）。目前该品种已推广约 15 年，当前面临糖料蔗种性退化、单产及糖分下降等问题。近年来，中央和广西壮族自治区高度重视，大力支持开展自主创新品种选育，已初步育成一批有推广前景的'桂糖''桂柳'等系列品种。

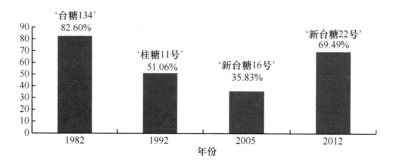

专题图 7-14　各时期广西糖料蔗主栽品种推广情况

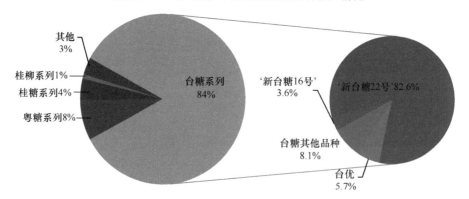

专题图 7-15　2012 年广西糖料蔗种植品种结构图

专题图 7-16　2001～2012 年广西'新台糖 22 号'推广情况

6. 种植技术推广情况

广西大力推广甘蔗高产、高糖、高效栽培技术，全面推进良种推广、测土配方施肥、深耕深松、地膜覆盖、节水灌溉、合理密植等先进实用技术，大力推广甘蔗间套种西瓜、玉米、黄豆，"猪-沼-蔗"等生态循环农业模式，主攻提高单产和蔗糖分，增加蔗农效益，全面推动糖料蔗生产水平的进一步提高。2007年糖料蔗平均亩产量突破5t，榨季平均蔗糖分达到14.0%以上，制糖生产每吨糖耗蔗量从8.5t下降到8t左右，制糖经济技术指标为全国同行业先进水平。

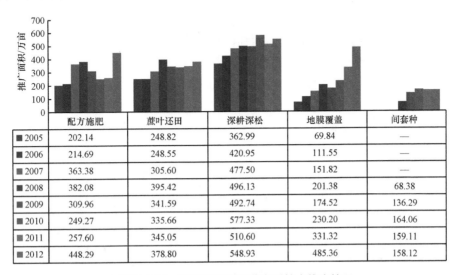

	配方施肥	蔗叶还田	深耕深松	地膜覆盖	间套种
■ 2005	202.14	248.82	362.99	69.84	—
■ 2006	214.69	248.55	420.95	111.55	—
■ 2007	363.38	305.60	477.50	151.82	—
■ 2008	382.08	395.42	496.13	201.38	68.38
■ 2009	309.96	341.59	492.74	174.52	136.29
■ 2010	249.27	335.66	577.33	230.20	164.06
■ 2011	257.60	345.05	510.60	331.32	159.11
■ 2012	448.29	378.80	548.93	485.36	158.12

专题图7-17 广西近年糖料蔗实用技术推广情况

数据来源：自治区农业厅糖料处业务统计数据；图下侧表格中的年份2005~2012与图中柱形从左至右对应

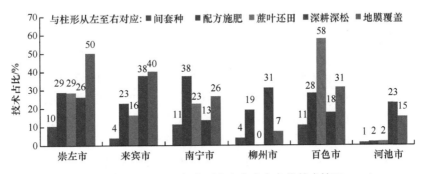

专题图7-18 2012年广西六大主产市主推技术情况

7. 机械生产推进情况

当前，广西糖料蔗生产综合机械化水平约为41%，机械化主要集中在耕种环节，收获环节机械化水平仅为0.05%（专题图7-19和专题图7-20）。糖料蔗砍收基本上还是靠人力，人工雇佣成本达到120~150元/t，占糖料蔗收购价格的1/3。随着劳动力成本的快速上升，甘蔗生产尤其是收割环节机械化程度低、生产成本高、生产效率低，已成为制约广西糖业发展的主要瓶颈。

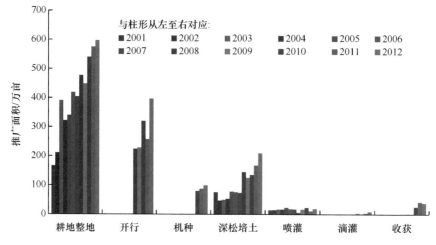

专题图 7-19　广西糖料蔗各生产环节机械化推广情况

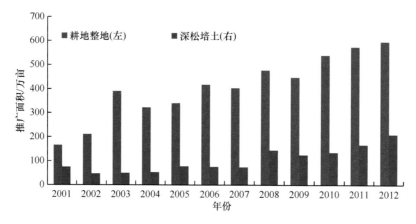

专题图 7-20　广西糖料蔗主要机械生产技术推广情况

8. 食糖加工情况

中华人民共和国成立初期，广西蔗糖生产仍以土糖生产为主，20 世纪 50 年代开始，机制糖逐步兴起。但从 1959 年开始到 1962 年，由于 1958 年农民生产积极性严重挫伤，生产力遭到破坏，种蔗面积剧减，出现了中华人民共和国成立后广西蔗糖生产最低潮时期。之后一直到改革开放前，由于历史原因，广西蔗糖生产仍处于徘徊不前的状态。1978 年开始，由于实行家庭联产承包责任制，农民生产积极性高涨，广西蔗糖生产出现了新的生机和活力，开始稳步发展，1978～1988 年，广西机制糖产量从 1977 年和 1978 年榨季的 18.96 万 t 增加到 1986 年和 1987 年榨季的 111.05 万 t，首次突破百万吨大关。1991～2000 年，国家开始改变过去食糖由国家统购统销的做法，食糖调拨由指令性计划改为指导性计划，广西蔗糖生产进入轨道调整时期。在 1992/1993 年榨季产糖量达到 226 万 t，跃居全国产糖省第一位。到 2012/2013 年榨季，广西蔗糖生产继续恢复发展，产糖量达到 791.5 万 t。广西已成为我国最重要的食糖生产基地，在保证国家食糖有效供给和维护国家食糖安全方面起到了不可替代的作用，食糖产业也成为广西国民经济的重要组成部分和主要经济增长点，是重要的优势产业之一，在带动农民致富，增加地方财政收入，促进广西经济持续发展等方面具有举足轻重的地位和作用。

（1）广西食糖加工能力

1991 年和 1992 年榨季以来，广西食糖加工能力比较平稳，基本属于有计划、有步骤、逐步增大的情况，没有出现大起大落现象。经过 20 多年的发展，目前广西食糖加工能力已达到 66.7 万 t/d，较 1991 年和 1992 年榨季增加 51.66 万 t/d，增幅达到 343%。2011/2012 年榨季，广西制糖企业主要以广西南华、东亚糖业 2 个超大型集团，农垦糖业、凤糖生化、东糖集团、南宁糖业、永鑫华糖、英联糖业 6 个大型集团，以及湘桂糖业、永凯糖业、上上糖业、甘化公司、欧亚糖业、华盛集团、飞龙糖业、贵糖集团、丰浩糖业、中粮集团及其他较小型公司构成。其中广西南华、东亚糖业 2 个集团日榨能力及产糖量占广西的近 1/3，广西南华、东亚糖业、农垦糖业、凤糖生化、东糖集团、南宁糖业、永鑫华糖、英联糖业 8 个集团日榨能力及产糖量合计占广西均超过 70%，是广西制糖企业的主力军（专题表 7-2）。

专题表 7-2　2011/2012 年榨季广西制糖企业生产情况

制糖企业	日榨能力/t	占广西比例/%	实际榨蔗量/万 t	占广西比例/%	产糖量/万 t	占广西比例/%
广西南华	94 500	14.17	863.06	14.97	104.61	15.07
东亚糖业	92 000	13.79	835.55	14.49	103.49	14.91
农垦糖业	56 796	8.52	515.39	8.94	62.74	9.04
凤糖生化	50 000	7.50	495.21	8.59	61.11	8.80
东糖集团	64 000	9.60	476.97	8.27	58.83	8.47
南宁糖业	34 065	5.11	389.36	6.75	48.27	6.95
永鑫华糖	42 500	6.37	367.93	6.38	43.1	6.21
英联糖业	37 000	5.55	356.37	6.18	40.5	5.83
湘桂糖业	20 502	3.07	188.25	3.26	22.66	3.26
永凯糖业	21 000	3.15	142.22	2.47	17.18	2.47
上上糖业	15 000	2.25	138.88	2.41	17.04	2.45
甘化公司	18 000	2.70	140.52	2.44	16.89	2.43
欧亚糖业	16 500	2.47	122.18	2.12	14.76	2.13
华盛集团	10 500	1.57	109.45	1.90	13.51	1.95
飞龙糖业	10 000	1.50	102.11	1.77	11.66	1.68
贵糖集团	10 000	1.50	77.82	1.35	9.06	1.30
丰浩糖业	11 200	1.68	78.29	1.36	8.86	1.28
中粮集团	15 000	2.25	82.06	1.42	8.77	1.26
其他合计	48 437	7.26	285.38	4.95	31.24	4.50

数据来源：广西壮族自治区糖业发展局、广西糖业协会。

（2）各市食糖生产情况

广西 14 个地级市 2012 年时共有糖厂 103 家，总日榨能力 66.7 万 t。其中崇左 16 家，总日榨能力 18.3 万 t，来宾 14 家，总日榨能力 10 万 t，南宁 17 家，总日榨能力 9.588 万 t，柳州 12 家，总日榨能力 6.15 万 t，百色 9 家，总日榨能力 5 万 t，河池 8 家，总日榨能力 4.42 万 t，贵港 4 家，总日榨能力 2.1303 万 t，钦州 9 家，总日榨能力 3.7502 万 t，北海 4 家，总日榨能力 3.1255 万 t，防城港 3 家，总日榨能力 3 万 t，玉林 3 家，总日榨能力 0.6 万 t，桂林 2 家，总日榨能力 0.45 万 t，梧州 1 家，总日榨能力 0.08 万 t，贺州 1 家，总日榨能力 0.2 万 t。

产能分布上，崇左约占广西产能的 27%，来宾约占 15%，南宁约占 14%，柳州约占 9%，百色约占 8%，河池约占 7%，六大主产市产能约占广西的 80%。

2011 年和 2012 年榨季，广西食糖产量 694.28 万 t，其中崇左市 213.2818 万 t、来宾市 102.3755 万 t、南宁市 105.8325 万 t、柳州市 73.5758 万 t、百色市 45.3369 万 t、河池市 37.6279 万 t，六大主产市共占广西食糖产量的 83.26%，集中度是广西其他产业难以比拟的（专题表 7-3）。

专题表 7-3　2011/2012 年广西各市日榨能力及产糖量

地市	糖厂数量/个	日榨能力/万 t	食糖产量/万 t	占广西比例/%
崇左市	16	18.3	213.2818	30.72
来宾市	14	10	102.3755	14.75
南宁市	17	9.588	105.8325	15.24
柳州市	12	6.15	73.5758	10.60
百色市	9	5	45.3369	6.53
河池市	8	4.42	37.6279	5.42
贵港市	4	2.1303	18.9438	2.73
钦州市	9	3.7502	30.1967	4.35
北海市	4	3.1255	25.4903	3.67
防城港市	3	3	33.5491	4.83
玉林市	3	0.6	3.6013	0.52
桂林市	2	0.45	2.8950	0.42
梧州市	1	0.08	0.3594	0.05
贺州市	1	0.2	1.2143	0.17

数据来源：广西壮族自治区糖业发展局、广西糖业协会。

9. 生产成本与效益

1991～2000 年，因政策、市场等因素，广西糖料蔗种植成本略有波动，但总体来说，广西糖料蔗种植成本长期保持上涨趋势，从 1991 年的 305 元/亩增长到 2012 年的 1815 元/亩，涨幅达到 495%，特别是 2009 年之后增长速度加快，平均每年增幅达到 15%。其中，人工成本增速快于物质与服务费用，从 1991 年的 1∶2，到 2012 年已基本变为 1∶1，分别占到总成本的 45% 左右。由于广西糖料蔗生产以家庭分散经营为主，因此土地成本所占比例较小（专题图 7-21 和专题图 7-22）。

1991 年以来，广西糖料蔗种植成本呈持续上升趋势，但净利润在不同年份间各有波动，基本在上涨 1～2 年后，都会连续 3～4 年下降，其中 2010 年利润达到最高，达到 875 元/亩，2004 年利润最低，仅为 71 元/亩。但由于成本各有不同，因此，成本利润率最高年出现在 1991 年，达到 100%，2004 年降至最低，仅为 9%，利润最高年 2010 年成本利润率为 62%，到 2012 年下降至 32%，蔗农收益空间日益减小（专题图 7-23）。

专题图 7-21　1991~2012 年广西糖料蔗生产成本变化图

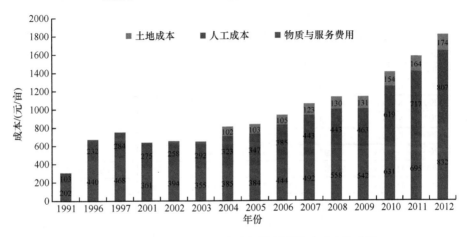

专题图 7-22　1991~2012 年广西糖料蔗生产成本构成图

2004 年以前没有土地成本，本图中 2004 年以前人工成本项包含人工成本、税金及其他费用；2004 年以前数据来源为广西壮族自治区物价局价格成本调查队，2004~2009 年数据来源为广西壮族自治区价格成本调查队，2009 年以后数据来源为广西壮族自治区价格成本调查监审分局

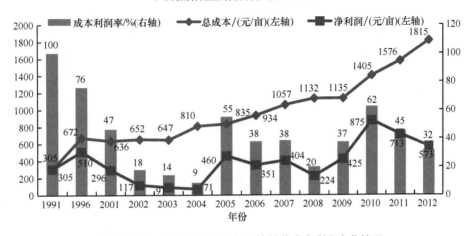

专题图 7-23　1991~2012 年广西糖料蔗成本利润变化情况

（1）糖料蔗与其他作物种植比较效益分析

1991 年以来，广西主要农作物种植总成本均呈上升趋势，其中尤其以桑蚕茧涨幅最快，从 1991 年的 142.42 元/亩涨至 2012 年的 4035.92 元/亩，涨幅达到 2734%；其次为糖料蔗，从 1991 年的 305 元/亩涨至 2012 年的 1814.94 元/亩，涨幅达到 495%（专题图 7-24）。

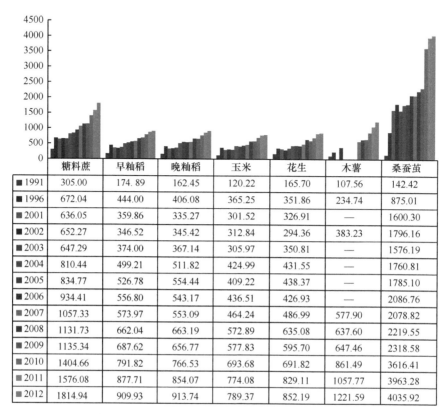

	糖料蔗	早籼稻	晚籼稻	玉米	花生	木薯	桑蚕茧
■1991	305.00	174.89	162.45	120.22	165.70	107.56	142.42
■1996	672.04	444.00	406.08	365.25	351.86	234.74	875.01
■2001	636.05	359.86	335.27	301.52	326.91	—	1600.30
■2002	652.27	346.52	345.42	312.84	294.36	383.23	1796.16
■2003	647.29	374.00	367.14	305.97	350.81	—	1576.19
■2004	810.44	499.21	511.82	424.99	431.55	—	1760.81
■2005	834.77	526.78	554.44	409.22	438.37	—	1785.10
■2006	934.41	556.80	543.17	436.51	426.93	—	2086.76
■2007	1057.33	573.97	553.09	464.24	486.99	577.90	2078.82
■2008	1131.73	662.04	663.19	572.89	635.08	637.60	2219.55
■2009	1135.34	687.62	656.77	577.83	595.70	647.46	2318.58
■2010	1404.66	791.82	766.53	693.68	691.82	861.49	3616.41
■2011	1576.08	877.71	854.07	774.08	829.11	1057.77	3963.28
■2012	1814.94	909.93	913.74	789.37	852.19	1221.59	4035.92

专题图 7-24　种植总成本变化情况（单位：元/亩）
图下侧表格中的年份 1991~2012 与图中柱形从左至右对应

1991 年以来，广西主要农作物净利润变化趋势不明显，波动较大，玉米、木薯甚至多次出现亏本年份。总体来说，桑蚕茧在大部分年份净利润较高，但在个别年份出现效益极低甚至亏本；早籼稻、晚籼稻、花生的效益大部分年份为缓慢上升，净利润优势不明显；糖料蔗在“八五”“九五”时期，有净利润达到 510.2 元/亩的年份，但“十五”开始逐年下降，到 2004 年达到最低 70.64 元/亩，从“十五”末年开始，糖料蔗净利润开始保持较为稳定，并有部分年份增长较多，到 2010 年增至最高，但之后逐年开始下降（专题图 7-25）。

1991 年以来，糖料蔗成本利润率从 1991 年的 100%连续下降至 2004 年的 8.72%，2005 年增长后又连续 3 年下降，2008~2010 年持续上升，之后持续下降至今，目前成本利润率水平与早籼稻、晚籼稻相当，但之前大部分年份糖料蔗成本利润率高于早籼稻、晚籼稻。其余农作物，玉米成本利润率最低，花生近年成本利润率大多高于糖料蔗。木薯成本利润率极为不稳定，多次出现亏损年份。桑蚕茧效益最高。

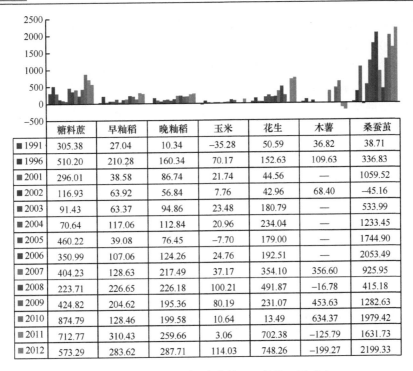

	糖料蔗	早籼稻	晚籼稻	玉米	花生	木薯	桑蚕茧
■1991	305.38	27.04	10.34	−35.28	50.59	36.82	38.71
■1996	510.20	210.28	160.34	70.17	152.63	109.63	336.83
■2001	296.01	38.58	86.74	21.74	44.56	—	1059.52
■2002	116.93	63.92	56.84	7.76	42.96	68.40	−45.16
■2003	91.43	63.37	94.86	23.48	180.79	—	533.99
■2004	70.64	117.06	112.84	20.96	234.04	—	1233.45
■2005	460.22	39.08	76.45	−7.70	179.00	—	1744.90
■2006	350.99	107.06	124.26	24.76	192.51	—	2053.49
■2007	404.23	128.63	217.49	37.17	354.10	356.60	925.95
■2008	223.71	226.65	226.18	100.21	491.87	−16.78	415.18
■2009	424.82	204.62	195.36	80.19	231.07	453.63	1282.63
■2010	874.79	128.46	199.58	10.64	13.49	634.37	1979.42
■2011	712.77	310.43	259.66	3.06	702.38	−125.79	1631.73
■2012	573.29	283.62	287.71	114.03	748.26	−199.27	2199.33

专题图 7-25　净利润变化情况（单位：元/亩）
图下侧表格中的年份 1991~2012 与图中柱形从左至右对应

2001~2011 年，所有农作物生产成本中人工成本基本都是上升趋势，但 2012 年早籼稻、晚籼稻、玉米、花生、木薯的人工成本比 2011 年稍有下降，仅糖料蔗、桑蚕茧保持上升趋势，其中，糖料蔗上升幅度最大，增加 90 元/亩，增幅 12.5%，桑蚕茧增加 25 元/亩，增幅 1%。其中桑蚕茧主要是依靠高密度的劳动力投入博取高效益，因此人工成本远远高于其他作物。

糖料蔗人工费用最高，由于砍收环节需要大量人工，且价格不断上涨，2012 年雇工费用占人工成本的 67%，且增幅日益加快。早籼稻、晚籼稻、玉米、花生几种作物主要以家庭用工为主，雇工费用比较少，需要雇工较多的主要是糖料蔗、木薯、桑蚕茧，但桑蚕茧仍以家庭用工为主，雇工费用占人工费用比例很小，2012 年占人工成本仅为 2%。

糖料蔗现金收益与花生相当，比早籼稻、晚籼稻、玉米要高，木薯现金收益不稳定且低，桑蚕茧现金收益远远高于其他作物。其中早籼稻、晚籼稻、玉米现金收益基本呈持平或上升趋势，糖料蔗由于实行政府指导收购价，年度与年度之间差距不会过于明显，仅 2005 年、2010 年由于糖价上扬，实行蔗价联动二次结算等影响，蔗农现金收益较上年大幅提高，但受成本影响，目前糖料蔗现金收益已连续 2 年下滑。

（2）主产市种植成本及比较效益分析

2004 年以来，广西各地糖料蔗种植总成本不断上涨，在 2008 年以前，涨幅较平缓，2008 年以后上涨速度加快，到 2012 年，比 2004 年上涨 1 倍以上。根据各市上涨程度来看，北海、钦州、贵港等沿海地区和桂南地区种植成本上涨幅度较其他地区大，也高于广西平均水平。南宁、百色、河池、来宾、柳州等地糖料蔗种植规模较大，生产成本略低于广西平均水平。

2004年，除贵港市外，其余主产市糖料蔗净利润普遍不高，钦州、河池蔗农处于亏损状态。到2007年，由于糖料蔗大增产，产蔗量为历史最高年，广西糖料蔗单产也达到历史最高水平，蔗农收益大幅提高，净利润较2004年大幅提高。2008年受雨雪冰冻灾害、金融危机等影响，单产、总产下降，在生产成本上升、蔗价不升反降以及因灾需增加原料蔗留做蔗种的情况下，蔗农收益急剧下降，贵港、河池甚至出现亏损。到2012年，除北海、贵港外，其余主产市净利润均高于往年水平，特别是崇左、来宾、南宁、柳州四大主产市（专题图7-26）。

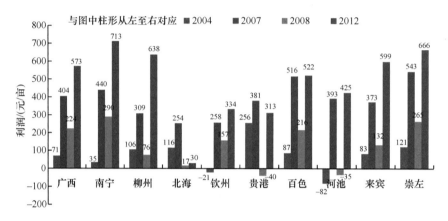

专题图7-26　主产市糖料蔗净利润情况

2004年以来，各主产市成本利润率变化情况与净利润变化情况基本一致，到2012年，崇左、来宾、南宁、柳州、百色五市净利润高于广西平均水平，北海效益最低（专题图7-27）。

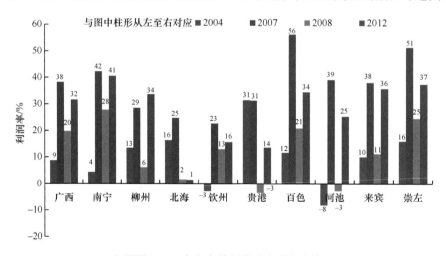

专题图7-27　主产市糖料蔗成本利润率情况

（三）基本判断与趋势预测

1. 比较优势

（1）国内比较优势

2010年和2011年，分别相比全国平均水平、广东和云南，广西甘蔗有综合比较优势,规模比较优势较为明显,单产效率低于全国平均水平,与广东和云南相比没有比较优势(专题表 7-4)。广西甘蔗播种面积 1500 万亩左右,占全国甘蔗播种面积的 63.5%,远远超过广东和云南等周边省份。而效率方面,由于广西甘蔗 80%集中在干旱贫瘠的坡地,地块分散,水利基础设施条件差,广西有灌溉条件的蔗区仅占甘蔗种植面积的 6.78%,生产收割环节机械化程度低、生产成本高、效率低、技术落后、良种推广能力落后等都是制约广西甘蔗生产效率和糖业发展的主要原因。

专题表 7-4　广西甘蔗与全国及周边省份的比较优势

指标	全国		广西		广东		云南	
	2010	2011	2010	2011	2010	2011	2010	2011
效率及规模单产/（kg/ hm²）	65 700	66 485	66 583	66 599	83 956	86 736	59 328	61 902
总单产/（kg/ hm²）	8 459	9 278	18 164	18 811	11 999	12 705	7 256	7 725
播种面积/千 hm²	1 686	1 721	1 069	1 092	155	160	295	125
总播种面积/千 hm²	160 675	162 283	5 897	5 997	4 525	4 572	6 437	6 668
优势指数								
EAI（效率优势指数）	—	—	0.47	0.49	0.90	0.95	1.05	1.12
SAI（规模优势指数）	—	—	17.28	17.16	3.26	3.31	4.37	1.77
AAI（综合优势指数）	—	—	2.86	2.91	1.71	1.77	2.14	1.41

（2）国际比较优势

在糖料种植方面,甘蔗生产属于降雨依赖型,降雨量与甘蔗产量呈显著正相关。广西蔗区土地 95%以上是旱地,地块分散,水利条件差,广西有灌溉条件的蔗地不到 15%。而美国的蔗区 95%以上是可灌冲积土,面临的问题主要是排涝问题而不是灌溉;澳大利亚可灌溉蔗地占 60%~70%,泰国占 30%~50%,印度占 40%左右。在世界主要甘蔗生产国中我国的甘蔗单产相对较低。在生产成本方面,我国作物种植和机械化水平低,绝大部分靠人工,随着外出务工人员的增加,农村劳动力日益短缺,劳动力价格大幅上升,人工收割 1 人 1 天能收 0.7~1t,而甘蔗收割机一天能收 300 多吨,相当于 300 多人 1 天的工作量,成本上人工每亩 400 元左右,机械收割不到 100 元,再加上运费、化肥、农药费用,糖料蔗的生产成本比生产机械化水平超过 60%的巴西和澳大利亚高 1 倍。

专题表 7-5　2014 年主要国家和地区甘蔗单产　　（单位：t/ hm²）

指标	巴西	美国	墨西哥	印度	中国	中国广西
甘蔗单产	70.6	79.5	74.4	70.3	71.4	73.5

数据来源：联合国粮农组织（FAOSTAT 数据库）。

在糖类出口竞争力的对比中,除泰国和越南外,广西的贸易竞争指数高于其他东盟国家,具有一定的比较优势。

（3）与其他作物的比较优势

1）糖料蔗与甜菜的比较,从国际上糖的产量来看,糖料蔗比甜菜具有优势。食糖的生产原料分为甘蔗和甜菜两种,甘蔗糖的产量高于甜菜糖的产量,大体呈现 7 : 3 的分布。世界甘蔗糖的年产量为 8103.8 万~14 240.1 万 t,呈波动性上升趋势,并于 2013 年和 2014 年榨季达到历史最高值，14 240.1 万 t。甜菜糖的产量为 3017.7 万～3845.4 万 t，呈下降趋势。中国食糖的产量来源越来越依赖于甘蔗，自 1994 年和 1995 年榨季，中国甜菜糖的产量逐年减少，占总产量的比例也从 25.94% 下降到 2014/2015 榨季的 7.27%；同期，甘蔗糖产量却迅速增长，1994 年和 1995 年至 2014 年和 2015 榨季，中国甘蔗糖产量从 466.5 万 t 增加到 1020 万 t，增长了 1.19 倍，目前占食糖总量的 93%。主要原因在于：甘蔗的含糖量和生产能力远远高于甜菜，甘蔗种植面积和产量增加，而甜菜种植面积和产量在进入 21 世纪以来便逐渐减少。可以预见，在未来中国食糖将越来越多地来源于甘蔗，甜菜产业会逐渐萎缩。

2）与粮食作物比较，甘蔗的经济效益远高于粮食种植的经济效益。将 2004 年以来广西早籼稻、晚籼稻和甘蔗每亩净利润进行对比，除了 2004 年、2008 年和 2014 年甘蔗每亩净利润过低，从而低于稻谷或与稻谷持平外，其他年份均比稻谷种植有更高的收益。如果按每亩净利润的比值来看，2010 年甘蔗每亩净利润是早籼稻的 8.3 倍，2005 年、2006 年、2007 年及 2012 年甘蔗每亩净利润是早籼稻的 4 倍以上。2005 年甘蔗每亩净利润是晚籼稻的 8.1 倍，2010 年这一比值是 4.8 倍，2006 年、2007 年、2011 年和 2012 年这一比值分别是 3.7 倍、2.1 倍、3.3 倍和 4.0 倍。粮食虽然收益波动小，但收益较低；甘蔗尽管收益波动幅度高，但收益也高（专题表 7-6）。

专题表 7-6　广西早籼稻、晚籼稻和糖料蔗每亩净利润　　　（单位：元）

类别	2004 年	2005 年	2006 年	2007 年	2008 年	2009 年	2010 年	2011 年	2012 年	2013 年	2014 年
早籼稻	97.83	97.83	63.69	77.45	171.48	141.62	102.02	241.33	81.39	−49.94	−38.85
晚籼稻	94.52	50.88	82.12	170.77	174.8	—	175.28	194.05	94.7	7.51	98
糖料蔗	46.23	414.54	304.11	352.62	168.38	361.49	847.98	644.01	375.08	92.13	−278.58

数据来源：《全国农产品成本收益资料汇编》。

3）与其他经济作物的比较：从种植面积占比来看，2001 年以来，水果与糖料蔗种植面积占比都有所增加，2001 年糖料蔗占比为 7.84%，到 2011 年增加到 14.94%；2001 年水果占比为 11.55%，到 2011 年增加到 13.6%；而蔬菜种植面积一直较为稳定或略微降低。

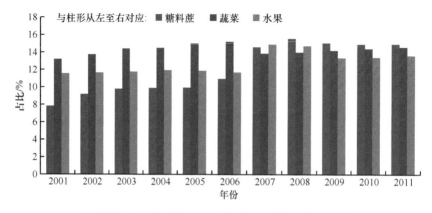

专题图 7-28　广西糖料蔗、蔬菜与水果种植面积占比

2. 基本判断

1）优势地位不可动摇。糖业是广西的支柱产业，广西是世界上第三大食糖主产区，在国内国际糖业市场占有很重要的地位。因国家食糖安全保障的需要，以及种植区域气候条件的限制，广西在满足全国食糖自给自足方面具有无可替代的作用，被农业部列为甘蔗优势区和国家重点"双高"糖料蔗基地。广西甘蔗产业不仅为当地农民温饱和农村经济带来了长远发展，也给地方政府创造了很大的财政收入，已经成为广西的支柱产业，发展前景乐观，优势地位不可动摇。

2）发展规模趋于稳定。因粮食安全战略的需要，粮食作物面积是政府严格控制的目标。广西糖料蔗种植面积在主要农作物中的占比将基本稳定在13%～15%，受区域经济发展、产业结构调整，以及土地和劳动力资源、种植收益及比较作物收益的影响，预计在一段时间内广西糖料作物种植面积在达到1600万亩左右后将难以再往上突破。

3）区域发展明显。广西糖料蔗种植高度集中在崇左、来宾、南宁、柳州、百色、河池六市，其中产蔗量前10位的县（区）分别为兴宾、扶绥、江州、宁明、龙州、上思、柳城、大新、武宣、柳江。

4）生产条件有待改善。广西是世界主要产糖地区种植条件最差的蔗糖产区，糖料蔗生产基本上"靠天吃饭"，70%的糖料蔗种植在坡地，80%的蔗地灌溉来源为降雨，水利基础设施极为薄弱，耕地状况和水利状况对广西糖料蔗生产造成极大制约。

5）病虫害危害加重。广西蔗区耕作方式粗放、种植品种单一且老化，同一地块连续种植数年甚至十数年的现象普遍，地力消耗极大，病虫危害连年加剧，更多依靠加大化肥农药投入维持生产，农资成本逐年上升。

6）生产成本增加。广西蔗农种植成本快速增加，尤其砍收雇工成本大幅攀升，糖料蔗雇工成本高居各作物之首。劳动力成本快速增长不可逆，劳动力成本低的资源优势不再存在，这将成为甘蔗产业发展的不稳定因素，推进生产机械化迫在眉睫。

7）利润波动较大。糖料蔗种植收益年际波动剧烈，丰年极好，歉年极差。比较效益下降，成本利润率从1991年的100.12%波动起伏，下降到2012年的31.59%，与种粮基本持平。

8）国家要加大扶持力度。广西糖料蔗受自然资源条件及传统经营方式等生产基础条件制约，生产成本高、效率低，决定了广西糖料基础竞争力与巴西等产糖大国存在着巨大差异，应对国际竞争难度大。加快土地整治、改善水利等基础条件需要的投资大，靠农民自主投入基本不可能，需要国家加大扶持力度。在现有关税政策下，我国的制糖产业安全将面临食糖出口大国巴西、泰国、澳大利亚等的低成本食糖倾销威胁。借鉴国际大多数国家对食糖高度保护的做法，要在未来保障糖料供应安全，国家应对保障糖料供应关键环节进行特殊的扶持，进一步增加对良种研发推广、先进种植技术推广、基础设施改善、机械化生产推进等的投入，出台补贴政策、加强宏观调控等十分迫切，意义重大。

3. 趋势预测

广西作为食糖的主要生产区，在全国乃至全世界具有重要地位，随着国内外对食糖需求的日益加大，广西蔗糖业发展将面临新的机遇和挑战。

1）食糖需求将进一步增长。我国食糖消费呈稳步增长的发展态势，1996年我国食糖消费量为780万t，到2012年增加到1260万t。在我国食糖消费总量中，工业用糖占60%，民用消费占40%。2001~2010年，我国食糖消费量平均增长速度达4.5%，远高于世界1.7%和东亚3.2%的水平。1994年我国人均食糖消费水平仅6.8kg，2012年约为10.03kg，这一水平为全球平均水平（24kg）的42%，也明显低于亚洲国家12.75kg的平均水平。即使在这种消费水平下，我国已成为仅次于印度、欧盟的世界第三大食糖消费国，且仍保持稳步增长态势。考虑到膳食文化、饮食习惯，随着经济的持续快速发展，人均可支配收入的提高和城镇化进程的加快，我国居民消费结构升级会带动食糖人均消费需求持续扩大。我国食糖消费水平将进一步保持增长态势，食糖生产仍有一定发展空间。

2）战略地位进一步提升。由于糖料蔗种植的区域性很强，世界乃至我国食糖生产区域及食糖贸易量有限且集中度高。2011年全球食糖贸易量为4537万t，不到世界总产量的1/4，其中约1/3受政府双边协议支配，其余2/3是自由贸易，仅占世界总产量的17%。主要出口国为巴西、泰国和澳大利亚，2011年巴西、泰国出口量占全球出口量的60%，我国食糖进口也主要来源于这两个国家，一旦这些国家发生生产波动或实施政策调控，我国将面临较大市场风险。从长远看，我国食糖需求仍将呈刚性增长，总体供需长期偏紧，稳住面积，提高单产，保持国内基本自给应作为根本战略。随着20世纪八九十年代"东蔗西移""东糖西移"，蔗糖业从福建、广东向广西、云南等西部地区转移，广西成为全国最大的糖料蔗主产区，受气候区域等条件的限制，我国已没有资源条件继续实行产业"西移"，必须设法稳定当前的糖料蔗种植格局。食糖作为全国重点大宗、国计民生的战略性农产品，国家必须予以高度重视和大力支持，使之立足于自给。要实现国家确立的自给率达80%的目标，在战略上更要把广西作为全国糖料蔗的核心产区，更要将糖料蔗产业作为农业工作的重中之重予以引导和保护，确保现有甘蔗种植面积不要大滑坡，产量稳步增加。

3）发展优势更为凸显。随着传统种蔗大省广东、福建劳动力和土地成本不断提高，甘蔗生产已通过"东蔗西移"完成向西南优势区域的集中。广西是我国乃至全球最适宜种蔗的地区之一，历史悠久，成绩辉煌，无论是种植面积还是产糖量均占全国60%以上，加工能力强，为广西糖料蔗产业发展提供了优势空间和强有力的保障。

4）国家政策支持进一步加大。自1988年国务院把广西作为全国重点糖业生产基地开发建设以来，中央和自治区多渠道、多措施支持广西发展糖业。中央和自治区逐步建立和完善食糖宏观调控体系，先后出台了食糖信贷（工业短期临时储备）、限制糖精替代、食糖进口关税配额、食糖出口退税、食糖国家储备和糖料管理政策，中央财政安排专项资金扶持优势区域糖料基地建设、支持糖料良种培育和糖业技术研发，实行糖料收购价与糖价联动机制，推行糖料"订单农业"等，为广西蔗糖业持续发展提供了良好的政策环境。自治区党委、政府历来高度重视广西糖业发展，紧紧抓住产业发展的重大机遇，全力推动糖业可持续健康发展，使之成为广西国民经济的重要组成部分和主要增长点。

三、糖料蔗产业可持续发展政策建议

（一）发展面临的主要问题

1. 食糖市场与国际市场联系紧密，受冲击明显

自 2003 年中国加入 WTO 以来，国际食糖市场扭曲导致的持续价格低迷，给广西食糖产业带来巨大的压力。2013 年以来，国际糖价一直在 16～20 美分/磅的位置波动，2013 年和 2014 年榨季更跌破 15 美分的历史低点，远低于国内糖价，对广西糖业造成了严重的负面连锁反应，导致全行业亏损。根据统计，制糖企业成本已高于目前的现货价格，如 2013 年和 2014 年榨季，广西制糖业平均白砂糖不含税销售成本为每吨 5004.04 元，含税成本为 5833.22 元，平均售价（含税）仅为每吨 5545.81 元，这意味着，制糖企业每销售一吨白糖就会亏损 287.41 元，压力很大。同时，蔗农的收益大幅下降，导致蔗农种植积极性降低。

2. 生产上诸多问题，制约蔗糖业的发展

1）生产机械化程度低，生产成本居高不下。广西糖料蔗生产综合机械化水平约为 41%，主要集中在耕种环节。糖料蔗砍收基本上还是靠人力，人工雇佣成本达到 120～150 元/t，占糖料蔗收购价格的约 1/3。随着劳动力成本快速上升，糖料蔗生产尤其是收获环节机械化程度低，生产成本高，生产效率低，已成为制约广西糖业发展的瓶颈问题。

2）集约化规模经营程度低，种植品种单一。受土地资源及传统农业生产经营方式的限制，广西主要蔗区生产还是依靠家庭分散经营为主，2012 年广西人均种植面积仅 1.9 亩，户均仅 9.2 亩，远低于世界食糖主要出口国。目前广西主栽糖料蔗品种为台糖系列，其中'新台糖 16 号''新台糖 22 号'等台糖系列品种占广西种植面积的近 85%，品种单一，自育优良品种少，品种更新换代慢。广西主栽'新台糖 22 号'品种已推广约 15 年，当前面临糖料蔗种性退化、单产及糖分下降等问题。

3）病虫害为害重，对甘蔗产量、品质及生态环境构成严重威胁。受气候、种植结构调整等因素影响，20 世纪 90 年代以来甘蔗病虫害发生呈上升趋势，尤其是甘蔗螟虫，对糖料蔗产量和产值都构成了重大的威胁，因螟虫危害平均造成糖料蔗减产 10%～20%，严重时超过 30%，2009 年甘蔗螟虫危害造成的直接经济损失 9680 万元；同时，螟害也使糖料蔗含糖量下降 0.2%～0.4%，造成糖分的损失。而一直以来大量使用化学农药防控螟害也带来了严重的生态危机。据调查，2010 年用于防治甘蔗螟虫的化学农药超过 2500t（折百分百含量），给生态环境带来了巨大的风险，环境污染越来越重，这对食品安全和农业生态安全造成的破坏和潜在的危害都是巨大的。

3. 有关政策、制度不完善

1）食糖一直未能作为关系国计民生的战略物资享受与粮、棉、油等主要农产品相类似的扶持政策。我国糖料蔗种植一直未享受同等于国家对粮、棉、油的财政补贴政策，种植和制糖成本高，糖料蔗生产缺乏竞争力，使得制糖产业更容易受到国际市场的冲击，直接影响了产业稳定发展。

2）食糖关税政策难以对国内糖业形成有效保护。食糖是世界上贸易保护程度最高的农产品之一，对食糖进行高度保护是国际惯例。多数国家都对食糖进口实施配额管理，配额外关税较高，我国是关税最低的国家之一。例如，美国、欧盟、日本配额外关税分别高达 185%、218%、346%。世界配额内平均关税达 97%。我国配额内关税 15%，配额外关税 50%，配额数量为 194.5 万 t，占所有 WTO 成员配额总量的 50%。主要出口国对食糖实施重点保护，都将我国作为主要出口地。

3）现有国家宏观调控政策难以维持市场稳定。从国际市场看，食糖是全球 15 个主要农产品中价格波动最大的品种，各国为了稳定国内市场，在高度保护的同时，制定了完善的调控措施，如美国的补贴政策、欧盟的生产配额政策、泰国的出口调控政策、印度的风险基金政策等。而我国食糖市场开放度高，调控手段有限，国际市场价格波动直接传导至国内市场，造成国内生产和价格频繁波动。同时，我国临时收储政策未向国内制糖企业倾斜，没有起到保护国内糖企的作用，收储与进口调控不同步，导致收储并未能起到提振国内产业政策的预期效果。

（二）发展建议

1. 打好生产基础

要实现广西糖业可持续发展，必须要解决品种结构单一、经营规模小、基础设施薄弱等问题。因此，在产业发展最前端，务必抓好产前和产中育种、供种、土地、设施、补贴这五大重点，打好生产发展基础。

1）抓育种，促创新。建立甘蔗育种创新平台，加快育种基地基础设施建设，完善资源共享机制，促进优异种质创新、新品种培育、规模化选育技术平台建设，培育、引进、推广适应我区生产条件、抗逆性强的高产糖新品种。

2）抓繁育，保供种。建立完善的甘蔗良种繁育推广体系（基地）。按照"统一规划、合理布局、分期建设"的原则，引导育种单位、繁种企业、制糖企业参与，整合力量，结合区域特点和实际需求，在广西建设一批一级、二级、三级良种繁育基地，完善我区甘蔗良种育繁推体系以及种苗质量标准和检验检测体系。

3）抓流转，重整治。实施蔗区土地综合整治。引导蔗区探索和创新土地流转模式，科学合理规划和利用土地，鼓励农民自发开展"小块并大块"耕地整治，推进土地规模化、标准化整治及集约化经营步伐。

4）抓设施，提效率。加快基础设施建设。以政府引导和社会参与为基础，全面完善糖料蔗基地的农田水利基础设施，积极引进、加快推广先进成熟的节水灌溉技术和成套设备，提高水资源利用效率和效益，从根本上解决蔗区工程性缺水、"靠天吃饭"的被动局面。

2. 加强扶持力度

1）国家支持蔗区水利和道路等基础设施建设。第一，国家设立蔗区高效节水灌溉项目建设专项资金，实施蔗地节水灌溉，亩均产量可提高 3t 以上，在种植面积不增加的情况下，提高产量。第二，加大中央公共财政对广西蔗区水利建设的投入。第三，将糖料蔗基地建设项目纳入中央财政小型农田水利高效节水灌溉试点县项目建设，增加中央财政型农田水利高效节水灌溉试点县项目蔗区水利建设资金。第四，加强蔗区道路交通建设，加大投入，将主要蔗区纳入国家和省级乡村公路及"村村通"公路的检、修、管、养范围。

2）争取国家提高制糖企业甘蔗收购增值税抵扣率。在制糖企业全面实行农产品增值税进项税额按17%扣除率核定扣除，以公平税负，并能减少虚开收购发票抵扣税款的行为，促进该产业良性发展。

3）设立广西糖业发展基金。借鉴世界主要产糖国的经验，争取在广西设立糖业发展基金，一方面用于调节糖价波动和自然灾害对糖料蔗种植的冲击，稳定糖料蔗种植面积和产业发展；另一方面作为储备糖的补充资金。

3. 加强贸易支持

通过上述对主要糖贸易方（美国、日本和欧盟）的政策的研究发现，这些国家或地区均面临国内食糖价格高于国际市场食糖价格的状况，但是都采取了严格的贸易控制政策，以维持国内食糖市场的供求平衡，并保护国内糖业的发展。

加入WTO后我国按照承诺增加进口配额并大幅削减关税，2004年进口配额从174万t增加到194.5万t，配额内关税从24%降为15%，配额外关税从70%降为50%。15%的进口关税远低于世贸组织135个成员国（地区）97%的平均关税水平，但由于国内食糖自给率在2010年前均达到90%以上，供需基本平衡，国内糖价又明显低于进口成本价，每年食糖进口量扣除政府间协议进口（古巴原糖进口），维持在100万t以下，配额使用率不足50%。2010年，由于进口食糖激增，配额使用率从2009年的32.2%大幅提高；2011年首次超配额进口，配额外进口为配额总量（194.5万t）的50%；2012年继续超配额进口，配额外进口为配额总量的92.6%，几乎增加了一倍。过量的食糖进口对国内糖业造成了严重的冲击，须引起足够重视并适当调控。因此，有必要对现有食糖贸易政策进行调整并实施临时贸易政策，减少国际市场对国内食糖市场的冲击，营造良好的食糖国境政策。

4. 加快产业链延伸

支持糖企蔗渣发电、朗姆酒、糖果休闲食品和生物化工等的发展。

1）蔗渣生物质发电工程。一是对广西制糖企业183台使用年限长、能耗高、工况差、蒸发量小于50t/h、蒸汽压力低于3.82MPa的老旧低效锅炉进行集中改造，升级为高效大型锅炉，全部淘汰3000kW以下的发电机组；二是大力推进蔗渣生物质发电项目建设，依托制糖企业在蔗渣资源富集区建设一批以蔗渣为主要原料、装机容量为3万～5万kW的生物质发电项目。

2）朗姆酒产业化工程。截至2013年12月31日，广西农垦糖业集团朗姆酒精品生产线、勾兑过滤生产线、朗姆酒灌装生产线、检验检测中心和陈酿仓库五大工程全部建成投产，填补了我国朗姆酒生产空白，"桂记甘"白朗姆酒正式上市，并亮相当年的中国-东盟博览会。

3）糖果休闲食品产业工程。2012年初，自治区成立广西糖果食品产业园推进工作领导小组及办公室，从自治区工信委、文化厅、糖业局等区直单位及南宁市、崇左市等主产区抽调人员集中办公。从产业布局、产业规划、产业统筹、产业政策、产业招商、中国糖城建设、产业园区创新、提高企业竞争力等方面入手，多措并举，统筹推进广西糖果休闲食品产业发展。当年 10 月，广西出台关于促进糖果休闲食品产业发展的若干政策规定，提出了促进糖果休闲食品产业发展的 22 条规定。

调研报告

四川粮食安全可持续发展调研报告

一、调研背景

四川位于我国大陆西南腹地，位于东经 97°21′～108°33′和北纬 26°03′～34°19′，地处长江上游，东西长 1075km，南北宽 921km，具有山地、丘陵、平原和高原 4 种地貌类型，东部为川东平行岭谷和川中丘陵，中部为成都平原，西部为川西高原，分别占全省面积的 74.2%、10.3%、8.2%、7.3%。

四川农业素有精耕细作的传统，形成了夏收作物、秋收作物、晚秋作物一年三季的耕作制度。主要种植的粮食作物有水稻、小麦、玉米、红薯、马铃薯、大豆等，水稻常年种植面积 3000 万亩左右，占粮食面积的 30%左右，产量占粮食总产量的 40%以上；小麦、玉米种植面积均在 2000 万亩左右，红薯、马铃薯种植面积均在 1000 万亩以上；大豆种植面积 400 万亩以上。

四川是粮食生产大省和消费大省，常年粮食消费及转化量 780 多亿斤。四川是长江上游重要的生态屏障，但川西高原和部分盆周山区生产条件较差，加之长期不合理的耕作与利用，造成大面积水土流失，土壤肥力严重下降，农业生产往往靠高施肥（主要是化肥）、高投入来维持，不仅效益低下，而且造成严重污染。因此，四川粮食产业的可持续发展不仅对保障区域和国家食物安全具有重要意义，还有利于保护长江上游生态环境。

二、粮食生产结构与模式现状分析

（一）主要粮油作物生产结构分析

分析的主要内容包括 2000 年以来不同粮油作物的生产、价格、加工、贸易及产值等反映粮油产业的有关统计数据（参考数据节点 2000 年、2005 年、2010 年、2011～2015 年）。

1. 传统种植业占四川农业（农林牧副渔）产值的比例

作为全国 13 个粮食主产省之一和西部唯一主产省，四川保持粮食生产稳定发展，对于保障国家粮食安全意义重大。2000 年以来，在四川大农业中，种植业生产总值每年均有逐步提升，在农业生产总值中所占比例大多保持在 50%以上；截至 2014 年，传统种植业生产总值已达 3078.6 亿元（调研表 1-1），可见四川传统种植业在整个农业生产中具有举足轻重的地位。

调研表 1-1　四川农林牧渔及农业服务业生产总值及比例　（产值单位：亿元）

年份	总产值	农业	比值	林业	比值	牧业	比值	渔业	比值	其他
2000	1483.52	785.37	0.53	49.13	0.03	611.76	0.41	37.26	0.03	—
2005	2457.46	1037.20	0.42	69.94	0.03	1230.18	0.50	78.49	0.03	41.64
2010	4081.81	2069.33	0.51	112.90	0.03	1705.16	0.42	129.83	0.03	64.60
2011	4932.73	2454.26	0.50	130.10	0.03	2127.20	0.43	147.16	0.03	74.01
2012	5433.12	2764.90	0.51	151.50	0.03	2269.86	0.42	163.77	0.03	83.09
2013	5620.26	2903.48	0.52	179.43	0.03	2267.56	0.40	177.49	0.03	92.30
2014	5888.10	3078.61	0.52	196.00	0.03	2318.84	0.39	192.35	0.03	102.30

数据来源：《中国统计年鉴》。

2. 2000 年以来四川耕地面积变化和种植业结构

近年来，受其他行业（工业用地、房地产行业等）的影响，四川实际耕地面积有所下降。截至 2014 年，四川实际耕地面积为 399.3 万 hm^2，较 2000 年下降了 35.4 万 hm^2，但农作物播种面积却增加了 6 万 hm^2。从种植业结构上看，2014 年农作物播种面积较 2000 年增加了 5.95 万 hm^2，但传统粮食作物播面积减少了 38.66 万 hm^2。可见，农业种植结构正在发生着变化（调研表 1-2）。

调研表 1-2　2000 年以来四川耕地及粮食作物播种面积　（单位：万 hm^2）

年份	机耕面积	有效灌溉面积	农作物播种面积	粮食播种面积
2000	93.70	246.90	960.91	685.40
2005	107.50	249.50	941.69	650.16
2010	219.02	255.31	947.30	640.13
2011	275.50	260.10	956.00	643.70
2012	330.28	256.62	964.32	646.54
2013	409.47	261.65	968.22	646.99
2014	459.79	266.63	966.86	646.74

适合四川种植的粮油作物包括水稻、玉米、小麦、油菜、薯类、大豆和高粱等。2003 年，四川确立了以水稻、油菜和饲用玉米等主要粮食作物为优势作物的区域性布局。经过多年的布局与发展，截至 2014 年，小麦和水稻种植面积降低幅度较大，分别较 2000 年下降了 43.4 万 hm^2 和 13.2 万 hm^2，产量分别下降了 191.1 万 t 和 166 万 t；玉米和油料作物播种面积增加明显，分别为 14.6 万 hm^2 和 25.9 万 hm^2，产量增加分别为 135.3 万 t 和 107.8 万 t；薯类种植面积和产量保持在相对稳定的水平，而豆类种植面积略有增加，但其总产量还有所下降（调研表 1-3）。

调研表 1-3　2000 年以来四川主要粮油作物播种面积及产量　（单位：万 hm^2，万 t）

年份	水稻		小麦		玉米		豆类		薯类		油料	
	面积	产量	面积	产量	面积	产量	面积	产量	面积	产量	面积	产量
2000	212.4	1692.5	160.5	614.3	123.5	616.6	44.5	98.0	120.7	473.8	102.6	193.0
2005	199.5	1526.9	136.0	543.1	118.5	641.8	52.0	122.9	125.2	516.8	109.4	232.3

续表

年份	水稻		小麦		玉米		豆类		薯类		油料	
	面积	产量	面积	产量	面积	产量	面积	产量	面积	产量	面积	产量
2010	198.5	1512.4	120.4	413.3	134.9	666.5	45.3	100.0	123.1	470.8	121.9	268.5
2011	198.7	1527.4	120.1	421.9	135.7	698.5	46.5	100.9	124.6	473.6	123.3	278.4
2012	197.7	1536.1	119.0	421.0	136.5	698.4	49.9	109.0	124.1	483.7	124.8	286.6
2013	199.1	1549.5	121.6	421.3	137.8	762.4	47.1	92.1	124.0	479.7	126.5	290.4
2014	199.2	1526.5	117.1	423.2	138.1	751.9	48.4	96.2	126.3	494.5	128.5	300.8

3. 2000 年以来四川主要粮食作物单产及产量变化

从农作物单产情况来看,2000～2010 年,四川粮食产量一直高于全国平均水平,2011 年后开始走低(调研表 1-4)。其中,优势作物水稻、豆类单位面积产量均高于国家平均水平。而玉米和油料作物低于国家平均水平。高粱单产变幅并不十分明显,略低于国家平均水平。虽然在 2003 年四川将油料(菜籽油)、水稻和饲用玉米作为本省产业发展的优势粮食作物,但成效并不十分明显,如四川优势作物饲用玉米的产量、机械化和栽培水平仍低于全国平均水平,还有进一步调整和优化的空间。

调研表 1-4　2000 年以来我国及四川主要粮食作物单产变化 （单位：kg/ hm²）

分析项目	2000 年		2005 年		2010 年		2011 年		2012 年		2013 年		2014 年	
	全国	四川	全国	四川	全国	四川	全国	四川	全国	四川	全国	四川	全国	四川
粮食(总)	4261.15	4919.43	4641.63	4891.35	4973.58	5034.21	5165.89	5110.78	5301.76	5125.07	5376.6	—	5385.1	—
水稻	6271.59	7695.31	6260.18	7212.97	6552.96	7543.53	6687.32	7605.46	6776.89	7688.96	6717.3	7783.7	6813.2	7663.9
小麦	3738.22	3315.37	4275.30	3385.80	4748.44	3379.16	4837.21	3462.24	4986.23	3541.04	5055.6	3464.5	5243.5	3614.9
玉米	4597.47	4430.74	5287.34	4853.59	5453.68	4935.81	5747.51	5147.09	5869.69	5114.87	6015.9	5532.7	5808.9	5443.8
高粱	2904.01	3800.42	4469.53	4511.85	4484.89	4202.59	4100.05	3503.94	4100.95	4350.00	4965.4		4659.2	
大麦	—	—	4145.17	4020.55	3402.34	4158.42	3199.76	4144.74	3318.63	3235.29	3650.3		3865.1	
豆类	1587.67	2083.33	1672.42	2245.45	1681.96	2260.29	1791.71	2180.91	1782.32	1961.44	1729.5	1954.2	1770.9	1986.8
薯类	3496.93	3709.23	3649.91	4149.28	3559.09	3945.17	3675.19	3643.49	3705.63	3933.84	3714.4	3867.6	3731.9	3915.9
油料	1918.68	1880.85	2149.18	2124.48	2325.57	2203.03	2386.67	2258.69	2467.21	2302.57	2508.1	2295.1	2497.7	2340.3

4. 四川粮油价格变化和生产资料价格变化情况

粮食价格直接影响农民收入和种粮积极性,是力保四川粮食安全诸多因素中不得不考虑的问题。四川粮食价格受国家政策指导,因此受国内粮食价格和国际粮食价格的影响波动较大。2000～2011 年,我国三种主要粮食作物(水稻、小麦和玉米)平均收购价格均在持续攀升。2008 年以来连续五年提高水稻、小麦最低收购价格,五年累计每斤分别提高 0.56 元、0.32 元,提高幅度分别为 77.4%、45.7%,引导市场粮价稳步上升。2011 年三种粮食平均收购价格比 2002 年上升 133%。近年来,随着粮食产量的增加,外国进口粮食价格持续走低,直接影响了我国粮食价格,对农民粮食种植造成了一定的影响。2010 年后,水稻、小麦价格维持在较高的价位,而玉米、油菜籽价格波动明显,2015 年受国际粮食价格的影响,出现了大幅下跌的情况(调研表 1-5)。

在生产成本方面，2000 年以来，传统农作生产价格变幅频繁，尤其在 2000～2012 年，生产价格指数变幅较大，呈增加态势。2012 年后，主要粮食生产价格均有一定程度的降低（调研表 1-6）。

调研表 1-5　2010 年以来四川主要粮食价格变化　　（单位：元/t）

年份	水稻	小麦	玉米	油菜籽
2000	—	—	—	—
2005	—	—	—	—
2010	2360	2060	2200	4800
2011	2460	2130	2080	4720
2012	2760	2220	2620	5240
2013	2620	2440	2410	5333
2014	2400	2450	2550	5600
2015	2720	2580	2050	4600

调研表 1-6　2000 年以来四川主要粮食生产价格指数（上年=100）

年份	种子	农药	农用机械	谷物	小麦	水稻	玉米	豆类	油料	花生	油菜籽
2000	—	93.3	92.3	—	—	—	—	—	—	—	—
2005	112.7	101.1	103.2	102.0	99.8	103.8	98.7	105.0	99.5	100.4	99.0
2010	112.3	101.0	100.1	110.8	109.6	110.4	114.2	114.0	112.0	116.5	109.4
2011	112.6	101.6	100.5	111.1	106.1	113.7	108.0	107.0	112.5	114.9	111.2
2012	103.4	102.1	100.5	108.9	106.7	109.1	110.0	106.3	106.8	105.4	107.5
2013	102.0	102.4	100.2	100.6	104.6	99.2	102.1	104.9	104.7	102.9	105.5
2014	101.7	101.6	100.1	99.1	102.6	97.5	99.1	100.0	99.3	95.2	101.1

在传统种植业生产资料投入方面，2000 年以来，除少数生产资料外，其余生产资料成本在逐年增加。其中，化学肥料价格指数在近年来有所降低，农业机械、化学农药等生产资料价格指数增加的幅度较为平缓，而农业生产服务价格指数增加明显（表 1-7），表明四川种植业正由传统的家庭式、粗放式经营逐步向规模化、机械化的集约经营模式转变。

调研表 1-7　2000 年以来四川主要种植业生产资料价格指数（上年=100）

分析项目	2014 年	2013 年	2012 年	2011 年	2010 年	2005 年	2000 年
农业生产资料价格指数	99.1	101.4	105.6	111.3	102.9	108.3	99.1
农用手工工具生产资料价格指数	103.1	103.0	104.4	105.3	102.5	105.1	99.3
半机械化农具生产资料价格指数	100.5	100.7	102.1	103.6	100.7	102.3	98.2
机械化农具生产资料价格指数	100.6	100.5	102.1	104.6	101.4	102.3	96.5
化学肥料生产资料价格指数	94.2	97.7	106.6	113.3	98.8	112.8	92.9
农药及农药器械生产资料价格指数	101.2	101.6	102.4	102.6	100.4	104.1	95.3
化学农药生产资料价格指数	101.3	101.7	102.2	102.5	100.2	104.5	95.1
农药器械生产资料价格指数	100.7	101.5	103.7	103.2	102.4	101.7	96.8
农用机油生产资料价格指数	98.2	100.5	104.2	110.8	110.3	111.1	123.9
其他农业生产资料价格指数	102.1	103.9	105.9	108.1	107.2	109.4	98.6
农用种子生产资料价格指数	102.5	105.0	108.2	110.4	109.0	110.7	—
农业生产服务价格指数	104.0	106.5	108.3	108.3	104.3	—	—

（二）粮食生产模式现状分析

粮食生产模式主要内容包括生产方式（家庭、适度规模经营、专合组织、龙头企业）、机械化应用、化肥农药投入品使用、生产效益等。

1. 近年来四川农业生产方式变化及趋势

四川是我国实行家庭联产承包责任制较早的地区之一，传统农业是以家庭为单位的小规模自主经营型，为四川农村经济的发展和农民致富增收发挥了重要的作用。但因成本高、效率低等因素，传统的农业生产方式已不能适应当前农业经济的发展对现有生产方式的需求。自 2004 年国务院下发《国务院关于深化改革严格土地管理的决定》以来，四川土地流转的进程逐年提高。截至 2015 年年底，全省流转耕地 1619 万亩，占全省耕地总面积的 27.7%。其中单次流转面积 30 亩以上的占流转总面积的 64% 左右。近年来，农村种养大户和农民合作社规模流转土地的趋势越来越显著，全省 30 亩以上的规模流转中，流向种养大户的占 30% 左右，农民合作社占 25% 左右，家庭农场占 10% 左右。其中，种植粮食作物占 30% 左右，种植经济作物占 50% 左右。规模流转主要集中在 30～199 亩，占规模流转面积的 45% 左右。全省 30 亩以上规模流转中，签订书面流转合同的占 85% 左右，其中使用省级示范合同的占签订合同面积的 60% 左右。近年来，涌现快速增长的多种经营模式，如"合作社+农户+基地"模式、"合作联社+种植大户"模式、"龙头企业+合作社+农户+基地"模式、"大园区+小农场"模式和"农业共营制"模式等。

2. 近年来四川农业生产成本投入及效应情况

随着土地流转的进一步加大，机械化使用率在四川粮食作物种植中的比例将越来越大。截至 2014 年，四川机耕面积为 459.79 万 hm^2，较 2000 年（93.70 万 hm^2）增加了近 4 倍。在农用机械应用方面，除农用小型拖拉机数量有所减少外，其余农用机械拥有量均有不同程度的增加，其中联合收割机、农用大中型拖拉机和配套农具分别较 2000 年增加了 702%、325.4% 和 573.4%（调研表 1-8）。

调研表 1-8　2000 年以来四川主要农机具拥有量变化

年份	农用运输车/辆	农用大中型拖拉机/台	农用小型拖拉机/万台	农用排灌动力机械/万台	大中型拖拉机配套农具/万部	联合收割机/台	机动脱粒机/万台
2000	87 401	29 645	13.29	35.35	0.79	3 258	38.25
2005	97 859	12 728	12.48	46.04	1.26	5 830	69.87
2010	105 112	91 112	12.03	57.14	3.19	11 996	107.62
2011	117 801	107 484	12.47	64.29	3.90	14 086	115.85
2012	125 754	115 036	12.55	84.59	4.43	18 499	126.65
2013	127 666	121 753	11.91	89.55	5.04	22 498	135.25
2014	125 763	126 104	11.36	98.15	5.32	26 115	160.56

在化肥农药使用量方面，自 2000 年以来，四川化肥农药使用率经历两个阶段，第一个阶段是 2000～2012 年，四川总的化肥使用量逐年增加，其中复合肥和钾肥的增幅

较为明显；2012 年以后，化肥施用量逐年降低，其中除复合肥保持小幅增加外，氮肥、磷肥的使用量均有所降低，钾肥的使用量保持相对稳定，农药使用量变化情况与肥料投入变化趋势基本一致（调研表 1-9，调研图 1-1），表明四川省土地流转进程对化肥、农药的使用上产生了一定的影响。

调研表 1-9　2000 年以来四川省主要化肥农药使用情况　（单位：万 t）

分析项目	2000 年	2005 年	2010 年	2011 年	2012 年	2013 年	2014 年
化肥总量	212.59	220.92	248	251.23	253.03	251.14	250.19
氮肥	123.04	121.78	129.63	128.78	127.97	126.09	125.71
磷肥	42.05	45.13	49.25	50.64	50.76	50.27	49.88
钾肥	10.03	12.95	16.44	17.26	17.53	17.73	17.72
复合肥	37.47	40.62	51.13	53.16	55.11	55.00	56.88
农药	6.07	5.63	6.22	6.19	6.03	6.00	5.94

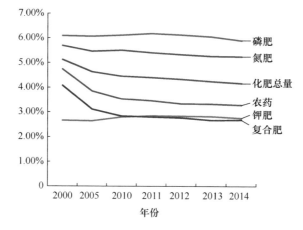

调研图 1-1　2000 年以来四川化肥农药使用占全国比例变化情况

（三）基本判断与趋势预测

2000 年以来，四川农作物总面积有所增加，但占全国农作物种植面积的比例在逐渐降低，表明四川农作物种植面积的增速低于全国平均水平，这可能与四川所处的地理位置和区位优势有关。统计数据表明，四川粮食作物种植面积与农作物种植面积占比趋势较为一致，均存在下降的趋势，主要原因是部分优势作物，如水稻和玉米的比例下降明显。其中，水稻种子面积和产量由 2000 年的 212.4 万 hm^2 和 1692.5 万 t 分别下降至 2014 年的 199.2 万 hm^2 和 1526.5 万 t，占全国种子面积和产量的比例分别降低了 0.52% 和 1.31%。对于玉米，虽然 2014 年的播种面积较 2000 年增加了 14.6 万 hm^2，产量增加了 135.3 万 t，但在全国玉米生产中所占的份额均在逐渐降低，面积比例由 2000 年的 5.36% 下降至 2014 年的 4.40%，产量比例由 5.2% 下降至 2014 年的 3.5%。油菜 2000～2011 年种植面积和产量比例增幅较大，但近年来增幅有明显的放缓趋势。值得关注的是，作为四川非优势作物的高粱、豆类（大豆）、薯类（马铃薯）和花生等作物无论是种植面积还是占全国的比例均有明显的提升，由此表明四川传统农作物种植结构正在发生着变化（调研表 1-10）。

调研表 1-10　2000 年以来四川粮食作物面积占全国总播种面积变化情况 （%）

项目	2000 年	2005 年	2010 年	2015 年	2016 年	2017 年	2018 年	2019 年
农作物总面积	6.15	6.10	5.78	5.67	5.69	5.76	5.80	5.84
粮食作物	6.32	6.30	5.55	5.28	5.28	5.33	5.35	5.41
谷物	6.10	5.84	5.05	4.42	4.42	4.47	4.49	4.56
水稻	7.09	7.24	6.54	6.10	6.10	6.10	6.21	6.30
小麦	6.02	5.54	4.30	3.04	2.77	2.67	2.62	2.58
玉米	5.36	4.54	4.35	4.04	4.22	4.40	4.41	4.47
高粱	4.82	6.89	6.00	7.05	6.44	6.52	5.82	—
其他谷物	5.65	7.85	6.26	5.32	4.70	4.70	4.65	
豆类	3.51	4.54	3.89	5.53	5.34	5.16	5.15	5.05
大豆	1.82	2.22	3.00	4.82	4.61	4.48	4.48	—
薯类	11.46	12.63	13.51	17.25	17.36	17.65	17.56	17.65
马铃薯	6.43	7.53	10.78	14.04	14.09	14.08	14.23	—
油料	6.66	7.64	9.76	10.74	10.92	11.18	11.58	11.57
花生	4.93	5.66	5.96	5.88	5.85	5.67	5.70	5.71
油菜	10.36	11.23	14.48	16.50	17.62	18.13	18.60	18.57

农作物种植结构的变化是农业生产结构调整和生产方式转变的必然结果。在国家层面的政策方针指导下，我国有序推进土地规模流转，着力培育新型农业经营主体，健全促进适度规模经营的扶持政策。通过分析四川传统农作物结构及竞争优势，今后四川农作物发展的趋势是稳定稻谷生产，适当调减玉米种植面积，进一步发展油菜、豆类和薯类作物。

三、粮食安全典型县调研剖析

（一）粮油生产现状分析

1. 粮油生产面积基本稳定，单产和生产总量稳中有升，种植业结构发生了一定变化

从结果来看，本次调研所涉及的 8 个县市自"十二五"以来，粮油生产面积基本稳定，单产和生产总量稳中有升。以仁寿和三台两个粮食生产大县为例。2014 年，仁寿县粮食作物播种总面积 241.41 万亩，比 2010 年增加 2.06 万亩，增幅 0.86%，总产 79.37 万 t，增加 4.01 万 t，增幅 5.3%。2015 年，三台县粮食播种面积达到 194.66 万亩，比上年增加 0.83 万亩，增长 0.43%，单产 377.0kg/亩，比上年增加 7kg/亩，增长 1.89%，在遭受较大范围夏旱、伏旱影响的情况下仍然实现粮食总产 73.33 万 t，比上年增加 1.62 万 t，增长 2.26%。

本次调研所涉及的 8 个县市主要种植的粮油作物有玉米、水稻、小麦、马铃薯、红薯、油菜等。自"十二五"以来，由于政策、市场等因素的影响，粮油生产的结构发生了一些变化，但总的趋势是水稻种植面积基本稳定，玉米和马铃薯种植面积有所增加，小麦生产面积萎缩严重。以筠连县为例，"十二五"期间，玉米种植面积从 2011 年的 17.54 万亩增加至 2015 年的 20.28 万亩，马铃薯的种植面积由 2011 年的 10.59 万亩增加至 2016 年的 14.53 万亩;小麦种植面积从 2011 年的 9.7 万亩下降到 2015 年的 3.98 万亩;红薯种植面积从 2011 年的 5.34 万亩下降到 2015 年的 2.65 万亩;而水稻等作物种植面积变化并不十分明显。

2. 粮油生产规模化经营主体发展迅速,但区域间发展差异较大

从结果来看,本次调研所涉及的 8 个县市规模化经营主体发展较好的有三台县、船山区和泸县。目前,三台县的各类新型农业经营主体达 1884 家,30 亩以上土地规模流转面积 8.7 万亩;泸县土地流转面积持续增加,由 2011 年的 9.6 万亩增加到 2015 年的 21.2 万亩。同时种植大户平均流转规模进一步扩大,由 2011 年的 115 亩增加到 2015 年的 186 亩。值得注意的是,泸县农作物生产过程中机械化率近五年内整体水平有所提升,主要集中在田管和收获等环节,机械化率分别占全县耕地的 70% 和 40% 左右;筠连县近 5 年土地流转虽呈上升趋势,但流转土地面积占总耕地面积不到 10%,2015 年平均土地流转规模为 124 亩/大户,与全省其他地区相比流转程度仍然偏低;德昌县土地流转起步时间较晚,流转程度也较低,2014 年和 2015 年土地流转面积均未超过 2 万亩。

（二）主要做法与经验

1. 高度重视粮油生产

从结果来看,所调研市县均高度重视粮油生产。例如,三台县始终坚持把粮食生产放在农业工作首位,紧紧围绕"稳定面积、主攻单产、提质增效"总体目标,严守"两条红线",多方整合项目资源,从加大资金投入力度、深化高产创建、加快发展粮食适度规模经营等多方面着力,全面提高全县粮食生产综合能力。出台了《三台县粮食生产能力提升工程建设规划（2014—2020）》,提出了以"一线、两翼（东翼、西翼）、一库区"为粮食生产中心,规划了水利网系建设、高标准农田建设、种子生产基地提升等工程,制定了到 2020 年全县粮食生产能力达年产量 18.13 亿斤的目标。

船山区在农业发展过程中,坚持"稳粮增收、提质增效、创新驱动"的总体要求,坚持依托城市、服务城市的基本发展方向。在船山区"十三五"农业发展规划中,提出了在稳定粮油生产的基础上,着力培育优质粮油生产优势产业,以涪江、郪江两岸乡镇为主,重点建设全省川中丘陵优质水稻生产基地,建设国标三级优质稻米基地、盆中中筋小麦基地、优质绿色玉米生产基地、双低油菜基地、菜用型马铃薯基地。到 2020 年,三级优质稻米种植面积达到 8 万亩,中筋小麦种植面积达到 8 万亩,绿色玉米种植面积达到 12 万亩,双低油菜种植面积达到 8 万亩,菜用型马铃薯种植面积达到 7 万亩。

邛崃市近年来围绕"做优农业"的总体部署,按照"提升农业质量效益,夯实农业农村发展基础"要求,初步形成 3 条特色连片农业产业示范带,成功创建为国家农业产业示范基地、四川省现代农业重点县。

2. 大力扶持新型农业经营主体,推进粮食生产适度规模化

规模化是种植业实现集约化经营、标准化生产和产业化开发的基础,推进适度规模经营已成为发展现代种植业的理性选择。本次调研县市均采取了相应措施,扶持新型农业经营主体,推进粮食生产适度规模化。近年来,三台县和船山区积极采取有力措施,助推新型农业经营主体稳定健康发展。一是畅通土地流转渠道。建立了县有指导服务平台、镇乡有服务中心、村有信息服务站的土地流转服务体系，搭建交易平台，畅通流转渠道，从信息收集，政策咨询，合同指导、签订、备案登记和履约监督等重点环节入手，强化流转服务和管理，引导土地向新型农业经营主体流转。二是加大培训力度。整合农民培训等项目资金，重点对粮油、蔬菜、养殖、水产和农机植保服务五类经营主体，培训新型农业经营主体业主、经营管理和专业技术人员，引导各类经营主体实施法人化运作、标准化生产、实体化经营和规范化管理，以质量缔造品牌，品牌提升效益。三是加大新型高素质农民培育力度。引导和鼓励村社干部、返乡农民工、大学毕业生、专业大户、家庭农场、专业合作社、产业化龙头企业和社会化服务组织提升专业素质和致富能力。四是加大扶持力度。争取和落实中央、省、市、县财政扶持资金、信贷资金，支持专业大户、家庭农场、农民专业合作社、产业化龙头企业建基地、兴产业、创品牌，提升自身发展能力和市场竞争能力。五是强化服务指导。建立了"农民主体、市场主导、政府扶持、部门指导"工作机制，实行"县、镇乡、村、业主"四级联动，引导主体立足市场需求，发展优势特色产业，以质量求生存，向管理要效益，以品牌占领市场，实现其持续稳定健康发展。

目前，三台县的专业大户、家庭农场、农民专业合作社、农业产业化龙头企业、社会化服务组织分别达到了 1126 户、157 户、420 家、79 家和 102 个，各类新型农业经营主体达 1884 家，30 亩以上土地规模流转面积 8.7 万亩，拥有注册商标 72 个，通过无公害农产品认证 39 个，有机食品 3 个，绿色食品 8 个，省名牌产品及省著名商标 9 个，中国名牌产品 1 个，国家级示范合作社 4 家、省级示范主体 20 家、市级示范主体 73 家、县级示范主体 37 家。成员达 10.9 万户，带动农户 15.2 万户，预计产值 36.4 亿元，新型经营主体人均纯收入高于一般农户 30% 以上。船山区目前已拥有市级以上农业产业化龙头企业 37 户、工商注册家庭农场 34 家、农民专业合作社 175 家、专业大户 1039 户。

（三）存在的主要问题

1. 新型农业经营主体发展过程中存在的问题

新型农业经营主体是农业生产组织发展的方向，是今后粮食生产的主力军，新型农业经营主体能否持续健康发展将直接影响到粮食安全。本次调研中，调研对象反映最多的是新型农业经营主体发展过程中存在的主要问题，现归纳终结如下。

（1）土地流转问题

新型农业经营主体的规模化、集约化和机械化经营，需以成片上规模的土地供应为前提，目前土地流转过程中存在成片流转难、规模流转难、流转面积确定难等问题，同时由于农场建设用地控制严格，新型农业经营主体的办公用地、产品加工和仓储用地、农机具存放用地等较难获得。此外，在调研中还发现，一方面新型农业经营主体存在流转土地难的问题，同时又存在土地大量撂荒的情况。

（2）融资难问题

投入不足是制约农业可持续发展的主要瓶颈。新型农业经营主体经营规模较大，需大量资金投入周转，但目前缺乏有效的抵押和保障，融资难问题日益突出。目前经营主体的资金以自筹方式为主，政府适当给予资金扶持、税收减免等优惠，给新型农业经主体带来了实惠，但由于农业经营主体数量逐年增加，"僧多粥少"问题十分突出。

（3）产品安全监管难问题

三台和船山两区县农产品以初级农产品为主，多为一家一户分散生产方式，多数生产者农产品质量安全观念尚未形成，农业标准化生产执行不到位，在保产保效益的利益驱动下，质量安全难以保障；经营方式落后，质量意识薄弱，质量安全问题时有发生；个别经营者和生产者无视有关规定，违规使用国家明令禁止的高毒高残留农药，造成质量问题。

2. 其他问题

（1）粮油种植效益低下，农民种植积极性有所降低

受粮食价格和劳动力外出等因素的影响，筠连县传统粮食种植业处于一种非常被动的地位，同样也受其他行业（经济林、畜牧业、果蔬种植和养殖等）的影响较为明显。传统农作物生产主要集中在一些交通便利、水肥资源便捷的地区。在经济、交通稍微落后的乡镇，自给自足的经济形态依然存在，农民素质和种粮意识亟待进一步提高。尽管2004年以来国家不断加大粮食直补、良种补贴等惠农政策力度，农民种粮收入有所增长，但农业生产资料价格的快速上涨，致使农业生产成本随之上升，很大程度上降低了惠农政策对农民的补贴效果。

（2）农业生态环境脆弱、基础设施落后

该问题较为突出的是筠连县。筠连县煤炭资源十分丰富，经过以往几十年的开发，在很多地区形成了局部的采空区，加之大部分山区为喀斯特地貌，地下水资源十分有限，部分地区农田灌溉缺水严重，绝大部分地区无灌溉设施，靠天吃饭的现象依然十分普遍。此外，路网、水网是制约筠连县农业发展的另一重要因素。在调研过程中发现，一些种粮大户所在的乡镇，交通仍然不便，农业生产全靠人工，机械化程度严重不足。

（3）农技推广力度不足，政策扶持力度偏低

经济效益是决定农民和种植大户选择经营方式的关键，在目前农产品价格走低的大环境下，由传统的粮食种植业转变为经济效益更好的经济作物是经营主体作出的必然选择。传统的农技推广工作还不能适应种植业调整的需要，主要表现为新品种、配套栽培管理措施的缺乏。另外，政策扶持力度不足，筠连县种粮大户中，获得国家政策补贴的同样很少。

四、粮食安全（粮油产业）可持续发展政策建议

（一）制定粮油可持续发展规划

结合四川实际，在国际化绿色化背景下，将粮食安全与食物安全通盘考虑，制定粮油可持续发展的中长期规划。对农业产业布局、农业生产能力建设、生态循环高效农业发展、耕地资源保护、农田永续利用、耕地质量提升、环境污染治理、农业生态修复、节约高效用水等保障粮油生产可持续发展的重要环节，应该制定具体的中长期目标和相应的实施办法。

（二）健全扶持粮油产业可持续发展的政策体系

落实好国家测土配方施肥、耕地质量保护与提升、农作物病虫害专业化统防统治和绿色防控、农机具购置补贴、农产品产地初加工补助等政策。积极探索政府和社会资本合作（PPP）模式在推进农业面源污染防治、畜禽粪污综合利用领域的应用和推广。建立健全农业资源生态修复保护政策。支持各地因地制宜优化粮饲种植结构，开展青贮玉米和苜蓿种植、粮豆粮草轮作；大力推广秸秆还田、深耕深松、生物炭改良土壤、施用有机肥、种植绿肥等耕地保护修复技术；支持推广使用高标准农膜，开展农膜和农药包装废弃物回收再利用。完善优质安全农产品认证和农产品质量安全检验制度，推进农产品质量安全信息追溯平台建设。

（三）推进农业适度规模经营

扎实开展土地承包经营权确权登记和颁证，强化土地承包经营权物权保护，夯实农村土地流转和农业适度规模经营基础。坚持农民家庭经营的基础地位，以放活土地经营权、发展多种形式的适度规模经营为重点，以保障粮食安全、促进农业增效和农民增收为目标，推动资本、技术、人才、管理等生产要素向农业集聚，大力培育新型农业经营主体，推进农业发展方式转变，让农民成为土地流转和规模经营的主体和受益者。允许农民以土地经营权入股发展农业产业化经营。坚持"稳制、分权、搞活""依法、自愿、有偿""三个不得"，以及适度规模经营的原则引导农村土地经营权规范有序流转。鼓励创新土地流转形式，严格规范土地流转行为，加强土地流转管理和服务，建立以县级为中枢、乡级为平台、村级为网点的土地流转服务平台和土地流转监测体系，健全土地流转管理制度，加强对工商企业租赁农户承包地的监管和风险防范。加大土地流转扶持力度，落实土地流转用地、用电和用水政策；加大土地流转财政扶持，加大农业金融支持，加大对粮食规模经营主体的扶持。

四川畜禽水产品（养殖业）可持续发展调研报告

一、调研背景

畜禽水产品在人民生活中具有重要作用，保障其数量充足和质量安全事关人民生活质量、社会稳定乃至国家安全。2018年，我国城乡居民人均肉类占有量为61.8kg。2019年受非洲猪瘟的影响，我国城乡居民人均肉类占有量有所降低，为55.4kg，但仍超过世界平均水平；人均禽蛋占有量为23.6kg，超过发达国家水平；人均牛奶占有量为22.9kg，不足世界平均水平的1/3；人均养殖水产品占有量为46.3kg。但是，在畜牧业发展成绩有目共睹的同时，我们必须清醒地认识到担保供给的压力也很大。一方面工业化、城镇化加快推进，人口数量持续增长，畜禽水产品消费需求刚性增长，每年新增肉类消费需求80万～100万t。另一方面，中美贸易争端和新冠肺炎疫情暴发使得饲料原料资源约束趋紧，支撑我国畜牧业高速增长的难度越来越大。从畜牧业生产实际看，近年来生产增长速度趋缓，20世纪80年代肉类产量年均递增9%，20世纪90年代为7.7%，21世纪的前10年只有2.8%，目前规划要求的发展速度为1%～2%。因此，如何保障我国畜禽水产品供给的安全非常重要。

四川是全国五大牧区之一，有畜禽地方品种49个，其畜牧产业在全国长期占有重要地位。四川盆地以饲养猪、牛、小家畜家禽为主，高原高山地区以饲养牦牛、绵羊为主。据统计，2019年四川畜牧业产值达33 064.3亿元；肉类（猪、牛、羊、禽）总产量536.7万t；猪肉产量353.4万t，占肉类总产量的比例为65.8%；生猪出栏4852.6万头，生猪存栏、出栏和猪肉外销量均居全国第1位。全省出售和自宰的肉用牛、羊、禽肉产量分别为36.4万t、27.1万t、119.7万t，禽蛋产量161.7万t，牛奶产量66.7万t。

与此同时，四川省水面可养殖面积358.3万亩，已养殖面积317.2万亩。有湖泊、水库等宜渔水面137万亩；宜渔稻田近1000万亩。集约化养鱼技术在全国内陆省份属领先水平，稻田养鱼、水库养鱼单产居全国第一。据统计，2019年全省水产品产量达157.7万t，全省渔业经济总产值达到263.5亿元，全省渔民人均纯收入超过10 041.3元。

四川是我国畜牧水产养殖大省，其产业的发展直接影响着全国畜牧产业的发展。四川养殖业的可持续发展对保障区域和国家大食物安全具有重要意义。在实地调研、查阅资料、座谈交流等基础上，本报告就四川畜牧水产业发展现状、存在的问题、可能的解决思路与措施等总结如下。

二、养殖业生产规模、结构、模式与效益现状分析

（一）养殖业生产规模和结构现状分析

1. 养殖生产总量稳步增长，养殖业已成为农业的重要支柱产业

四川是畜牧水产品生产和消费大省，其产量在确保自给平衡的基础上还要满足外销的需要。2000 年以来，四川肉蛋奶产量不同程度增加。其中，肉总产量在 2010 前不到 600 万 t，2010～2019 年肉总产量呈逐年缓慢增加，基本维持在 660 万 t 左右；蛋产量 2010～2019 年基本维持在 145 万～162 万 t；奶产量在 2010 年后也基本维持在 60 万～70 万 t，淡水产品产量逐年增加（调研表 2-1）。与此同时，肉猪出栏量在 2000 年时 5600 万头有余，2010 年达 7175.2 万头，之后 2010～2015 年总体略有增长，2015 年最高达 7236.5 万头，2015～2019 年有所降低，尤其受非洲猪瘟影响，2019 年降低至 4853.6 万头；肉牛、肉羊和家禽出栏量逐年也略有不同幅度增加（调研表 2-2）。畜牧业和渔业生产总产值也逐年提升，截至 2019 年，牧业产值达 2647.9 亿元，渔业产值达 263.5 亿元，牧渔业总产值在农业生产总值中所占比例一直保持在 40% 以上（调研表 2-3）。可见，四川省养殖业在整个农业生产中具有举足轻重的地位。

调研表 2-1　四川省肉蛋奶产量

年份	肉/万 t	蛋/万 t	奶/万 t	淡水产品/万 t
2000	556.0	100.0	28.9	51.0
2005	589.2	156.1	57.5	98.2
2010	591.5	146.5	70.8	105.1
2015	673.8	146.7	67.5	138.7
2016	696.3	149.7	62.8	145.4
2017	653.8	144.5	63.7	150.7
2018	664.7	148.8	64.2	153.5
2019	559.5	161.7	66.7	157.7

数据来源：《四川调查年鉴》。

调研表 2-2　四川省畜禽出栏量

年份	肉猪/万头	肉牛/万头	肉羊/万只	家禽/万只
2000	5 622.5	209.0	1 038.3	58 169.6
2005	7 105.0	262.1	1 323.7	47 619.8
2010	7 175.2	255.8	1 609.4	56 420.2
2015	7 236.5	263.3	1 698.0	66 154.9
2016	6 907.8	268.6	1 739.2	68 489.7
2017	6 579.1	267.3	1 780.4	65 259.8
2018	6 638.3	276.2	1 740.9	66 071.0
2019	4 852.6	291.7	1 780.0	78 756.6

数据来源：《四川调查年鉴》。

调研表 2-3　四川农林牧渔及农业服务业（其他）生产总值及比例

年份	总产值/亿元	农业/亿元	比例/%	林业/亿元	比例/%	牧业/亿元	比例/%	渔业/亿元	比例/%	其他/亿元
2000	1483.5	785.4	52.9	49.1	3.3	611.8	41.2	37.3	2.5	—
2005	2457.4	1037.2	42.2	69.9	2.8	1230.2	50.1	78.5	3.2	41.6
2010	4081.8	2069.3	50.7	112.9	2.8	1705.2	41.8	129.8	3.2	64.6
2015	6377.8	3335.5	52.3	205.8	3.2	2515.6	39.4	210.5	3.3	110.4
2016	6831.3	3711.0	54.3	219.1	3.2	2551.7	37.4	223.9	3.3	125.6
2017	6955.5	4004.2	57.6	346.8	5.0	2199.7	31.6	234.9	3.4	169.9
2018	7195.6	4153.7	57.7	358.7	5.0	2246.1	31.2	247.9	3.4	189.2
2019	7889.3	4395.0	55.7	372.2	4.7	2647.9	33.6	263.5	3.3	210.7

数据来源：《四川调查年鉴》。

2. 饲料总产量逐步增加，资源短缺日趋严重

随着养殖业的发展，工业饲料总产量从 2000 年的 354.2 万 t 增加至 2018 年的 1085.6 万 t，2019 年略有下降。其中，猪料所占比例最大，其次为禽料（蛋禽和肉禽）。2005~2017 年，四川猪料、禽料、水产料和反刍料均有不同程度增长，2019 年因非洲猪瘟疫情和养殖市场的影响，猪料、水产料和反刍料有不同程度下降。从调研表 2-4 可知，与 2005 年相比，2019 年四川工业饲料总产量增长了 428 万 t；然而，从调研表 2-5 可知，与 2005 年相比，2019 年四川水稻总产量无明显变化，小麦总产量降低 296.9 万 t，玉米总产量增加 420.3 万 t，豆类和薯类总产量无明显变化，油料产量增加 141 万 t。由此可知，四川饲料产量与粮油总产量呈严重的剪刀差状况，供需矛盾突出。四川的饲料粮资源短缺日趋严峻，主要依靠进口，包括从国内其他省及国外购进。虽然四川不断优化种养业区域布局，积极开展粮改饲试点，推行粮、经、饲三元种植结构，大力发展饲用玉米、人工种草，加快推进牛羊优质饲草料产业发展，但是随着草食畜牧业的快速发展，优质牧草资源短缺局面将更加严峻。

调研表 2-4　四川省工业饲料产量

年份	总产量/万 t	猪料/万 t	蛋禽料/万 t	肉禽料/万 t	水产料/万 t	反刍料/万 t
2000	354.2	176.7	80.8	53.6	39.3	13.5
2005	608.6	280.4	99.3	158.4	52.9	10.2
2010	742.5	403.6	104	160.3	56.7	10.3
2015	977.5	588.9	101.8	191.8	65.4	13.9
2016	1070.1	656.2	109.1	209.8	65.3	12.4
2017	1105.2	737.7	100.1	169.3	67.7	11.4
2018	1085.6	744.8	92.6	161.1	62.6	11.5
2019	1036.6	613.5	107.3	225.8	61.1	11.0

数据来源：中国饲料工业统计信息网。

调研表 2-5　四川主要粮食作物产量

年份	水稻/万 t	小麦/万 t	玉米/万 t	豆类/万 t	薯类/万 t	油料/万 t
2005	1526.9	543.1	641.8	122.9	516.8	232.3
2010	1484.1	355.9	750.7	98.0	451.9	296.1
2015	1465.2	284.5	992.3	107.0	507.9	339.6
2016	1467.3	259.6	1058.0	113.0	534.8	346.2
2017	1473.7	251.6	1068.0	119.2	537.9	357.9
2018	1478.6	247.3	1066.3	121.5	541.4	362.5
2019	1469.8	246.2	1062.1	129.2	543.2	373.3

数据来源：《四川调查年鉴》。

3. 畜牧业结构不断优化，结构效益不断提高

近年来四川牛羊肉比例上升，牛奶产量持续快速增长，畜牧业结构不断优化。2018 年全省出栏肉猪、肉牛、肉羊和家禽分别为 6638.3 万头、276.2 万头、1740.9 万只和 6.61 亿只，同比分别增长 0.90%、3.33%、-2.22% 和 1.24%（调研表 2-2）；肉、蛋、奶产量分别达到 664.7 万 t、148.8 万 t 和 64.2 万 t，同比分别增长 1.67%、2.98% 和 0.78%（调研表 2-1）。然而，2019 年生猪养殖受非洲猪瘟疫情影响，全省出栏肉猪下降至 4852.6 万头，同比下降 26.90%，出栏肉牛、肉羊和家禽保持快速增长，分别为 291.7 万头、1780.2 万只和 7.88 亿只，同比增加 5.61%、2.26% 和 19.20%；肉产量大幅度下降至 559.5 万 t，同比下降 15.83%，蛋、奶、淡水产品分别增加至 161.7 万 t、66.7 万 t 和 157.7 万 t，同比增长 8.67%、3.89% 和 2.74%。

4. 环境制约日益加剧，粪污处理成为瓶颈问题

四川畜牧业产值占农业总产值的 39.4%。近年来，随着四川畜禽水产品需求刚性增长，畜禽水产养殖总量及养殖废弃物短时间内仍将持续增加。据四川省环境保护厅环境统计数据显示，2013 年四川畜禽养殖业化学需氧量（COD）、总氮、总磷、氨氮产生量分别为 76.82 万 t、8.17 万 t、1.38 万 t、3.00 万 t；排放量分别为 9.30 万 t、4.59 万 t、0.76 万 t、1.42 万 t。同时，由于全省畜禽养殖业的产能分布存在较为明显的地域差异，故在污染物产生和排放方面也同样存在较大的地域差异。2013 年，成都市畜禽养殖业产生的 COD 和总氮量分别达到 9.62 万 t 和 1.03 万 t，排放的 COD 和总氮量分别约为 1.24 万 t 和 0.61 万 t，均位居四川 21 个地市州之首。然而，2013 年四川畜禽养殖业规模化养殖场 COD 去除率达到 100% 的企业仅占统计企业总数的 4%，总氮去除率 90% 以上的企业仅占统计企业总数的 1%，去除率 40% 以下的企业占 68%。可见，环境污染已日益成为制约四川养殖业可持续发展的重要因素。污染严重的主要原因在于：养殖业污染防治缺乏顶层设计，养殖户因成本过高对环境保护重视不够，规模化养殖设施设计技术落后，配套粪污处理设施工程建设不合理，以及养殖废弃物综合利用技术落后等。

（二）养殖业生产模式现状分析

1. 标准化规模养殖的比例不断增加

随着养殖业的总体发展，四川畜牧业生产方式也在发生变革，传统家庭养殖业逐

步分化，一些具有资金和技术优势的农户由兼业养殖向专业养殖发展，规模化养殖所占比例不断增大。四川各类畜禽标准化规模养殖小区从 2005 年的 3158 个发展到 2010 年的 14 343 个，生猪规模养殖比例达到 49.8%，比 2005 年提高 32.3 个百分点。优质种畜禽场从 2005 年的 577 个发展到 1084 个，生猪外三元杂交比 2005 年提高 20 个百分点，牛、羊、兔良种提高 6 个百分点以上。一猪独大的产业结构得到优化，非猪产值占畜牧业产值比例提高到 46.6%。2018 年四川生猪年出栏 3000 头以上的饲养规模场（户）约 1200 户，居全国第一位；蛋鸡年存栏 10 万只以上规模饲养（户）有 60 余家；肉鸡年出栏 10 万只以上的有 100 余户；羊、奶牛和肉牛各类饲养规模场（户）数不同程度上涨。同时，产业化经营步伐加快，规模化畜牧业企业快速发展，销售收入过亿元的畜牧龙头企业发展到 128 家以上，养殖专业合作社发展到 7321 个，新增 3326 个，龙头企业、专业合作组织及各种畜牧产业化经营组织带动农户 600 万户，占全省农业产业化经营带动农户总数的 56.0%。畜牧业发展进入产量、质量和效益并重的新阶段。例如，成都市规模养殖场已达到 1500 个左右，规模养殖比例由 34% 上升到 57%，其中万头以上的养猪场由 2013 年的 9 个猛增到 185 个，年出栏生猪超过 2000 万头，猪肉 137 万 t。

2. 新型经营主体不断涌现

经过 20 多年的发展，四川畜牧专业合作社已成为促进现代畜牧业发展，助农增收，保障城乡居民"菜篮子"供应的中坚力量。截至 2013 年 12 月 31 日，全省经工商登记注册的畜牧专业合作社总数达到 8864 家，占全省经工商登记的农民专业合作社总数的 30%。从这些专业合作社的类型看，主要还是从事生猪、家禽、牛羊、兔蜂等的养殖服务。其中，生猪养殖合作社占 59%，家禽养殖合作社占 21%。牛羊养殖合作社占 13%，兔蜂等其他养殖合作社占 7% 左右。从分布情况看，主要基于乡村范围内，分布以成都平原和川中丘陵猪禽养殖发达的 10 个市为主，这些地区的合作社总数达到 6809 家，占全省畜禽养殖合作社总数的 76.8%，每个市合作社数量都在 300 家以上，其中，成都、资阳两市养殖密度较高，两市合作社数量均在 1000 家以上。甘阿凉三州及攀枝花市合作社数量相对较少，总数仅占全省的 6.6%。全省畜牧专业合作社共有成员 39.88 万户，其中农民成员 37.83 万户，占 94.86%。农民成员中，出资成员 29.06 万户，占农民成员数的 76.82%。平均每家合作社成员 45 户。

（三）养殖业生产效益现状分析

畜禽水产品价格直接影响着养殖户收入和养殖积极性，2005～2015 年，我国牛肉和羊肉平均市场价格总体持续攀升，而活猪和猪肉价格 2000～2016 年呈持续增长，2016～2018 年逐年下降，2019 年受非洲猪瘟疫情影响，活猪、仔猪和猪肉价格同比增加 168.8%、308.6% 和 92.3%（调研表 2-6）。产品的市场价格直接影响其养殖总量，从调研表 2-2 可见，四川生猪出栏量 2016～2018 年增幅减缓，2019 年出栏量下降 26.9%。从饲料成本看，2000～2015 年，我国育肥猪、肉鸡和蛋鸡配合饲料单位价格持续增加，2016～2019 年均不同程度下降（调研表 2-7）。可见，畜禽及产品价格与其饲料价格变化规律基本一致，但是饲料价格的变化不是导致畜禽及其产品市场价格变化的主要原因。

调研表 2-6 四川畜禽产品价格 （单位：元/kg）

年份	活猪	仔猪	猪肉	牛肉	羊肉	鸡蛋
2005	6.87	8.85	11.40	15.08	13.24	8.19
2010	10.99	12.59	19.42	31.00	33.54	8.83
2015	15.58	21.90	26.93	60.00	60.00	7.50
2016	19.03	32.28	29.50	59.00	56.00	6.20
2017	15.42	27.89	25.09	64.00	54.00	5.40
2018	13.40	21.71	25.09	67.85	60.00	8.70
2019	36.02	88.71	48.25	61.75	70.00	8.20

调研表 2-7 2000 年以来我国主要饲料价格变化 （单位：元/kg）

年份	育肥猪配合饲料	肉鸡配合饲料	蛋鸡配合饲料
2000	1.50	1.84	1.67
2005	1.89	2.15	1.94
2010	2.92	2.96	2.70
2015	3.09	3.17	2.90
2016	3.06	3.11	2.84
2017	3.01	3.08	2.81
2018	3.02	3.11	2.86
2019	3.03	3.13	2.86

由调研表 2-1 和调研表 2-2 可知，2015～2018 年四川省畜禽水产品总产量呈不断增长趋势，总体增长 14.5%，2019 年受非洲猪瘟影响，同比总体增幅为–8.3%，主要由于肉猪出栏量大幅降低，牛、羊和家禽出栏继续保持增长且家禽增长高达 19.2%。另外，随着工业化和城镇化步伐加快，四川城乡居民畜产品消费需求呈现重大变化。农村居民口粮消费继续下降，畜产品消费快速增加；同时，城市居民畜产品消费不断升级，优质安全畜产品需求持续增长。因此，城乡居民收入提高和扩大内需及城乡统筹发展的深入实施，必将推动新一轮的消费升级和畜产品消费需求的刚性增长。

与此同时，四川还承担为我国其他省市提供优良养殖产品的重大任务。2017 年 10 月，农业部印发了《全国生猪生产发展规划（2016—2020 年）》，作为中华人民共和国成立以来第一个生猪生产发展规划，也是"十三五"期间生猪生产发展的指导性文件。规划中明确提出，四川省生猪养殖是全国七大重点发展区域之一，其养殖总量大、调出量大，在满足本区域需求的同时，还要供应上海、江苏、浙江和广东等沿海省份，将成为稳定我国猪肉供给的核心区域。

三、畜禽水产品安全（畜牧水产业）的县级调研剖析

（一）生产现状分析

1. 养殖总量稳中有升，养殖结构发生了一定变化

从结果来看，本次调研所涉及的 8 个县市自"十二五"以来，畜牧呈持续向好发展趋势，生产总量稳中有升。以三台县和邛崃市两个畜牧大县（市）为例。2015 年，三台

县出栏生猪 128.3 万头、牛 4.6 万头、羊 20.0 万只、家禽 1371.5 万羽、兔 255.9 万只；生产禽蛋 3.8 万 t、牛奶 623t、肉类 12.69 万 t；实现牧业产值 47.2 亿元；全县人均畜牧业收入 3709 元，占农民经营性收入的 58.9%。2015 年，邛崃市出栏生猪 150.8 万头、禽兔 1154 万羽（只），肉类总产量 12.98 万 t，禽蛋总产量 1.1 万 t，奶类总产量 2.6 万 t，水产品产量 1.2 万 t。与 2010 年相比，均有了长足的增长。

与此同时，生猪占整个畜牧水产业主导地位，其次是牛、羊、家禽和淡水养殖等。自"十二五"以来，由于政策、市场等因素的影响，养殖业的结构发生了一些变化，但总的趋势是生猪和家禽生产基本稳定，牛、羊和水产养殖有所增加。例如，泸县实现了从过去生猪"一业独大"到生猪、山地鸡、黑山羊"三业并举"共同发展的新格局，畜牧业产业结构得到明显优化。山地鸡发展初具规模，年出栏量在 250 万只以上，年均增长率在 20% 以上；黑山羊养殖异军突起，2014 年黑山羊年出栏 15 万只；其非猪产业、草食畜禽饲养量和出栏量在畜牧业中的比例逐步提高，产值持续增加，养殖效益明显提高。又如，筠连县通过全力培植优质肉牛养殖小区和标准化规模养牛场，推动了以黄牛为主的现代特色畜牧业产业化发展，全县 20 万头优质肉牛（羊）产业带建设有序推进，饲养量已达到 13.8 万头，年出栏 4.1 万头。

2. 生产方式发生重大变化，规模化标准化水平明显提升

从结果看，本次调研所涉及的 8 个县市自"十二五"以来，养殖业规模化标准化程度不断提高。截至 2015 年 12 月底，三台县畜禽规模养殖场发展到 5871 个（其中年出栏 50 头以上的畜禽规模养殖户 4005 个，出栏肥猪 104.38 万头，生猪的规模养殖比例达 77.9%）；建成部级标准化示范场 3 个、省级标准化示范场 7 个、市级标准化示范场 20 个，标准化生产肥猪 86 万头，占全县出栏总数的 63.9%。与此同时，泸县全县也建成生猪标准化规模养殖场（小区）112 个，有生猪规模养殖户 6593 户；建成国家级标准化示范场 2 个、省级示范场 3 个，生猪规模化养殖比例达到 73%。简阳市有万头规模猪场 36 个，出栏生猪占全市出栏生猪的 51%，已建成畜禽标准化养殖小区 229 个，其中生猪标准化养殖小区 132 个，奶牛标准化养殖小区 6 个，山羊标准化养殖小区 54 个，禽兔标准化养殖小区 37 个；创建部级标准化示范场 3 个、省级标准化示范场 5 个。

3. 新型经营模式和经营主体快速发展

从结果来看，本次调研所涉及的 8 个县市中规模化经营主体发展较好的有三台县、简阳市、船山区和泸县，发展较滞后的是德昌县。探索"代养""订单养殖""公司+农户""家庭农场+农户""基地+合作社+适度规模养殖"模式带动农户是目前畜牧业发展的主体趋势。例如，三台县经过工商注册的涉牧专业合作社有 112 个，其中刘营青龙生猪养殖专业合作社获得国家级示范合作社称号，三台县好友生猪养殖专业合作社、绵阳市三台县里程川主绿色生猪养殖专业合作社、三台县新生镇坤发绿色生猪养殖专业合作社 3 个合作社获得省级示范合作社称号；全县登记注册的涉牧家庭农场 12 个，专业大户 5871 个。例如，简阳市，截至 2014 年 5 月 31 日，全市共注册登记畜禽养殖专业合作社 519 个，其中，生猪 418 个，山羊 28 个，肉牛 6 个，奶牛 15 个，家禽 39 个，兔 13 个，入社总农户 1.67 万户，畜禽养殖组织化程度日益提高。发展相对较弱的德昌县，也建立了德昌县优质生猪养殖合作社、乐跃大佛生猪养殖合作社、麻栗昌源万头生猪养殖场、德昌县养兔专业合作社和 50 个建昌鸭标准化养殖小区。

（二）主要做法与经验

1. 高度重视畜牧生产，推进畜牧业生产方式根本转变

从结果来看，所调研市县均高度重视畜牧生产。所调研的市县，基本按照"畜禽良种化、养殖设施化、生产规范化、防疫制度化、粪污无害化"的要求，大力推行龙头企业、专业合作社和适度规模养殖农户共建或集中联建养殖小区发展模式，积极开展畜禽标准化养殖，做到标准严格、规模适度。例如，三台县拟在"十三五"期间通过新建、改建、扩建，不断提高标准化程度和养殖水平，使年出栏肥猪 500 头以上的规模养殖场总数达到 600 个，生猪规模养殖率达到 60%；发展年常年存栏肉鸡 2 万只以上的养殖场 5 个，家禽规模养殖率达到 50% 以上；发展常年存栏肉牛 100 头以上的养殖场 5 个，肉牛规模养殖率达到 30% 以上；发展常年存栏肉羊 500 只以上的养殖场 5 个；发展常年存栏肉兔 1000 只以上的养殖场 10 个，肉兔规模养殖率达到 40% 以上。

2. 不断优化养殖业品种，调整畜牧业结构

从结果来看，所调研市县把优化畜牧业结构作为增强发展后劲和培育新的增长点的重要措施，从调整畜禽品种结构、提高产品质量入手，着力实施生猪良种工程、草食牲畜良种工程等建设，有力地促进了畜牧业结构调整。例如，船山区不断优化和提升生猪品质，积极巩固和发展生猪产业优势，实施新增优质生猪生产能力工程，进一步提升"唐桂片""永河片"优质生猪养殖基地发展，使生猪产业适应市场消费者和龙头加工企业对猪肉品质的更高需求。大力发展有比较优势和市场潜力的节粮型草食牲畜、特色小家畜禽，加快推进"以草换肉""以秸秆换肉奶"工程，形成特色鲜明、优势突出、效益良好的养殖结构。

3. 加强养殖业环境污染控制，实现养殖业健康持续发展

如何降低养殖业带来的环境污染是各级政府和养殖业共同关注的问题，所调研市县近年来均把加强养殖业环境污染控制作为大事来抓。例如，船山区始终坚持畜牧业发展与生态环境保护、种植业布局和新农村建设相结合，根据资源环境容量科学布局标准化规模养殖基地，合理安排区域载畜量，推广"养殖+沼气+种植"的生态循环养殖模式，畜禽粪便及养殖污水经过无害化处理后回归农田、果园、茶园、林地，实现资源的循环利用，构建种养平衡、农牧互动、生态循环、环境友好的产业发展体系。同时，保护好水域生态环境，实现"以鱼养水""以鱼洁水""以鱼美水"。积极推广水域综合利用工程，多层水体分层养鱼、"鱼、虾、菜共生"的立体养鱼等循环养鱼模式。例如，仁寿县制定了《仁寿县规模化畜禽养殖场禁建（养）区划定方案》，对现有畜禽养殖场，按照《仁寿县畜牧业发展规划（2007—2010 年）》的管理办法，限期治理；逐年整治和关闭环保条件差的小型养殖场，禁止在禁养区内新建畜禽养殖场；对新上项目进行严格的环境影响评价，2010 年专门制定了《关于加强畜禽养殖业管理工作的意见》，与各级乡镇主管部门及养猪户签订治污目标责任状；按照国家畜禽养殖业污染物排放标准和符

合控制要求进行排放评估和管理，治污工作已取得较大成效。

（三）存在的主要问题

1. 养殖用地困难，产品数量保障面临威胁

四川的养殖业已经从千家万户散养向适度规模养殖快速发展。然而，养殖场建设受土地、环境、防疫、资金等诸多条件制约，加上投资业主的不确定性，无法在编制土地利用中长期规划时将某宗地预留为养殖用地。需待有投资意向的业主产生后才能确定具体的建设地点，但这时选定的荒山、荒坡或坡耕地往往已被规划成基本农田，要启动土地利用规划调整异常困难，养殖建设用地无法落实，将严重影响规模养殖的发展进程。

2. 疫病威胁加剧，质量安全存在隐患

国内外重大动物疫病形势严峻，高致病性禽流感、高致病性蓝耳病、猪瘟、口蹄疫、鸡新城疫等疾病的威胁犹存，新的病种不断传入，病毒变异速度加快，疫病风险不断加大，严重威胁畜牧业的健康发展和公共卫生安全。同时，执业兽医稀缺，培养周期较长；乡村兽医培育管理体制尚未完善，管理难度加大；村级防疫员年龄老化，待遇低，履行动物防疫职责的能力有限，疫病威胁加剧。

3. 粪污治理压力加大，产业发展受制约

《中华人民共和国环境保护法》《畜禽规模养殖污染防治条例》《国务院关于印发水污染防治行动计划的通知》等法律法规和政策的相继出台，对养殖场治污能力提出了更加严格的要求。由于畜禽养殖场治污设施固定资产投资高、使用年限短，污处设施运行成本偏高，加之部分养殖场业主治污意识薄弱，设施设备和技术力量缺乏，规模养殖面临严峻的治污压力，制约养殖业发展。

4. 产业结构有待优化，产品结构尚需平衡

目前，四川生猪养殖及猪肉产品独大的产业结构明显，草食牲畜发展处在起步阶段，养殖总量偏小、产业化经营水平不高；同时，在同一区域内饲养的畜种、不同区域之间畜禽的结构趋同，导致市场、原材料产生不必要的过度竞争，使生产的专业化、规模化程度受到限制，不能有效带动养殖业的发展，致使畜牧业生产结构单一，难以适应多样化的市场需求，导致低水平、低层次的畜产品结构性过剩和某些畜产品生产相对不足，市场竞争力不强。

5. 畜牧业产业组织程度低、规模小，承受风险的能力弱

目前，四川畜牧业产业组织主体（无论副业养殖户还是养殖专业户）与国外畜牧业相比，普遍存在资金不足、规模狭小、技术落后的问题，风险承受能力弱，阻碍了一些先进技术的推广应用。虽然畜牧业产业化经营在一定程度上弥补了畜牧业产业组织程度低的一些缺陷，但由于产业化经营仍属新生事物，畜牧业产业化经营所占份额比较低，大多数农户要独自面对市场，自产自销，再加之市场体系不完善、市场信息可信度低等原因，使农民处于不公平的交易地位，市场交易成本必然很高。因此，必须加强畜牧业产业化经营创新，使之成为风险共担、利益均沾的利益共同体，以提高农民畜禽饲养的组织程度。

6. 养殖业科技水平不够高，创新驱动亟须加强

需求刚性增长、资源日益短缺、环境污染加重、生态趋于失衡，四川养殖业必须依靠科技进步，促进结构调整，加快发展方式转变，走可持续发展道路。然而，目前四川养殖业科技创新还存在科技投入强度长期偏低，科技创新平台建设相对滞后，自主创新人才严重缺乏等问题。同时，科技创新推广体系不完善，如我国尚未形成完整的自主养殖设备产业，也缺少适合国情的健康养殖装备成套技术。因此，需要加强对四川养殖业科技创新的支持力度。

四、畜禽水产品安全（养殖业）可持续发展政策建议

在国际化绿色化背景下，将畜禽产品安全与大食物安全通盘考虑，坚持自给为主、部分外调、安全优质、种养平衡、适度规模、市场驱动、政策引领原则，对养殖业产业布局、产业结构、经营规模、粪污处理等保障养殖业可持续发展的重要环节，应该制定具体的中长期目标和相应的实施办法。

（一）明确养殖业在农业现代化中的战略主导地位

在制定农业政策时，应以种植业为基础，以养殖业为主导，统筹规划养殖业与种植业的协调发展，种植业围绕养殖业发展进行结构调整，实现种养平衡；调整"以粮为纲"的传统思想，制定和执行大食物安全战略观，提升动物源性食品在食物安全中的战略地位。与此同时，由于养殖业风险不好预测，除了天灾外，环境污染导致疫病严重，增加了畜禽病死率，养殖风险很高。为防范风险，保证养殖业健康安全发展，各级政府应加大对养殖业政策和资金上的公益支持，通过强化和完善高效、有力的监管机制，加强财政政策的扶持和引导作用，增大农业保险的投入。

（二）适度调整养殖业产业结构，推进养殖业适度规模经营

对于养殖业来说，规模化无疑是中国实现现代发展的必经之路，国家对规模养殖将进一步加大扶持力度。因此，四川养殖业发展，一是要以市场为导向，结合产业基础和资源优势，突出区域优势和产品特色，对全省畜牧业进行合理布局，坚持稳定猪禽产量，提高质量，大力发展草食畜禽，不断优化畜牧业内部结构，提高养殖效益。二是要大力培育龙头企业、专业合作组织、家庭农场、专业大户等新型业态，以龙头企业为核心，依托合作经济组织，充分发挥农民的投资主体作用，建设优质畜禽产品基地，构建产、加、销一体化的产业化发展模式，加快推进养殖规模化、集约化、专业化和产业化。

（三）坚持生态保护，推进养殖业可持续发展

畜禽养殖污染已经成为农业面源污染的重要来源，破解粪污综合利用问题迫在眉睫。因此，兼顾生产生态两大目标，农牧结合、循环发展作为破解畜禽养殖污染难题的生态养殖将成为重点发展对象。按照"减量化、无害化、资源化"的要求，因地制宜，多措并举，加大畜禽粪污处理力度，大力推广生态养殖与绿色种植相结合的循环经济模式，促进畜牧业生产与生态环境协调发展。

（四）以养殖业为核心，引领农业产业结构调整

综合考虑食物安全保障和养殖业发展的战略需求，因地制宜统筹规划种植业与养殖业在不同区域的协调布局，通过科技提高粮食单产，适当扩大优质饲粮用粮、牧草种植面积，使种植业与养殖业相互促进、协调发展。其次，按种植业、养殖业、加工业等产业并重的指导思想，以先进的工业模式来从事农业生产，大幅度提高农业生产的附加值。

（五）合理利用国际市场，保障食物安全

加强养殖业信息系统建设，建立和完善四川省级养殖业公共信息监测预警平台和中央数据库系统，进一步完善养殖生产和消费监测预报网络，加强对养殖户与消费者的引导；根据国内市场情况，提前制定养殖产品进出口策略，控制动物源产品的进口数量和节奏，防止大量进口对国内产业造成剧烈冲击，加大打击畜产品和水产品走私的力度，保障进口动物源产品的质量安全。同时，鼓励龙头企业积极参与国际竞争，培育和支持一批外向型养殖企业；加强养殖业相关标准制订，实现与国际接轨，积极参与国际规则、标准制订，提高养殖行业的国际话语权。

四川蔬菜产业调研报告

我国既是蔬菜生产大国，又是蔬菜消费大国，保障蔬菜的供给是重大民生问题。除粮食作物外，蔬菜是我国栽培面积最大、经济地位最重要的作物。2010 年，国务院对加强蔬菜生产流通、保障蔬菜市场供应等工作提出了一系列要求，同时要求制定全国蔬菜产业发展规划。随着种植业结构的调整，全国蔬菜生产面积逐步增长，由 2010 年的 16 201 千 hm² 增加到 2017 年的 19 981 千 hm²，种植面积占比由 1995 年的 6.35% 稳步增加到 2017 年的 12.01%。

一、蔬菜产业发展现状

据统计，2017 年全国 31 个省（自治区、直辖市，港、澳、台未统计）蔬菜种植面积排名前三的分别是河南（1736.1 千 hm²）、山东（1462.0 千 hm²）和江苏（1407.6 千 hm²），四川位居第五，为 1324.3 千 hm²（调研图 3-1）；总产排名前三的分别是山东（8133.8 万 t）、河南（7530.2 万 t）和江苏（5540.5 万 t），四川排名第五，为 4252.3 万 t（调研图 3-2）；从单产来看，排名前三的分别是河北（67.6t/hm²）、新疆（60.2t/hm²）和辽宁（58.3t/hm²），四川蔬菜单产排名第十九位，仅为 32.1t/hm²（调研图 3-3）。

作为"南菜北运"和冬春商品蔬菜生产基地，蔬菜产业已经成为四川现代农业发展过程中的重点产业，在稳定粮食生产、推进和优化农业结构调整、促进农村经济发展和加快新农村建设方面发挥了重要作用。"十二五"以来，四川以市场需求为导向，以自然气候和地质条件多样性为优势，通过加强现代农业产业基地建设，加快蔬菜产业发展，一定程度上优化了蔬菜产业布局，种植模式由碎片化逐步向规模化转变，在生产过程标准化、产品处理商品化、产品销售品牌化方面又迈出了一步。具体表现为以下几个方面。

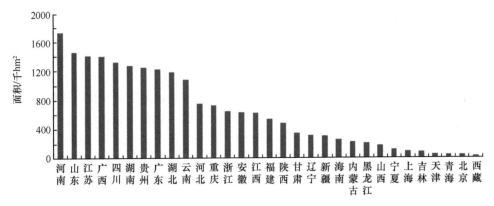

调研图 3-1　全国 31 省份 2017 年蔬菜种植面积
数据来源于《中国统计年鉴》

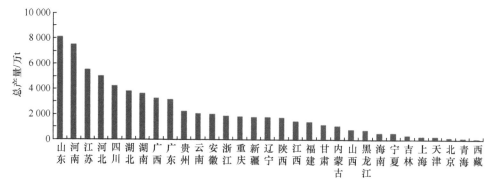

调研图 3-2　全国 31 省份 2017 年蔬菜总产量
数据来源于《中国农村统计年鉴》

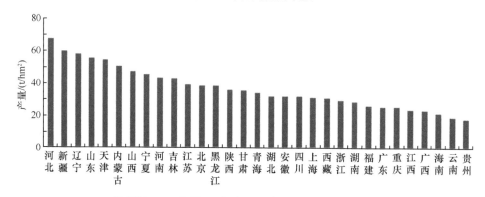

调研图 3-3　全国 31 省份 2017 年蔬菜单位面积产量
数据来源于《中国统计年鉴》

（一）蔬菜产业规模持续扩大

四川作为我国蔬菜生产的大后方，蔬菜种植面积由 2010 年的 1166.0 千 hm² 增加到 2017 年的 1324.3 千 hm²，产量由 3608.0 万 t 增加到 4252.3 万 t，增幅分别为 13.6% 和 17.9%。全省范围内，种植面积 10 万亩以上的县 90 个，20 万亩以上的县 35 个，50 万亩以上的县 2 个，保障了全省 9100 多万人口对蔬菜的基本需求，同时常年对甘肃、陕西等地销售新鲜蔬菜 1200 多万吨，保障了全国蔬菜市场的稳定供给。

（二）区域布局逐步优化

根据各种植区域气候和生态特点、品种结构及当地种植习惯，通过蔬菜产业布局的优化，蔬菜生产能力得到提高。以彭州市为中心的川西平原 600 万亩"千斤粮万元钱"稻菜轮作产业带，是四川主要的"南菜北运"和秋冬喜凉蔬菜生产基地，优化提升了攀西冬春喜温蔬菜生产水平，拓展扩大了盆周山区高山蔬菜生产规模。此外，位于彭州市濛阳镇的四川农产品交易中心，是部省共建的全国唯一蔬菜产地国家级批发市场，也是全国第二大蔬菜产地交易中心，蔬菜日均交易量 9500t。全省蔬菜生产总体呈现总量充足、品种丰富、供应均衡的态势，"农工贸一体化、产加销一条龙"的发展格局已初步形成。

（三）基地建设进度加快，科技水平得到提高

"十二五"以来，四川以现代农业产业基地建设为抓手，依托现代农业千亿示范工程和粮经复合产业基地建设项目，建成了稻菜轮作为主的粮经复合现代农业基地 1000 万亩，新建和改造现代农业蔬菜产业基地 624 万亩和现代农业蔬菜万亩示范区 521 个，建设农业部蔬菜标准示范园 202 个、区域性集约化育苗中心 10 个、县级集约化育苗场 50 个。同时，引进和选育了一批优质高产的大宗蔬菜品种，试种新品种 800 多个，筛选推广了抗病性强、适应性广、高产优质品种 30 多个，良种覆盖率 98% 以上。蔬菜集约化育苗、嫁接防病和绿色防控等技术得到积极推广，科技应用水平得到提升，有效提高了蔬菜产量和质量。

（四）农民增收效果明显

2016 年，四川蔬菜产业总产值 1125 亿元，与 2010 年的 576 亿元相比，增加了 549 亿元，蔬菜生产对农民纯收入的贡献由 2010 年的 607 元提升到 2016 年的 1313 元，增长幅度达到 163.1%，农民增收效果十分明显。

二、典型县（市）的调研剖析

从全国范围看，四川虽然是蔬菜生产大省，但总体与山东、河北等蔬菜产业集中地还有一定差距。为深入了解四川蔬菜产业发展现状和进一步推动四川蔬菜产业的快速发展，2016 年 7，项目专题调研组先后三次在简阳市、邛崃市和仁寿县进行了深入调研，并就蔬菜产业结构调整、目前蔬菜产业发展中存在的问题和下一步发展现代蔬菜产业的对策同当地农业局、蔬菜种植专家、专业合作社及企业进行了座谈交流。

（一）简阳市蔬菜产业发展现状

简阳市是成都市下辖县级市，位于四川盆地中部偏西边缘、龙泉山东麓、沱江中游，面积 22.1 万 hm^2，农用地 18.8 万 hm^2，其中耕地 11.0 万 hm^2、园地 1.8 万 hm^2、林地 3.6 万 hm^2、其他农用地 2.4 万 hm^2，是四川粮经作物主产区之一。简阳市丘陵面积约占 88.1%，其境内丘陵被沱江分割为东西两部分，其中东部丘陵以中丘或深丘中谷为主，兼浅丘宽谷，海拔一般在 400～580m；西部则以浅丘宽谷为主，兼部分缓丘河坝和中丘中谷，海拔一般在 369～500m。西北部山区面积约占全市面积的 7.8%，海拔一般为 500～900m。剩余 4.1% 的面积为境内沱江沿岸分散河坝地。

近几年，简阳市以发展绿色都市农业、建成川渝地区重要绿色优质菜篮子基地为目标，大力实施成都菜篮子工程，在国道 321、简三路沿线扎实推进 10 万亩优质蔬菜和万亩标准化生产示范园等基地建设，全面提高蔬菜生产规模化、标准化、市场化水平，并围绕"一村一品""一乡一品"的发展思路，积极探索跨村、跨乡镇发展特色产业基地，逐步形成规模发展的态势。例如，韭菜是简阳市坛罐乡的特色蔬菜。近年来，随着政府的引导和市场的需求加大，韭菜种植面积逐年扩大，2008 年该乡成立了"富友果蔬合作社"，集中流转土地 200 亩，"农户+基地+合作社"模式 200 亩，之后面积扩大到 1100

亩，重点生产特色蔬菜韭黄。通过种植地块的集中改造和种销模式的探索，做到了"田成方、渠相通、路相连"和"五统一"，即统一韭菜品种、统一规格模式、统一肥水管理、统一病虫防治、统一上市销售的一条龙种植管理模式。在韭黄安全生产和品质提升方面，该乡韭黄种植采用沼液灌溉，不仅降低了生产成本，而且产品安全。2009年，该合作社生产的韭黄获中国无公害农产品认证，2011年被评为四川省第三批农民专业合作社省级示范社，主要销往成都、重庆、泸州，还空运到广州、上海等地，日产在7500kg以上，年产值在2000万元以上，农户可人均增收500～800元。

另外，位于简阳市普安乡的简阳市三阿哥蔬菜有限公司成立于2014年，流转土地面积120亩，拥有固定员工21人，园区具备一定的设施设备，大棚内安装简易滴管系统。园区蔬菜生产从生产资料使用及产品采收均统一管理，在农药和化肥上均按国家无公害蔬菜质量标准使用，严格农药使用的种类、次数、用药间隔期等，以化肥为主，有机肥为辅。产品采收时公司进行农药残留的检测，控制产品品质，并且产品质量可追溯。但近两年随着生产成本特别是人工成本的增加，效益逐渐下滑，亩均纯收入仅200元左右。

（二）邛崃市蔬菜产业发展现状

邛崃市隶属四川省成都市，位于成都平原西部，境内地貌兼有高山、丘陵和平坝。东部及东北部为平坝，地形平坦、开阔，面积311.4km²，占邛崃总面积的22.6%，区内人均耕地1.07亩。南部是五面山、长丘山区，浅丘连绵，塘库棋布，面积248.6km²，占邛崃总面积的18.1%。中部西北缘为深丘，是浅丘与西部山区间的过渡带，面积246.0km²，占邛崃总面积的17.9%。西部为龙门山南段延伸山系，地势起伏较大，山峦重叠，沟壑纵横，面积569.2km²，占邛崃总面积的41.0%。近年来，为加快推进设施农业、循环农业发展，已建成桑园万亩军供蔬菜基地、鼎锅高山蔬菜基地等示范点。

桑园镇通过土地流转，在中田、大林、马鞍、通泉村建设万亩军供蔬菜基地。该基地无公害蔬菜种植面积达一万余亩，主要发展大棚蔬菜规模化种植，常年种植30多种无公害时令蔬菜，积极推广应用新品种、新技术、新成果，鼓励业主加入，并实现与驻邛空军某部和连锁超市的销售对接。2012年5月，该镇成立了"宏吉果蔬种植专业合作社"，组织基地菜农统一种植、统一销售，还开设了4家蔬菜连锁直销店，不仅菜品质量高，终端售价也更具竞争优势。而基地的产品也成为成都市民和部队"菜篮子"的重要来源。合作社成立后，给社员提供"产前、产中、产后"全方位指导服务。合作社开展蔬菜自产自销，可以减少2～3个流通环节，流通成本降低10%左右，蔬菜价格下降3%～10%。目前，由于资金、技术、信息、人才、设施、经营等方面的优势，合作社已吸引了当地110户农户加入，解决劳动力就业2000余人，每年利润可达到4000元/亩。同时山东寿光、南充南部县等果蔬企业也加入合作社，蔬菜经营产业化之路的步子已经迈出。

鼎锅村海拔相对较高，气候、湿度、土壤成分都非常适合种植高山生态蔬菜。鼎锅村因地制宜，试种高山蔬菜，绿色、生态、错季是鼎锅村高山蔬菜的产业定位，收到了良好的效益。为拓宽蔬菜销路，2011年当地成立了鼎锅高山蔬菜合作社，并得到了乡政府大力支持，注册了"鼎锅"牌高山生态农产品品牌。通过近几年的发展，鼎锅高山蔬菜合作社共有 100 余农户，种植面积 800 多亩，年产量 5000 余吨，鼎锅蔬菜远销省外，如今已形成从生产、加工、包装到配送上门的一条龙产业链，全村人均增收 1200 多元。目前，鼎锅村正计划打造全市的"高山蔬菜第一村"。未来将进一步扩大规模，力争全村种植面积达到 2000 亩。同时合作社将充分发挥生态优势，大力推进绿色食品认证，打响"鼎锅村高山蔬菜"品牌，带动更多的农户增收致富。

（三）仁寿县蔬菜产业发展现状

仁寿县隶属于四川省眉山市，面积 2606.4km^2，是全省第一人口大县，地貌以丘陵为主，境内地势西北高东部低，也是长江中上游冬春蔬菜重点生产区的基地县。部分蔬菜基地，如龙正、洪峰和清水等乡镇生产基础较好、路沟渠相对完善、排灌条件较好，具备较好的蔬菜产业发展基础条件。已初步形成了都市蔬菜生产、大众蔬菜生产、加工蔬菜生产和食用菌生产等特色基地。同时也形成了线椒、蜜本南瓜和西瓜等规模化种植基地，供应省内外加工企业与市场，创出了品牌。近年来，仁寿县以农业部实施的"无公害农产品行动计划"为契机，积极推进无公害蔬菜基地建设，使蔬菜产品质量有了显著提高，蔬菜产品农药残留抽检合格率达 100%，蔬菜产品质量安全水平大幅度提高。

全县蔬菜种植面积稳定在 40 万亩左右，总产量达到 100 万 t 以上，总产值达 15 亿元以上。全县蔬菜基地面积稳定在 25 万亩左右，包括设施蔬菜基地 5 万亩，以成黑快速通道和华青路为纽带，在清水镇、龙正镇、视高镇、黑龙滩镇、洪峰乡、里仁乡、兴盛乡大力推广设施栽培和反季节栽培，生产时鲜蔬菜、反季蔬菜；加工蔬菜基地 5 万亩，以文林镇、满井镇、兆嘉乡、景贤乡、大化镇、宝马乡、富加镇等乡镇为中心，以冬春蔬菜种植为主，利用大春粮食作物收获后空闲期或幼果树行间或上季春生产后的空闲地生产芥菜、萝卜等原料性加工蔬菜；露地蔬菜基地 14 万亩，以龙桥乡、向家乡、龙马镇、方家镇、曲江乡、中岗乡、元通镇、城堰乡、鸭池乡、北斗镇、谢安乡为主的辣椒、蜜本南瓜、西瓜产业带，以高家镇、板燕乡、观寺镇为主的蒜头、西葫芦产业带，以文林镇、满井镇、宝马乡、兆嘉乡为主的时鲜蔬菜产业带"三大"特色产业带；食用菌生产基地 1 万亩，在龙正镇、板燕乡、始建镇、合兴乡、彰加镇、钟祥镇、满井镇、凤陵乡等乡镇，突出发展稻后双孢蘑菇生产。

龙桥乡是全市有名的"蔬菜之乡"，按照"以农为主，统筹城乡"的发展思路，积极探索农业现代化与新型城镇化相结合的发展路径，发展天然、绿色蔬菜产业，形成了以辣椒、棒瓜、榨菜、萝卜为主的产业格局。全乡常年种植面积 3 万亩，年产量 10 万 t，成为远近闻名的蔬菜之乡，有着多年的蔬菜种植经验和良好的蔬菜种植技术，全乡每年依靠"老虎山蔬菜专业合作社"规模化、季节性的种植各种蔬菜，有著名的"波当岭棒瓜"和"凤梧牌辣椒"两大品牌。每亩辣椒可收入 4000～5000 元，每亩棒瓜可收入 2000～3000 元。"老虎山蔬菜专业合作社"辐射该乡 11 个村和周边乡镇，每年合作社都会聘请专业人员，在蔬菜种植产前、产中、产后分别进行不同的技术培训和现场指导，帮助村民解决各种技术难题，让他们逐渐走上致富的道路。龙桥乡以产业带动业主，业主促进产业，把小小的蔬菜培育成了促农增收的大产业。

三、蔬菜产业发展存在的问题

由于蔬菜生产具有季节性强、投入高、自然风险与市场风险大、鲜活易腐、不耐储运等特点,在取得阶段性成效的同时,通过现场走访调研,四川蔬菜产业目前还存在一些突出问题。

(一)生产条件不够完善

一是生产基地基础建设相对滞后,城市的扩张导致大量菜地由城市近郊向农区转移,农区新建菜地水利设施跟不上、排灌不畅,特别是半高山地区水利、道路等基础设施比较落后。二是生产设施设备相对落后,水肥一体化、微喷滴灌等栽培设施装备较少、应用率不高;机械开厢、精量播种、机械覆膜、机械化管理、机械采收等机械化程度较低。三是田头分级包装、田头预冷库、冷藏运输车等保鲜、包装、运输设备不健全,难以应对蔬菜新鲜易腐的特点。

(二)科技创新能力不强、科技推广力度不够

一是品种的选育跟不上市场需求,虽然"十二五"以来,筛选并推广了抗病性强、适应性广、高产优质品种30多个,良种覆盖率98%以上,但是在设施大棚栽培专用品种、加工专用品种、重金属低吸附品种的选育推广上还很欠缺,不能满足蔬菜产业发展新形势的需求。二是标准化生产不到位,蔬菜生产过程中,面对优质、高产和增收的要求,农户往往注重的是高产和增收,在施肥、用药和管理方面比较粗放。三是设施蔬菜基地建设缺乏科学设计,一些地方设施蔬菜基地建设未能因地制宜,设施类型、建设方案不合理,导致实用性不高、抗灾能力弱。四是农机技术与农艺技术融合不强,蔬菜品种、耕作制度和种植方式等标准化程度较低,难以达到农机作业的要求。五是基层蔬菜生产技术推广服务人才短缺,由于经费不足,技术进村入户难,良种良法不配套,生产手段落后。

(三)蔬菜采后加工处理滞后

近几年,四川蔬菜产业基地建设和生产水平不断发展,但采后处理和加工仍然十分滞后。表现为蔬菜采后的分级、包装和预冷保鲜等处理程度不高,目前蔬菜采后商品化处理率不足30%,蔬菜冷链运输设施缺乏,冷链流通率不足3%,产品附加值低,采后商品化处理的标准体系还未形成。

(四)质量安全隐患仍然存在

随着经济发展和消费水平的提升,消费者要求和期望越来越高,在市场反馈调节作用下,四川蔬菜产品质量安全有所提高,但质量安全风险隐患依然存在。蔬菜标准化生产、监管和追溯体系不完善。杀虫灯、防虫网、黏虫板、性引诱剂等绿色防控技术普及率和使用率较低,农药使用不规范,农药残留超标仍然存在。个别地区农业生产用地被工业污染,导致蔬菜在内的农产品重金属含量超标。

（五）蔬菜种植增收压力加大

由于城镇化的加剧，农村劳动力减少，用工成本逐步增加，加之化肥、农药、农用薄膜等农资价格急剧增长，导致蔬菜生产成本明显增加。加之云南、贵州、重庆等周边省市蔬菜发展迅速，以及近年来北方设施农业的发展，导致四川蔬菜销售受到一定的冲击。同时，由于市场信息服务的滞后，导致盲目扩大或缩小生产规模，市场同质化现象比较普遍，进而影响产品流通和经济效益。"十三五"以来，四川蔬菜价格上升速度明显放缓，价格"天花板"封顶和生产成本增加，导致蔬菜种植增收压力增大。

四、蔬菜产业发展对策

（一）加强现代蔬菜产业基地建设

以四川现代农业建设项目为抓手，加强现代蔬菜产业基地建设。按照田网、水网、路网和电网配套要求，加快推进高标准露地菜田建设，主要完善排灌设施，修建泵房和蓄水池，以提高自然灾害防御能力，有条件的地方可推进水肥一体化高效节水灌溉设施建设。设施蔬菜生产基地重点建设高效节能的大中小棚，探索棚内空间的充分利用，配套建设水、肥、药结合的滴灌设施，做到"一控二减"，即严格控制用水总量，减少化肥和农药使用量，实现节本增效，增强菜田综合生产能力。

（二）加大科技投入，提升蔬菜生产能力

一是推进标准化示范基地建设。针对不同区域生态特点，因地制宜研究不同种植新模式，建设一批高效的设施和露地栽培示范基地；探索科学合理的品种搭配和轮作、间作、套作模式，完善茬口衔接，提升基地利用率；加大育苗、栽培、水肥管理和病虫害防治等标准化技术研究和推广，研发农机技术，更新农艺技术，促进农机农艺融合；充分发挥标准化基地的示范作用，辐射带动周边蔬菜产业基地的发展。二是积极开展科技培训、示范和推广。依托全省蔬菜科研创新团队，重点对蔬菜种植大户、龙头企业和专业生产合作社全面深入实施农业科技大培训、大示范和大推广，提高科技入户率。三是建立覆盖全程、综合配套、便捷高效的专业化和社会化服务体系。提高蔬菜生产组织化、标准化水平；完善基层农技推广服务机构，分区域配备蔬菜专业技术人员。

（三）提高蔬菜采后商品化处理和加工水平

一是推进田间分级包装、预冷等商品化处理设施建设。按蔬菜种植面积和外销需求，配置清洗、分级包装和冷链运输等设备，完善清洗、分级包装等产地商品化处理，减少产量损耗、提高蔬菜商品品质和附加值，提升产品竞争力，实现优质优价。二是加快蔬菜加工业发展。优先发展以四川泡菜为代表的蔬菜加工业，积极研发其他蔬菜类加工；重点完善以眉山、成都为中心的川西平原传统泡菜和以宜宾、南充、内江为中心的传统名腌菜标准化、规模化加工基地的建设；开展适于蔬菜加工的专用品种选育引进工作和加工新工艺关键技术攻关；完善加工产品质量安全监控体系，推进标准化、清洁化生产。

（四）进一步提高质量安全水平

一是做好蔬菜产地环境保护和治理，优化种植结构和区域布局，以龙头企业、农民合作社、种植大户等主体为重点对象推广标准化生产，推广杀虫灯、防虫网、黏虫板等绿色防控措施，开展病虫害综合防治，实现化肥农药使用量零增长。二是完善产地准出和市场准入机制，通过准入机制倒逼产前、产中和产后的规范化生产行为。完善农产品质量安全追溯平台功能，建立产品质量可追溯制度，确保产品质量安全。三是推广种养结合模式，增施有机肥，全面推广测土配方施肥，减少化肥农药用量，提高菜地质量和可持续生产能力。四是抓好农产品质量安全监测，把农产品质量安全执法纳入农业综合执法范围，对质量安全违法行为"零容忍"。

（五）强化品牌宣传、完善产销衔接

一是促进区域品牌与企业品牌的互动发展，通过无公害农产品、绿色食品、有机农产品和农产品地理标志"三品一标"认证、申报，培育和壮大蔬菜产业知名品牌。二是多途径、多形式强化品牌宣传，树立"四川蔬菜，天然生态"的品牌形象，实施互联网农业，发展农产品电子商务，全面推进农超对接、农校对接等产销对接模式，减少中间流通环节，增加农民收入。

四川水果产业调研报告

一、水果产业发展现状

四川地形地貌复杂，气候类型多样，栽培果类众多，主要包括苹果、梨、柑橘、葡萄、猕猴桃和桃等，在全国水果生产中占有重要地位。自 2007 年以来，四川水果产量与面积呈逐年上升的趋势（调研图 4-1）。2016 年，全省水果总面积 994.8 万亩，居全国第 7，产量 850.5 万 t，居全国第 10。

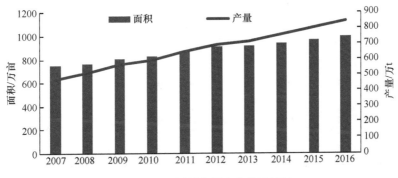

调研图 4-1　四川水果产业发展情况

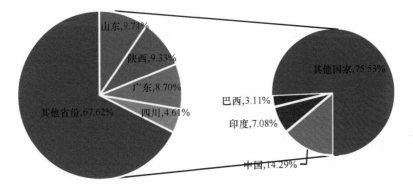

调研图 4-2　四川水果产量全国占比及中国水果产量全球占比情况

目前四川省整个果业的发展呈现出以下几个显著特点。

（一）特色果品生产优势区加快形成

四川栽培水果种类较多，其中猕猴桃、柑橘、柠檬、晚熟杂果、石榴五大产业在国际国内优势明显（调研表 4-1），因此四川的重点是努力打造"中国第一、世界有名"的优势水果产业。

调研表 4-1　2016 年四川特色水果产业汇总表

名称	面积/万亩						产量/万 t						产值/亿元	主产地
	四川	全国	全国占比/%	全国排位	全球	全球占比/%	四川	全国	全国占比/%	全国排位	全球	全球占比/%		
柑橘	423	3 606	12	6	20 145	2	402	3 547	11.33	6	12 441	3	112	蒲江县、金堂县、丹棱县、仁寿县、青神县、东坡区等
柠檬	80	90	89	1	600	13	60	70	85.71	1	500	12	30	安岳县、东兴区、隆昌县、威远县、嘉陵县、大英县等
猕猴桃	60	321.6	19	2	400	15	24.4	256	9.53	2	360	7	25	都江堰市、彭州市、蒲江县、苍溪县、雨城区、绵竹市等
晚熟杧果	56	341	16	4	9 315	1	20	200	10.00	4	3 726	1	30	仁和区、盐边县、米易县等
晚熟荔枝和龙眼	68	931	7	4	2 140	3	13	175	7.43	4	427	3	20	江阳区、龙马潭区、合江县、泸县、宜宾县等
石榴	40	180	22	1	500	8	60	120	50	1	300	20	45	会理县、西昌市、德昌县等
枇杷	80	200	40	1	400	20	30	80	37.50	1	300	10	36	米易县、石棉县、仁寿县、简阳市、茂县等
甜樱桃	8	300	3	1	600	1	3	100	3.00	1	220	1	6	汉源县、汶川县、茂县、九寨沟县、理县、越西县等
苹果	57	3 400	3	9	6 800	1	63	6 100	1.03	9	12 000	1	32	盐源县、小金县、越西县、茂县等
桃	75	1 000	8	5	2 500	3	57	800	7.13	5	1 980	3	35	龙泉驿区、简阳市、西充县、达川区等

（二）新品种、新技术、新模式广泛推广

依托省创新团队、各科研院校，大力实施引智、国际合作、省经济作物育种攻关等科技项目，引进、筛选和推广了一批国内外优新品种，全省有 20 个果树新品种通过省级审定并得到广泛推广，如'塔罗科血橙''不知火''清见'等晚熟柑橘品种，以及'红灯''拉宾斯'等欧洲甜樱桃，'红阳猕猴桃''凯特芒''翠冠梨''夏黑葡萄''简阳晚白桃'等。探索出了"果-菜"间套作模式，大力推广果树早结丰产省力化栽培、肥水一体化、机械化作业等先进适用技术。全省柑橘早中晚熟比由过去的 1∶8∶1 调整为 1∶7∶2，延长了产品上市期，增加了产业效益。

（三）质量安全水平不断提升

制（修）定果树生产技术规程及产品质量标准多个，推进果树产前、产中、产后各个环节生产有标可依。大力开展病虫害统防统治，推广绿色防控等病虫害综合防治技术，推进经济作物标准化生产，提高质量安全水平。积极推进经济作物标准园创建，加强农产品安全例行监测、强化生产投入品使用、加强安全间隔期等全程质量监管，推行果品质量追溯制度建设，实现从"田间到餐桌"的全程控制，产品质量安全例行监测合格率达到 97%以上。

（四）产业化水平不断提高

加大对新型经营主体的培育，鼓励企业、专业合作社和家庭农场抱团发展，推进"产加销"一体，壮大产业经营实力，提高产业竞争力。

二、典型县的调研剖析

（一）果蔬生产现状分析

通过对简阳市、邛崃市、仁寿县、德昌县、筠连县、泸县、三台县和船山区这8个典型县区市果蔬产业的实地调查，目前这8个典型县区市的果蔬生产现状分别表现为面积产量保持稳定、助农增收成效明显和优势产业初步形成三个特征。

（二）主要做法与经验

典型县果蔬的生产模式主要有"公司+基地+农户"、"公司+农户"、专业合作社、种植大户和家庭农场等方式。主要做法与经验如下。

1）立足本地特色果蔬产品，高起点选择项目，研究和引入新品种和新技术，采取集中培训、上门服务、专家现场指导、远程信息培训等形式，对生产者进行产前、产中和产后服务，确保技术落实到位。

2）构建立体生态农业模式，形成"林下有鸡、水中有鱼、山上有果"的生产形式，大力发展观光农业，最大限度提高农业收入。

3）合作社采取自产自销模式，减少流通环节，终端售价更具竞争优势。

4）构建立体循环经济。根据栽培面积来确定养殖家禽和鱼类的规模，实现种养结合。

三、水果产业发展存在的问题与对策

（一）水果产业发展存在的问题

1. 政策扶持不够，果树新技术推广体系不健全，种植户面临资金与技术短缺问题，果树生产标准化程度不高

果树生产是一个周期相对较长的产业。国家扶持资金主要用于农场的基础设施建设，而基础设施建设花费较高，每年都在维修或重建，但政府对此方面的后续支持很少且力度较小，对种植户的实际帮助并不大。例如：①泸县80%以上的果园没有蓄水池，只有近20%的果园有项目配套，建有蓄水池，而且其中近一半蓄水池还无法正常蓄水；"赖地生树，靠天结果"的现象较为普遍；②晚白桃从建园到生产需要4年的时间，每亩的投入约1万元，所有前期投入要等4年后才能有所回收，在此过程中，种植户大金额的融资贷款也不容易，全靠企业和种植户的自身财力去发展，常会出现后续资金不足的问题；③柑橘建园从整土、改土、购买种苗以及肥料到投产通常会花费1.5万元/亩，然而收益却要在3年以后，因此对业主来说会造成前期投入太大，后期也同样面临资金不足的经济压力。

各地果树科技推广体系不健全，推广机构技术人员缺乏，业务素质参差不齐，根本无力承担全县或乡镇果蔬技术推广，这也是制约当地果蔬生产发展的又一大原因。例如，筠连县果树技术推广机构设在农业局果树站，负责全县的技术推广工作，但技术推广人员缺乏，只有两个人，根本无力承担果树技术推广。

2. 土地流转困难

规模化的经营才能创造经济效益，然而规模化经营的前提是流转土地，流转土地却困难重重。①土地零星分布，点未连成线，线未连成面，集中连片基地相对较少。一个农户的土地往往有上、中、下和远、中、近等不同类型，有的农户愿意流转，有的农户不愿意流转，很难形成集中的土地资源。②农户全家外出打工，家中没有任何人留守，土地闲置，没有谈判对象。③果树建设需要进行基础设施建设，在流转土地上进行修路、蓄水又会造成一定纷争。

3. 缺乏科学规划的规模化发展存在滞销隐患

近年来，四川果树产业发展迅速，各地基地面积快速扩张，投产面积不断扩大，产量不断提高。2015 年，全省水果总面积 994.8 万亩，产量 850.5 万 t，较 2011 年分别增长 123.4 万亩和 198.6 万 t，涨幅达到 14.2%和 30.5%。反观水果市场的消费需求量增长相对缓慢，消费增长率仅为 0.2%。据此判断，如果没有消费水平的显著提升，四川省的水果产业将难以避免进入供大于求的供需失衡状态。

同时，四川水果质量整体呈现"好的不多，多的不好"现状，同质化现象严重，市场竞争激烈，致使水果销售价格优势丧失，果农利益受损。

4. 产业支持政策失衡问题突出

四川果蔬产业发展中的支持政策失衡主要表现在两个方面。一是重生产基地、轻流通加工，各级政府在扶持果蔬产业发展过程中将工作重心大都放在生产环节，对生产基地建设高度关注，但缺乏对产业链的整体扶持，对市场营销、品牌打造、产品加工、仓储物流等流通环节政策激励不强。二是重龙头企业，轻专业大户，各地支持果蔬产业发展存在明显的规模偏好倾向，对龙头企业大规模流转土地并扩大种植面积等的支持政策较多，而对更稳定和更具理性规模的适度规模种植大户的政策支持则明显不足，两者间支持政策的严重失衡，对四川果蔬产业发展中全产业链的均衡打造和新型经营主体的多元化发展都极为不利。

5. 劳动力缺乏，劳动力成本高

目前农村大部分青壮年都在外打工，剩余劳动力大多为中老年人。这部分人群在用工过程中会出现劳动效率低的问题，最终导致生产成本增加。此外，大部分果树种植在山地，限制了机械化的运用，这也在一定程度上增加了果树的生产成本。

6. 品牌建设相对薄弱，产品附加值低

果品品牌建设主要存在以下四个方面的问题：①本地有果品品牌，但是品牌多而杂，各自为营现象严重，缺乏"一流"品牌；②各地政府对本地果品品牌缺乏系统宣

传方案，大型果品展销会、洽谈会、推介会等宣传活动不多，财政资金用于果品宣传投入不足；③除优势产区外，各地果品无明显特色，产品质量不上档次，在市场上无明显优势，形不成品牌效益；④各果树产地国家无公害、绿色、有机农产品的质量认证相对偏少。

7. 果品安全有隐患

一是农资市场太混乱。由于市场没有相应的监管机构，农资市场肥料和农药质量参差不齐，农户没有鉴别能力。二是农产品质量安全意识不强。部分生产者和经营者的农产品质量安全意识淡薄，由于自身综合素质相对偏低及利益最大化的驱动和行业潜规则等原因，对推行标准化生产、农产品质量检测工作不理解、不配合。在生产中不严格按照无公害生产技术规程进行生产，在农药使用上未严格遵照安全间隔期来喷施和采收农产品，造成了农产品质量安全隐患。三是果品质量安全监督力度较薄弱。各地从事果蔬质量安全的检测工作人员较少，且大多为非专业人才，均是从各局抽调。每年各地抽检果蔬共 500 个样品，合格率均在 98.5%以上，但抽检数量较少，果品是否安全的数据全面性还不够。

（二）水果产业发展的对策

1. 搞好市场调查和预测，强化中长期规划约束

四川应以市场为导向，强化中长期规划的空间布局约束，有效抑制非适宜区果蔬产业基地的无序扩张，重点打造优势特色产业带，突出比较优势和特色，淘汰一批零星分散、生态不适宜、缺乏市场竞争力的果蔬。同时，要高度重视规划建设多层次营销体系，统筹省内果蔬市场，保障销售市场有序发展，防止无序竞争。

2. 依托科学技术提升果树产业可持续发展能力

引进示范推广一批国内外领先的优新品种，加快建设与基地发展规模相适应的良种繁育基地，配备推广先进高效的繁育设施设备，建设一批集约化、工厂化种苗中心。集成、组装和推广一批节本增效技术，普及推广集约化育苗、肥水一体、绿色防控、配方施肥、采后商品化处理等提质增效技术，大规模开展有机肥替代化肥与柑橘高厢起垄等标准化生产示范。分片区开展专题培训，加强人才队伍专业技术培训，重点对种植大户和家庭农场、农民合作社、农业企业等经营主体技术人员进行知识更新，从根本上确保果品的标准化生产和优质安全。

3. 探索多种功能开发，提升果树产业价值

一是推广立体栽培模式。在幼龄果园间作蔬菜、食用菌、药材等经济作物，实现以短养长、综合利用，从而减轻果农前期经济压力。二是发展种养循环模式。既增加收入，又改善果园生态环境。三是深入推进产业基地"景区化"建设。大力发展休闲农业和乡村旅游，拓展农民增收渠道，实现"以农带旅、以旅促农"良性互动循环。

4. 严格保护农业生产资源安全，实现资源环境可持续

严格保护耕地，提升耕地质量。充分利用地表水和自然降水，控制使用地下水，发展高效节水农业。防止农业面源污染，实现秸秆、畜禽粪便、农药包装物、农产品加工副产物等农业废弃物基本资源化利用。

5. 大力培育打造特色农产品知名品牌

深入实施双品牌战略，集中力量打造一批在国内外知名的高端品牌，进一步做强本地知名企业品牌，鼓励和支持农业企业和农民专业合作社创建驰名、著名商标，联合抱团打造品牌。继续开展特色农产品展示展销，重点办好类似水果采摘节的特色节会。积极组织参加国际国内各类展销活动，大力发展特色农产品电子商务，以销促产。

6. 调整支持重心，大力推进一二三产融合发展

重点从单一的基地扩张扶持转向更加重视对产后流通和加工环节的支持，要切实提高对水果产业加工、储藏、营销等后向产业链的扶持力度。就四川现状而言，应特别重视大力拓展营销渠道，支持发展水果产品网上销售、直销配送等现代流通方式以及"农超对接"、"农企对接"和"农市对接"等现代营销模式。切实抓好水果产品的精深加工，建设一批以规模化、标准化基地为依托的特色农产品精深加工示范园区，集中打造一批具有良好市场前景的中高端产品。

7. 建立市场预警和危机处理机制

在供求平衡压力加大和市场竞争加剧背景下，加强市场信息服务体系建设，有效促进产销衔接，就水果生产、供应、消费等进行信息预测预报，建立高效、精确的预警机制。首先，水果主产区要及时收集国内有关水果的产业政策、生产、加工、保鲜、市场及自然灾害等方面的信息，建立及时、准确、系统、权威的水果产品预警信息发布系统，为生产者和经营者提供决策参考，达到调控水果产品市场的目的。其次，要多层次建立产销预警系统，建立果蔬产业信息化网络平台，及时提供预警性行情信息，导向产销活动，防范市场风险。还应优先建设和完善手机短信、淘宝、微信等电子商务传送渠道，扩大覆盖范围，提高水果信息覆盖率，提升水果产销的信息服务水平。

面对客观存在的不可控风险，构建完善的危机处理机制。首先，应设立应急保险资金，建立"政府＋保险公司＋农户"的保障体系，避免"果贱伤农"现象出现。其次，政府应制定果蔬产业危机处置办法，建立价格应急机制，一旦市场价低于设定的保护价，政府应启动应急资金给予种植户一定补贴。此外，如果市场出现交易饱和，果蔬产品出现较大规模滞销，政府应以提供补贴方式及时引导物流企业和加工企业收购果品，扼制价格过度下滑，减缓过度市场波动对四川果业良性发展产生的不利冲击。

8. 建立科技小院，弥补农村科技力量薄弱环节

充分利用农业院校的人力与技术资源，将本科生或研究生的实习和毕业论文安排在田间地头，这既能提高学生的实践和动手能力，又能加强先进农业生产技术的推广，解决基层技术推广难、人员缺的现状，实现双赢。

9. 建立果树安全可持续发展试验示范区与监管制度

根据当地区域自然环境与农业区划特点，科研人员通过技术创新、技术集成、模式探索，形成符合当地实际的农业资源高效利用与生态环境保护协调的发展方案，建成集成科技成果的试验示范与应用推广基地，为当地及其周边区域全面推广优新品种与技术提供有效支撑。由政府搭台，制定强有力的果品质量监管制度和标准，以制度来引导产业的健康发展。在果品生产的各个环节进行严格的监管，并落实到位，这样可从整个生产过程保证产品的安全性。

贵州养殖业可持续发展研究报告

多年来，贵州积极寻求和培育符合贵州实际、既能治山又可致富、具有比较竞争优势和效益的支柱产业，以期能带动整个农业农村经济发展和农民致富。习近平总书记在参加党的十九大贵州省代表团讨论时发表的重要讲话中指出"坚决守好发展和生态两条底线"。原贵州省委书记栗战书指出，要解决好贵州"三农"问题，"希望在山，关键在水，后劲在畜，出路在工"。贵州山地生态畜牧业发展潜力巨大，通过发展生态畜牧业，在实现生态治理和农民增收方面，进行了卓有成效的探索，并积累了丰富的经验。2014 年，贵州省委省政府针对贵州山地农业特点出台了《关于加快推进山地生态畜牧业发展的意见》，突出阐述了贵州山地生态畜牧业特色。为进一步了解贵州畜牧业的发展现状、成功经验和存在的问题，分析和提出今后的发展对策，为我国食品安全和可持续发展提供参考，西南地区食物安全可持续发展战略研究调研组对贵州高原山地畜牧产业可持续发展现状进行了调查研究，重点考察了贵州罗甸、荔波、湄潭、贞丰等典型县，与这些县的部分领导、企业家、养殖专业户、农户进行了详细座谈，并先后收集了典型养殖企业（养殖户）的相关资料，现总结如下。

一、社会发展概况

贵州地处云贵高原，是全国唯一无平原支撑的喀斯特山地省，全省辖 6 个市、3 个自治州、1 个国家级新区，共有 88 个县（市、区），国土面积 17.6 万 km²，占全国总面积的 1.8%。其中民族自治地方占全省总面积的 55.5%。2017 年，全省常住人口 3580.0 万人，少数民族人口占全省总人口的 36.1%。2017 年，全省生产总值 13 540.8 亿元，第一产业增加值 2020.8 亿元，增长 6.7%，第二产业增加值 5439.6 亿元，增长 10.1%，第三产业增加值 6080.4 亿元，人均 GDP 约 38 000 元。贵州已迈入"高速高铁时代"，成为西部第一个县县通高速、村村通公路的省份，9 个市州通航机场全覆盖、水运航道加快建设，已形成以高速公路、铁路为骨架，多种运输方式相配合的综合交通运输新格局。截至 2017 年年底，贵州公路通车里程 19.4 万 km，高速公路通车里程 5834.5km，为优化农业投资环境、拉动农业经济增长和增强农业对外交流提供了有效支撑。

二、高原山地生态畜牧业生产条件

（一）生态环境优越

贵州属亚热带湿润季风气候区，冬无严寒、夏无酷暑、雨热同季，非常适宜畜禽生长繁殖。全省森林覆盖率50%以上，空气清新、水质良好、土壤干净，环境状况明显优于周边地区。气候条件适宜多种农作物和牧草生长，特别适宜畜禽的生长和繁育。广大宜牧山区远离工业污染，化肥、农药施用少，土壤环境容量大，具有生产无公害、绿色、有机畜产品的独特优势。

（二）草地资源丰富

2015年，贵州有各类草地9000多万亩（其中天然草地6430万亩，人工草地700万亩，冬闲田种草120万亩，林下草地1924万亩）；天然草地类型多，饲草饲料资源丰富，天然草地上有维管植物203科1025属4725种，可作牲畜饲料的有86科1410种，天然牧草品种数量居全国第三位，其中优良牧草有260余种，这些优良牧草是草地改良、飞播、人工草地建设的重要牧草资源；每年生产约1100万t农作物秸秆和600多万吨藤蔓，其中75%可用来养畜，草地资源发展潜力巨大。

（三）畜禽水产资源丰富

贵州气候独特，自然生态环境多样，经过长期的自然选择和人工选择，形成了各具特色的畜禽品种资源。2006年第二次全国畜禽遗传资源普查显示，贵州共有畜禽品种55个，其中：已认定的地方畜禽品种28个，新发现的畜禽品种12个，培育品种4个，引进品种11个。录入国家级畜食资源保护目录的有3个，列入中国畜禽地方品种资源图谱的共有19个。猪品种资源（11个）：'香猪'黔北黑猪''关岭猪''白洗猪''可乐猪''窄勒黑猪''糯谷猪''宗地花猪''黔南黑猪''江口萝卜猪''黔东花猪'。牛品种资源（7个）：'贵州白水牛''贵州水牛''务川黑牛''威宁黄牛''黎平黄牛''思南黄牛''关岭黄牛'。马品种资源（1个）：'贵州马'。羊品种资源（5个）：'贵州黑山羊''贵州白山羊''黔北麻羊''黔东南小香羊''威宁绵羊'。鸡品种资源（9个）：'长顺绿壳蛋鸡''瑶山鸡''乌蒙乌骨鸡''矮脚鸡''高脚鸡''黔东南小香乌骨鸡''黔东南小香鸡''威宁鸡''竹乡鸡'。鸭品种资源（3个）：'天柱番鸭''兴义鸭''三穗鸭'。鹅品种资源（2个）：'织金白鹅''平坝灰鹅'。水产资源有大鲵等。这些地方种质资源是培育新品种不可缺少的原始素材，也是贵州省畜牧业可持续发展的宝贵资源，在提升畜牧业竞争力方面具有潜在优势。

（四）产业发展基础好

经过多年的积累和探索创新，贵州已具备了发展山地生态畜牧业、建设山地生态畜牧业的良好基础。生产优势区域布局进一步优化，主要畜产品优势产业带逐步形成，各种特色养殖发展方兴未艾。由政府引导、企业主导、多元投入的现代畜牧业正逐步走向成熟，"政府+企业+家庭牧场"三位一体产业集群发展模式持续推进，涌现出温氏、铁骑力士、特驱希望、柳江等一批大型产业化龙头企业，以及与专业合作社和家庭牧场融合发展的新型经营主体。科技支撑能力逐年增强，规模化养殖水平不断提高，标准化规模生产逐渐形成气候，畜产品质量安全水平稳步提高。动物防控效果成效明显，在加强基础免疫及监测预警的基础上，畜牧业信息服务得到加强，产加销、科工贸一体化的产业发展格局初步形成。2015年，已建成国家级、省级畜禽养殖标准化示范场 169 个，省级以上畜牧龙头企业 161 家，实现销售收入 108.63 亿元。

三、养殖生产与消费情况

（一）养殖结构及效益状况

1. 生猪产业结构及效益分析

1980～2016 年，贵州猪年末存栏数由 895.7 万头增加到 1498.16 万头（调研表 5-1），年均增长 1.5%，猪出栏数 425.5 万头增加到 1759.35 万头，年均增长 4.0%。猪肉产量从 25.5 万 t 增加到 154.96 万 t，增长 507.7%，年均增速为 5.1%。2016 年，全省年出栏 50 头以上的生猪养殖场（户）29 528 户，规模化养殖比例由 2010 年的 15.7%增长到 2016 年的 28.4%。

调研表 5-1　贵州主要养殖业结构及生产现状统计表

年份	大牲畜年末存栏数/万头	牛年末存栏数/万头	猪年末存栏数/万头	羊年末存栏数/万只	当年出栏数			肉类总产量/万t	其中				牛奶/t	禽蛋/t	水产品产量/万t
					牛/万头	猪/万头	羊/万只		猪肉/万t	牛肉/万t	羊肉/万t	禽肉/万t			
2000	731.49	658.08	1 687.31	341.76	51.35	1 167.51	165.47	124.06	105.05	6.99	4.21	7.32	16 920	65 259	6.24
2001	746.12	671.40	1 730.70	350.04	55.91	1 229.99	179.15	131.70	110.93	7.58	4.34	8.03	20 037	70 049	6.89
2002	771.04	692.57	1 806.80	360.74	66.99	1 351.26	200.65	145.02	121.59	8.97	4.49	9.04	25 272	79 271	7.46
2003	801.88	721.66	1 904.40	391.90	80.39	1 533.68	223.73	156.99	131.40	10.13	4.50	10.14	33 772	91 162	7.96
2004	839.88	758.86	2 019.90	420.98	91.38	1 707.62	248.80	171.06	143.10	11.38	5.02	10.76	35 626	99 202	8.85
2005	873.81	793.17	2 138.01	448.33	103.08	1 911.34	280.26	187.01	156.19	12.50	5.50	12.00	37 522	111 106	9.46
2006	578.78	498.10	1 562.10	218.40	72.20	1 574.00	160.30	163.70	138.80	9.10	2.70	12.20	40 884	100 000	6.71
2007	612.10	513.10	1 548.70	222.30	75.20	1 445.40	162.20	150.60	125.60	9.50	2.80	11.70	40 636	103 000	7.68
2008	611.51	523.40	1 587.50	231.20	84.20	1 561.10	178.50	161.46	134.60	10.30	3.00	12.60	43 000	108 000	7.80
2009	626.21	539.10	1 617.96	252.98	92.14	1 596.10	190.10	169.60	140.10	11.40	3.23	13.50	44 900	122 000	8.03
2010	627.64	541.80	1 616.34	261.10	96.56	1 688.67	198.70	179.09	148.09	11.99	3.40	14.12	45 900	125 100	8.79
2011	550.82	467.11	1 521.60	256.49	97.21	1 689.66	197.31	179.97	148.21	13.00	3.37	14.35	48 500	136 500	10.88
2012	541.03	461.04	1 604.09	290.09	105.99	1 734.76	206.78	190.27	156.13	13.04	3.53	15.41	51 000	146 500	13.47
2013	536.90	460.62	1 604.10	299.59	115.22	1 832.28	205.39	199.74	163.73	14.13	3.51	15.48	54 500	154 400	16.70
2014	572.05	495.86	1 600.57	337.40	117.23	1 845.27	220.38	201.80	165.55	14.68	3.75	14.84	57 100	162 000	20.99
2015	609.20	535.95	1 558.96	354.67	133.26	1 795.26	246.14	201.94	160.75	16.76	4.20	16.31	62 000	175 800	24.98
2016	597.17	518.26	1 498.16	349.24	140.72	1 759.35	263.86	199.28	154.96	17.85	4.50	17.72	63 900	187 800	28.99

2. 肉牛产业结构及效益分析

1980～2016 年，贵州牛年末存栏数由 379.5 万头增长到 518.26 万头，年均增长 0.87%，增长较为缓慢，近 10 年保持在 500 万头左右。1980～2016 年，牛出栏数由 6.85 万头增加到 140.72 万头，年均增长 8.76%。牛肉产量从 0.47 万 t 增加到 17.85 万 t，年均增速为 10.6%。2016 年，全省年出栏 10 头以上的肉牛养殖场（户）8010 户，规模化养殖比例由 2010 年的 11.3% 增长到 2016 年的 19.7%。

3. 肉羊产业结构及效益分析

1980~2016 年，贵州羊年末存栏数由 201.9 万头增加到 349.24 万头，年均增长 1.5%。羊出栏数由 51.4 万头增加到 263.86 万头，年均增长 4.7%。羊肉产量从 0.7 万 t 增加到 4.5 万 t，年均增速为 5.2%。2016 年，全省年出栏 30 只以上的肉羊养殖场（户）21 096 户，规模化养殖比例由 2010 年的 27.6% 增长到 2016 年的 39.2%。

4. 渔业结构及效益分析

1982~2016 年，贵州水产品产量从 0.55 万 t 增加到 28.99 万 t，增长 5170.91%，年均增速为 12.37%。2015 年贵州大鲵存池数 78.46 万尾，比 2010 年增长 3.3 倍，养殖企业 256 户，比 2010 年末的 36 户增长 14.5 倍。2015 年，网箱养殖面积达到了 817.58 万 m^2，产量达 12.93 万 t，与 2010 年相比同比增长 6.7 倍和 4.4 倍。冷水渔业养殖产量 10 128t，比 2010 年增长 14.5 倍。渔业总产值 55.90 亿元，比 2010 年增长 3 倍。主要养殖模式有水库、稻田、池塘养殖，这三种养殖模式的产量约占全省养殖产量的 87%。全省水产养殖面积达 5.99 万 hm^2。全省建立了 66 个水产品病害测报点，基本形成了疫病监测网络。

5. 其他养殖结构及效益

1980~2016 年，贵州省肉类产量总体保持增长趋势，肉类产量从 26.67 万 t 增加到 199.28 万 t，增长 647.21%，年均增速为 5.75%。1985~2016 年禽肉产量从 1.89 万 t 增加到 17.72 万 t，增长 837.57%，年均增速为 7.51%。1981~2016 年牛奶产量从 0.5543 万 t 增加到 6.39 万 t，增长 1052.81%，年均增速为 7.23%。1982~2016 年禽蛋产量从 2.51 万 t 增加到 18.78 万 t，增长 648.21%，年均增速为 6.10%。

（二）养殖产品质量安全情况

截至 2015 年 6 月，全省已建成省级以上畜禽养殖标准化示范场 169 个，认证无公害畜禽产品 251 个，认定无公害畜禽产品产地 960 个，认证畜禽产品地理标志 7 个，注册畜产品商标数百个。兽药、饲料及畜产品检测总体合格率 95% 以上，近年未发生区域性重大动物疫情。

（三）畜产品安全情况

1. 畜牧业产值分析

1980~2016 年，贵州农业总产值从 36.44 亿元增加到 3097.19 亿元，增长 84 倍，年均增速为 13.13%。畜牧业产值从 6.89 亿元增加到 797.21 亿元，增长 114 倍，年均增长 14.1%，畜牧业占比由 18.9% 提高到 25.7%。贵州畜牧业发展较快，特别是 2010~2016 年，产值由 304.16 亿元增长到 797.21 亿元，增长 1.6 倍，年均增长 17.4%。1980~2016 年，渔业产值从 0.04 亿元增加到 68.74 亿元，增长 1718 倍，年均增长 23.0%。相关数据见调研表 5-2。

调研表 5-2　贵州农业产值统计表　（单位：亿元）

年份	农林牧渔业总产值	畜牧业产值	渔业产值	畜牧业占比/%
1980	36.44	6.89	0.04	18.91
1985	70.24	17.05	0.40	24.27
1990	145.53	41.38	0.97	28.43
1995	344.85	102.54	2.86	29.73
2000	412.97	110.67	4.65	26.80
2001	418.61	118.46	5.13	28.30
2002	431.39	128.80	5.54	29.86
2003	466.72	139.48	6.08	29.89
2004	524.64	168.79	7.02	32.17
2005	571.84	194.20	9.41	33.96
2006	601.54	189.79	7.44	31.55
2007	697.10	231.60	9.04	33.22
2008	843.80	291.65	10.49	34.56
2009	875.20	281.53	11.06	32.17
2010	997.82	304.16	13.82	30.48
2011	1165.46	381.95	19.90	32.77
2012	1436.61	421.55	28.21	29.34
2013	1663.02	482.68	38.30	29.02
2014	2118.48	569.29	47.01	26.87
2015	2738.66	665.17	55.90	24.29
2016	3097.19	797.21	68.74	25.74

2. 城镇居民家庭年人均肉蛋奶消费量

1980～2016 年，贵州城镇居民家庭年人均禽类消费量从 1.68kg 增长到 8.39kg，增长 399.4%，年均增速为 4.6%。1980～2016 年，城镇居民家庭年人均蛋类消费量由 3.12kg 增长到 5.81kg，增长 86.2%，年均增速为 1.7%。1983～2016 年，城镇居民家庭年人均奶类消费量由 2.0kg 增长到 16.95kg，增长 747.5%，年均增速为 6.8%。1980～2016 年，城镇居民家庭年人均水产品类消费量由 1.02kg 增长到 4.68kg，增长 358.82%，年均增速为 4.3%。2006～2016 年，年人均猪肉消费量由 25.51kg 变化到 26.75kg，近 10 年猪肉消费变化不大。2006～2016 年，年人均牛羊肉消费量由 1.63kg 增长到 2.53kg，增长 55.21%，年均增速为 4.49%（调研表 5-3）。

调研表 5-3　贵州城镇居民家庭年人均肉蛋奶消费量统计表　（单位：kg）

年份	禽肉	蛋类	奶类	水产品	猪肉	牛羊肉
1980	1.68	3.12	—	1.02	—	—
1985	3.60	4.08	2.40	1.44	—	—
1990	4.80	4.29	3.23	2.13	—	—
1995	5.68	6.61	4.69	3.08	—	—
2000	6.00	6.90	7.40	3.50	25.20	1.50
2001	7.33	6.50	9.00	3.50	24.60	1.30

年份	禽肉	蛋类	奶类	水产品	猪肉	牛羊肉
2002	7.76	4.70	10.00	3.30	26.68	1.47
2003	8.61	5.14	12.21	3.48	27.69	1.18
2004	7.93	5.07	12.63	3.37	26.46	1.48
2005	9.66	5.23	14.55	3.38	26.52	1.65
2006	7.80	5.16	15.76	3.50	25.51	1.63
2007	7.33	5.14	15.85	3.20	24.80	1.95
2008	7.24	5.21	11.48	3.32	24.80	1.72
2009	7.66	5.09	13.58	3.95	26.41	1.71
2010	8.64	5.70	15.62	3.90	25.66	1.88
2011	9.41	6.68	15.72	3.86	27.89	2.15
2012	8.61	5.70	16.05	4.12	24.93	1.82
2013	7.36	5.21	14.85	3.75	28.37	2.27
2014	7.11	5.02	14.72	3.61	24.38	1.97
2015	7.59	5.67	16.59	4.25	25.78	2.21
2016	8.39	5.81	16.95	4.68	26.75	2.53

3. 农村居民家庭年人均肉蛋奶消费量

1980～2016 年，贵州农村居民家庭年人均肉禽类消费量从 9.95kg 增长到 32.93kg，增长 230.95%，年均增速为 3.38%。1980～2016 年，年人均蛋类消费量由 0.55kg 增长到 3.29kg，增长 498.18%，年均增速为 5.09%。1996～2016 年，年人均猪肉消费量由 20.74kg 增长到 28.11kg，增长 35.54%，年均增速为 1.53%，猪肉消费变化不大。1996～2016 年，年人均水产品类消费量由 0.26kg 增长到 1.22kg，增长 369.23%，年均增速为 8.04%（调研表 5-4）。

调研表 5-4　贵州农村居民家庭年人均肉蛋奶消费量统计表　（单位：kg）

年份	禽肉及其制品	猪肉	蛋类	水产品
1980	9.95	—	0.55	—
1985	16.58	—	0.66	—
1990	15.66	—	0.66	—
1995	17.76	—	1.01	—
2000	25.44	23.83	1.25	0.36
2001	26.55	24.80	1.27	0.32
2002	29.27	27.23	1.22	0.32
2003	29.36	27.37	1.20	0.33
2004	29.32	27.38	1.22	0.35
2005	32.46	30.21	1.28	0.36
2006	31.26	28.94	1.41	0.49
2007	28.37	25.98	1.25	0.48
2008	27.63	25.01	1.72	0.36
2009	28.46	25.93	1.66	0.41

续表

年份	禽肉及其制品	猪肉	蛋类	水产品
2010	27.77	25.21	1.81	0.38
2011	25.73	23.04	1.93	0.43
2012	23.67	20.98	2.35	0.53
2013	28.54	24.58	3.26	0.80
2014	36.52	32.11	3.57	1.01
2015	36.63	31.61	3.54	1.12
2016	32.93	28.11	3.29	1.22

四、畜牧产业发展典型调研

（一）罗甸县畜牧产业发展调研

1. 罗甸县概况

罗甸县是贵州省黔南布依族苗族自治州管辖下的一个以布依族为主的多民族聚居的山区县，地处黔南山地西南部，北高南低。有汉、布依、苗、瑶、壮、侗等民族，辖8镇1乡。境内河流属珠江水系，主要河流有南盘江、蒙江、曹渡河等，水资源丰富。海拔为300～1000m，境内属于亚热带季风气候，无霜期长达335天左右，最高气温40.6℃，最低气温-3.5℃，年均温19.6℃，有"天然温室"之称。年均日照为1350～1520h，年降水量1335mm，森林覆盖率50.89%。罗甸素有贵州的"西双版纳"之称，畜牧业紧扣"山地、生态、高效"的定位目标，围绕"一圈两翼"和"一枢纽三基地"发展战略，以农民增收为核心、优化结构为主线、产业升级为目标，大力发展生态畜牧业和休闲康体渔业，促进畜牧渔业可持续发展，以养殖贵州黑山羊、肉牛、生猪、绿壳蛋鸡等为主。

2. 畜牧业发展现状

（1）畜牧业发展情况

罗甸县的畜牧业发展布局按照"北猪南牛羊""东西生态禽"的养殖布局，以示范场为抓手，以黑山羊、绿壳蛋鸡等品种为特色，通过"合作社+基地+农户"生产模式运作。引进新技术，引导畜禽养殖向规模化、标准化发展。2015年，全县全年生猪存栏26.4万头，同比增长11.2%，出栏37.9万头；牛存栏10.43万头，同比增长10%，出栏2.71万头；羊存栏13.6万只，同比增长10.1%，出栏9.04万只；禽类存栏159.4万羽，同比增长56.6%，出栏146.23万羽；肉类总产量40 785t，同比增长29.4%；禽蛋产量2674t，同比增长37.3%；现有规模养殖场86个，其中存栏100头以上的生猪养殖场12个，30头以上规模养殖牛场22个，100只以上养羊大户42户，1万羽以上养鸡场9个，成立养殖专业合作社30个，已完成畜禽产品认证4个，全县全年畜牧业生产总产值达14.8亿元。

（2）渔业发展情况

罗甸县渔业发展主要依托新建龙滩水电站库区12万亩的水域资源，主要采取"公司+合作社+农户"的方式进行规范养殖，推进渔业可持续向休闲康体产业发展。2015

年，水产养殖生态网箱 605 371m²、新增 50 000m²，投饵网箱 4682 口，拦网养殖 2786 亩，全年水产品产量 22 134t，比去年同期增长了 10.67%，渔业总产值 3.1 亿元。完成投饵网箱提升改造 1000 口，创建了 1 个休闲渔业垂钓示范小区，小区内包含有 50 户网箱休闲渔家。

3. 存在的问题及建议

（1）畜禽养殖模式落后

全县畜牧业现代化、规模化、集约化和标准化程度不高，养殖规模普遍较小且分散，生产随意性较大，表现为养殖地选址随意、畜禽混养、环境脏乱等。

（2）产业化程度不高

畜牧业产业化经营程度不高，缺乏龙头企业带动，产业链条短，畜禽产品加工水平不高，尚无龙头加工企业，产品主要是活畜，产销脱节，市场开拓无力，没有形成优势产品和品牌，养殖效益低下。

（3）专业技术力量薄弱

调研发现，很多乡镇畜牧渔业专业技术人员配比偏低，专业技术水平不高，对新技术和新成果的应用能力不足，对新增疫病处置能力不强。除了业务工作外，还要参与其他非业务工作，影响业务工作的完成。现代养殖新技术推广应用缓慢，专业人才缺乏，人才队伍建设滞后，难以满足畜牧业发展的需求。

（4）基础设施配套滞后

大多数农户缺乏种草养畜的经验和技术，产业配套差，山区交通不便。养殖场基础设施建设主要靠少量项目经费和企业养殖户投入，投入资金量大，水、电、路配套建设滞后，影响养殖户发展生产。例如，罗甸县罗悃镇沟亭村返乡创业青年罗绍基，2014 年打工回来开展林下生态土鸡养殖，共投入资金 128 万元，其中水、电、路就投入了 15 万元，由于缺乏资金扩建电路，场内电力不能满足生产需求。

（5）产业发展资金不足

调研过程中，养殖户反映的最大问题是政府支持力度小，养殖效益好，但没有资金投入扩大规模，生产与销售脱节，市场开拓能力不足。

（6）发展建议

一是建议加强政府专项资金投入，在养殖场配套水、电、路等基础设施。二是加强畜产品品牌、产品推广平台建设，提升市场竞争力。三是加强专业技术队伍建设，提高防疫意识，增强抗风险能力。四是大力发展特色生态畜牧业，尤其是利用当地林下养鸡资源优势和现有养殖基础，加强品种选育和龙头企业培育，加大政府支持力度，发展生态养鸡业，快速带动农民致富。

（二）荔波县畜牧产业发展调研

1. 荔波县概况

荔波县地处黔南边陲，位于东经 107°37′～108°18′，北纬 25°7′～25°9′；东北与黔东南苗族侗族自治州的从江县、榕江县接壤；东南与广西壮族自治区的环江县、南丹县毗邻；西与独山县相连；北与三都水族自治县交界。荔波县面积 2431.8km²。荔波县属于中亚热带季风湿润气候区；气温分布的总趋势是南高北低；地势每升高 100m，温度大致下降 0.55℃；河谷地带比同高度的山地，东西向槽谷比南北向槽谷，南坡比北坡，封闭型谷盆地比同坡高地气温高。全县年平均气温 18.3℃。全县常年最热月为 7 月，最冷月为 1 月。全县 7 月平均气温为 27.0℃ 以下，极端最高气温不超过 40.0℃；1 月平均气温各地均在 5.5℃ 以上，极端最低气温在 –10.0℃ 以上。

2. 畜牧业发展现状

大力发展规模养殖场，推进生态畜牧养殖工程 "123" 建设。全县大牲畜存栏 6.9642 万头，出栏 1.9288 万头，分别增长 1.11%、1.89%；生猪存栏 11.4152 万头，出栏 12.3455 万头，分别增长 5.13%、7.42%；山羊存栏 1.9232 万只，出栏 1.3112 万只，分别增长 4.21%、4.32%；家禽存栏 79.4625 万羽，出栏 118.6145 万羽，分别增长 8.41%、9.36%。完成肉类总产量 1.99 万 t，占任务的 123.08%；水产品总产量 2238t，占任务的 101.58%。存栏 10 头以上的养牛大户有 21 家，存栏 50 只以上的养羊大户有 81 家，存栏千头以上养猪场有 4 家，存栏生猪 100～1000 头的有 24 家，万羽养禽场 5 个，农业产业化经营企业 28 个、专业大户 198 户，农民专业合作组织 158 个，逐步形成种植基地化、养殖小区化、经营产业化的农业产业结构新格局。

3. 存在的问题及建议

1）养殖规模、产业化水平很低，没有龙头企业及畜产品加工企业支撑。

2）市场饲料原料价格上涨，而畜产品价格波动较大，对养殖户的养殖效益冲击较大，动摇了养殖户的养殖信心。

3）在推进养殖项目中，虽然每年国家注入很多资金，但在选户上没有做好，采取遍地开花的模式，形不成规模，达不到以点带面、辐射带动的效果。

4）乡镇畜牧兽医站工作较复杂，除了要开展畜牧养殖指导、兽医诊疗和检疫工作外，还要参加乡镇包村工作，这些影响了兽医人员工作的正常开展。此外，基层技术人员流动大，缺乏推广技术的人员，影响了工作开展的稳定性和任务推进。

5）养殖农户文化知识水平普遍较低，对养殖技术的掌握存在一定差距，养殖发展较慢。农村基层兽医技术薄弱，缺乏素质高的兽医人员。

（三）贞丰县畜牧产业发展调研

1. 贞丰县概况

贞丰县位于贵州省西南部，隶属黔西南布依族苗族自治州，地处珠江上游北盘江畔，东经 105°26′～105°57′，北纬 25°07′～25°44′。东接望谟县，西与兴仁县接壤，南邻安龙、册亨两县，北与安顺地区的关岭、镇宁两县以北盘江分界。东西宽 52km，南北长 67km，全县国土总面积 1511.9km²。贞丰县地处云贵高原向广西低山丘陵过渡的斜坡地带，地势由西北向东南阶梯状逐渐下降，形成多级台面，整个地形西高东低，地貌以岩溶地貌为主，分三种类型，西部为中山，中部为低山丘陵，东南部为中低山峡谷地貌。境内气候温和、雨量充沛，属典型的喀斯特地区和亚热带季风湿润气候。2015 年全县完成国内生产总值 91.4 亿元，人均生产总值完成 29 490 元。其中：一产完成 18.2 亿元，二产完成 43.3 亿元，三产完成 28.5 亿元。财政收入完成 18.2 亿元。农民人均可支配收入 6815 元；城镇居民人均可支配收入 22 265 元。

2. 畜牧业发展现状

贞丰县畜牧业以打造山地畜牧业为主，重点以养牛为主导产业，同时发展地方特色品种金谷黄鸡、下江黑猪、绿壳蛋鸡等。2015 年全县生猪存栏 16.5 万头，生猪出栏 20.0 万头；牛存栏 10.6 万头，出栏 2.5 万头；羊存栏 2.9 万只，出栏 1.5 万只；家禽存栏 114.23 万只，出栏 207.0 万只；肉类总产量 2.3 万 t，其中猪肉 1.7 万 t，牛肉 2898t，羊肉 281t，禽肉 3186t；禽蛋产量 5642t。

（1）养牛产业情况

贞丰县草地资源丰富，农民养牛积极性高。全县以贞丰县腾达生态肉牛养殖发展有限公司、贞丰县强久肉牛养殖专业合作社为龙头企业，辐射带动者相镇、北盘江镇、白层镇、小屯镇等周边农户。全县规模化肉牛养殖场 15 个，年出栏 500～1000 头的有 2 个场，年出栏 200～400 头的有 5 个场，年出栏 50～100 头的有 7 个场。

（2）养猪产业情况

养猪是贞丰县养殖业中的支柱产业，现有龙头企业 2 家，即贞丰县下江黑猪生态养殖有限责任公司、贞丰县黔江高效农业生态示范园，辐射带动珉谷、者相、北盘江、鲁贡、白层、鲁容等周边农户。全县标准化规模场 29 个，年出栏 0.8 万～1 万头 2 个场，年出栏 0.3 万～0.8 万头 5 个场，年出栏 0.1 万～0.2 万头 22 个场。

（3）林下养鸡产业情况

贞丰县林下草地资源丰富，适宜各种牲畜和牧草繁衍生长，是鸡放牧觅食的良好场所。贞丰县打造"绿壳蛋鸡""金谷黄"两个品牌，其中'金谷黄鸡'属贞丰本地土鸡品种，适宜发展林下养殖。现全县林下养鸡存栏 48 万羽，年出栏 90 万羽，规模养殖场户达到 23 个，农村经济合作组织 2 个，成员 191 个，注册"金谷黄"商标 1 个，获有机食品认证 1 个。

（4）水产养殖情况

贞丰县共有水面 4.6 万亩，其中，龙滩库区 1.76 万亩，董箐库区 0.54 万亩，其他水面 2.3 万亩，淡水养殖生产水平较低，多为自然捕捞，几乎没有人工养殖场。县境内仅有的几家粗放型渔业养殖天然水塘，科技含量低，产量较低，效益不明，2015 年全县水产品年产量为 310t。

3. 存在的问题及建议

1）人工授精技术推广不足，基层输精员操作能力较弱，队伍不稳定，开展牛冻精输配和猪人工授精输配工作的能力较差，造成牛冻配、猪人工授精技术应用效果不明显。

2）地方畜禽品种保种困难，选育工作有待加强，牛、黑猪、羊品种选育工作开展力度不够，品种改良经费投入不足。

3）乡镇畜牧兽医站技术人员的人、财、权已下归乡镇管理，但专业技术人员技术水平不高，疫病处置能力不强，人员缺乏，全县动物防疫工作不容乐观。

4）养殖新技术没有得到很好的推广应用，科技支撑不足，人才队伍发展相对滞后。

5）农产品质量安全技术基础、检测设施薄弱，追踪服务欠缺，缺乏督查力度，管理体制不完善。

6）龙头企业、专业合作社缺乏资金和技术，特别是缺乏能管理、善经营的人才，导致真正能够从生产到销售全过程为农民提供服务的实体型农民专业合作组织很少，难以发挥应有的作用。

（四）湄潭县畜牧产业发展调研

1. 湄潭县概况

湄潭县属黔北高原喀斯特地貌，地处大娄山东南侧，地势自西向东倾斜，南北两端突起。全县以丘陵为主，坝地和山地次之，兼有少量的丘原和台地，分别占全县总面积的 55.7%、22.7%、14.2%、3.2%和 4.2%。一般海拔为 800~1000m，最高海拔 1556m，最低海拔 460.8m。湄潭县气候特征为冬无严寒，夏无酷暑，四季分明，立体气候与小区气候明显。年平均气温 14.9℃，活动积温为 4582.5℃，有效积温为 2292.5℃，常年平均相对湿度为 82%，无霜期 284 天。多年平均降雨量 1135mm，其中作物生长期（4~9月）降雨量占全年总降雨量的 76%，年平均日照时数 1163h，日照比例为 26%，年总辐射量 3488MJ/m^2。湄潭县水资源年平均径流总量 9.658 亿 m^3，其中地下水资源量 2.4 亿 m^3，人均水资源 2005m^3。境内最大的河流为湄江河，流域面积 2435km^2，多年平均流量 36.3m^3/s，河长 114km，还有鱼泉河、团林河、芦塘河等 30 余条流域面积在 20km^2 以上的河流。全县有黄壤、石灰土、水稻土、紫色土、潮土 5 个土类，分别占土地总面积的 49.1%、34.3%、14.8%、1.9%、0.03%。

2. 畜牧业发展现状

2015 年，湄潭县生猪出栏 38.57 万头，年末存栏 24.9 万头，出栏同比上升 2.9%，存栏同比上升 4.6%；全年牛出栏 1.27 万头，年末存栏 5.1 万头，存栏同比上升 9.8%，出栏同比上升 29.8%；羊出栏 1.5 万只，年末存栏 2.2 万只，存栏同比上升 19.2%，出栏同比上升 47%；家禽年出栏 151.0 万羽，年末存栏 126.6 万羽，存栏同比上升 20.5%，出栏比上升 16.7%。肉类产量 3.6 万 t；禽蛋产量 0.38 万 t；畜牧业增加值预计可实现 4.8 亿元。水产品产量 0.85 万 t。

3. 存在的问题及建议

1）湄潭地处山区，农业生产基础条件差，加上农田水利等基础设施建设滞后，导致人工成本过高。

2）农民组织化程度低，基地面积小，小农户与大市场的连接仍然不畅。

3）生产标准化处于初级阶段，标准的覆盖率不高，农户仍以传统粗放生产方式为主，缺乏质量安全保障意识，满足消费者对绿色产品高标准需求的难度较大。种养结合不紧密，未形成有效的物质循环，资源利用率低。

4）城乡公共资源配置仍不均衡，农村基本公共服务体系不完善。农技推广体系受制于财力和体制约束，工作经费少，专业人员少，在良种推广、病虫害防控、动物防疫、市场信息等方面，尚不能完全适应发展现代农业的需要。

贵州（罗甸、荔波）果树产业发展情况调研报告

贵州位于中国西南部高原山地，境内地势西高东低，自中部向北、东、南三面倾斜，平均海拔在 1100m 左右。贵州海拔变化较大，形成山地立体气候和多种区域小气候自然资源，自然条件优越，适宜多种水果生长。气候多样性，耕地面积少，石漠化区域广，生态建设任务重，农村人口比例大，因此果树是贵州的主要经济作物，在农业生产中占有重要的地位，已成为水果主产区农民增收的主要来源。据统计，种植优质水果纯收入可达 0.5 万元/亩，最高可达到 2.0 万～4.0 万元/亩，远高于水稻、玉米等传统农作物。水果产业的开发，是老百姓一项持久有效的致富道路，可使农民在温饱问题解决后持续增加收入，有利于农村经济的发展和社会稳定。

贵州地处我国地势的第二阶梯，是长江、珠江中下游地区的天然生态屏障。因此，贵州经济社会可持续发展，对振兴西南经济、缩小东西部差距、促进民族团结和长江、珠江中下游的持续繁荣具有重大的战略意义。按"西南地区食物安全可持续发展战略研究"课题要求，选取贵州罗甸县及荔波县水果产业发展情况进行调查摸底工作。通过对调查数据进行深入分析，总结贵州水果产业发展的基本情况，并剖析本地区水果产业发展存在的主要问题、原因，旨在为水果产业战略发展提供理论支撑。

一、水果产业发展现状

（一）种植规模发展迅速

近年来，贵州省委省政府加大对民生问题的关注，相继出台政策大力支持发展精品果业。水果产业发展迅速，全省水果总面积、产量、产值由 2010 年的 227.75 万亩、123.47 万 t、36.0 亿元增加到 2014 年的 511.1 万亩、261.4 万 t、94.23 亿元。全省种植有柑橘、火龙果、猕猴桃、桃、李、梨、枇杷、樱桃、葡萄、苹果、百香果、荔枝、龙眼、菠萝、石榴等树种。其中以特色精品水果，如猕猴桃、火龙果等发展较快，增长速度达 70%～80%。但是从全省水果产量上看，贵州水果产业还是以柑橘、梨、桃、李等大宗水果为主。

（二）果品上市期及销售市场现状

贵州气候和自然资源丰富，适宜种植多种水果。就水果成熟期而言，1～3 月有晚熟柑橘上市，4～5 月有枇杷、樱桃、杨梅、早熟李等，6～8 月有苹果、李、桃、梨、百香果、葡萄等，9～12 月有柑橘、猕猴桃、石榴等，6～12 月有火龙果上市，全年均有水果上市，但成熟期主要集中在 6～11 月。

贵州除了少量优质果品以网销、直销形式销往省外，其余的全部在省内销售。九个地州市都建有一定规模的水果批发市场和农产品综合市场，内设水果批发业务的市场 9

个，合计面积 20 万 m²，年交易量 26 万多吨。在 86 个县市都建有农产品综合市场，内设水果批发业务。此外，在修文、乌当、台江、福泉、锦屏、从江、榕江、荔波、岑巩、威宁等水果产地还有一批季节性的产地批发市场。

就市场均价来看，由于适种品种多，生态效应好，无公害，大宗水果都在 4～10 元/kg，特色水果在 10～20 元/kg。市场价格在不断地提高。

（三）结构调整深入推进，优势产业发展迅速

贵州各地州市立足自身优势，加快推进产业结构调整，发展优势特色产业，取得突出成效。从产业布局来看，水果生产主要集中在黔东南、黔南、铜仁、贵阳、毕节、遵义的大部分地区。柑橘、火龙果、苹果、猕猴桃、葡萄、桃、梨、李等主要水果均已形成优势发展区域。其中：火龙果主要集中在贵州南部的红水河、南北盘江低热河谷流域（罗甸、望谟、册亨、关岭、镇宁等县）。猕猴桃主要集在黔中、黔北、黔西北地区和黔东北的少部分地区。梨、桃、李全省大部地区都有成片种植，但规模较大的主要集中在贵阳、毕节、黔东南等地区。葡萄、杨梅、枇杷主要集中在贵阳、黔南等地区。柑橘主要集中在黔东南、黔南和铜仁、遵义的高热量地区，面积占全省柑橘面积的 70% 以上，而气候条件适宜柑橘栽培的黔西南、赤水河谷地区，柑橘较少。荔枝、龙眼主要集中在赤水河谷低海拔地区。苹果目前主要集中在威宁、长顺、桐梓，六盘水有少量种植。樱桃主要集中在黔中和黔西北地区，以贵阳市周边市区、赫章、黄果树景区、织金洞景区种植较多。

（四）果品质量安全意识明显提高

贵州有着良好的生态环境，有利于果树的生长。然而生产是由市场决定的，市场更注重果品的安全性。在调查中发现，优质的果品要想冲出贵州，不光要通过宣传推介，还必须通过一系列质量安全检测认证。基于此，全省 9 个地州市均成立了农产品质量安全管理站，86 个县市相应成立了农产品质量安全管理站，都建设有农产品质量安全检测点，共计 95 个。

（五）产业化经营全面起步

各地区以主导产业为纽带，大力发展水果种植大户、农民专业合作社、龙头企业等新型经营主体，加快构建新型经营体系。全省以水果产业为主的龙头企业或专业合作社逐年增多，据调研统计，9 个地州市共有 709 家，示范面积 79.5 万亩，占全省果园总面积的 14%。其中贵阳有 103 家，示范面积 8.5 万亩；遵义共有 83 家，示范面积 6.7 万亩；安顺有 82 家，示范面积 6.5 万亩；黔南州有 140 家，示范面积 20.3 万亩；黔西南州共有 43 家，示范面积 6.8 万亩；黔东南州有 114 家，示范面积 12.1 万亩；毕节共有 47 家，示范面积 5.3 万亩；铜仁有 76 家，示范面积 6.0 万亩；六盘水有 21 家，示范面积 7.3 万亩。以火龙果、猕猴桃、葡萄、柑橘、桃、李、梨、樱桃、杨梅等水果为主，5000 亩以上的龙头企业或专业合作社 13 家，占全省果园总面积的 3.5%。这些龙头企业或专业合作社，通过政府推动和企业拉动，使全省水果产业初步进入区域化、商品化和品牌化发展。这些龙头企业或专业合作社，通过政府推动和企业拉动，宣传推介精品水果，有效提高了精品水果的市场认可度和影响力，开拓了产品市场，提高了产品质量和产业效益。

（六）果农增收效果明显

通过调查，贵州果树作为经济林所占份额快速增加，生态保护效益日益显现，很多精品果园亩收入超过万元，如罗甸火龙果园、荔波蜜柚果园等亩产值都可达到 1.5 万～3 万元。而且随着生活水平的逐步提高，人们对果品的需求日益增长。水城和开阳猕猴桃园、贵阳乌当区樱桃园、清镇葡萄园等果园亩产值都可达到 2 万～4 万元。

（七）休闲观光果树产业的发展初见成效

目前，贵州乡村休闲观光果树产业发展主要有农家乐、休闲观光农业园区、乡村旅游景点三个基本类型。以金沙县岩孔镇为例，全镇种植水晶葡萄 1 万余亩，山上、房前屋后都搭架种植，每年吸引 10 万余人采果观光旅游，每户年纯收入 5 万～10 万元。结合新农村建设，根据山地旅游资源的特征，遵循山地果树产业开发原则，山地观光果树的发展模式可以带来较好的经济效益。

二、水果产业发展存在的主要问题

近年来，各级政府高度重视水果产业的发展，出台相应的政策措施，整合资金并鼓励发展各种类型的专业合作社或龙头企业，使贵州水果产业发展迅速。同时，该产业也存在一些问题：经营组织化程度低、优质果率低、商品化处理空白、科技支撑不足、资源禀赋利用不足等。

（一）水果生产经营组织化程度不高

据调查，贵州正式注册的从事与水果种植、销售和加工等相关的企业和合作社共有709 家，罗甸县火龙果种植企业就有 11 个，深加工企业 1 家。企业数量虽然多，但是95%以上的企业和合作社的经营活动仅限于生产环节，从事运销、仓储和加工等经营活动的不足 5%，服务果树产业链的企业和合作社的结构严重不合理。龙头企业缺乏且带动力不强，造成果品销售主要为初级产品鲜销模式，果品加工能力低，产业链短，水果产业附加值不高。此外，农民合作组织或龙头企业发展滞后，组织化程度低，主要以家庭为单位的农户分散种植，对品种及生产环节不重视，导致果品成熟期、果品质量参差不齐，难以形成品牌，缺乏市场竞争力。

（二）苗木繁育体系不健全，缺乏具有自主知识产权的优良品种

贵州果树野生资源丰富，但火龙果、柑橘、猕猴桃、桃等主栽品种都以引进为主，具有自主知识产权的品种缺乏将成为产业发展的重大障碍。此外，育种工作扶持力度小，缺乏长期性和连续性，缺乏创新能力强的团队。贵州都是露地育苗，种苗总体质量偏低，基地供种率和良种使用率低。另外，种苗市场混乱，法规不健全、质量监督和信息管理手段落后，品种命名随意和炒作，种苗生产准入制度和认证制度不健全。大苗、容器育苗繁育尚未起步。这种状况直接制约了贵州水果产业的发展。

（三）果品商品化处理环节薄弱

贵州水果采后商品化处理、储藏、加工和营销是产业化链条中最薄弱的环节，果农商品意识差，水果产业附加值低，水果产业的整体效益没有得到充分发挥。商品化处理，如分级、包装、清洗、打蜡、冷藏、包装等储运能力弱，对火龙果、猕猴桃、桃等不耐储运的水果，产生季节性过剩，销售压力大。加之果品市场体系不健全，流通环节多，流通成本高，产品外销辐射范围窄，从基地到消费者过程中损失量大，制约着果树产业化经营的发展，降低果农积极性。

（四）果树重大病虫害发展较快，专业技术人员欠缺

近几年，贵州果树发展迅猛，果树重大病虫害严重制约其发展。例如，火龙果的炭疽病、软腐病以及溃疡病，成为制约贵州火龙果发展的主要因素。柑橘的黄龙病、溃疡病、大食蝇、小食蝇发生较为普遍，成为制约柑橘产业的主要因素。猕猴桃作为贵州迅猛发展起来的新兴果树树种，其推广种植面积迅速增长。近年来，红阳猕猴桃的溃疡病普遍暴发，也严重制约猕猴桃产业的发展。贵州苹果主要在威宁、长顺和桐梓三个地区种植，"十二五"期间的制约因素主要以苹果的早期落叶病和白粉病为主。梨树在贵州种植面积较大，通过调研发现，梨树锈病在全省大面积暴发，其危害程度较大，严重影响了贵州梨产业的正常发展。病虫害防治方面，未进行科学合理地选择和使用农药，导致病虫害抗性增加，降低了农药使用效率和防治效果。此外，果树植保专业技术人员欠缺，也是制约贵州果树产业的因素之一。

（五）技术支撑体系建设不足

国家产业技术体系针对贵州柑橘与梨成立了精品水果产业技术体系，但相对全省的果树种类和面积来说，果树技术力量薄弱，从事果树科研、推广的专业技术人员不足，生产第一线的广大乡镇严重缺乏专业技术干部，果农对新技术的需求和技术人员服务果农的积极性相互脱节，使得许多果树栽培新技术不能及时推广应用，一些引种成功且有发展潜力的新品种不能及时推广，造成品种结构调整滞后，产品销路不适，果品产量和质量得不到保证，经济效益得不到提高，造成年年"种树不见树"或"有树无果"的现象，使农民发展果树生产的积极性受到挫伤。

（六）果园成本较高、后期投入不足

贵州多数果园为山地果园，山高坡陡、交通不便，使得水果产业的先期投入较大，且受外界条件的影响较大。同时，劳动力成本不断攀升，从以前一个工 30～50 元每天，上涨到现在的 80～120 元每天，加上肥料、农药等生产资料价格上涨，导致生产投入成本增长过快，部分农户无力承担此投入。另外，水果定植后一般需 3～4 年才进入投产期，由于农民经济实力弱，果园后续管理资金缺乏，难以达到预期目标。

三、政策与建议

贵州果树产业必须充分把握当前和今后一段时期果树产业发展面临的环境条件，抓

住机遇，充分发挥水果产业比较优势，加快水果产业结构调整和优化，围绕山地特色谋发展，促进农民可持续增收。

（一）提升果园综合生产力

结合山地果园基础设施、生态效益建设、资源循环利用等重点，切实加强水果产业发展的基础支撑能力建设。围绕着力增强可持续发展基础和生态环境对经济社会发展的支撑能力，切实加强果园生态建设与环境保护，继续推进喀斯特山区石漠化治理工作。选育适宜石漠化地区种植的果树品种进行推广的同时，维护生物多样性，增强山区果园对自然灾害的抵御能力，保障果园产量稳定，避免大幅度波动现象产生。

实施生态循环农业工程建设，大力推广节地、节水、节肥、节能和循环农业技术，鼓励果树产业经营主体发展种养结合、循环利用等新型种养模式，从根本上提高果园的综合生产能力。

（二）拓展水果产业链

政府要加大对果业龙头企业的扶持力度，积极主动地为龙头企业的发展解决各种困难，千方百计为发展壮大龙头企业创造有利条件。进一步加大招商引资力度，立足贵州丰富资源的优势，广泛吸引省外资本投资果品开发。引导各种经济成分积极参与果品加工、储运、保鲜和市场营销，建设一批有特色、有效益、有市场潜力的加工企业群体。支持农民专业合作社发展水果加工、流通等服务业，完善生产设施，扩大产销对接，提升生产经营、市场开拓和组织带动能力。

此外，还要加大果品商品化处理的投入，以增加果品清洗、杀菌、打蜡、包装等商品化处理生产线为主，提高果品的质量，以建设冷藏、气调储藏、冷链运输等主要设施改善果品储运条件，以发展水果饮料、果酒、果脯等深加工及果渣等加工副产品的循环综合利用为主，不断研究开发适应市场需求的新产品。重点抓好特色产品的精深加工，实现产品升值。大力支持办好实体店、扶持果品电商平台。借助特色自然资源，大力发展观光休闲果园。

（三）标准化建园，提高市场竞争力

加强示范基地建设，包括设施农业基地、水肥一体化基地、标准果园基地、城郊及旅游区水果示范基地、果园立体农业示范基地等建设，推行标准化栽培，科学防控重大病虫害，生产优质高效无公害产品。

针对贵州名优特产水果和优质水果，引导基地、协会、果品销售和加工企业争创国家和省级驰名商标，积极开展无公害、绿色产地认定和产品认证，尽快将果树产业资源优势转化为产业优势和竞争优势。制定品牌建设的奖励政策，加大水果产品品牌对外宣传推介力度，提高贵州水果品牌的知名度和市场竞争力，挖掘品牌经济效益。

（四）建立科技信息共享体系

科技是现代化产业的核心，信息的传递在产业链中发挥着至关重要的作用。建立高水平、完善的果树产业科技服务体系，将为提高科技自主创新能力和新技术推广应用方面提供保障。建立贵州水果产业技术体系,整合省内相关产业科技人员,形成技术团队,促进产业优先发展。以全省各个县份果树工作站的工作人员为主,配合省内果树专家,形成果树专业技术推广服务体系,负责实用技术的培训、指导、推广和实施。

同时,整合涉农部门信息资源,通过语音热线、互联网等多种方式为广大果农提供政策法规、果业科技、务工就业、市场行情、农业气象、灾害预警等信息服务。

云南水果产业发展调研报告

云南具有独特的立体气候，是面向南亚、东南亚的开放门户，云南地区水果品质高，错季优势明显，但品质优势未转化为品牌优势，区位优势发挥不足。为打造世界一流品牌，云南水果产业的发展要着力于：聚焦特色水果，发挥错季优势；建立中国-东盟水果交易中心，成为国内及面向东盟最大的水果贸易枢纽；构建云南水果智慧大数据平台；制定高标准、国际化的云南"U鲜云果"标准化认证体系和RFID（射频识别）质量全程可追溯体系，树立云南"U鲜云果"高端品牌形象；培育一流企业和创新精深加工技术。

一、水果产业发展现状

（一）种植规模

云南省2016年水果种植面积773万亩，居全国第10位，产量759万t，居全国第16位（调研图7-1）。种植面积年均增长率5.2%，产量年均增长率11.9%，云南水果种植面积及产量正快速增长（调研图7-2）。

（二）种植结构

目前全国种植大宗水果以柑橘（16.4%）、苹果（15.1%）、梨（7.3%）、葡萄（5.2%）、香蕉（2.7%）为主，占总种植面积的46.7%。云南水果种植以香蕉（38.8%）、葡萄（12.8%）、柑橘（8.9%）、梨（7.6%）、苹果（6.2%）（调研图7-3）等大宗水果为主，占总种植面积的74.3%，兼顾发展牛油果、枇杷、石榴、蓝莓、猕猴桃等特色水果。

（三）加工情况

目前发达国家商品化处理率高达80%，而中国仅为10%，其中水果深加工率不到10%，而发达国家达到35%。同时，中国水果处理过程中损失率高达30%以上，而发达国家低于5%。云南水果产业缺乏有实力的加工型龙头企业，导致加工能力低于全国平均水平。

（四）市场结构

以苹果、桃、梨、甜柿等为主的温带水果出口南亚、东南亚的份额快速增长，全国出口额344.9亿元，云南占全国出口额的35.9%，居全国之首。香蕉、葡萄、石榴、杜果、杨梅等热带、亚热带水果省外销售比例达到70%（调研图7-4）。

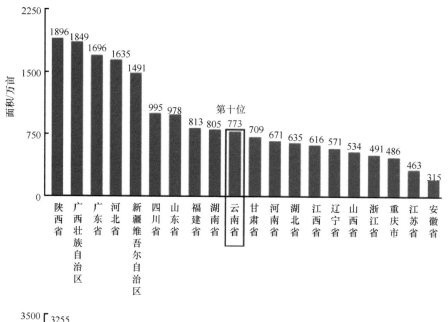

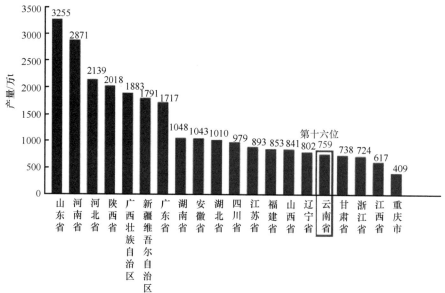

调研图 7-1　2016 年全国各省份水果种植面积和产量调研

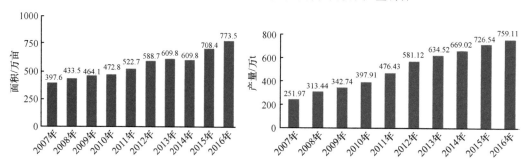

调研图 7-2　2007～2016 年云南水果种植面积和产量走势

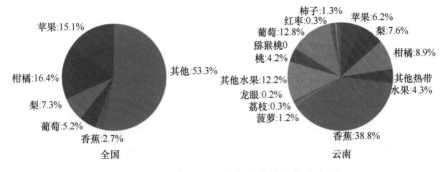

调研图 7-3 全国及云南水果种植结构分布图

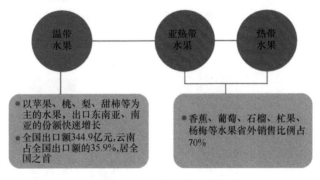

调研图 7-4 云南水果市场结构

（五）市场渠道

线下销售与线上销售比为 98∶2，水果销售仍以线下销售渠道为主，但线上销售正呈现快速增长的趋势，且线上销售主要以高端水果销售为主。传统渠道是通过原产地到水果批发市场，再分销至生鲜集市、菜市场、饭店酒店等传统市场。高端渠道是通过原产地或水果批发市场，直销至商超卖场、水果连锁店、社区生鲜店等高端市场（调研图 7-5）。

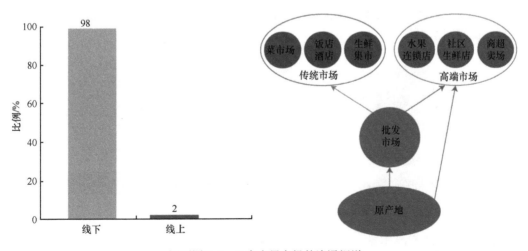

调研图 7-5 云南水果市场的流通渠道

（六）市场地位

1. 云南具有生态环境优良、立体气候独特、错季优势明显的特征

云南地形地貌独特，气候类型多样。具有光热充沛、干湿季分明、年温差小、日温差大的气候特点。境内海拔高低悬殊，由河谷到山顶因高度上升产生的气候变化显著，立体气候特征十分明显，使云南水果先天具有错季优势，抢占市场空当期。

2. 云南水果面积和产量增长速度快，呈迎头猛进的发展态势

云南已成为中国重要的水果产区，2016 年新增水果种植面积 65 万亩，增速高居全国第二。水果新增产量 40.7 万 t，增速位居全国第八（调研图 7-6）。

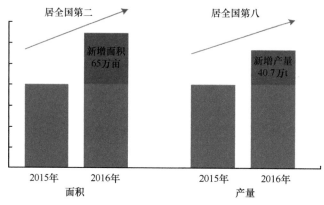

调研图 7-6　云南水果新增种植面积及产量

3. 云南是面向南亚、东南亚的最大水果进出口贸易中心

云南是"一带一路"倡议的重要节点，是面向南亚、东南亚的重要开放门户，这为云南水果产业的发展提供了重要的区位优势。云南水果出口额占全国的 35.9%，居全国各省（自治区、直辖市）之首。云南占全国对东盟水果出口的 54.2%，居全国各省（自治区、直辖市）之首。云南水果出口，占整个农产品出口的 41.7%，成为出口第一大农产品（调研图 7-7）。

调研图 7-7　云南水果出口情况

4. 云南地理标志产品丰富，但品牌竞争力不强

云南获得国家级地理标志产品 182 个，其中水果获得 34 个，但区域品牌在全国的

影响力较小。目前褚橙是云南水果标志性品牌，汇源集团的入驻也将扩大云南水果品牌竞争力，但离国内外一流的云南水果品牌还有一定差距。

（七）市场趋势

1. 高端水果市场发展迅速

2006~2016 年我国进口水果总额增长了近 7 倍（调研图 7-8）。2017 年广州江南水果批发市场销量排行显示，排在前五位的都是进口高端水果（调研图 7-9）。"百果园"进口高端水果占其水果总销量的 50%以上。以上数据显示，我国消费者对高端水果的需求量逐年增加，高端水果市场开始迅速发展。

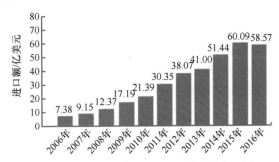

调研图 7-8　2006~2016 年我国水果进口额

序号	名称	销量/万t
1	进口榴莲	19.1
2	进口提子	16.5
3	进口龙眼	13.3
4	进口橙	11.2
5	进口火龙果	10.2
6	西瓜	7.9
7	提子	7.8
8	进口山竹	6.0
9	橙	4.6
10	桃	4.1

调研图 7-9　2017 年广州江南水果批发市场销量排行

2. 线上水果销售量日益增加，消费多以女性和年轻人为主

"百果园"的销售报告显示，2017 年春节期间，线上销售占比超 20%。购买人群主要以 80 后、90 后为主，占了总数的 80%，其中女性消费占比近 70%，线上水果销量日益增加（调研图 7-10 和调研图 7-11）。

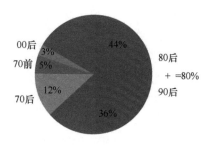

调研图 7-10　消费人群年龄占比

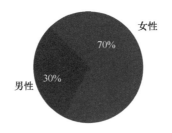

调研图 7-11　女性消费人群占比

3. 加工水果消费量的增速远远高于鲜果消费量的增速

目前水果市场仍以鲜果消费为主，但近年来，加工水果销量逐年上升。我国 2017 年水果加工消费量高达 2929 万 t，预计到 2025 年将达到 3815 万 t。2017 年鲜果消费量达 13 062 万 t，预计到 2025 年将达到 14 308 万 t，加工水果消费增速远远高于鲜果消费增速（调研图 7-12）。从环保和经济效益两个角度，对果皮、果核等副产物进行综合利用，提高产品附加值，已成为国际水果加工业新热点。

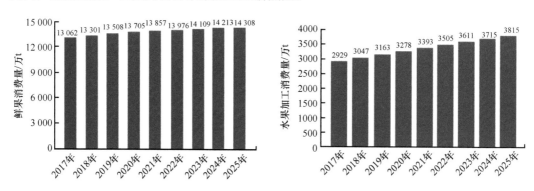

调研图 7-12　2017～2025 年中国鲜果及加工消费量预测

4. 云南水果出口东盟国家市场份额显著增加

2016 年，云南水果出口东盟国家的总量比 2015 年增加了 41.3%，出口额增加 23.9%，水果出口显著增加（调研图 7-13）。

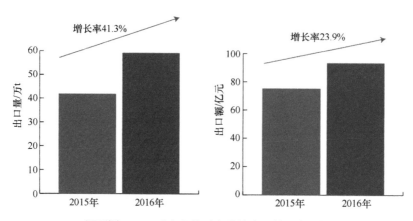

调研图 7-13　云南水果对东盟的出口量及出口额

二、水果产业市场分析

(一)国际水果市场

亚洲是全球最大的水果生产地区,占总供给量的71%,中国水果产量占世界产量的16%,排名第一(调研图7-14)。

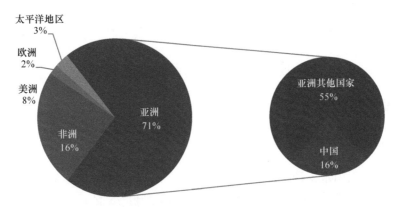

调研图7-14 国际水果市场供给情况

(二)我国水果产品需求分析

我国水果消费量由2010年的2.13亿t增长到2016年的2.71亿t,增幅为27%(调研图7-15)。2016年,发达国家和我国的水果人均年消费量分别为83.3kg和45.6kg,预计到2020年,我国的人年均水果消费量将达到60kg,水果产品市场需求旺盛(调研图7-16)。

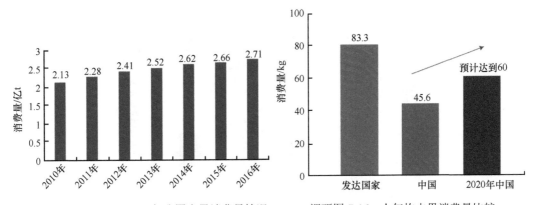

调研图7-15 2010~2016年我国水果消费情况   调研图7-16 人年均水果消费量比较

(三)云南水果目标市场分析

目前,云南水果出口主要面向泰国、越南、马来西亚等南亚、东南亚国家(调研图7-17),国内主要销往华东、华中、西南、香港等地区。目标市场为北京、上海和中东地区,进入高端水果市场。

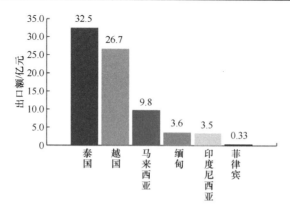

调研图 7-17 云南对东盟市场水果出口额图

三、产业发展目标和任务

（一）发展目标

到 2022 年，云南水果种植面积发展到 850 万亩，产量 900 万 t 左右，水果产业综合产值达 500 亿元（其中：农业产值 315 亿元，加工产值 75 亿元，物流和服务产值 110 亿元），农业增加值达 210 亿元以上。全省改造老果园 30 万亩，新建高标准现代果园 60 万亩。聚焦特色水果，发挥错季优势；建立中国-东盟水果交易中心，成为国内及面向东盟最大的水果贸易枢纽；构建云南水果智慧大数据平台；制定高标准、国际化的云南"U 鲜云果"标准化认证体系和 RFID 质量全程可追溯体系，打造世界一流的云果品牌（调研图 7-18）。

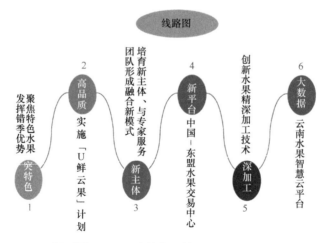

调研图 7-18 云南特色品牌水果打造线路图

（二）任务

1. 聚焦特色水果，发挥错季优势

根据云南水果区域划分及特色水果产品的结构优化，选取昭通苹果、宾川葡萄、蒙自

石榴、华坪杧果、华宁柑橘、孟连牛油果等具有一定品牌知名度的区域性水果进行重点打造。利用云南多样化的气候优势，发展早熟、晚熟水果，抢占市场"鲜机"。

2. 培育新主体，与专家服务团队形成融合新模式

1）引进、培育龙头企业，提高组织化及标准化程度。引进和培育汇源、百果园、都乐等知名水果企业，通过投资、参股等方式入驻云南水果产业。采取"龙头带产业"的形式与合作社、果农合作，有效提升云南水果产业价值链发展水平。

2）企业与专家服务团队形成一对一的融合发展新模式。由育种、栽培、病虫害防治、仓储、采后处理、加工、副产品利用、营销策划等领域的专家组成服务团队，对企业生产过程中遇到的问题，联合水果企业，向农业厅、科技厅、发展改革委等职能部门申请项目资金，促进科研机构与水果企业融合发展。

3. 创新精深加工技术

1）成立"云南水果精深加工工程技术研究中心"。由云南农业大学牵头，联合国内外相关大专院校、科研院所成立"云南水果精深加工工程技术研究中心"，致力于云南果品产业化发展中重大关键技术的开发研究。

2）精深加工技术创新。在果汁加工方面，重点开发原料预处理、高效榨汁等技术；在冻干水果加工方面，重点开发冷冻真空干燥技术；在果酒加工方面，重点开发葡萄、杨梅、猕猴桃、梨等果酒果醋发酵产品；在水果休闲食品加工方面，重点加工杨梅、菠萝蜜、杧果等休闲食品和航空食品。

3）综合开发利用加工副产物。利用功能成分提取、资源生物转化等方式对水果加工副产物进行产品开发，延伸产业链，实现水果副产物的综合利用，全面提升云南省水果副产物综合利用的创新能力和技术水平，促进水果产业可持续发展。

4. 建设中国-东盟水果交易中心

立足国家"一带一路"倡议及区位优势，建立国内及面向南亚、东南亚最大的水果交易中心，使之成为我国水果进出口贸易的枢纽。运用中国-东盟水果交易中心水果期货、水果外贸、水果拍卖、大数据平台建设、数据分析和分享、电商平台等打造"云果"产业，实现水果产业转型升级的目标。

5. 构建云南水果智慧云平台

1）水果智能物联网云平台。利用数据采集和远程监控技术，对云南内主要水果种植区域的各类数据进行全程实时采集，并在基地硬件设施满足的情况下，快速实现设备的接入及应用。

2）水果大数据分析智慧云平台。利用数据处理技术，形成技术标准的模块化管理；利用自动处理技术，形成专业化作业流；利用大数据分析的相关技术和手段，对形成的水果全产业链数据进行研究分析，为云南水果产业提供可靠的大数据分析。

3）水果质量全程安全追溯平台。在"云南水果数据采集与监控智能物联网云平台"和"水果数字化管理与大数据分析智慧云平台"的基础上，研发"云南水果质量安全追溯平台"，实现水果全产业链的质量安全可追溯。

4）水果交易电商运营平台。利用电子商务技术，结合研发的"云南水果质量安全追溯平台"，打造云南"水果 B2B2C 电子商务系统"，为云南各类水果提供在线宣传、在线交易、在线支付等功能。

西藏阿里地区食物安全调研报告

在西藏阿里地区科协、农牧局的协调组织下，本书调研组先后举行座谈会 4 场、实地调研 8 场次、咨询农林牧业相关专家及管理人员 20 余人次，走访农户 20 余人次，初步掌握了西藏阿里地区食品安全的基本状况、存在的问题，并针对存在的问题，提出了意见和建议。对调研情况进行了总结，并对存在的主要问题进行了分析，提出了相应的建议。

一、基本情况

（一）总体情况

西藏阿里地区地处祖国边陲，位于西藏自治区西部，北邻新疆维吾尔自治区，南与印度及尼泊尔毗邻，东靠日喀则、那曲地区，西与克什米尔等地区接壤。面积 34.5 万 km^2，占西藏自治区总面积的 1/4，平均海拔 4500m 以上。堪称"西藏高原之巅""世界屋脊的屋脊"。阿里总人口 10.8 万人，其中城镇人口 2.6 万人，农牧区人口 8.2 万人，共计 21 个民族，其中藏族人口占总人口的 94%。

阿里地区旅游资源丰富，除著名的神山圣湖、札达古格王朝遗址、木林景观外，还有寺庙 54 座。

（二）种植业情况

1. 农作物种类及面积

西藏阿里地区种植的粮食作物主要有青稞、马铃薯、油菜、小麦和豌豆等。2015 年，阿里地区农牧业产值 71 874.5 万元，农牧民人均纯收入 8030 元。2015 年，农作物播种面积 9416.06hm²，粮食总产量 5157.2t，油菜籽产量 239.4t，蔬菜产量 2548.5t。2015 年，普兰县种植'细德白青稞'1008.9 亩、'藏青 2000'青稞品种 2797.3 亩。马铃薯播种 470 多亩、油菜播种 2100 多亩、小麦播种 123.4 亩、豌豆播种 1734 亩。

2. 蔬菜种植

受环境温度的影响，阿里地区自然栽培蔬菜受限，因此当地蔬菜主要依靠仅有的设施栽培，这造成阿里地区蔬菜的自供率不足 50%，其他还得从拉萨、新疆输入。目前，阿里地区蔬菜种植主要分布于噶尔县、普兰县和札达县。

噶尔县蔬菜种植主要在生态农业产业园，该产业园占地总面积 430 亩，一期投产 214 亩，大棚 152 座，二期正在建设中，三期也在规划建设中。

普兰县蔬菜种植面积不足 1000 亩，其中普兰蔬菜种植面积为 543.81 亩、甲庆的蔬菜大棚种植面积为 385 亩，其中种类有番茄、黄瓜、土豆等 20 多种蔬菜类。

札达县建立蔬菜种植大棚 88 座，种植蔬菜有黄瓜、番茄、西瓜和辣椒，但由于蔬菜种植技术人员缺乏，品种选择及搭配不良，导致大棚蔬菜管理粗放、蔬菜长势不好，产量低，经济效益较低，影响了农户种植蔬菜的积极性和主动性。

3. 水果

阿里地区人民消费的水果主要有苹果、杏、香蕉、西瓜、甜瓜。其中阿里本地能种植生产的苹果、杏，基本能够自给。而香蕉、西瓜、甜瓜等其他水果则主要从拉萨、新疆输入，因而成本很高。

（三）畜牧业情况

阿里地区主要养殖牦牛和羊，其中牦牛为本地牦牛品种。羊的品种有 3 种，分别为'象雄半细毛羊'、'白绒山羊'和'紫绒山羊'，深受当地藏民厚爱。

2015 年年末，各类牲畜存栏 207.9 万头（只、匹），牲畜出栏率为 38.3%，农畜产品综合商品率 65.2%。农村经济总收入 9.4 亿元，同比增长 17.7%；农牧业总产值 6.7 亿元，同比增长 4.2%。

（四）旅游业情况

阿里地区旅游资源丰富，旅游业为当地政府重要的经济来源，也带动了周边农牧民的经济收入。2015 年，阿里地区累计接待游客 38 万人次，同比增长 8.1%，营业收入 49 272 万元，同比增长 10.1%，创汇 1867 万美元，同比增长 9.25%。尤其是冈仁波齐神山，是阿里旅游的重要组成部分，年游客量达 8 万人，年均旅游收入为 625 万元。

二、存在的主要问题

（一）蔬菜水果自供能力弱，抗风险能力较差

根据座谈、交流和走访调查，当前阿里地区蔬菜的自给率不足 50%，蔬菜水果主要来源是从新疆、拉萨输入，由于路途遥远，运输成本较高，因而导致当地居民蔬菜水果的消费成本较高。另外，蔬菜水果种类及市场供应量受季节性影响较大，在极端天气条件下，尤其是在严寒的冬季雨雪天气时，交通运输受阻，而无应急货源或资源，从而将影响到阿里地区蔬菜水果的市场供应量。

（二）粮食自给率低，粮食缺口大

青稞是阿里地区藏族居民的重要食源，根据当前情况，该地区青稞基本能自给，但少数牧区还是只能从拉萨输入，由于路途遥远，运输成本较高，因而造成藏族居民消费成本增加。阿里地区小麦种植面积较小，产量较低，因此大量的面粉主要从新疆和拉萨输入。而大米则全部从新疆和拉萨输入。由于路途遥远，运输成本较高，因而造成物价水平提高。

（三）养殖与生态保护的平衡发展需引起重视

当前阿里地区，牛羊供需自给力较强，自给率较高，且略有输出。但牛羊等养殖业

的过度发展不利于生态环境的保护，因而养殖业的发展与生态环境的平衡发展值得重视，政府应宏观调控牛羊等养殖业的发展，在保障牛羊等畜产品消费需求的同时，控制牛羊的过度养殖和发展，以平衡养殖与生态保护间的关系。

（四）农业科技后备人才缺乏

1. 人才引进难度大

当地农牧科技队伍后备人才资源不足。受当地高海拔和气候等环境条件限制，阿里地区在人才引进、后备技术人员储备等方面受到影响，后备人才资源不足现象突出。

2. 农牧科技人员学历层次较低

阿里地区农牧相关单位人员的学历层次和知识结构有待提高。根据座谈交流和调查，阿里地区农牧相关单位的硕士学位人员非常少，比例不足10%，从一定程度上影响了当地农牧业现代科技创新及技术推广工作进程。

3. 现代农业科技人员缺乏

青稞是农牧民的基本生活资料，但阿里地区青稞品种单一，单产和等级较低。然而，当地农业相关技术部门缺乏从事作物品种改良及育种的技术人员，导致青稞品种改良困难，青稞产量较低，供应缺口较大。然而，如何提高适合阿里地区自然条件的青稞品种的单产，或选育适合阿里地区条件的青稞品种，已是阿里地区青稞生产面临的主要问题。

1）青稞新品种推广难。西藏是全球唯一大规模集中种植青稞的地区，也是青稞驯化和多样化品种的栽培中心。青稞产量占西藏粮食总产量的55%左右。2014年开始，西藏在全区范围内示范推广青稞新品种'藏青2000'，但受种种因素的影响，该品种在阿里地区的推广速度及成效还十分有限。

2）草原鼠害等有害生物综合防控能力较低。老鼠是草原牧草重要的有害生物，其危害严重、防治困难，尤其是近年来随着环境气候的变化，鼠害逐年加重，而防治越加困难。当地农牧部门虽开展了防治技术研究，但综合防控效果较差。持续控制草原鼠害仍将是草原牧民安居乐业的重要保障之一。

4. 农机化水平低，青壮年劳动力缺乏

阿里地区农机化水平低，农机化作业仅占农牧生产操作的30%～50%，播种主要依靠人力进行，局部地方机器和人力播种各占50%。再加上近年来由于农村劳动力的大量转移，青壮年劳动力资源严重缺乏，严重影响了农牧民正常生产和生活资料的供给。

三、主要建议

（一）加强农牧科技人才培养，提升学历层次与科技服务水平

结合当前援藏工作，针对西藏阿里地区海拔高、环境条件艰苦的实际，立足扎根于阿里本地农牧区的农林牧科技人员，与国内相关单位联合，积极申请和争取国家政策支

持，组织农业推广硕士专项班，开展种植、养殖与农技推广等专项技术培训，提升其学历层次和科技水平、服务能力，保障和促进阿里地区农牧业发展。

（二）因地制宜，依靠科技，发展蔬菜水果产业

1）发展蔬菜种植，解决蔬菜供给能力不足的问题。蔬菜是重要的生活物资，然而当地蔬菜种植面积小、产量低，影响蔬菜的产量及供给能力，因而应加强蔬菜种植的政策扶持，扩大蔬菜种植面积，提高蔬菜产量和市场供应量，降低蔬菜消费成本，满足蔬菜消费需求。

2）加强技术引进与开发，合理利用当地资源，降低大棚蔬菜生产成本。科学合理利用阿里当地资源，改造适合当地条件的种植大棚，筛选大棚蔬菜种植基质，以降低蔬菜生产成本，降低居民蔬菜消费水平。例如，噶尔县生态农业产业园蔬菜种植大棚建设简易，冬季保温和夏季通风透光条件较差，造成冬季需要依靠加热等形式供热来保证蔬菜生长，而夏季因通风透光效果不佳影响蔬菜生长与产量。此外，大棚内的种植基质均来自于重庆和成都，除基质成本外，运输成本已很高，由此造成蔬菜生产成本偏高。

3）夯实蔬菜种植技术，合理利用札达现有种植大棚。阿里地区规模化蔬菜种植基地有 3 个，其中普兰县大棚蔬菜种植水平较高，抗低温能力较强，蔬菜品种选择科学合理，产量较高，经济效益显著。札达县蔬菜基地尽管大棚数量较多（有 88 个种植大棚），但大棚及种植及管理技术人员缺乏，仅有一名经济管理学专业硕士研究生负责技术指导，在品种选择与配置、种植技术等方面缺乏技术支持，因而影响到大棚经济、社会和生态效益的发挥。

4）扶植蔬菜种植企业，推广良好种植模式与技术。阿里地区现有蔬菜种植相关园区 3 个，分别为噶尔县"种都生态农业产业园"、普兰县"普兰现代农业示范园"、札达县"札达绿色蔬菜种植基地"，然而，各地种植管理水平及效益差异较大，蔬菜的种植还无法满足当地的消费需求。因此，建议进一步加强种都生态农业公司的合作，推广"普兰现代农业示范园"蔬菜种植大棚建设及种植管理技术与模式，稳步推进蔬菜产业发展。

5）因地制宜，开展区域葡萄种植研究。札达属于典型的高原热区，夏季气温较高，热量充足，具有葡萄生产的良好条件，建议在札达发展适合当地气候条件的葡萄，以解决当地水果供应不足的问题。同时，在葡萄种植得到大力发展后，还可发展葡萄加工等产业，从而带动当地经济发展。

6）选育推广良种，缓解粮食自供能力不足的问题。选育、引进和推广青稞良种，提高青稞单产。根据原有青稞老品种产量较低的现状，给予相关优惠政策，加大推广试种'藏青 2000'等新品种，有效提高青稞单产。

（三）加强养畜管理，保护生态平衡

很多牧民还在使用以生活需求来决定出栏多少，以畜群来衡量家庭经济状况这种传统的生产方式来畜牧，牧民在畜牧生产上常常只关注畜牧的数量，忽视了畜牧的质量，由于草原生长速度较慢，其畜牧的出栏时间通常是在植被生长旺盛时期，其草原资源季节性强，若在此时出现了该出栏的动物没有出栏，那么畜牧数量的持续增加会导致草原

出现超负荷现象，还会导致草原生态平衡被破坏。再加上阿里地区经常出现干旱，自然环境恶劣，农牧民的超载过牧和畜牧造成的过度踩踏导致草原土壤结构被破坏、水土严重流失，加速了草原的退化。

因此，应加强宣传，控制养畜数量，提高养畜质量，同时建立相关管理制度，加强对畜产业围栏的维护，防止牲畜在非放养的状态下随意进出围栏，在围栏以外水源充足地区养殖适合牲畜食用的饲料，并定期进行灌溉。

（四）挖掘丰富的旅游资源，发展阿里旅游产业

阿里地区拥有丰富的旅游资源，如日土岩画、麦龙沟遗址、神山圣湖、象泉河、托林寺、科迦寺、班公湖、札达土林、古格王朝遗址等景点20多个，再加上从拉萨驱车至阿里，沿途的日喀则、普兰等的景点，为旅游资源开发提供了良好条件。因此，阿里应围绕西藏旅游品牌，以旅游市场为导向，以阿里旅游资源为基础，以效益为中心，以生态旅游、文化旅游、探险旅游为主题，充分利用历史名人或探险家走过的路线，利用西藏的民族节日，利用处在边境的条件，设计专题、专项旅游项目，将阿里巨大的旅游资源优势转变为经济优势，带动地方经济发展。

主要参考文献

贝文勇, 朱来佳, 贝进标. 2010. 昭平县茶园杂草发生特点及防控措施. 广西热带农业, (1): 43-46.

陈浩, 王俊, 李良玉, 等. 2015. 四川崇州"稻田养鱼"换新颜. 中国水产, (9): 18.

陈慧. 2016. "一带一路"背景下我国西南跨境经济合作研究. 广西社会科学, (7): 32-36.

陈洁, 张静宜. 2013. 消费者的水产品消费调查. 科学养鱼, (3): 81-82.

重庆市统计局. 2016. 重庆统计年鉴 2016. 北京: 中国统计出版社.

陈松, 任亚峰, 李冬雪, 等. 2018. 贵州茶树病害可持续控制技术措施的研究与应用路径探索. 中国植保导刊, 38(10): 85-90.

陈宗懋, 杨亚军. 2011. 中国茶经. 上海: 上海文化出版社: 463-474.

崔巍. 2012. 贵州省特色渔业发展现状及措施. 贵阳: 中国南方渔业论坛暨第二十八次学术会议.

但文红, 彭思涛, 王丽. 2010. 西南喀斯特地区农业规模化发展存在的问题与对策. 贵州农业科学, 38(7): 192-195, 239.

丁瑞华. 1993. 四川珍稀和特有鱼类及其保护对策. 四川动物, (3): 15-17.

董谢琼, 段旭. 1998. 西南地区降水量的气候特征及变化趋势. 气象科学, 18(3): 239-246.

杜龙政, 汪延明. 2010. 基于生态生产方式的大食品安全研究. 中国工业经济, (11): 36-46.

杜强, 张效平, 张美彦, 等. 2016. 贵州省养殖水域现状及发展规划. 贵州农业科学, 44(10): 95-97.

杜晓荣. 2018. 四川省蔬菜产业发展现状与对策. 长江蔬菜, (14): 71-73.

高安刚, 朱芳阳. 2014. 高速铁路对西南地区可达性及经济联系的影响研究. 铁道运输与经济, 36(5): 1-5.

高波, 王健敏, 李婧媛. 2020. 云南省淡水渔业发展分析与对策. 中国农村科技, 301(6): 78-81.

高世斌, 杨松, 吴开贤, 等. 2019. 西南地区食物安全可持续发展的挑战与对策研究. 中国工程科学, 21(5): 54-59.

高云波, 孙宠. 2017. "一带一路"背景下西藏边境自贸区的构建研究分析. 中国商论, (15): 60-61.

高子清, 张金萍. 2013. 促进农产品有效供给的战略举措. 经济纵横, (6): 20-25.

顾海淞. 2006. "黔军"跃出千山来——贵州劳务输出的昨天和今天. 当代贵州, (16): 11-13.

管理要. 2015. "一带一路"战略对西南经济未来发展的影响. 商场现代化, (11): 258-259.

广西壮族自治区. 2017. 广西海洋渔业发展"十三五"规划. 广西水产科技, (1): 3-20.

贵州省第三次全国农业普查领导小组办公室, 贵州省统计局国家统计局贵州调查总队. 2018. 贵州省第三次全国农业普查主要数据公报(第四号). https://www.sohu.com/a/222417495_100011013 [2020-12-10].

贵州省林业局. 2019. 贵州省·岩溶地区石漠化状况公报. 贵州省林业局: 2-25.

贵州省统计局, 国家统计局贵州省调查总队. 2018. 贵州统计年鉴 2018. 北京: 中国统计出版社.

郭勤, 高楠, 汪勇, 等. 2014. 我国茶树种植中农药应用的现状及问题分析. 中国植保导刊, 34(8): 58-61.

郭思亚, 张鋆, 张龙翼, 等. 2018. 四川水产品市场状况调研分析. 农产品加工, (3): 55-58, 62.

国家林业和草原局. 2018-12-14. 中国·岩溶地区石漠化状况公报. 中国绿色时报, 第 12 版至第 14 版.

国家食物安全可持续发展战略研究项目研究组. 2017. 国家食物安全可持续发展战略研究. 北京: 科学出版社.

国家统计局. 2014. 中国统计年鉴 2014. 北京: 中国统计出版社: 372-373.

国家统计局农村社会经济调查司. 2019. 中国农村统计年鉴 2018. 北京: 中国统计出版社.

国务院第三次全国农业普查领导小组办公室, 中华人民共和国国家统计局. 2017. 第三次全国农业普查主要数据公报(第四号). http://www.stats.gov.cn/tjsj/tjgb/nypcgb/qgnypcgb/201712/t20171215_1563634.html

[2017-12-16].

韩兰英, 张强, 姚玉璧, 等. 2014. 近 60 年中国西南地区干旱灾害规律与成因. 地理学报, 69(5): 632-639.

何文平, 梁磊, 贺蓉, 等. 2015. 三峡水库典型库湾生态渔业综合效益评估: 以重庆市忠县甘井河水域牧场为例. 水生生物学报, 39(5): 930-939.

何忠谊, 刘小华, 李虹. 2019. 2019 年重庆大宗淡水鱼产销形势分析. 重庆水产, (1): 14-18.

侯庆福, 孟宇, 王治松. 2008. 休闲渔业的现状与发展对策. 黑龙江水产, (6): 44-46.

胡豪然, 梁玲. 2015. 近 50 年西南地区降水的气候特征及区划. 西南大学学报(自然科学版), 37(7): 146-155.

胡继承, 杨力. 2016. 贵州省茶产业"十二五"回顾与"十三五"展望. 中国茶叶加工, (3): 19-24.

户国, 都雪, 程磊, 等. 2019. 西藏渔业资源现状、存在问题及保护对策. 水产学杂志, (3): 13-16.

环境保护部. 2008. 全国生态脆弱区保护规划纲要. 北京: 中华人民共和国环境保护部. http://www.mee. gov.cn/gkml/hbb/bwj/200910/t20091022_174613.htm [2020-10-8].

黄庆华, 刘晗. 2017. 丝绸之路经济带 9 省(区、市)的贸易格局. 改革, (4): 46-58.

江希流, 华小梅, 朱益玲. 2004. 我国水产品的生产状况、质量和安全问题及其控制对策. 生态与农村环境学报, 20(2): 77-80.

蒋彦. 2012. 贵州省自然灾害对农业经济的影响分析. 北京农业, (18): 223.

李奥璞, 门湛钧, 齐逸璇. 2020. 水产养殖科学化用药与水产品质量安全. 江西水产科技, (4): 23-24.

李晨, 迟萍. 2017. 中国水产品出口的升级趋势及贸易地位研究: 基于全球价值链视角. 世界农业, (1): 121-126.

李坚明. 2016. "十三五"广西水产养殖业发展战略研究. 中国渔业经济, 34(4): 25-31.

李坚遥. 2019. 我国水产品市场交易规模影响因素研究. 上海: 上海海洋大学硕士学位论文.

李青. 2017. 重庆经济发展的区域经济学分析. 知识经济, (9): 41-43.

李永亮, 徐蕾. 2011. 基于农产品有效供给的农地用益物权保护. 学术交流, (5): 115-118.

李永荣, 安小雷. 2017. 重庆在长江经济带开发建设中的地位和作用研究. 企业改革与管理, (5): 222-224.

梁妍妍. 2016. 互联互通战略与广西经济发展关系探究. 商场现代化, (8): 128-129.

廖东声, 龙丽婷. 2017. "一带一路"战略背景下广西开放型经济发展研究. 改革与战略, 33(1): 95-102.

廖婧琳, 苏跃, 冯泽蔚. 2008. 54 年来农业自然灾害对贵州农业经济的影响分析: 以农业及粮食生产为例. 安徽农业科学, 36(25): 11114-11117.

林大燕, 朱晶. 2015. 从供应弹性的视角看我国农产品种植结构变化的原因. 农业技术经济, (1): 33-41.

林民旺. 2017. 中尼印经济走廊建设: 战略价值及建设思路. 现代国际关系, (2): 31-40.

刘登娟, 吕一清. 2017. 长江经济带成渝城市群环境与经济协调发展评价. 经济体制改革, (2): 36-42.

刘定辉, 刘永红, 熊洪, 等. 2011. 西南地区农业重大气象灾害危害及监测防控研究. 中国农业气象, 32(增 1): 208-212.

刘小俊, 李焕秀, 陈玲, 等. 2017. 提质增效促进四川蔬菜产业做大做强. 四川农业科技, (11): 51-53.

刘长民. 2014. 从粮食和营养安全视角看中国水产养殖业发展. 中国渔业经济, 32(2): 12-17.

龙金梅. 2017. 浅谈稻田养鱼存在的问题及发展对策. 农家科技旬刊, (5): 144.

卢睿. 2016. 乡村旅游业发展对广西区域经济的影响研究. 中国农业资源与区划, 37(10): 45-50.

鲁泉, 李震, 王刚. 2018. 沿海现代渔港发展方向研究. 上海海洋大学学报, (2): 291-297.

吕业坚, 黄玉玲, 廖愚. 2013. 广西大宗淡水鱼类良种繁育体系建设现状及发展对策. 科学养鱼, 29(7): 3-4.

莫洁琳. 2017. 稻田养鱼产业现状及发展对策. 农技服务, 34(3): 154.

倪学志. 2012. 我国绿色农产品的有效供给. 农业经济问题, (4): 18-21.

宁琪. 2017. 贵州省石漠化治理现状及存在问题. 亚热带水土保持, 29(1): 30-33.

牛素贞, 宋勤飞, 樊卫国, 等. 2017. 干旱胁迫对喀斯特地区野生茶树幼苗生理特性及根系生长的影响. 生态学报, 37(21): 7333-7341.

农业部. 2015. 全国农业可持续发展规划(2015—2030 年). http://www.moa.gov.cn/ztzl/mywrfz/gzgh/201509/ t20150914_4827900.htm [2020-10-8].

农业部渔业渔政管理局. 2016. 中国渔业年鉴 2016. 北京: 中国农业出版社.

农业部渔业渔政管理局. 2017. 中国渔业年鉴 2017. 北京: 中国农业出版社.

农业农村部渔业渔政管理局. 2021. 中国渔业统计年鉴 2021. 北京: 中国农业出版社.

欧阳自远. 1998. 中国西南喀斯特生态脆弱区的综合治理与开发脱贫. 世界科技研究与发展, (2): 53-56.

彭建仿. 2011. 供应链环境下安全农产品的供给协同研究: 基于龙头企业与农户共生的理论研究. 财贸经济, (3): 89-95.

彭劲松. 2017. 建设国际大都市的发展环境与战略定位: 以重庆为例. 城市, (4): 3-11.

普胤杰. 2015. 广西西江经济带渔业经济发展前景展望. 产业与科技论坛, (20): 25-26.

渠立权, 胡志丁, 洪菊. 2017. 次区域合作背景下的云南边境区域经济合作研究. 资源开发与市场, 33(2): 174-178.

荣廷昭, 唐祈林, 杨克城, 等. 2015. 发展饲用作物调整种植业结构促进西南农区草食畜牧业发展战略研究. 北京: 科学出版社.

施利, 江健, 王勇, 等. 2015. 贵州茶树病虫害防控现状及对策建议. 茶叶, 41(3): 146-149.

首成英, 赵晓珍, 段长流, 等. 2017. "Push-pull"策略及其在茶园害虫控制中的应用探讨. 中国植保导刊, 37(9): 80-87.

宋泽楠. 2017. 西南少数民族地区的开放型发展: 基于中越跨境经济合作区的视角. 广西民族研究, (2): 153-161.

苏畅, 姜红如, 贾小芳, 等. 2019. 中国成年人不同水产品消费水平下食物及营养素摄入状况. 中国食物与营养, 25(11): 80-85.

孙海清. 2014. 云南高原淡水渔业发展对策研究. 北京: 中国农业科学院博士学位论文.

孙炜琳, 刘佩. 2014. 近 10 年来我国水产品供求变化及趋势分析. 农产品市场周刊, (6): 61-64.

孙子淇, 王传会. 2019. 我国海洋渔业资源利用效率研究. 统计学与应用, 8(3): 481-487.

唐丽, 李跃建, 张泽锦, 等. 2017. 四川省高山蔬菜产业发展现状与对策. 中国蔬菜, (1): 14-17.

田树魁, 石永伦. 2013. 云南土著鱼类资源保护与开发利用的现状分析与建议. 中国水产, (2): 29-32.

汪勇, 段长流, 高楠, 等. 2016. 利用"Pull-push"原理架构我国茶园病虫草害生态调控系统. 中国植保导刊, 36(11): 79-84.

汪勇, 李向阳, 胡德禹, 等. 2017. 云贵稻区农药"减施增效"策略研究与实践. 中国植保导刊, 37(2): 69-76.

王笛, 余世勇, 吴锡平, 等. 2012. 重庆市北碚区渔业产业化发展现状与对策. 河北渔业, (6): 49-55.

王东杰. 2012. 我国城镇不同收入阶层居民食物消费结构升级研究. 北京: 中国农业科学院硕士学位论文.

王静. 2015. 建立现代农产品物流与农村经济的可持续发展结构: 基于西方发达国家的农产品物流分析. 学术论坛, (10): 57-61.

王开泳. 2016. 全面二孩政策对中国人口结构及区域人口空间格局的影响. 地理科学进展, 35(11): 1305-1316.

王鹏飞. 2013. 西南边疆跨境经济合作区建设. 开放报道, (2): 57-60.

王求名, 刘甜, 道日娜. 2012. 农产品信息滞后与过度供给: 以土豆滞销为例. 中国外资, (7): 149-152.

王莎. 2017. 2016 年全国渔业经济统计公报. 渔业致富指南, (7): 23-24.

王文俊, 李军. 2016. "一带一路"建设背景下广西开放型经济发展研究. 广西社会科学, 255(9): 20-25.

王延晖, 常东洲. 2020. 稻田养殖小龙虾发病原因及病害防治. 河南水产, 131(1): 43-45.

王勇, 姚沁, 任亚峰, 等. 2018. 茶园杂草危害的防控现状及治理策略的探讨. 中国农学通报, 34(18): 138-150.

韦唯, 任亚峰, 李冬雪, 等. 2018. 茶树叶部病害病原菌 *Phoma segeticola* var. *camelliae* 的生物学特性研究. 中国植保导刊, 38(12): 14-19.

魏文燕, 李良玉, 唐洪, 等. 2017. 成都地区稻田综合种养发展现状和对策. 水产科技情报, 44(2): 99-102.

文小东, 宋星陈, 王勇, 等. 2018. 茶轮斑病病原菌(*Pseudopestalotiopsis camelliae-sinensis*)生物学特性

研究. 中国植保导刊, 38(10): 19-25.

吴晨, 王厚俊. 2010. 关系合约与农产品供给质量安全: 数理模型及其推论. 农业技术经济, (5): 30-37.

吴立, 霍治国, 张蕾, 等. 2015. 西南地区农业洪涝等级指标构建及时空分布特征. 应用生态学报, 26(8): 2473-2481.

吴林海. 2004. 促进农业科技创新供给的对策建议. 经济研究参考, (24): 25-26.

吴晓清, 周春龙, 翟旭亮, 等. 2017. 2016 年重庆市渔业经济形势分析及发展对策. 科学养鱼, (4): 3-5.

肖皓, 刘姝, 等. 2014. 农产品价格上涨的供给因素分析: 基于成本传导能力的视角. 农业技术经济, (6): 80-91.

肖进原. 1996. 贵州喀斯特高原自然灾害分析. 贵州师范大学学报(自然科学版), 14(1): 70-74.

谢冬祥, 凌泽方, 王景容, 等. 1994. 四川茶园主要杂草的发生及防除. 西南农业学报, 7(增刊): 105-109.

谢静华, 高健. 2006. 中国养殖水产品供给特征分析. 上海海洋大学学报, 15(2): 222-227.

熊靓. 2016. 我国居民食物消费特征及影响因素研究. 北京: 中国农业科学院硕士学位论文.

熊康宁, 黎平, 等. 2002. 喀斯特石漠化的遥感 GIS 典型研究: 以贵州省为例. 北京: 地质出版社.

熊太云. 2016. 重庆市黔江区生态渔业发展现状及对策. 南方农业, 10(18): 160-161.

徐恩波. 2002. 论农产品供给创新. 农业经济问题, (11): 35-39.

许世卫. 2011. 中国 2020 年食物与营养发展目标战略分析. 中国食物与营养, 17(9): 5-13.

薛洋. 2015. 三峡库区水域牧场鲢鳙驱动的氮磷循环研究. 重庆: 西南大学硕士学位论文.

杨丹白. 2015. 粮食安全被列入国家安全法. 中国油脂, (7): 89-89.

杨凤, 刘霞, 尹杰, 等. 2018. 贵州野生茶树种质资源的主要生化成分及抗旱性评价. 西南农业学报, 31(6): 1122-1127.

杨福周. 2020. 砚山县渔业科技发展现状及对策. 农家参谋, 661(14): 174, 233.

杨锦福. 2007. 贵州劳务输出 20 年. 当代贵州, (10): 29-30.

杨文, 陈瑶, 陈小均, 等. 2016. 茎点霉真菌 Phoma adianticola 引起的一种茶树新病害. 茶叶科学, 36(1): 59-67.

姚俊杰, 李川, 杨兴, 等. 2009. 贵州省鱼类资源现状及保护对策. 渔业信息与战略, 24(2): 12-14.

雍亚东, 王朝霞. 2020. 四川水产养殖保险发展现状及对策建议. 中国水产, (1): 44-46.

于海波, 杜强, 周路. 2016. 贵州名优养殖鱼类特点及注意问题. 农技服务, 33(15): 126, 203.

余娜, 李姝. 2014. 贵州省石漠化现状及主要治理措施. 安徽农业科学, 42(25): 8702-8704.

袁锡立. 2020. 重庆市万州区生态渔业发展模式研究. 重庆: 重庆三峡学院硕士学位论文.

张春光, 贺大为. 1997. 西藏的鱼类资源. 生物学通报, (6): 9-10.

张建斌, 王志飞. 2014. 云南土著鱼类研究与开发前景展望. 云南农业, (9): 69-70.

张觉晚. 2011. 湘阴杂草种群结构调查及生态控制. 茶叶通讯, 38(2): 14-16.

张世均. 2016. 新常态下西南民族地区参与孟中印缅经济走廊建设的路径与对策研究. 西南民族大学学报(人文社科版), (2): 113-119.

张信宝. 2016. 贵州石漠化治理的历程、成效、存在问题与对策建议. 中国岩溶, 35(5): 497-502.

张兴奇, 詹可志. 2008. 论农村能源建设在贵州喀斯特山区水土保持中的作用. 中国水土保持, (11): 19-21.

张燕, 高翔, 张洪. 2013. 中国农业供养能力的研究. 中国农业大学学报, 18(6): 224-230.

张豫媛. 2019. 黔东南州地区水资源开发利用存在问题分析及对策. 陕西水利, 220(5): 60-61.

张远, 樊瑞莉. 2006. 宏观经济环境对我国食物安全的影响. 安徽农业科学, 34(1): 148-150, 175.

赵明军, 孙慧武, 王宇光, 等. 2019. 基于居民营养需求的中长期水产品供给与消费研究. 中国渔业经济, 37(6): 1-14.

赵汝植. 1991. 西南地区农业气候资源及其评价. 自然资源, (2): 1-5, 13.

赵晓芬. 2011. 贵州农村劳务输出研究. 中共贵州省委党校学报, (5): 69-73.

赵晓珍, 王勇, 李冬雪, 等. 2018. 茶树新病害病原菌 Phoma segeticola var. camelliae 的形态学特征及系统学分析. 植物病理学报, 48(4): 556-559.

郑葆珊. 1981. 广西淡水鱼类志. 南宁: 广西人民出版社.

周国兰, 龙强, 周吉. 2017. 长江沿江地区开放型经济发展水平评价与比较. 区域经济, (2): 79-84.

周子燕, 李昌春, 胡本进, 等. 2012. 安徽省茶园杂草主要种类调查. 中国茶叶, (1): 18-20.

朱明, 汪水林. 2020. 禄丰县金山镇稻田养鱼存在的问题及对策. 农家参谋, 646(4): 44.

Brown L R. 1994. Who will feed China? World Watch, 7(5): 10-19.

Li D X, Bao X T, Ren Y F, et al. 2018. First report of *Lasiodiplodia theobromae* causing leaf spot on tea plant in Guizhou Province of China. Plant Disease, 103(2): 374.

Peiris H M P, Nissanka S P. 2016. Affectivity of chemical weed control in commercial tea plantations: a case study in hapugastenne estate, maskeliya, Sri Lanka. Procedia Food Science, 6: 318-322.

Sen S, Pathak S K, Suiam M L. 2016. Weed flora of tea plantations of Ri-Bhoi district of Meghalaya, India with a glimpse on its ethnobiological value. World Scientific News, 56: 82-96.

Southwell I, Lowe R. 1999. Tea Tree the Genus *Melaleuca*. Boca Raton: CRC Press: 81-96.

Zhao X Z, Chen Z, Yu L, et al. 2018. Investigating the antifungal activity and mechanism of a microbial pesticide Shenqinmycin against *Phoma* sp. Pesticide Biochemistry and Physiology, 147: 46-50.